KB123320

장제스와 국민당 엘리티스트

Élitist Fascism

Chiang Kaishek's Blueshirts in 1930s China

장제스와 국민당 엘리티스트

초판 1쇄 발행   2013년 8월 14일
초판 2쇄 발행   2014년 7월 10일

지은이 ┃ 정두음
발행인 ┃ 윤관백
발행처 ┃ 선인

편   집 ┃ 심상보
표   지 ┃ 안수진
영   업 ┃ 이주하

등록 ┃ 제5-77호(1998.11.4)
주소 ┃ 서울시 마포구 마포동 324-1 곳마루 B/D 1층
전화 ┃ 02)718-6252 / 6257   팩스 ┃ 02)718-6253
E-mail ┃ sunin72@chol.com
Homepage ┃ www.suninbook.com

정가   30,000원

ISBN   978-89-5933-642-5   93900

장제스와 국민당 엘리티스트

1930년대 藍衣社

鄭 斗 音

장제스(字 蔣介石, 本名 蔣瑞元, 改名 蔣中正, 1887.10~1975.4)의 1930년대 궁극적인 목표는 파시즘을 하나의 도구로서, 중국사회를 근대화하고자 하는 것이었으며 어떠한 실패에도 좌절 없이 성공적으로 재기했던 지도자였다. 과연 이러한 장제스를 패배자라 평가할 수 있을까?

사진 : 師永剛, 楊素, 『蔣介石』, 1887~1975圖傳,

武漢 長江文藝出版社, 2005年 p.189

서 문

1930년대 장제스(浙江省 奉化 出生, '蔣介石'이라는 이름은 1912년 日本版 「軍声」이라는 잡지에 기고한 내용의 筆名으로 시작된 것)를 둘러싼 엘리트층은 중국을 신속하게 근대화시킬 수 있는 해결책으로 파시즘을 인식하였다. 당시 중국이 풀어나가야 할 경제문제가 여러 측면에 산재해 있었기 때문에 단기간 내 상황을 개선하기 위해 장제스와 그의 조직은 급진적인 수단을 취했다. 당시 장제스뿐 아니라 세계 각국의 정치가들에게도 파시즘은 국내 문제에 대한 답과 민족 통일을 위한 공식을 제시하는 것으로 여겨졌다. 장제스의 입장은 파시즘이 독일, 이탈리아, 일본과 같이 1920년대 및 30년대에 성공한 다른 나라들과 중국의 경제 수준을 경쟁할 수 있는 수단 가운데 하나로 보였을 것이다.

그 무렵 장제스는 국내에서 매우 뛰어난 인물로 인정받은 것은 아니었지만 그가 중국을 근대화하고자 했던 목적은 현재 긍정적인 관점에서 평가받아야 한다. 장제스는 여러 번 좌절을 겪었지만 항상 성공적으로 재기하였다. 실제로 그는 불굴의 인물이라고 말할 수 있을 것이며, 이런 관점에서 타이완(臺灣)은 그의 유산이라고 할 수 있다. 오늘날 중화인민공화국(PRC)은 또 다시 해외 자본을 끌어들임으로써 중국과 중국인들의 상황을 개선하고자 노력하고 있다. 이것은 1930년대 중국 경제 개발을 위해 보여준 장제스의 노력과 유사하다고 볼 수 있을 것이다. 그 무렵 외국인 투자는 중국 경제를 빠르게 향상시킬 수 있는 최선의 방법인 듯 보였고, 파시즘은 이를 실천할 수 있는 가장 효과적인 '도구'였다.

이 책은 기본적으로 장제스가 서양식 방법-파시즘-을 유교적 철학과 결합시켜 그 도구로 활용하고 중국을 근대화시키고자 하는 그의 목표에 확신을 갖고 있었다는 견해를 긍정적으로 보고 있다. 그의 사상은 남의사(藍衣社)-국민당 정권 내의 엘리트 조직-를 통해 구체화되었다. 이 조직은 중국인들을 고무시키기 위해 고대 중국 이론인 '지행일치(知行一致)'를 원칙으로 하였다.

중국 사상에서 주목할 만한 특징 가운데 하나는 이중적인 개념을 갖고 있다는 것이다. 가장 최근의 사례로 1990년대 덩샤오핑(鄧小平)의 국가방침을 들 수 있는데, '하나의 국가, 두 개의 제도'가 그것이다. 여기에서 중요한 것은 중국인들이 이 국가방침을 어떻게 해석하고 방침이 앞으로 중국이 발전하는 데에 어떤 도움이 될 수 있을 것이라고 생각하는가 하는 것이다. 따라서 이것은 장제스가 덩샤오핑에게 물려준 유형의 유산이라고 보아야 할 것이다.

민족주의와 이데올로기적 신화의 구름을 걷어낼 수 있는 유일한 실용적 방법에 대해 역사가들은 면밀하게 상세한 정치 이론을 구축하고, 단순히 하나의 상투어를 다른 것으로 대체하는 일은 절대 피해야 한다는 것임을 잘 알고 있다. 유교 이론이 과거에 중국인들에게 지대한 영향을 미쳤으며, 지금도 여전히 중국의 발전에 꾸준한 영향을 미치고 있는 그 정도를 구명하려고 노력하였다.

중국 역사를 분석하는 것은 믿을만한 제1사료(史料)를 찾기가 어렵기 때문에 항상 난관에 부딪치게 된다. 특히 1930년대 반(半)지하 조직에 대한 기초 자료를 찾기는 더욱 어려웠다. 남의사가 비밀 단체였다는 특징 때문에 연구자들이 활용할 수 있는 문서 사료의 상당 부분이 파생적인 성격을 갖고 있다. 그러나 진실은 항상 존재하고 있었다. 만약 진실을 찾고 분석하는 데에 성공한다면 적합한 해결책을 찾는 것은 언제든 가능할 것이다.

본 연구는 1930년대 중국, 특히 장제스와 남의사라는 주제로서 기초 작

업을 시작했을 뿐이다. 이후 일본과 중국의 공문(公文) 자료보관소-당
안관, 서방측 공문 자료 보관소들로부터 새로운 사실과 접하게 되었을 때
는 초기 연구를 통해 이해하였던 것보다 중국 파시즘 운동이 일본에 의
해 더 많은 영향을 받았다는 결론에 다다르게 되었다. 결국 본 연구는 그
견해를 확신시켜 주었다.

아울러 1930년대 중국 남의사 단체의 파시스트 운동에 대한 확고한 견
해를 심어줄 수 있을 것으로 믿는다.

여기서 몇 가지 명시하고 싶은 것은 이 책은 2000년 영국 Ashgate에서
출판된 'Elitist Fascism: Chiang kaishek's Blueshirts in 1930s China' 원서의
번역본이다. 서방측 공공문서는 물론 중국, 일본 국가들의 문서를 사용한
경위에서 중국의 인명, 지명 등의 발음표기법이 당시는 일괄적인 핀인(拼
音)시스템도 없었으며, 특히 서방측 문서들 중에는 인명에 한자가 표시되
어 있지 않은 것이 적지 않았다. 가능한 한 중국의 인명사전 등 출판물을
활용하여 한자표시를 하였으나, 정명(正名)이 아닐 수도 있음을 미리 주
지한다.

끝으로 한국에서 출판할 기회를 주신 선인 출판사 윤관백 사장님께 감
사드리며 더불어 출판을 위하여 수고해주신 편집인들께도 경의의 말씀을
올린다.

2013년 7월
정 두 음

추 천 글

중국은 50년이 넘는 기간 동안 공산당의 지배를 받아왔다. 대약진운동, 반우파(反右派) 투쟁, 문화대혁명, 그리고 1989년 6월 4일 일어난 천안문 사건에도 불구하고 중국은 이제 세계가 주목하는 일류국가로 떠올랐으며 국민들은 한 세기 전에 비해 매우 수준 높은 생활을 누리고 있다. 하지만 국민당 정권과 같은 비공산주의 정권 아래에서도 과연 중국이 이와 같은 경제 발전을 이룰 수 있었을까?

1970년대 타이완의 경제 도약과 그에 따른 번영은 일부 충실한 반공주의자들도 승낙하게 만들 수 있었지만, 역사는 그와 다르게 나타났다. 장제스의 민족주의 정부가 패배하고 1949년 마오쩌둥(毛澤東)이 주도하는 중국 공산당이 승리한 것은 여러 가지 정치, 경제, 사회적 상황이 복잡하게 얽힌 결과였다. 여기에는 내인적(內因的) 요소와 외인적(外因的) 요소가 있었고, 그 대부분이 1920년대로 거슬러 올라간다. 중국 공산당의 탄생, 일본 군국주의자들의 끊임없는 공격, 쑨원(孫文)이 군벌에 대한 투쟁을 위해 공산주의자들의 지원을 받기로 한 결정, 결국 하나의 정부 아래 중국을 통합하는 계기가 된 1927년 북벌 당시 민족주의자들과 공산주의자들의 협력, 그리고 장제스에 의해 당에서 단행한 뒤이은 '숙청' 등이 있었다.

장제스의 정치적 승리로 인해 내전이 시작되었고, 1931년 일본이 중국을 공격하면서 상황은 복잡하게 전개되었다. 되돌아보면, 1927년 장제스의 성공은 1949년 그가 몰락하게 되는 씨앗이 된 셈이다.

1927~1937년의 10년 동안 국내에는 혼란이 심했으며, 공격적인 이웃의 침략을 받기도 했다. 그러나 복잡한 국내 불안 상황은 중국 근대사에서 모호한 페이지로 수년 동안 남아 있었다. 예를 들면 장제스의 시대는 그 지지자들이 공화국을 세움으로서 가장 개화된 최고의 시기로 간주되지만, 비평가들로부터는 변절, 음모, 부패, 전체주의적 지배라는 측면에서 최악이나 다름없었던 시기로 평가되었다. 공식적인 선전을 통해 신생활운동(新生活運動)을 시작하여, 삼민주의청년단(三民主義靑年團)을 애국군으로 내세우고 반일 전쟁을 주도하며 1945년 결국 승리를 얻게 된 장제스와 그의 정부는 신뢰를 얻게 되었다. 그러나 자유주의자들, 특히 지식층은 장제스의 정부를 파시스트로, 그의 통치를 '백색테러'의 통치라고 묘사하기도 하였다. 이러한 다양한 관점에서 볼 때 중국 역사 중 이 특정 시기를 편견 없이 연구할 필요가 있다는 사실은 아무리 강조해도 지나치지 않다.

본 연구는 장제스의 통치 기간 중 가장 불가사의하고 논쟁의 여지가 많았던 측면 가운데 하나인 'Blueshirts Socity 남의사'에 대해 베일을 벗긴다는 점에서 거의 유일하다고 볼 수 있다. 1930년대 중국, 특히 수도 난징(南京)이나 상하이(上海) 근처에 살았던 대부분의 중국인들은 남의사를 알고 있었지만, 이에 대해서 감히 질문을 던질 수가 없었다. 일부 사람들은 반역자 또는, 일본과 협력했던 자들을 살해하는 애국 단체로 여겼고, 어떤 사람들은 반대파를 침묵시키는 정부의 기밀 조사부로 간주하기도 하였다. 하지만 그중에서 그들의 실제 기능이나 임무를 이해하는 사람들은 거의 없었다.

이전의 학자들도 이 주제로 연구를 해왔지만 누구도 본 연구처럼 여러 국가의 자료를 쓰진 않았다. 그녀의 다국어 구사능력 덕분에 중국어와 일본어로 쓴 자료뿐만 아니라 서양의 공문서, 출판물 등을 철저히 조사할 수 있었다. 중국 유교 문화의 밑바탕에 깔린 목적을 깊이 있게 이해하고 편견 없는 견해를 갖고 있었기 때문에 이 책에는 심도 깊은 연구와 흥미로운 논의들이 담겨 있는 것이다.

　이 책을 읽고 나면, 1949년 장제스가 몰락하게 된 원인은 그가 정당을 '숙청'하고 1927년 공산당원들을 집단 처형하여 물리적으로 근절하던 무렵에 뿌리 내린 것이라고 앞서 언급했던 내용을 잘 이해하게 될 것이다. 이 책에서 남의사 성립의 숨겨진 이유로는 장제스가 상하이 지하 세계와 결탁하고 심지어 우두머리들에게 접근하였던 것, 일본과 싸울 의지가 없었고 2차 세계대전이 일어나기 전후 중국 공산주의자들을 뿌리 뽑아야 한다고 주장했던 것들을 들고 있다.

　더욱 중요한 것은, 장제스의 활동에 대한 대중들의 지지가 부족했기 때문에 그의 야심적인 계획이 실패했다고 저자는 지적하고 있다. 그가 올바른 일을 하였던 것인가? 남의사의 업적들이 정당화될 수 있었는가? 수년이 지난 후에도 여전히 논쟁의 여지가 있는 반면에 이 책은 중국이 전쟁 이전에 왜 그렇게 혼란스러운 시기를 거쳤는지, 그리고 왜 중국이 지금의 중국이 되었는지를 이해할 수 있는 것에 큰 의미를 부여하고 있다.

　남의사가 화제가 되고 이후에 이 책에서 이름이 거론되는 인사들과 친분을 맺고 있던 당시 중국에서 젊은 시절을 보낸 나로서는 이 책을 즐기면서 읽었다. 그러기에 조금도 망설이지 않고 중국에 관심을 갖고 있는 모든 사람들에게 이 책을 적극 추천하는 바이다.

California, USA

Prof. George C. Shen

차 례

장제스와 국민당 엘리티스트

서론

　20세기 말부터 21세기에 접어들면서 파시즘을 '수정주의'로 설명하는 역사가들이 상당히 늘어나고 있다. 이 역사가들은 유럽 파시즘의 역사를 재검토하고 해석하는 데에 있어 주도권을 갖고 있지만, 중국에서 일어난 사건들을 수정주의식으로 해석하게 해서는 안 된다.

　이 책은 중국 정치사상사의 일부분으로서, 특히 2차 세계대전에 대한 일본의 관점에 대해 새로운 이의를 제기한다는 맥락에서 동북 아시아권의 정치체제와 군사 조직을 검토하는 중요한 의미를 갖는다. 중국 남의사에 대해 분석한다면, 유럽의 파시스트 국가들과 다른 형태이기는 하지만 실제 그들이 파시스트였는지를 설명함으로써 파시즘에 대해 좀 더 논리적으로 연구해야 할 것이다.

　제1차 세계대전과 러시아 10월혁명 이후 유럽 국가의 일부 시민들은 약진하는 공산주의로부터 스스로를 지키기 위해 방어벽에 의지했다. 민족주의 감정이 고조되면서 민족주의는 키워드가 되었다. 이런 상황에서 1920년대에 반(反)마르크스주의와 반(反)공산주의가 탄생했다. 이탈리아에서 처음 파시스트 정권이 들어서고 독일에서 민족사회당이 국내 정치에 영향력을 행사하기 시작하면서 다른 유럽 국가에서도 소규모의 파시스트 운동이 일어나기 시작했다.

그러나 이와 동시에 중국에서 일어난 사건들은 다른 양상을 띠고 있었는데, 쑨원(孫文)의 지휘 아래 중국 국민당은 1921년 설립된 초기 중국 공산당(Chinese Communist Party 이하 CCP로 칭함)과 정치적으로 합작하게 된다. 국민당은 1924년 코민테른 첩보원들의 도움을 받아(코민테른 및 관련 활동과 연합하여) 재구성되기도 하였다.[1] 따라서 그 시기 동안 중국 마르크스주의의 발전은 대부분의 유럽 국가와는 뚜렷이 다른 과정을 겪었다. 유럽에서는 공산주의자들이 아주 초기부터 민족주의 조직의 공격을 받았으며, 중국의 국민당 정부 – 당시 장제스(蔣介石)가 통치하던 1927년 공산주의자들과 결별한 이후에야 반공(특히 반마르크스주의)정책이 수립되었다. 일본과의 전면전이 시작된 1937년 상황의 압박으로 인해 두 정당이 새로운 협력 관계를 맺을 때까지, 국민당은 중국 공산주의자들을 중국 대륙에서 뿌리 뽑는 데에 엄청난 에너지를 쏟았다.

이 책은 1927년부터 1938년까지 중국에서 일어난 정치적 혼돈기 상황을, 특히 국민당의 파시스트 성향이 중국에 정착된 것과 관련하여 검토하고 있다. 약 10년이 넘는 이 기간은 근대 중국사에서 큰 의미를 가진다. 1911년 청(淸) 왕조가 무너진 이후 처음으로 진정한 민족주의 정부가 설립되었고, 근대 산업과 기술이 도입되면서 중국 사회에는 급속하게 경제 및 사회 발전이 이루어졌으며, 일본 제국과 점점 대립하게 되는 상황이 연속적으로 일어났기 때문이다. 국민당의 난징(南京)정부 시절 정치적 발전에 있어서 주요한 사건들이 국제 학계에도 잘 알려져 있지만, 이 책은 이 시기의 정치사 중에서 더욱 논쟁의 여지가 있는 요소 중 하나인 1930년대 중국 국민당 장제스 직속 비밀 조직 남의사에 관하여 논하였다. 이 조직은 장제스의 열렬한 지지자들로 이루어진 엘리트층을 중심으로 1932년 설립되었으며, 그들 중 대부분이 황푸(黃埔)

군관학교 출신이었다.

남의사에 대해 이미 저술한 학자들은 남의사 파시즘이 히틀러의 독일이나 무솔리니의 이탈리아에서 나타난 유럽 파시즘을 답습하고 있다는 견해를 강조하였다. 장제스와 남의사의 설립자들이 일본 사례를 본떴으며, 일본 파시스트 발전에서 더 많은 영향을 받았을 가능성이 이전에는 제기되지 않았었다. 서양 학자 중 남의사와 관련하여 저명한 2명의 분석가, 로이드 이스트만(Lloyd E. Eastman)과 마리아 장(Maria H. Chang)은 남의사 파시즘에 대해 깊이 있는 연구를 하였지만 정반대의 결론에 도달하고 있다.[2] 이스트만은 남의사 파시즘이 대체로 나치즘(민족사회주의) 양식을 모방하였다고 결론 내렸고, 마리아 장은 이탈리아 파시즘과의 일부 유사점을 염두에 두더라도 결국 남의사는 파시스트로 규정할 수 없다고 결론 내렸다. 두 학자들의 작업이 신중했음에도 불구하고 이스트만과 장이 도달한 결론은 결점이 있다고 간주될 수도 있다.

장제스와 남의사 설립자들이 일본 사례를 더 많이 따르고 일본 파시스트 발전에 더 많은 영향을 받았을 가능성은 이전 문헌 어디에서도 깊이 있게 제기되지 않았다. 이 책에서는 당시 중국과 일본에 존재했던 강력한 역사·문화적 유대관계를 통해 중국과 일본 비밀 단체들의 특징과 사상이 중첩된다는 점에서 남의사가 일본 파시즘 형태를 답습했다는 관점을 채택하고자 한다.

■당시 배경

남의사는 그 무렵 중국의 정치 배경을 배후로 일어나는 상황에 근거를 두고 국민당 내부의 장제스에 의해 조직되었다. 이 변화들은 제2차 세계대전이 일어나기 전에 세계 정치사에서 일어난 극적인 전환을 반영한 것이었다. 장제스는 특히 파시즘을 통해 유럽과 일본의 민족주의 정당들이 힘을 얻게 된 방식에 매력을 느꼈다. 1930년대 초 국민당은 재기에 대한 요구가 급증하였다. 공산주의 폭동이 아닌 파벌주의와 같은 내부 문제로 골머리를 앓고 있었던 것이다.

초기 수년 동안 국민당은 통일성을 유지하고 취약한 정치 상황에 적응하기 위해서 여러 차례 조직을 재(再)정비하면서 혼란스러운 역사를 견뎠다. 역사적으로 국민당은 중국 민족 혁명의 정당이었다. 혁명을 위해 조직되고 군국화되는 과정에서 공화주의자들은 국가 조직을 통제하기에 너무 나약했던 것이다. 1911년 공화 혁명이 성공한 이후 청 왕조는 오랫동안 이어진 사회 위기로 인해 교체되었다. 1912년 쑹자오런(宋敎仁)3)은 쑨원의 명목상의 지휘 아래 국민당 내에 혁명 동맹을 재조직하였다. 1925년 사망하기 직전에 쑨원은 삼민주의－민족주의, 민권주의, 민생주의－라는 원칙에 대한 신념을 재고하였다. 실제로 국민당과 공산당 사이에 합작이 이루어졌던 1924년 당(黨) 회의에서 쑨원의 교리는 새로운 조직의 기본 개념으로 채택되었다.

쑨원의 삼민주의가 개념상 혁명적 민족주의라는 데에는 의심의 여지가 없다. 또한 삼민주의가 이탈리아 민족주의와 '상당한 유사성을 갖고 있다'는 사실도 의심할 필요가 없다.4) 삼민주의 이념이 파시즘 원칙과 상당 부분 연관되어 있다고 주장할 수도 있을 것이다. 국민당 이념과 쑨원이 남긴 유산의 성격은 남의사가 파시스트 조직이었는지의 여부를 결정할 때 여전히 설득력을 가진다. 국민당의 성격이 공산주의자들과 결별하고 사실상 장제스가 당 지도자로 취임한 이후 어떻게 바뀌었는가? 1926년 장제스는 북벌에 착수하면서 베이징 정부에 맞서 광저우에서 출발하였다. 1927년 9월 난징에서는 장제스의 지휘 아래 통일된 민족 정부가 수립되었다. 이때 공산주의자들은 국민당에서 축출되었고,

그 후 20년 동안 중국을 통치하기 위해 투쟁한 두 정당 간에는 더 큰 균열이 생기게 되었다.

중국의 반공사상은 민중들로부터 비롯되었지만 이 반마르크스주의·반공사상은 특히 남의사 조직에서 더욱 고조되었다. 또한 파시즘 역시 민중들로부터 비롯된 대부분의 유럽 국가들과 달리 중국의 파시즘은 국민당 지배층, 즉 엘리트들에 의해 자극을 받았다. 장제스는 이미 1927년부터 중국 공산주의자들에 대항하였고, 1932년 남의사가 설립된 이후 1937년 일본 공격으로 인해 2차 연합 전선을 구축할 때까지 공산주의자들에게 저항하고 그들을 뿌리 뽑는 데에 주도적인 역할을 하였다.

난징정부는 중국 공산당과의 대립과 같은 역사적 위기 동안 1당 독재 정치를 옹호하면서 쑨원의 삼민주의가 표현하는 일련의 사상들을 관철하였다. 이 시기는 중국 근대화를 위한 방법을 계획하기 위한 시도뿐 아니라 국민당 지배에 대한 이념적 도전을 좌절시키려는 시도가 이루어졌다. 따라서 국민당의 여러 군사 캠페인 이후 공산주의자들은 1934~1935년 중국 남부 및 중부 지역의 기지에서 철수할 것을 강요당했으며, 이후 북서 지방에 새로운 본거지를 설립하였다. 중국 북부 지방이 일본의 침략을 받을 때까지 일본의 위협이 늘어나는 상황을 무시했던 국민당은 공산주의자들에 대한 전쟁도 계속 이어갔다.

전체주의적이고 중앙 집중적인 성향과는 반대로, 국민당에는 또 다른 문제점이 내재해 있었는데, 그것은 곧 파벌(faction)이었다. 도시나 지방 수준에서 정당 내의 힘 있는 인물들은 후원 네트워크를 구축하였고 국민당 조직의 통일성을 침해하였다. 이 파벌-그중 대부분이 고등교육을 받은 엘리트층이며, 국민당의 구성원이기도 함-에 대한 자료, 특히 CC Clique(이하 'CC단(團)'이라 칭함)5), 황푸군관파, 정치 연구회와 같은 더 크고 힘 있는 조직에 대한 자료가 많이 있다. 그들의 정치적 및 이론적 차이점과는 별개로 이 파벌들은 모두 지지자들을 보유한 존경받는 지도자가 있다는 공통의 특징을 갖고 있다. 이 파벌들 대부분은 또한 외관상 극단적인 보수파였다.

이미 앞에서 언급하였듯이 남의사는 이탈리아 파시즘이나 독일 나치즘의 영향을 직접 받은 결과라기보다는 일본 파시즘 단체의 모델로서 아이러니하게도 간접적으로는 일본 제국주의에 대항하기 위한 조직이었다는 일면도 있었다고 주장할 수 있을 것이다. 1931년 7월 CC단에서 시작되고 그해 9월 만주 공격6)으로 인해 더욱 고조된 반일(反日) 감정은 곧 제어하기 어려운 지경에 이르렀고, 이로 인해 1931년 12월 장제스는 몰락하게 되었다. 반일투사들로부터 회유정책에 반발하는 집중적인 비난을 받아 결국 총통직에서 사임하게 된 것이다. 장제스는 이에 대해 CC단을 비난하였고, 바로 이 과정에서 남의사가 설립된 것이다.

장제스의 준(準)퇴임 상황으로 인해 더 독재적인 지배 체제를 요구하는 독재 성명을 발표한 정당 내의 정치 사상가들과, 정당과 국가의 확고한 지배자로 다시 복직하겠다는 장제스는 명백한 결심을 하게 되었다.

이런 상황이 그 무렵 남의사가 성립된 정치적 배경이다. 남의사는 반(半)비밀 조직이라고 볼 수 있었으며, 그들 행동 대부분이 폭력적이고 법을 위반하였으며 지하 세계의 무법자들이 작전을 대행하기도 하였다. 남의사가 상대적으로 강했다 하더라도 국민당과의 관계는 매우 애매했다. 또한 남의사가 갖고 있던 저력의 대부분은 마약 거래, 부정 거래, 고문 및 집단 처형에 연루되었던 증거를 체계적, 고의적으로 백지화한 것에 있다.7) 남의사를 둘러싼 비밀은 그들에 대한 자료가 부족하다는 데에 하나의 이유가 있다. 하지만 부차적인 성격이 있다 해도 모든 신빙성 있는 자료를 활용하기 위해 노력하였다.

■사용된 기본史料

이 책에서 사용된 자료는 기본적으로 4가지로 분류된다. 유럽과 미국에서 입수할 수 있는 자료와 일본 자료 및 중국 본토와 타이완에서 구한 중국 문서보관소 사료, 또한 2명의 저명한 학자 이스트만과 마리아 장의 앞서 참고 한 자료들이 그것이다.

서방국가 측 자료들은, 일본과 중국을 분석하여 남의사의 관점과 주장을 이해하는 데에 상당한 도움이 되었다. 방대한 일본 공문서를 포함하여 파생적인 모든 자료에서 사실과 허구를 구분하기 위해서는 어느 정도의 분별력이 필요하다. 당시 서방측 정보기관 당국의 자료가 보관된 상하이시(市) 경찰국(SMP) 자료 중, 수사내용이 남의사의 활동과 특성에 대한 명확한 성격을 파악하는 데에 실패했다는 보고서는 결코 놀라운 것이 아니다. 그러나 남의사의 파시스트적 성격을 표현한 것만으로도 이 수사들은 중요하다.

기존 학자들이 국민당과 남의사를 연구 분석하면서 파시즘의 정의를 내리는 데에 실패했다는 것은 유감스런 일이다. 그들의 작업은 결과적으로 남의사의 활동을 평가하는 데에 만족할 만한 기준을 실제로 제시하지 못하고 남의사가 파시스트였는지 아닌지 여부의 문제만을 제기하였다. 실제로 중국 내전 상황에 대한 보고서 대부분은 '파시즘'이라는 용어의 대한 정의도 미리 제시하지 않은 채 사용되어 그 혼란이 뚜렷이 드러나고 있다.

아래에서 설명한 중국, 일본, 서양의 공문서 자료 등 다양한 데이터 베이스에서 활용할 수 있는 정보에 이 책의 1장에 있는 파시즘에 대한 잠정적 정의를 적용함으로써 남의사 조직에 대한 종합적 재평가를 할 수 있을 것이다. 그래야만 이전 학자들이 제공한 정보와 그에 덧붙인 주장에서의 출발이 가능할 것이다.

서방측 자료

1972년 '중국 국민당 파시즘: 남의사'라는 논문이 「The China Quarterly」에 실려 출판된 지[8] 2년 후 이스트만의 『The Abortive Revolution 실패의 혁명』이라는 책이 출판되었다. 그의 책에서 이스트만은 남의사 파시즘이 상당 부분 나치주의를 모방하였다는 주장을 발전시켰다. 이스트만이 서양 공문서 자료—심지어 독일 자료—를 활용하지 않았다는 것은 그의 연구에 한계가 있다는 것, 아니면 연구방향에 차이점이 있었음을 뜻한다. 예를 들면 독일 공문서에서 이용 가능한 정보를 활용하지 않았기 때문에 그는 남의사가 설립되는 과정에서 나치의 영향력을 무시해도 좋을지의 여부를 결정할 수 없었던 것이다. 반대로 그는 남의사의 설립이 독일 군사 자문관들로부터 자극을 받은 것이라고 결론 내리고 있는데, 이 결론은 전적으로 정확하지 않다.[9]

1979년 9월 「The China Quarterly」에 '파시즘과 근대 중국'이라는 논문을 싣고, 논문을 바탕으로 1985년 『The Chinese Blue Shirt Society』라는 책을 출판한 마리아 장은 남의사를 파시스트로 규정할 수 없다는 결론을 내렸다.

> 유럽 역사를 다룬 전문가들은 파시즘을 어떻게 이해하거나 해석해야 하는지에 대해 합의하지 못했다. 계급 기반… 또는 이론적 또는 철학적 기반, 즉 파시즘이 혁명적인지 아니면 反혁명적인지에 대한 합의도 없다. … 이런 혼란스러운 상황에서 파시즘의 성격에 대한 합의가 없었다는 사실을 인식한다면, 파시즘을 이론적으로 이해하기 위한 최근의 노력들이 그리 야심찬 것이 아니라는 사실은 그리 놀라운 것이 아니다.[10]

이런 혼란으로 인해 마리아 장은 남의사가 파시스트인지 여부를 결정하는 것이 어렵다고 표현한다. 이런 정면적인 질문을 피하면서 마리아 장은 쑨원의 사상을 기초로 남의사가 그의 삼민주의를 따랐고 여기에 충실했다고 주장한다. 그리고 마리아 장은 남의사가 '지연된 산업화 이념'의 대표자였기 때문에 진정한 파시스트가 아니었음을 보여주려고 노력하였으며,[11] 이념과 파시즘은 반드시 서로 배타적이어야 한다고 주장하고 있다. 그녀의 주장과 자료들 또한 이 책에서 철저하게 검토할 것이다.

남의사에 대한 유럽 파시즘의 영향력에 대해 주장하고 싶다면, 서방 측 외교 문서를 참고해야 한다. 일부는 나치주의와 매우 비슷하기 때문에 파시스트라고 주장하고 한편으로 파시스트가 아니라 이탈리아의 민족주의와 그 유사성이 있다고 주장하기도 한다. 이러한 일련의 운동 전반의 인식을 연구하기 위해서는 특정 내용에 관한 서양의 시선에서 출발해야 한다.

이 책에서 활용한, 특히 포츠담의 독일 Bundesarchiv(BA), Bonn의 독일 외교부 정치문서보관소(AAPA)[12]는 남의사와 나치 간의 경제적·이념적 유대관계가 강하다는 사실을 확인시켜 주었다. 국민당(장제스)과 1928~1938년 동안 중국에 있었던 독일 군사 및 행정 자문관들 사이의 강한 유대관계 덕분에 있을 만한 유대관계를 예상할 수도 있다. 독일 문서가 담고 있는 자료는 매우 일반적이다. 그럼에도 불구하고 남의사 조직에 대한 나치주의의 직접적인 영향력을 평가할 수 있는 유용한 척도를 제시한다. 또한 상하이 주재 독일 총영사였던 크리블(Kriebel)의 요청으로 독일 정보부는 1934년 중국 파시스트 운동을 조사하였다. 이것이 독일 나치 지도층의 직접적인 요구였는지 여부는 문서에 정확히 나타나 있지 않지만, 모든 보고서는 베를린으로 발송되었다.

남의사와 관련된 보고서는 일반적인 파시스트 운동과는 반대로 그 수가 매우 적다. 일반적으로 말하자면, 이 독일 보고서들은 중립적인 것이라고 볼 수 있다. 독일인들은 중국에서 군사 또는 행정 자문관의 자격으로 일하였으며, 남의사의 조직이나 활동에 직접 개입하지는 않았다. 이것은 다른 학자들이 하지 못한 중요한 관측이다. 남의사 조직이 유럽 파시즘 사상에 자극을 받은 것이 아니라 동양에서 시작된 모험이었다는 사실을 말해주기 때문이다.

활용한 남의사에 대한 다른 문서 정보의 대부분은 워싱턴DC의 국립문서보관소(NA)나 런던의 공공기록보관소(PRO) 등의 서방측 자료에서 가져온 것이다. 이 보고서들은 상하이시 경찰국의 특별 지부(S1, S2)의 관료들을 통해 입수한 정보들을 기록하기도 하였다.

제2차 세계대전이 일어나기 전 상하이는 프랑스인 거주지(租界), 상하이 중국 지방자치제, 국제 공동조계지(國際 共同租界地) 등 3개의 관할 지역으로 나뉘어졌다. 후자는 어떤 권력에도 속하지 않았으며, 그 통치 기구인 상하이 자치위원회는 여러 나라에서 모인 시민들로 구성되었다. 그러나 대부분 영국의 이익에 따라 효율적으로 통제되었다.

조계구역의 집행 기관은 상하이시 경찰국이었다. 여기에는 중국인, 인도인, 이후에 러시아인과 일본인도 포함되었으며, 제2차 세계대전 전까지 위원과 고위 관료들은 모두 영국인이었다. 경찰의 기능은 상하이의 생소한 정치 분계선과 범죄 현장에 출동하는 일 등이었다. S1과 S2 부서로 이루어진 SMP의 특별 지부는 소위 '정치 경찰'로서 정보를 수집하는 역할을 하였으며, 극동 지방의 영국 기밀 조사부의 지부로 활약하였다.

워싱턴DC의 국립문서보관소는 꽤 유용한 정보 출처가 되었다. 여기에는 SMP의 관료들이나 여러 탐정들이 보고한 남의사에 대한 보고서가 많았다. 이들 보고서에 나타난 정보들은 단편적이었지만 남의사 조직에 대해 상대적으로 잘 인식하고 있었다. 이 문서들은 남의사가 파시스트가 되기를 원했거나 이미 파시스트였다고 일치된 의견을 담고 있다. 때로는 나치주의와 이탈리아 파시즘과 비교하기도 하였다. 이 문서들은 남의사가 어떤 종류의 파시즘을 답습했는지에 대해 꽤 신빙성 있는 결론을 도출할 수 있도록 매우 중요한 자료의 역할을 하였다.

일본 자료

그 무렵 일본 정보 자료의 객관성에 대한 문제는 차치하고, 많은 양의 문서들은 남의사에 대한 진지한 연구를 위해서 분명히 필요한 출처이다. 도쿄의 도요분코(東洋文庫, 일본 국회도서관 부설)에 있는 문서들, 특히 '「藍衣社ニ关スル資料」-남의사에 관한 자료'라는 제목의 특별 보고서를 참고해야 한다. 이 자료들은 일본 외무성과 일본 방위성(청)에서 구한 다른 일본 공문서의 정보와 함께 이 책에서 보완할 것이다. 도요분코의 일부 자료의 편향된 성격으로 인해 일본 정부는 중국 사건을 중립적인 관점에서 볼 수 없었고, 다른 일본 자료를 포함시킨다고 해서 객관성이 더 높아지는 것을 뜻하지는 않는다. 그러나 남의사를 설명하는 데에 있어 더 명확한 '일본 자체' 견해를 제공하는 데에는 도움이 될 것이다.

이미 앞부분에서 언급했듯이 새로운 자료 뿐 아니라 다른 중요한 자료는 이와이에이치(岩井英一)가 출판한 '「藍衣社ニ关スル调查」-남의사에 대한 조사'인데, 1937년 외무성 자료연구실에서 출판한 것이며 '보안사항'이라고 표시되어 있다. 이와이는 1930년대 중국에서 일본 외교관들과 일하였으며, 일본 공무원들이 장제스와 맺고 있던 재정적 및 개인적 유대관계를 조사하였다. 이 조사를 위해 남의사와 접촉할 수밖에 없

었으며, 그는 재정적인 상황을 염두에 두고 글을 썼다.[13] 일본이 1937년 중국을 공격한 이후인 1938년 이와이에 관한 기록은 다음과 같다.

> 상하이 총영사 이와이는 중국의 내란 중, 데이터를 모으고 분석하는 임무를 맡은 특별 조사단의 단장으로 임명되었다. 60~70명의 직원으로 구성된 '이와이 부대'는 중국 전반에 광범위한 네트워크를 구축하였다.[14]

조사에 따르면 일본인들은 1933년부터 계속해서 남의사를 조사하였고, 심지어 1938년 해체된 이후에도 조사를 계속하였다. 처음에는 일본인들이 이 새로운 단체 또는 조직의 정확한 목적에 대해 매우 혼란스러워 했다. 그럼에도 불구하고 그들은 여러 보고서를 성공적으로 작성하였고, 조직 뿐 아니라 구조에 대해서도 남의사를 자세히 설명하고 있다.

중문 자료

이스트만은 1987년 '1970년대 중반에 남의사에 대한 가장 실질적인 역사 자료는 중국이 아니라 그 무렵 일본 정보 보고서에서 발견할 수 있었다'고 밝혔다.[15] 이들 중 대부분은 도요분코에서 발견되었으며, 이 책을 작성 과정에서 참고하였다. 이스트만의 다른 정보들도 광범위하게 활용하였다.

1970년대에 연구논문에서 이스트만은 중화인민공화국의 남의사에 대한 공문서 자료를 활용할 수 없었다. 1990년대 보급판으로 다시 나온 『The Abortive Revolution—실패의 혁명』의 서문에서 이스트만은 이런 상황을 안타까워하였고, 난징제2역사당안관(南京第二歷史檔案館)의 자료가 그의 입장에서는 잃어버린 기회였다고 역사학자들에게 설명하고 있다. 이스트만의 주장을 재평가하고 남의사에 대한 지식을 추가하기 위해서 이 책은 난징 역사기록보관소와 중화인민공화국의 상하이시 당안관(上海市檔案館), 타이완 중앙연구원 근대사연구소의 주자화당안관 (朱家驊檔案館, 臺北, 中央硏究院 近代史硏究所 記錄保管所), 자료를 활용하였다. 이러한 기관들 덕분에 1990년대 초에 문서 개방을 금지하였던 것이 해제되면서 그 자료를 활용할 수 있었음은 물론 이전에 사용할 수 없었던 남의사에 대한 자료와 견해들을 추가적으로 얻을 수 있었다.

■구조와 내용

본 서적은 7장으로 나누어진다.

1장은 유럽과 동아시아 지방의 파시즘의 성격과 관련된 역사적 배경을 제공하며, 중국 국민당과 남의사를 분석하기 위해 사용한 파시즘의 '잠정적 정의'를 종합적으로 규정하고 있다.

2장에서는 1920년대 중국에서 파시즘이 부상하게 된 역사적 배경을 제시하고 있다. 쑨원의 민주 원칙에서 출발하여 한때 장제스가 권력을 잡게 되면서 그 무렵 중국인들이 요구했던 사안에 대한 그만의 해석을 담고 있다.

3장에서는 1932년 남의사가 장제스의 지휘 아래 국민당 내에서 어떻게 조직되었는지를 설명하며, 4장은 남의사의 이념과 영향, 실천적 경향을 보여주고 있다. 5장에서는 남의사 조직과 청방-그 무렵 중국에서 가장 악명 높은 '길드'(마피아 혹은 갱단) 중의 하나- 간의 관계를 규명하고 있으며, 그 관계가 공생(共生)에서 출발하여 결과적으로 목적에 부합하지 않게 되고 남의사에서 흡수를 시도하게 되는 것에 대한, 시간의 흐름에 따른 변화를 분석하고 있다.

6장은 장제스가 특히 1936년 12월 반대파(공산당 측도 합세)에 의해

납치되었던 사건 당시 남의사의 활약이 미흡함에 남의사 조직에 대해
환멸을 느끼게 되고, 국민당의 미래가 폭력적인 억압에 놓여 있는 것이
아니라 중국 청년층의 에너지를 집결시키는 데에 있다고 결정하면서
1938년 공식적으로는 최소한 남의사 조직을 대신하는 청년단을 설립하
게 되는 과정을 설명하고 있다.

2장부터 6장까지 각각 마지막 부분에 요약문을 작성해 놓았지만, 7장
에서는 전반적으로 이 책의 내용을 요약하고 있으며, 남의사가 갖는 파
시스트적 성격에 대한 결론을 도출하고 있다.

1장 동서양 **파시즘의 특징**

장제스(蔣介石)가 권력을 추구하고, 파시즘으로 간주되는 이념을 지지하는 과정에서 남의사(藍衣社)가 맡았던 역할을 살펴보기 위해서는 몇 가지 선결 문제를 고려해 보아야 한다.

먼저 파시즘에 대한 잠정적 정의를 도출해야 하는데, 이는 무엇보다 남의사를 '파시스트'라고 부를 수 있는 범위가 어디까지인지를 정하기 위해서이다. 이러한 파시즘에 대한 정의는 이론적 관점에서 시작하여 유럽 파시즘과의 공통점 및 차이점, 특히 중국과 일본의 동아시아 파시즘과 비교하여 무솔리니의 이탈리아 및 히틀러의 독일 파시즘에 대한 논의로 이어질 것이다.

두 번째는 파시즘의 출현을 적절한 역사적 맥락 속에 배치해야 하는 문제이다. 파시즘에 대한 정치학적 논의 가운데 상당수는 과거에도 그랬고 지금도 여전히 유럽에 확고한 기반을 두고 있지만 이 책에서는 그 취지상 동아시아의 역사적 맥락을 살펴볼 것이다. 일본의 파시즘 또한 아래에서 개략적으로 다루어 보기로 한다.

이러한 전반적인 맥락적 정보를 감안하여, 본 연구의 취지에 부합되면서 더욱 광범위한 내용을 포괄하는 파시즘의 잠정적 정의를 살펴보고자 한다.

1. 파시즘의 정의

남의사가 파시스트 조직인지의 여부를 검토하기 위해서는 먼저 '파시즘'에 대한 잠정적인 정의가 반드시 필요하다. 이 문제를 풀지 않고도 남의사의 방침과 활동을 연구하는 것이 이론적으로는 가능하겠지만, 이 부분을 연구 범위 안에 포함시키지 않는다면 결코 바람직한 연구라고 볼 수 없을 것이다.

이 연구는 파시즘의 전체 역사를 제시하거나 뚜렷이 분석하려는 것이 아니라 유럽과 동아시아의 파시스트 정권 간의 유사점과 차이점을 폭넓게 짚어 보고자 하는 것이다. 많은 정치 분석가들이 유럽 파시스트 정권과 운동들 간의 여러 유사점과 차이점을 밝혀냈다.[1] 이 차이점으로 인해 파시즘에 대한 포괄적이고 통일된 정의와 이것이 어떻게 쓰였는지에 대한 일관된 이론을 체계화하는 과정이 늦춰지기도 하였다. 일부 아시아 파시즘과 유럽 파시즘을 비교함으로써 더 많은 차이점이 드러날 수도 있기 때문에, 아시아의 파시즘을 포함하여 정의를 내리는 작업은 더욱 어려워질 수도 있다. 심지어 파시즘에 대해 하나의 포괄적 정의를 내리기 위한 노력들이 오히려 역효과를 양산한다고 판명될 수도 있는 것이다.

■ 기존의 정의

파시즘에 대한 대중적인 정의는 1985년판 롱맨(Longman) 사전에서 발견할 수 있다.

> 파시즘은 (일반적으로)… 사회주의에 적대적이고, 국가와 인종을 강조하며, 독재적인 지도자를 수반으로 하는 중앙집권적인 정부와 엄격한 조직 및

반대세력에 강제억압으로 대변되는 정치 철학, 운동 또는 정권을 뜻한다.[2]

물론 이 설명이 남의사가 파시스트 조직인지 아닌지 여부를 결정하기
에는 불충분할 수도 있고, 역설적이게도 실제로 파시즘에 대해 더 깊이
있는 안목을 갖게 될 수도 있겠지만 최소한 시작점은 될 수 있을 것이다.
'파시즘'이라는 단어가 백과사전에 얼마나 자주 등장했는지를 검토해
보는 것도 흥미로울 것이다. 1910년판 브리태니커 백과사전에는 파시즘
이라는 단어가 당연히 없지만 대신 붕대나 끈을 뜻하는 라틴어 'fascia'
가 등장한다. 이후에 1925년판 Adair's 신(新)백과사전에서는 'Fascisti'라
는 단어의 파생어를 설명하고 있으며 이탈리아에서 일어난 운동과 무
솔리니가 권력을 쟁취한 사건에 대해서 요약하고 있다. 또한 독일과 다
른 서양 국가에도 파시스트 운동이 일어났음을 언급하고 있다.
'파시즘'이라는 단어가 처음 표현된 것은 1935년판 Columbia 백과사
전에서인데, 이탈리아에서 파시즘이 등장했다고 기록하고 있다. 특히
파시즘은 러시아 방식의 공산주의와 유사한 점이 매우 많지만, 파시즘
은 '본질적이고 기본적으로는 민족주의'이며 공산주의는 '최소한 이론적
으로는 국제적인 이념'이라고 자세히 설명하고 있다. 더욱 자세한 내용
은 다음과 같다.

　반동사상(보수주의자), 강한 민족주의 감정, 비의회적 수단과 강력한 군
사정당, 독재정권의 비호 하에 자본과 노동이 결합되어 있는 전체주의 국가
를 설명하려는 것이 아니다. 지금 나열한 사항들은 모두 유럽과 남미, 중국
을 비롯한 세계 곳곳에서 발발한 파시즘 운동의 특징이다.

이것은 중국 파시즘 운동에 대한 보기 드문 인용문 가운데 하나로,
1993년 개정판에서는 이 부분이 삭제되었다.

파시즘에 대한 설득력 있는 정의를 도출하기 위해서는 신중한 접근 방식이 필요하다. 수많은 정치학자들이 파시즘을 분류하거나 정의하는 데에 반대하는 입장을 보였다. 오설리반(Nöel O'Sullivan)에 따르면 파시 즘은 '20세기 정치사상 중에서 그 사용법에 있어 대중적으로나 학문적 으로나 가장 논란의 여지가 많고 정의하기 힘든 용어이다'[3](1983년). 헤이즈(Hayes)는 '파시즘은 개개인마다 달리 정의하는 '이즘' 가운데 하 나'라고 주장하고 있으며(1973년), 그리핀(Roger Griffin)은 '파시즘에 대 해 객관적으로 정의를 내리기는 불가능하다. 인문학의 모든 일반 개념 이 그러하듯 파시즘도 사실상 관념적 원형'[4]이라고 밝히고 있다(1995년). 페인(Stanley G. Payne)은 '파시즘은 현대 정치 용어 가운데에서 가장 모 호한 용어일 것이다. (왜냐하면) 단어 자체에 내포된 정치적 참고 기준 이 없기 때문'이라고 주장한다(1980년). 한편 놀테(Ernst Nolte)는 '파시 즘이라는 개념은 시대에 따라 다른 방식으로 그리고 다양한 관점에서 이해되어 왔다'고 밝히고 있다(1967년).

파시즘 관련 문헌이 갖고 있는 이런 문제점들 때문에, 파시즘의 정의 를 다룬 대부분의 담론들은 파시즘 운동들이 지닌 공통점만 간략하게 제시할 뿐 각 운동의 특징은 제시하지 않고 있다. 이런 방식은 이데올 로기에 대한 장황한 논쟁을 피하는 '가장 안전한' 방법으로 보이기도 하 지만, 페인은 '파시즘 운동의 공통점에 대해 정의한 것을 보면, 파시즘 운동에서 공통적으로 나타나는 새로운 특징만큼이나 서로 간에 큰 차 이가 존재한다.'고 지적한다.

이 연구결과는 두 가지 중요한 의문점을 제시한다. 첫째, 파시즘의 보편적 정의에 대한 이견이 이렇게 많은 이유는 무엇인가? 둘째, 이처 럼 용어의 토대가 불안정한 상황에서 파시즘에 대한 잠정적인 정의를 어떻게 도출할 수 있을 것인가? 페인은 광범위한 연구를 통해 파시즘의 보편적 정의에 대한 찬반 주장을 다음과 같이 정리했다.

　　파시즘에 대한 해석과 이론을 도출하는 과정에서 많은 논란거리가 발생
한다는 데에는 전문가들이 동의하고 있다. 논점은 대체로 두 가지로 정리할
수 있다. 1. 파시즘과 그 원인을 설명할 수 있는 적절한 이론이 있는지에 대
한 연구, 2. 기본적으로, 다른 급진적이고 전체주의적 민족운동 및 체제와는
구별되는 일반 파시즘이 전자와 얼마만큼 유사성을 갖고 있는지에 대해 설
명할 수 있는지 여부이다.

오설리반도 '파시즘으로 추정되는 모든 요소들을 공통된 정체성을
가진 하나의 단일 현상으로 몰아넣는 것은 왜곡되고 부정확한 것'이라
며 페인의 견해에 동의하고 있다. 그는 1930년대 이탈리아와 독일 체제
는 크게 다르기 때문에 '일반적인' 의미로 파시즘이라는 용어를 적용하
는 것은 '허용될 수 없다'고 밝히고 있다. 더욱이, 정치학자들은 파시즘
을 개인적인 정치 신조의 관점에서 보고자 노력하였다. 파시즘에 대해
서 기독교도들은 종교 타락의 결과로, 정신분석학자들은 정서적 박탈
과 성적 억압에 대한 반응으로, 세대 이론학자들은 한 세대에서 다음
세대로 문화적 가치를 물려주지 못한 결과로 보는 등 다양하게 분석하
였다. 그러나 1930년대 소련의 마르크스주의자들은 파시즘을 '가장 발
전된 단계에 있는 자본주의 도구'라고 묘사하였고, 이것은 수많은 학자
들 —특히 일본 파시즘 연구를 주도했던 마루야마마사오(丸山眞男)—[5]
에게 큰 영향을 끼쳤다.

　　파시즘에 대해 편향되지 않고 특히 일반적인 맥락에서 내린 정의는
함정이 너무 많아 실행 가능한 옵션이 되기는 어려울 것으로 보인다.
이 책에서 적용한 파시즘에 대한 잠정적 정의는 이론적인 관점보다는
사회역사학적인 관점에서 결정하는 것이 더 나을 것으로 보인다.

2. 유럽 파시즘 특징

파시즘을 분석한 대부분의 분석가들은 파시즘이 순수하게 유럽에서 창안해 낸 사상이라고 간주한다. 3페이지에 걸쳐 포괄적으로 그 정의를 다룬 블랙웰(Blackwell) 정치사상 백과사전에서도 파시즘은 '범(凡, 大) 유럽 현상'이라고 밝히고 있다. 일본이나 중국 등 동아시아 파시즘과의 연계는 없다고 보고 있는 것이다. 더욱이 일본이 '파시즘 특성 가운데 일부를 갖고 있는' 반면, '파시스트 독재 정권 특유의 성격은 부족했다'고 믿는 학자들도 있다.[6] 그러나 이 책에서는 파시즘의 한 형태가 일본에 존재했었고, 장제스는 국민당 내에 파시스트 군단을 조성하기 위해 일본에서 그 형태를 차용한 것으로 간주할 것이다. 어쨌든, 백과사전에서 동아시아 파시즘을 구체적으로 다루지 않았다고 해서 파시즘의 한 형태가 전혀 존재하지 않았던 것은 아니다.

제1차 세계대전 이후 사회적 가치가 바뀌면서 유럽 파시즘이 탄생했다는 사실에는 의심의 여지가 없다. 파시즘과 그 이념 체계가 탄생하게 된 이유는 뚜렷하지 않다. 이것은 일반적인 파시즘에 대한 정의를 내릴 때 따르는 어려움을 고려한다면 당연한 것이다.

오설리반은 유럽 파시즘의 탄생이 현대 유럽 지식 및 정치 역사의 흐름에 근간을 두고 있다고 밝히고 있다. 그는 프랑스혁명 이후 유럽 사상의 주요 흐름과 연계되어 있는 파시스트 이념의 4가지 기본 조건을 제시하고 있다. 그 필요조건들은 아래와 같다.

> (J. J. 루소의 주장처럼) 정치학을 주민주권론에 대한 행동주의 십자군으로 간주
> 민주적이고 민족주의적 감성과 호전적이고 공격적인 성향의 융합
> 대중들이 외적으로 행동할 자유가 없다고 하더라도, (칸트가 이 용어를

쓴 이후) '내적 자유'의 관념을 대중들 사이에 조성

역사를 만드는 인간의 의지 역량에 대한 믿음 속에 선동적 상징 조성

■제1차 세계대전 이후 민심 이탈 : 준(準)군사조직 부상

유럽은 제1차 세계대전으로 인해 옛 모습을 찾아볼 수 없을 정도로
바뀌었다. 1914년 전에는 통치 질서의 안보, 경제 및 사회 시스템, 유럽
중산층의 번영이 비교적 굳건한 편이었다. 그러나 노동자 계급이 부상
하면서 평등 및 정치참여권을 끈질기게 요구하자, 중산층은 그들의 안
전하고 특혜를 받고 있는 지위를 잃게 될까봐 두려워하였다. 실제 또는
상상 속의 위협에 대한 그들의 반응이 파시즘으로 곧장 이어진 것은 아
니지만 파시스트 운동이 발전할 수 있는 상황은 마련되었다.

제1차 세계대전 이후 민심이 이탈하면서 유럽은 극단적인 민족주의
조직의 온상이 되었다. 민족주의―때로는 극단적인― 성향은 이미 제1
차 세계대전 이전부터 시작되었다. 이런 측면에 대해서 노무라 코이치
(野村浩一) 교수는 16세기부터 유럽 국가에서는 극단적인 민족주의에
기반을 둔 사상이 발달하였다고 설명하고 있다. 결과적으로 19세기 후
반 극단적인 민족주의는 '민족적인' 제국주의로 발전하게 되었다.[7]

예를 들면, 1910년 이탈리아 플로렌스에서 설립된 이탈리아 민족주
의당(ANI, Associazione Nazionalista Italiana)은 '이탈리아 파시스트가 일
어나기 이전에 우파, 국가통제적 초민족주의를 위한 주요 토론장'이었
다.[8] 정당 창립멤버 가운데 한 명인 코라디니(Enrico Corradini)에 따르
면, 민족주의는 민주주의의 안티테제(anti-these)였으며, 자유와 평등은
복종과 규율로 대체되어야 한다는 것이다. 그의 주요 테마는 군대와 식
민지 정벌세력을 강화하는 데에 중점을 둔 민족주의였다. 제1차 세계대

전 이전에는 정벌과 확장을 지지하는 이탈리아 민족주의자들의 선전이 국민들의 대대적인 호응을 받지 못했다. 그러나 이런 사상들이 로마진 군(March on Rome) 이후 1923년 합병된 민족주의당과 함께 이후 이탈리아 파시스트들에게 큰 영향력을 행사하게 되었다.[9]

이탈리아와 비교할 때, 제1차 세계대전 이전의 독일은 경제 발전을 누리면서 세력과 에너지를 가진 국가였다. 1890년대 초, 소위 범독일연맹이 설립되었다. 이 연맹은 동유럽이나 새로운 식민지를 획득하기 위한 해외 팽창과 더욱 전투적인 외교정책을 선전하는 데에 왕성하게 참여하였다. 이 연맹의 지도자인 클라스(Heinrich Claß)는 독일이 자유주의를 받아들이지 못하도록 제국주의적 독재를 지지하였으며, 이런 움직임은 민족사회주의당이 제1차 세계대전 이후 초기 구성원들을 끌어모으려고 했던 범독일연맹과 같은 조직에서부터 시작되었다. 독일 민족사회주의가 자라난 환경에서 생성된 이 조직들을 통해 민족주의, 반자유주의, 인종주의, 반유대주의 선전이 확산되었다.

특히 인종주의—독일 민족의 타고난 우월성과 그들 국민의 위대한 운명에 대한 확고한 믿음— 를 강조하여, 예를 들면 이탈리아의 극우익 과격주의와는 구별되는 독일식 극우익 과격주의를 보여주었다. 무솔리니가 로마 제국의 우월함을 언급하거나 다른 국가들과 파시스트 이탈리아 및 그 우월성을 비교하기는 하였으나 일반 이탈리아 대중들 사이에서는 이런 사상이 유행하지 않았으며, 독일에서 독일 민족의 우월성에 대한 관념이 널리 받아들여진 상황과는 달랐다.

독일은 제1차 세계대전 이후 경제 상황이 악화되고 베르사유 조약의 조건들로 인해 국가 전체가 심한 타격을 입었다. 독일 정권은 자주 교체되었고 매우 취약했다. 그러나 무엇보다도 그 무렵 국가 기반을 가장 크게 침해한 것은 독일 통화에 발생한 막대한 인플레이션으로, 독일 중산층을 파산시키고 보안과 안정의 개념을 완전히 무너뜨렸다. 이탈리아의 상황도 어느 면에서는 비슷했다. 경제 상황이 악화되면서 리라(lira)의 가치가 급격히 떨어졌다. 정치 및 사회적 불안이 전국적으로 만연하였다.

두 국가는 제1차 세계대전이 끝난 뒤 전선에서 돌아와 사회로부터 배신당한 느낌을 받는 군인들의 문제까지 떠안게 되었다. 결국 독일은 동부 전선에서는 승리하였지만 1918년 11월 서부 전선에서는 패배하였고 시민들과 전쟁에 참여했던 대부분의 군인들도 큰 충격을 받았다. 전쟁에서 돌아온 독일 군인들은 베르사유 조약에 서명한 사회민주당 정부를 국가의 반역자로 여겼다. 그들은 스스로 자유군단(Freikorps)이라는 준(準)군사조직을 결성하였고 공산주의로 전향한 공장 노동자들과 대적하여 시가전을 벌였다. 또한 공격으로부터 달아나 폴란드나 발트3국에 고립되어 있던 독일 인종 공동체들을 보호하였다. 1919년 초 바이마르 정부 설립을 위해 쏟았던 그들의 노력에도 불구하고 자유군단 구성원의 대부분은 새 공화국 질서에 매력을 느끼지 못했다.

정부의 권한을 노골적으로 위협했음에도 불구하고 독일군과 자유군단 간에는 공모가 있었는데, 이 사실을 통해 바이마르 공화국이 왜 자유군단을 끝내 억누를 수 없었는지를 알 수 있다. 군대와 관련하여 의회 정권보다는 자유군단과 정치적 공감대를 형성하였고, 따라서 정부는 적극적 또는 단호하게 그들과 반대 입장에 설 수 없었던 것이다. 자유군단은 1920년대 독일에서 수많은 극우 단체들과 강력한 유대관계를 맺고 있었고, 민족사회주의당이 더욱 강력한 당으로 성장하면서 나치 운동과 서서히 연합하게 되었다. 더욱이 자유군단이 어느 경계까지인지, 히틀러의 SA와 SS 그룹이 어느 경계에서부터인지 그 경계가 뚜렷하지 않았다.[10] 자유군단 운동에서 히틀러가 빌려온 상징물은 '만자십자

장(swastika)', '나치돌격대', '히틀러식' 경례이며, 이 모두가 이전에 자유
군단에서 채택했던 것들이다.

1920년대 초 바바리아는 특히 대부분의 준군사조직의 본거지로 이름
을 날렸다. 바바리아 조직 가운데 하나인 베얼(Einwohner Wehr—문자
그대로 주민들의 방어 또는 저항)은 공산주의자들에게 맞서기 위해 뮌
헨에서 설립된 것으로, 1929년 장제스의 독일 자문단 단장이었던 바우어
(Bauer) 대령의 뒤를 이은 크리블(Hermann Kriebel) 대령이 주도한 것이
다. 크리블은 전투동맹(Kampfbund)을 조성하고 1923년 11월 8~9일 뮌
헨에서 히틀러 폭동(putsch)을 주도함으로써 히틀러를 지원하였다.[11]

뮌헨 폭동에 자유군단과 다른 준군사조직들이 활발히 가담하였음에
도 불구하고, 바이마르 정부는 그들을 여전히 억누를 수 없었으며, 오
히려 그들에게 점점 더 크게 의존하고 있음을 깨닫게 되었다. 나치는
뮌헨 밖에서는 큰 영향력을 갖지 못했지만, 1920년대 초 히틀러의 강력
한 지도 아래 뮌헨에서 힘 있는 정당으로 거듭났다. 바이마르 공화국이
설립된 지 수년 뒤에 SA나 SS와 같은 나치의 군사 조직에 엄청난 사람
들이 몰려들었다.

이탈리아의 군인들은 승리를 하긴 했지만 이탈리아 민족주의자들의
민족통일주의에 대한 요구를 보장하는 데에는 실패하면서, 그들이 과
연 무엇을 위해 싸웠던 것인지 허탈감을 느끼게 되었다. 대부분의 퇴역
군인들은 민족주의 조직이나 준군사조직에 가담하였다. 두 국가에서는
이런 '전선 세대'가 파시즘이 부상하는 데에 주도적인 역할을 하였고,
따라서 제1차 세계대전에서 승리한 뒤 몇 년 이내에 주요 파시스트 운
동의 대부분이 일어난 것도 우연은 아니었다.

1919년 유럽에는 전쟁과 혁명이 점점 더 가까이 다가오고 있었다. 이
때가 최초의 파시스트 정당이 설립된 시점이었다. 이탈리아에서 무솔

리니가 전투자동맹을 설립하였고, 독일에서는 독일국방군과 자유군단
이 연합하여 임시 뮌헨 소비에트 공화국을 전복하였으며, 터키에서는
무스타파 케말 파샤가 정부와 외국세력들에 대해 반란을 일으켰고, 루
마니아에서는 이후 코드리뉴의 철의 장벽이 될 기반이 조성되었다. 파
시스트 운동은 공산주의 운동을 통해 확산될 수도 있는 혁명의 위협에
대응하여 특히 유럽에서 급격하게 퍼져 나갔다.

■반(反)마르크스주의 파시즘

파시스트 운동이 다양한 형태의 반마르크스주의로 나타났다는 사실
은 부인할 수 없다. 히틀러와 무솔리니가 투표를 통해 합법적으로 권력
을 갖게 되었다고 볼 수 있는 반면, 레닌은 소련에서 불법적인 수단을
통해, 즉 혁명을 통해 권력을 쟁취하였다. 소위 '적화(赤化)'에 따른 위
협이 유럽 및 동아시아 파시스트 운동의 주요 요소였다고 볼 수 있다.
그러나 파시즘은 반사회주의라기보다는 반마르크스주의였다는 사실에
특히 주목해야 한다. 실제로 그 무렵 사회주의와 파시즘의 목표는 서로
그리 거리가 멀지 않았다. 따라서 파시스트 운동은 사회주의와 민족주
의 사이에서 절충하려는 특성에 따라 분류되는 것이 더 정확할 것이
다.12) 히틀러와 무솔리니의 경우 민족주의와 사회주의의 정도가 각각
다르긴 하였으나, 융합을 통해 나라를 통일하고자 하였던 것이다.

■이탈리아와 독일 파시즘의 유사점과 차이점

유럽에서 일어난 파시스트 운동에는 공통점이 아주 많았다. 기본적
으로 모두 강력한 민족주의적 성격과 과격한 반마르크스주의 성향을

갖고 있었다. 이런 특징은 파시즘에만 있는 것은 아니다. 예를 들면 이탈리아와 독일의 민족주의 정당과 같은 극우 정당 또는 조직들도 어느 정도는 이런 성향을 갖고 있었다. 그러나 파시스트는 다른 정당들 뿐 아니라 자유주의 자체를 거부하였으며 이를 없애고 새로운 독재주의 및 협동조합주의 국가로 대체하고자 하였다.13)

이런 공통점에도 불구하고 1920년대와 1930년대에 유럽에서 일어난 파시스트 운동의 성격은 매우 다양했으며, 각각 발생 국가의 완연히 다른 민족적 배경을 반영하고 있었다. 어느 것은 더욱 보수적이고 다른 어느 것은 요구와 행동에 있어 더욱 급진적이었다. 어떤 것은 심한 반(反)유대주의였으며, 다른 어떤 것은 그렇지 않았다. 어떤 것은 혁명적 수단을 취하고 정부에 맞서 무장 반란을 일으켰지만, 다른 어떤 것은 권력을 얻기 위해 합법적인 수단을 썼다. 어떤 것은 노동자 계급으로부터 강력한 지지를 받았고, 다른 것은 거의 대부분 중산층을 대상으로 하였다.

어떤 국가에서든 파시즘의 특정 형태는 각 국가의 문화적, 정치적, 사회적 성격을 반영하여 형성되어야 한다. 산업화가 진전된 국가에서는 노동자 계급이 이미 계급의식을 갖고 있으며, 직종별 노동조합을 조직하고, 공산주의 선전의 영향을 받기가 쉽다. 따라서 당시 중국과 같이 농민의 인구가 압도적으로 많고 문맹률이 높으며 정보통신에 대한 접근성이 낮은, 이제 막 산업화를 시작하려는 국가에서는 관련된 정치 사상을 스스로 만들어낼 수 없다. 일부 저자들에 따르면 이런 상황 덕분에 유럽과 다른 지역을 구분할 수 있었고, 유럽 밖에서는 파시즘이 결코 존재할 수 없다는 것이다.14)

유럽 파시즘이 갖고 있는 고유한 성격은 이탈리아 파시즘과 독일 나치즘 간의 차이점을 통해 가장 잘 이해할 수 있을 것이다. 초기 파시즘과 나치즘은 특히 경제 목표 측면에서, 또한 어느 정도는 형식에서도 비슷한 점이 있었다. 그러나 차이점은 더욱 많았다. 무엇보다도, 독일 사회의 사회정치학적 구조는 이탈리아의 그것과는 확연히 달랐다. 첫째, 독일은 외관상으로 중앙집권적인 힘을 갖고 있었지만, 이탈리아의 경우 남-북 양분현상과 가톨릭교회가 사회에 개입함으로써 권력 기반이 분열되어 있었다. 둘째, 위 내용에 따른 직접적인 결과로서, 나치는 이탈리아 파시스트에 비해 매우 체계적인 민족주의 조직과 더 많은 경쟁 관계를 갖고 있었다.

이탈리아 파시즘과 독일 나치즘을 하나의 단일 체계로 통합시킴으로써 발생하는 명백한 문제들을 설명하는 데에는 수많은 이유를 제시할 수 있을 것이다. 나치즘은 사회주의적이기보다는 민족주의적이며 인종주의적 경향이 만연하였다. 대부분의 이탈리아 파시스트들은 인종에 대한 개념이 없었으며 나치가 채택한 인종주의적 입장, 특히 반유대주의적 태도를 비난하였다.

이탈리아와 독일 간에 가장 근본적인 차이점들 가운데 하나는 20대 중반의 NSDAP(민족사회주의 독일 노동당)가 히틀러 운동으로 변형된 것이라고 할 수 있다. 이탈리아 파시스트 운동은 무솔리니가 정당이나 운동으로 일으킨 것이 아니라 그의 주변에서 또는 그가 죽은 뒤에 성장한 것이다. 더욱이, 무솔리니는 파시스트 정부가 출범한 지 3년 반 뒤에 정부 연합을 이루었지만, 히틀러의 경우, 같은 결과를 이루어내는 데 무려 14년이 걸렸다. 히틀러가 권력을 쟁취한 복잡한 과정을 설명할 수 있는 단 하나의 요인을 제시하거나 이를 간단하게 해석할 수는 없지만, 대중동원 이론을 통해서 이 문제를 좀 더 광범위하게 이해할 수 있을 것이다.

독일과 이탈리아의 더 큰 차이점은 경제 및 산업 구조였다. 독일은 선진화된 산업국가였던 반면 이탈리아는 그에 비해 발달속도가 느렸다. 파시스트와 나치의 공통점이 많다고 보았지만, 얼마만큼 그들의 차이점이 큰지 알 수 없었기 때문에 이런 차이점들을 극복하는 것이 어려웠다.

요 약

파시스트 운동에 다양한 형태가 있었기 때문에 일부 학자들은 '체크리스트' 접근법을 채택하기도 하였으며, 주요한 특징들을 공유하지 않은 운동이나 이념들은 파시즘의 목록에서 제외시키기도 하였다. S. J. 울프(S. J. Woolf)는 1969년 파시스트 운동에서 일반적으로 나타나는 5가지의 이념적 특징을 제시하였다.[15]

- 국가에 대한 찬양과 전체주의적 통제 지지
- 단일 정당의 지배, 지도자에 대한 찬양, 민주주의 거부
- 전통 가치 회복을 장려하는 민족주의
- 전체의 의지를 개인적 의지와 포부보다 중요시하는 새로운 파시스트 주의자를 양성하겠다는 목표
- 폭력과 테러에 대한 미화

또한 파시즘이라는 주제를 장황하게 저술한 에른스트 놀테는 부정어구로 구성된 6가지의 '파시즘의 최소요건'을 상정하였는데, 중앙 조직적 특성, 리더십 원칙과 기본적인 목표를 아래와 같이 표현하였다.

- 반마르크스주의
- 반자유주의
- 반보수주의

　　－리더십 원칙
　　－정당군
　　－전체주의라는 목표[16]

　이 '파시즘의 최소요건'을 통해 귀납적 방식으로 일반 파시즘을 걸러
냄으로써 파시스트 운동을 규정할 수 있다고 가정한 것이다.
　'파시즘 정의 최소요건' 가운데 5번째 사항은, 파시스트 정권이 전례
가 없을 정도로 정치를 군사화하고자 했던 노력을 보여주고 있다. 민병
대 조직들이 각 파시스트 운동 조직의 구심점이 되었고, 그들은 민족주
의 성향과 지속적인 투쟁을 강화하기 위해서 군인의 계급장과 용어를
썼다. 칼스튼(F. L. Carsten)의 설명에 따르면

　　파시스트 정당들은 국가와 사회에서 차지하였던 반(半)군사적 기구들을
　　철저하게 조직한 것으로 간주된다. 그중에서 준군사적 연맹이나 민병대 －색,
　　갈색, 초록색 또는 파란색 셔츠와 제복을 입고 있는－ 들이 매우 중요한 역
　　할을 하였다.[17]

　군국주의는 파시즘의 한 측면이라는 점에서 파시즘과는 구별되어야
한다. 군국주의는 군사적 미덕과 이상에 대한 찬양, 또는 공격적인 군
사적 방어태세라고 설명할 수 있으며, 이 책의 목적에 맞출 경우 군사
적 가치를 도모하고 정치적 목표를 이루기 위해 군사적 방법을 활용하
는 것이라고 설명할 수 있을 것이다. 1930년대 파시즘은 좀 더 넓은 의
미로 해석된다. 그것은 전체 국가 문화적, 사회적, 정치적으로 파급되
었고 군국주의로는 구현할 수 없는 특징들을 갖고 있었다.
　이탈리아 파시스트와 독일 나치들이 일본과 분명히 다른 것은 시민
들의 힘을 동원함으로써 정부의 밖에서부터 국가의 권력을 얻었다는
사실이다.[18] 유럽 파시즘에서 군사적 요소가 중요하기는 했지만 특히

초기 단계에서는, 일본과 비슷한 정도로 파시스트 운동을 장려하지는 않았었다.

  그러나 이탈리아에서 파시즘이 부상하게 된 바탕에는 두드러진 군사적 요소가 있었다. 애초에 제1차 세계대전 무렵, 독특한 제복과 단검으로 무장한 돌격대와 연합한 알디티(arditi, 무솔리니의 경찰)와 프랑스, 영국의 편에서 이탈리아의 개입을 장려하기 위해 만들어진 무솔리니 혁명전투조직(Fascio d'Azione Rivoluzionaria)은 1919년 1월 전쟁 중 적진을 급습하기로 계획하였다. 무솔리니가 1919년 3월 전투 파쇼를 설립하자, 알디티와 이 동맹은 더욱 굳건해졌다. 여전히 소수였지만 파시스트들은 군대로부터 직접 지원을 받으면서 예전의 장병들, 특히 알디티의 구성원이었던 군인들에게 파시스트 분대에 가담하도록 장려하였다.

  1922년 10월 사조직인 흑(黑)셔츠 당원들도 모두 파시스트 지도자들의 수중으로 넘어갔다. 이런 군사적 지원이 없었다면 그해 후반에 있었던 로마진군과 이탈리아 파시스트들은 결코 승리하지 못했을 것이다. 이탈리아 군대가 파시스트 혁명을 일으킨 것은 아니라 해도 많은 부분 파시스트들과 협력하고 지원하였다. 더욱이, 1923년 초 새로 설립된 파시스트 대평의회는 준군사조직을 모두 해산하고 '국가 안보를 위한 자원 민병대'로 대체하였다. 흑셔츠 당원들과 파시스트 무장 분대들은 이 새로운 군사조직에 합병되었고 합법적 지위도 얻게 되었다.

  이런 맥락에서 이탈리아 뿐 아니라 독일의 군대(예: 육군)는 파시스트 사상을 피력하는 데에는 수동적이었다고 볼 수 있다. 파시스트 정당이 지배세력으로 자리매김하면서 군대는 단순히 그 리더십을 따랐던 것이다. 따라서 유럽에서는 군대 스스로 파시스트정책을 발전시키지 못했고 파시스트 정당을 대변하지도 못했다.

  이후 일본에서는 군대가 파시스트 정당을 대변하게 되었다. 이것이

유럽과 일본 파시즘의 주요한 차이점 가운데 하나라고 볼 수 있다.

3. 일본 파시즘 특징

이 책의 논점은 일본 파시즘이 유럽 파시즘보다 남의사 파시즘에 더 많은 영향력을 끼쳤다는 것이다. 이것은 여러 부분에서 중국과 일본 간의 유대관계에서 오는 역사·문화 유래의 덕분이었다. 여기서는 일본 파시즘이 역사적 맥락에서 어떻게 발전했는지를 다룰 것이다. 특히 일본 군대와 초기 파시스트 조직 간의 관계에 초점을 맞출 것이다. 일본 군대 내에서 파시스트 성향이 발전하게 된 상황을 설명하고 일본 파시즘의 개념을 규정해 볼 것이다. 파시즘이 실제로 유럽 외부에서도 일어났는지 여부에 대해 정치 분석학자들 사이에서도 논쟁이 계속 이어지고 있지만, 일본은 서양 국가가 아니면서 유일하게 파시스트 정권을 일으켰던 나라로 간주될 수 있을 것이다.

일본 파시스트 정권이 독일이나 이탈리아와는 다른 과정을 통해서 권력을 잡게 됐다는 것이나 그 기원, 시작과 발전상이 서양 파시즘의 일반적 성향 상에서 결여된 점이 있다는 것은 엄연한 사실로 보인다. 1930년대 소련의 일본학(日本學) 학자인 타닌(Tanin Oscar Tarkhanov)과 요한(Yohan Evgeni Yolk)은 '일본 파시즘의 특징은 일본의 사회구조와 일본군의 봉건 제국주의가 발전해 온 모습이 잘 융화되어 있는 것'이라고 주장한다.[19]

일본 파시즘을 잘 이해하기 위해서는 먼저 4가지 기본 요소를 살펴본다. 첫째, 그 무렵 일본 사회의 가장 두드러진 특징인 군대의 파급력, 둘째, 미숙한 일본 민주의회구조의 취약성, 셋째, 다른 대부분의 아시아 국가들과는 확연히 대조를 보이는 일본 근대화의 속도와 성공, 넷째, 다른 세 가지 요소들을 주도하는 그 무렵 일본의 이념적 영향력(범아시아주의 포함) 등이다.

■일본 군국주의 영향력

일본의 정치 발전을 구현하는 데에 가장 큰 영향력을 미친 것은 일본의 군대였으며, 육군은 일본 파시스트 운동의 핵심이었다.[20] 일본에서 '파시즘'이라는 단어는 특히 군대 주변에서 일어난 운동에도 적용할 수 있을 것이다. 민간 우익 단체의 영향력은 그리 크게 확산되지 않았지만 군대 및 관료들과 손잡은 뒤에는 일본 정치에서 중요한 역할을 할 수가 있었다.

군대의 파급력은 일본에서 파시즘이 일어나게 된 가장 중요한 이유 가운데 하나이다. 죠스(Anthony James Joes)가 표현했듯이, '일본 파시즘을 말할 때, 일본 사회 전반에서 군대의 가치가 미치는 영향력이 점점 더 커졌다고 말할 수 있을 것'이다.[21] 특히 일본 파시즘에 대해 검토하기 전에 일본 군국주의에 대해 분석해야 한다.

근대 일본 군국주의가 발전하게 된 배경은 지배 계층인 사무라이[22], 또는 군인 행정가들이었던 도쿠가와(德川) 막부시대(幕府時代, 1603~1868)에서 그 뿌리를 찾을 수 있다. 1868년 메이지유신 이후 대부분의 사무라이(武官)들은 특정 계급에서 물러나 일본 사회의 변화에 적응하였고 사회에서 그들이 할 수 있는 역할로 전환하였다. 사무라이 정신은 일본 공공 기관에도 계속 스며들었는데, 이는 많은 사무라이들이 정부, 산업 및 통상 분야에서 자리를 잡았기 때문이다. 그들 가운데 일부는 지방의 인색한 지주가 되기도 했지만, 대부분의 사무라이들은 국가 기구에서 자리를 잡거나 재조직된 군대의 장교가 되기도 하였다.

그들이 해산된 것에 대해 여전히 불만을 갖고 있던 사무라이들은 군대의 확장을 지지하였다. 그들은 일본 밖에서 일어나는 전쟁을 계기로 재기하고자 하였다. 더욱 공격적인 외교정책을 지지하는 사무라이 조직들이 1881년에는 현양사(玄洋社),[23] 1901년에는 흑룡회(黑龍會)와 같은 비밀 조직을 결성하였다(이 단체들이 중국 및 남의사에 미친 영향력에 대해서는 2장 참고).

현양사나 흑룡회와 같은 단체의 활동은 매우 민족주의적이었으며 일본 제국주의 발전에 있어 중추적인 역할을 하였다.[24] 1894년부터 1904년까지의 기간은 일본에서는 공격적인 군국주의가 발생한 시기였다. 일본이 두 전쟁ー1895년 중국과의 전쟁과 1904~1905년 러시아와의 전쟁ー에서 승리할 수 있었던 것은 주로 서양의 기술과 산업화를 받아들인 급속한 근대화 덕분이었다.

일본 군국주의와 파시즘 간의 유대는 굳건하였고, 중국에서도 같은 상황이 벌어졌다. 따라서 아시아 파시즘은 정치 및 시민들의 생활 속에 군대의 가치가 점차 확산된 것으로 정의할 수 있을 것이다. 파시스트 정당이 없던 중국에서는 파시즘 사상이 국민당 내의 군부세력들 사이에서 일어나기 시작하였다. 중국의 전통 관료제도보다는 일본 군대의 규율을 배우고 자란 장제스를 필두로 한 국민당이 매우 군국주의적 기관이었음을 잊어서는 안 된다.

■취약한 민주주의 구조와 근대화

제1차 세계대전 이후 일본에서는 처음으로 의회 정부가 설립되었다. 독일과 이탈리아와 마찬가지로 이 정권도, 1920년대에 심화된 경제 위기를 넘기거나 어마어마한 사회적 혼란을 겪지 않고 경제 변화를 추진할 수는 없을 정도로 취약하고 불안정하였다. 이런 점에서 일본 파시즘의 기원은 독일이나 이탈리아와 매우 비슷하다고 볼 수 있다. 군대의 강력한 영향력은 일본 헌정에도 그대로 반영되었고, 군인들은 전쟁 부처나 해군 부처로 향했다. 군대에 대한 수요는 무시할 수가 없었다. 더욱이 일본의 법은 육군과 해군이 의회 및 정부의 통제로부터 자유롭고 그 아래에 종속되지 않을 것을 보장하고 있었다. 육군과 해군은 어떤 경우에도 내부 문제에 대해 정부의 간섭을 받지 않았다. 그 무렵 일본의 사회 구조는 모든 것이 하향식이었다. 아래에서부터의 발의권은 드물었고, 일본 국민들이 이런 권위적인 구조에 철저히 복종해야 했으며 정부에 반대하는 '하드 코어'는 없었다. 체계적인 것이 아무 것도 없었던 것이다.

일본 근대화와 군국주의화 간의 관계는 파시즘이 부상하기 이전에도 매우 밀접하였다.[25] 그 이유 가운데 하나는 군대의 효율성을 급속히 개선하였기 때문이다. 독일의 자문을 받아 독일을 모델로 한 참모계층이 조성되었는데, 이는 메이지유신 기간 동안 일본 사회에서 일어난 최초의 근대 요소 가운데 하나였다. 1895년 중국과의 전쟁과 1904년 러시아와의 전쟁에서 승리한 것은 일본이 급속하게 산업화를 이루고 서양 기술을 서둘러 습득하였던 덕분이다.

일본 근대화는 강력한 민족주의와 군국주의를 강조하였으며, 1905년까지 일본은 극동지역에서 새로운 식민지를 찾기 위해 공개적으로 경쟁할 준비가 되어 있었다.[26] 일본은 국가 방위라는 측면에서 밑바닥부터 서양과의 관계를 다시 시작해야 했으며, 근대화라는 문제를 안고 있었다. 고바야시 히데오(小林英夫)의 설명에 따르면

근대화라는 강력한 추진력 덕분에 근대화된 육군과 해군, 국가적 목표 실
현과 생존을 뛰어넘어 다양한 측면 −학교 제도, 노동자들의 작업 시간, 정
부 자산, 징병 제도, 중공업, 도로 건설, 항만 시설 개선 등− 에서 국가 자원
들을 동원하게 되었다.[27]

일본 근대화는 그 무렵 매우 신속하고 성공적이었으며 앞서 말한 요
소들과의 관련도 깊었다. 일본 군대는 강력했으며, 그 원칙은 일본 외
부로의 팽창주의였다. 강력한 세력을 가진 서방 국가들(미국, 영국, 기
타 유럽 국가들)은 일본이 신속하게 근대화되지 않기를 바랐으며, 중국
에서도 그랬듯이 일본의 문을 두드려 공격 또는 침투하거나 영향력을
끼치려는 의도를 갖고 있었다.

따라서 1890년 이전 시기에 일본은 스스로를 보호하기 위해 신속한
근대화에 높은 우선순위를 두었다. 이를 위한 노력은 일본 국민들로부
터 큰 호소력을 얻게 되었다. 모든 것이 하향식이기는 했지만 근대화를
위한 노력은 근면성과 의무에 대한 양심이라는 일본 정신과 조화를 이
룬 것이다.

■이념적 영향력

제1차 세계대전 이후 일본에서 일어난 우익단체나 파시스트 운동은
군대와 협력하거나 군대의 지원을 받았다. 그러나 대부분의 새로운 국
가 조직들은 이런 상황을 개혁하기보다는 '일본 정신'을 보호하는 데에
만 치중하였다. 좌파 학생 단체, 노동자 −농민 연합, 사회주의− 공산
주의 조직과 투쟁하기 위해서 수많은 애국 단체들이 생겨났다. 군국주
의적 경향은 민족주의에 대한 뿌리 깊은 욕구와 조화를 이루어 발전하
게 되었다. 새로 결성된 반동(反動) 민족주의 기관들을 주도한 것은 기

타잇키(北一輝)였다.[28] 기타는 1910년대에 중국에서 활동하였는데, 주로 일본 정보부 및 흑룡회와 결탁하였다. 1918년 중국에서 돌아온 뒤 『일본개조방안대강(日本改造方案大綱)』이라는 책을 펴냈다. 기타의 책은 히틀러의 『나의 투쟁(Mein Kampf)』의 내용을 인용하고 '일본 소화(昭和)시기의 초(超)민족주의 운동'과 비교, 언급되기도 하였다.[29]

일본 파시즘 발전에 있어 기타가 미친 영향력은 엄청났으며 마루야마마사오는 그를 가리켜 '일본 파시즘의 이념적 아버지'라고 칭하였다.[30] 기타의 책은, 일본의 후견 아래 대(大)아시아 또는 범(凡)아시아주의에 헌신하지 않고 많은 일본인들이 재능과 에너지를 낭비하고 있다고 느끼는 사람들의 '시대정신'을 요약하고 있다. 1920년대와 1930년대에 일부 다른 파시스트들도 일본의 우월성을 위해 투쟁하였고, 그들 모두가 대아시아에 대한 기타의 열망을 지지하였다.

일본의 파시즘 이념은 아시아적 가치들에 기반을 두고 있으며 주로 일본 사상을 근간으로 하고 있는데, 첫째 '황제의 길', 둘째 유교사상, 셋째 종교 철학 등이다. 부시도(武士道) 정신의 주요 사상 또한 유교 사상에 기반을 두고 있다.[31] 더욱이, 불교에 강력한 국가적 색채를 더했던 일본 승려 니치렌(日蓮, 1222~1282)의 가르침은 기타잇키와 이노우에닛쇼(井上日召)와 같은 초민족주의자들의 사상에 상당한 영향력을 미쳤다. 이노우에는 일본 국교인 신토(神道)와 파시즘이 일본을 아시아 사람들, 나아가 전 세계 사람들의 지도자 위치에 올려놓을 것이라고 주장하였다.

기타잇키는 유럽 파시즘을 수정하여 일본 파시즘 이론을 만들어낸 것으로 간주되었으며 유교 사상을 연구하였다. 일본 파시즘 사상을 꿰뚫는 기타의 주장은 동양과 서양의 문명을 비교하는 것이 가능해야 한다는 것에 기초하는 한편, 동양의 문화와 정신이 서양의 그것보다 우월

하다고 확신하였다.[32)]

일본 파시스트 국가는 군국주의, 근대화, 범아시아주의로 구성되었다고 말할 수 있을 것이다.

■일본 파시즘에 대한 평가

윌슨(George Wilson)은 1975년 출판한 책을 통해 일본 파시즘 개념은 잘못된 것이라고 명백히 주장한 바 있으며, 일본 파시즘 문제에 대해 가장 합리적으로 재검토하였다. 권력 쟁취를 위한 어떠한 정치적 운동도 일어나지 않았고, 공식적인 일본 헌법 및 제도적 권한이 기본적으로 온전히 남아있었으며, 의회 다수주의와 선거가 여전히 존재했기 때문에 이런 견해는 합당하다고 볼 수 있었다. 일본 제도를 개혁하라는 압력은 주로 군대 내의 급진파나 소규모 급진적 민족주의 단체에서 나왔다.[33)]

윌슨은 또한 일본이 1930년대에 파시스트 국가가 되었다는 결론을 도출하면서 두 가지 해석을 내놓았다. 첫째, 마르크스주의적 접근으로서, 파시스트 운동과 그 이후 실제 파시스트 정권이 일본의 객관적인 계급 상황에 대한 반향으로 나타났으며, 또한 사회적 및 경제적 반란이 일어날 위험에 대비하여 일본 자본주의의 최종 방어 형태로 등장했다는 사실을 설명해 준다. 이것은 이탈리아의 파시스트와 독일의 나치에 적용한 것과 같은 접근법이다. 두 번째 접근법은 독재주의 – 근대화 이론으로서 파시스트를 '급속하고 가부장적인 산업화 과정 속에서 국내에서는 복귀정책을, 해외에서는 적극적인 팽창정책을 취하도록 만드는 대내외적 위기를 맞은' 모든 정부들로 간주하는 것이다.

이후 서양 및 일본 학자들 사이에서 이 마지막 이론에 대한 추종자들이 생겨났다. 일본 파시즘은, 성공적인 대중 동원을 통해 하층에서부터 올라온 것이 아니라 기존의 국가 구조를 '천황제' 또는 '군사 - 관료주의' 파시즘으로 전환함으로써 위에서부터 내려온 것이라는 점에서 유럽의 파시즘들과는 다르다고 볼 수 있다. 군대를 파시스트 정당으로 대체하고, 황제라는 상징적인 존재를 파시스트 지도자로 대체하고, 또한 다른 비슷한 유추법을 적용함으로써, 일본은 1936년 이후 파시스트 제도를 갖게 되었다고 결론 내리고 있다. 유럽 파시즘과 마찬가지로, 일본 파시즘도 자유주의와 사회주의를 억압하였고, 모든 측면에서 국민 생활에 대한 국가의 권한을 강화하였다.

마루야마는 일본 파시즘에 대한 가장 설득력 있는 학자 가운데 한 명이다. 마루야마에 따르면, 일본 파시즘은 세 단계에 걸쳐 발전하였다. 첫 번째 단계(1919~1931년)는 시민들 사이에서 일어난 우익단체의 운동으로 특징지을 수 있다. 두 번째 단계는 1931년 9월 일본이 만주를 침략하면서 시작되었는데, 군대가 파시즘의 원동력이 되었다. 마지막 세 번째 단계(1936~1945) - 마루야마는 파시즘이 이때 단순한 운동에서 국가 구조로 전환되었다고 간주 - 는 일본 파시즘의 절정기라고 할 수 있을 것이다. 파시즘을 공개적으로 지지하였던 군대는 관료주의와 경제 및 정당을 포함하여 불안정한 통치 연합을 형성하였다.[34]

일본 파시스트 운동은 본질적으로 현재의 파시스트 이론과 공통적인 요소를 갖고 있었다. 그러나 1919~1945년 사이 일본 파시스트 이론에서 두드러지게 나타나는 3가지 특징이 있었다. 마루야마는 다음과 같이 요약하고 있다.

  1. 가족 제도 : 일본 국가 체계의 기본적인 특징은 그것이 항상 가족의 연장선이라고 생각했다는 것이다. 이 체계는 파시스트 운동에도 반영되었는데 이런 국가 기관과 정치 슬로건은 독일이나 이탈리아 파시즘에는 나타나

지 않는 독특한 특징이다. 이것이 일본 파시즘의 사회적 배경을 규정한다.

2. 토지 균분론(均分論) : 일본 파시스트 이념의 중요한 특징은 도시의 산업 생산력 확장을 막기 위해 농촌의 자치권을 요구하는 대항 운동이었다. 일본 파시즘은 혼란스러운 형태를 띠었는데, 세계 파시즘에서 공통적으로 나타나는 강력한 권한 집중과 국가 통제 강화의 흐름이 토지 균분론 이념으로 인해 일본에서는 제한되었다는 것이다.

3. 범아시아주의 : 유럽 식민지로부터 아시아인들을 해방시키자는 이상은 일본파시즘을 꿰뚫었다.

유럽 파시즘과 일본 파시즘을 구별하는 주요한 특징은 단계적 변화라고 할 수 있다. 일본 파시즘은 독일이나 이탈리아와 같이 아래에서부터 나타나지 않는다. 더욱이, 독일과 이탈리아에서는 지식인들과 대학생들이 주요한 역할을 하였는데 일본은 그렇지 않았다. 학식을 가진 대학생들은 파시스트 운동을 전혀 지지하지 않았다. 이것은 지식인들의 지위, 아시아와 유럽 간의 문화적 가치 차이로 설명할 수 있을 것이다.

유럽의 파시즘과 마찬가지로, 일본 파시즘도 1930년대에 더욱 급진적으로 변화하였다. 1934년 7월 정권이 교체되면서 중국 본토에 대한 군대의 정책을 굳게 지지하던 정당이 정권을 잡게 되었다. 이것은 일본에서 군대 및 관료 엘리트들의 지위를 강화하는 결과로 나타나게 되었다.[35]

정계 주변에는 일부 유명한 초(超)민족주의자들의 가르침을 받은 극단주의 조직들이 많이 활동하고 있었다. 이 조직들은 서로서로 태도나 의견이 분분하여 정치적으로 협력하기는 매우 어려웠다. 마찬가지로 그들의 활동 또한 작은 규모와 재정 불안으로 인해 크게 제한되었다. 그러나 이런 기관들과는 다소 다르지만, 자본주의와 서양 이념들에 반대하며, 지위 덕분에 영향력을 행사할 수 있는 기회를 더 많이 갖고 있는 젊은 장교들 사이에서 조직이 발생하였다. 이 젊은 장교들의 조직은

1923년 일본 군대가 재구성된 이후에 더 큰 영향력을 갖게 되었고, 그 영향력은 1932년 만주사변(일본의 만주 침입) 이후 더욱 커졌으며, 이 때를 일본 파시스트 시대의 첫 장을 열었던 시기라고 말한다.

1923~1932년 시기에는 일본 군대가 재구성되면서 나이든 장교들과 젊은 장교들 사이에 대립관계가 형성되었다. 이 관계는 1936년까지 일본이 더욱 발전하는 데에 큰 영향을 미쳤다. 군대 내에서 이 두 세대 간의 충돌은 젊은 세대가 다른 사회계층을 대변했기 때문에 두 개의 군대 사상 간의 충돌 그 이상이라고 할 수 있었다. 젊은 장교들은 장년층 사무라이 집안의 자제들인 경우도 있었고, 아직 군대를 통제할 수 있는 지위에 오르지는 못했지만 1922년 시작된 일본 군사력 개혁에 대한 주요 지지층도 있었다. 1930년대 초부터 젊은 장교들 사이에는 의회와 정당을 반대하는 정신이 빠르게 확산되기 시작했으며, 제1차 세계대전 이후 일본에서 일어난 우익 단체나 파시스트 운동과 협력하기 시작하였다. 군대의 지원을 받은 이 파시스트 조직들은 실질적인 정치권력을 잡게 되었고 일부는 매우 왕성하게 활동하게 되었다.

결국, 1936년 2월 26일 파시스트 운동과 젊은 장교들이 함께 일으킨 '2.26사건'[36]은 하층계급에서부터 파시즘에 영향력을 미친 극점이었던 것으로 보인다. 마루야마에 따르면 '2.26사건'은 무엇보다도 전환점이었다고 할 수 있다. 물론 이것은 끊임없이 일어났던 파시스트 폭동 중에서 가장 크고 가장 마지막에 일어난 것이었다. 이후에 젊은 장교들과 민간 우익 단체들이 주도한 아래로부터의 파시스트 운동은 후퇴하게 되었다'고 밝히고 있다. 1936년 이후 일본 파시즘은 상층에서 전래되어 내려 온 파시즘으로 규정된다.

따라서 2.26사건은 '하층에서 급진적인 파시즘 운동을 종결시키고, 일본 파시즘이 독일이나 이탈리아에서 일어났던 파시스트 혁명과 쿠데타의 형태를 취하지 않도록 결정하는 역할을 하였던 것'이다. 일본의 군대는 정부의 권력을 쥐고 기존의 정치 구조를 파시스트 국가로 전환시켰던 것이다.

4. 중국 파시즘과 유교 사상

1930년대 중국의 남의사에도 적용할 수 있는 파시즘의 잠정적 정의를 규정하기 위해서는 어느 정도의 융통성이 필요하다. 공산주의와 같은 이념은 확고한 정설과 마르크스주의에서 차용한 여러 종류의 원칙들을 확보하고 있다. 따라서 확고한 이념을 거스르는 정치적 기원을 갖고 있는 CCP는 이단 또는 '개정주의자'라는 주장에도 일리가 있다. 기존의 이념 또는 운동이 공산주의인지 아닌지를 결정하는 것은 비교적 쉬울 것이다. 반대로, 확실한 이념적 기반이 없는 파시즘은 원래 특성상 기회주의적 현상 반(反)이념이라고 할 수 있다. 파시즘은 분명한 조건들 가운데 가장 직접적인 조건에만 집중한다. 먼저 권력 문제를 처리 및 조사한 후에 여러 정책과 조직, 신화, 숭배자 집단을 구성한다. 이 사상단체는 일관적일 수가 없는데, 중요한 것은 바탕이론이 아니라 '권력'이기 때문이다.

기본적으로, 모든 파시스트 운동은 반자유주의적이고 반마르크스주의였다. 실제로 무솔리니는 파시즘이 좌파, 우파, 중도 등 오래된 대부분의 정설을 거스르는 '위대한 반정당'의 성격을 띠게 된 발단시점을 목도하였다.[37] 파시스트들은 그들을 반대하는 사람들에게 잔인한 행동을 함으로써 추진력을 갖기도 하였다. 그들의 근본은 어떠한 이념도 없는 폭력에 두고 있는 것처럼 보이기도 한다. 여기서 '이념'은 국가가 접할 수 있는 실질적인 문제에 대한 이론적 접근법을 구성하는 개념 체계라고 할 수 있을 것이다. 블락웰 백과사전에서는

> 이념이란 어떤 행동 양식이나 과정을 형성하고 동원하며 지시하고 조직 및 정당화 의도를 갖고 사회를 표현하고 해석하며 평가하는 상징적이고 강렬한 믿음 및 표현방식이다.[38]

간단히 말해서, 이념은 이론에 따라 취하는 행동을 지지한다. 따라서 파시즘은 이념보다는 반(反)이념적 성향을 갖고 있으며, 정의에 따르면 이념적 배경이 없는 것으로 간주된다. 이론 없는 행동을 지지하기 때문에 반이념은 개념사상을 체계적으로 구성할 필요도 없는 것이다. 파시즘은 '행동에 대한 숭배'로 설명할 수 있다. 달리 말하면 행동 뒤의 이념보다는 행동을 찬양하는 것이다.

대부분의 파시스트들이 공유하는 이런 견해는 파시즘을 분석할 때 오설리반이 다루었던 6가지 사항 가운데 하나이다. "파시즘이 이념인가, 아니면 파시스트들이 스스로 주장하듯이 행동에 대한 숭배가 모든 교리상의 의무를 대표하는 반이념인가?" 그렇다면 '생각하는— 知' 이념보다는 '행동하는— 行'을 반이념이라고 보는 파시즘에 대한 이런 견해는 남의사에 적용할 수 있는 파시즘 정의의 핵심이라고 할 수 있겠다.

앞서 말한 파시즘의 정의 가운데에서 파시스트 테러는 대부분 질서정연한 방식으로 실천한다는 것이 정설이었다. 파시즘은 생각과 행동을 통합시킬 수 있는 최고의 사례 중 하나[39]라는 개념이 있다. 위에서 말한 정의 가운데 파시즘을 생각과 행동을 통합시킬 수 있는 최고의 사례 중 하나로 본 것은 주목할 만하다. 왜냐하면 파시즘에서 말하는 '행동'과 '생각'의 통합은 최소한 명(明) 왕조 이후 중국의 유교 사상에 보급되었던 '지식과 행동'에 대한 논쟁을 강하게 연상시키기 때문이다.[40]

쑨원은 그의 정치교리 중 일부로 지식과 행동을 택했고, 장제스 또한 국민들이 더 많은 공로를 이룰 수 있도록 장려하기 위해 이 용어를 활용하였다. 그러나 쑨원은 주로 혁명과 국가 재건에 관심을 갖고 있었다. 그는 "알기는 쉬우나 행동하기는 어렵다(知易行難)"는 고대의 가르침을 활용하여 "행동하기는 쉬우나 알기는 어렵다(知難行易)"라고 표현하였다. 쑨원은 발전의 열쇠는 행동이며 행동하는 것은 아는 것보다 쉽다고 강조하였다. 쑨원의 이론은 중국에서 '지식과 행동의 통합(知行合一)' 문제에 대한 오랜 논쟁에 불을 붙였다.[41]

비슷한 사상이 메이지유신 기간 동안 일본의 지식인들 사이에서도 일어났다. 그들은 중국 사상에서 발전한 '지식과 행동의 통합' 이론이 일본 근대화 발전에는 방해가 된다고 보았다. 그들이 제기한 가설은 '지식'의 강요 없는 '실천'이 성공적일 수 있다는 것이었다. 따라서 일본의 경우에는 지행합일(知行合一) 대신에 '임기응변(臨機應變)' 또는 '행동은 환경에 반응하여 실행된다.'는 개념이 파급되었다.

또한, 초기 극단적인 민족주의 발전과 일본 파시스트 국가 형성에 영향력을 행사했던 일본 비밀 단체들도 같은 맥락에서 이해할 수 있을 것이다. 흑룡회는 '행동'으로 상징화되고 현양사는 '지식'으로 상징화할 수 있을 것이다. 이 단체들이 1930년대 중국 남의사에 미친 영향력의 범위는 이 책의 2장에서 더 자세히 다룰 것이다.

또 다른 중요한 측면은 중국 비밀 단체의 전통이 남의사에 미친 영향력이다. 이것은 단체의 활동 방식을 보면 확실히 알 수 있으며, 결코 과소평가되어서는 안 되는 측면이다. 이 가운데에서 가장 중요한 것은 남의사에서는 나타나지 않았던, 중국 비밀 단체에서 나타난 강력한 씨족유대감이었다. 더욱이, 수세기 동안 중국에 존재했던 비밀 단체와 폭력 단체들은 그들의 생존권을 '권위'에 대한 반란에서 찾기도 하였다. 그들은 '지식'보다는 '행동'으로 유명하였다. 이런 맥락에서 그들의 이념은 反이념적 형태라고 규정할 수 있을 것이다. 이들 비밀 단체의 이념이 파시즘의 '생각과 행동의 통합'이라는 교리와 화합할 수 있는 범위에 대해서는 앞으로 더 다루어 볼 것이다.

■장제스 사상과 파시즘

파시즘의 잠정적 정의에 도달하기 위해서는 1930년대 유럽 파시즘을 해석한 대부분의 중국학자들과 장제스는 유교 사상 교육을 받았다는 사실을 명심해야 한다. 이 학자들은 파시즘을 명확하게 설명하는 데에 실패하였다. 먼저, 파시즘의 다양성과 모호함으로 인해 해석하는 것이 더욱 어려웠다. 둘째, 이 학자들은 이미 주입된 유교 사상의 특수성 때문에 파시즘을 전통적인 중국적 맥락에서 파악하려고 하였다. 중국의 파시즘 연구가들, 심지어 남의사 이념가들도 실제로 개념(사상)을 규정짓지 않고 유럽 파시즘의 외적 측면과 기법(행동)에 대한 경쟁을 지지하였다.

본문에 사용한 파시즘의 잠정적 정의는 수많은 측면에 비추어 규명한 것이다. 학자들이 파시즘의 영향력 아래 일어난 모든 운동, 유럽과 동아시아에서 일어난 운동만 포함하는 파시즘의 일반적인 형태에 대해 정의를 내리는 것은 불가능한 것으로 보인다. 단순한 통합 이론으로서 분류를 무시한 개념이기 때문이다. 유럽 파시즘의 역사적 근원은 전체가 아닌 대부분의 파시스트 운동에서 공통적으로 나타나는 여러 가치들을 골라내기 위해서 분석된 바 있다. '체크리스트 접근법'이나 '파시스트 최소 요건'을 채택하는 것이 가히 만족스럽지는 않지만 최소한 남의사를 판단할 수 있는 여러 기준들을 제공해 준다. 또한 일본에서 파

시즘이 부상할 때 군국주의가 강하게 영향력을 미쳤던 것과 일본 파시
즘에 영향을 미친 특수한 문화적·전통적 가치들은 파시스트 기관으로
서의 남의사를 평가하는 데에 중요한 요소가 될 것이다.

파시즘에 대한 잠정적 정의는 아래 6가지 사항으로 표현할 수 있을
것이다.

1. 파시스트 조직은 사회적 선동으로 인해 위협을 느낀 사회단체들
   이 구성하게 된다. 이 조직들은 하나의 사회계층에서 형성될 수도
   있고 지배계층에서 모인 것일 수도 있다.
2. 파시스트 조직은 마르크스주의, 자유주의, 물질주의를 거부한다.
   이런 사상들은 발생 국가의 특수한 사회적 환경에 맞는 전통주의
   적 개념이나 다른 근대주의자들과 결합한다.
3. 파시스트 조직은 기관의 군사적 모델 확장과 더 많은 국민들의 복
   종을 얻고자 한다.
4. 파시스트 조직은 위에서부터 대중들을 동원하며, 따라서 마르크스
   주의와 같은 이념적 정치의 '자발적인' 특성보다는 행동주의적 정
   치의 '규제된' 특성을 선호한다.
5. 파시스트 조직은 민족주의적 정서를 장려하며, 중국의 유교사상과
   같은 정치적 가치의 부활을 지지하기도 한다.
6. 파시스트 조직은 전체주의의 본질을 지지하기 위해서 지도자에
   대한 노골적인 숭배를 가르침의 핵심에 둔다.

이런 소위 '지도자의 원칙'은 엘리트 집단을 확립할 때 발생하기도 한
다. 위와 같은 파시즘 모델을 염두에 두고, 1930년대 중국의 남의사에
대해 검토해 볼 것이다. 유럽의 여러 파시스트 조직들의 특징은 앞으로

설명하게 될 내용들과는 매우 다르다는 것을 강조해야 하며, 유럽과 아시아의 파시즘 간에도 더 큰 차이점이 있음을 지적해야 할 것이다.

2장 장제스(蔣介石)의 파시즘 지향(志向)

　현상으로서의 파시즘은 복잡하며, 서문과 1장에서 주지하였듯이 파시즘 연구 또한 다양하고 복잡하지만 모순적이기도 하다. 이 장에서는 중국 파시즘의 부상과 관련된 역사적 배경을 살펴보고, 어떻게 일어나게 되었고 파시스트들이 어떻게 권력을 장악하게 되었는지 그 상황과 과정에 대해 설명하고자 한다. 유럽의 파시즘은 세계대전 직후 사회적, 경제적, 정치적 반란을 통해 부상하였고, 자유주의, 민주주의, 마르크스주의를 반대하였다. 반대로 일본에서는 파시즘을 주도한 군대에 대한 광신과 함께 반동적인 민족주의 성향을 띠었다. 1932년 이후 중국에서 발생한 특수한 파시즘 형태는 이런 맥락에서 이해할 수 있을 것이다.

　19세기 말부터 1930년대까지 일본이 중국 파시즘의 발전에 어떤 영향을 미쳤는지에 초점을 맞추고자 한다. 이런 측면에서 일본과의 유대는 장제스가 이후에 파시즘에 관심을 갖게 되는 상황을 설명할 수 있는 증거로서 검토하게 될 것이다. 또한 장제스와 그의 지지자들—남의사—에게 특별한 의미를 가진 일본 모델의 상대적인 중요성도 검토해 볼 것이다. 남의사는 1932년 3월부터 1938년 5월까지 단기간에 중국 사회에서 영향력을 확대하고자 노력했던 중국 파시스트의 핵심이었다.

중국 파시즘과 나치즘, 이탈리아 파시즘 간의 유대관계를 살펴보고, 이와 관련하여 1920년대 초 독일에서 우익 반란에 연루되기도 한, 장제스의 독일군 자문관(1928~1938년) 일부 활동 및 영향력에 대해서도 알아보도록 한다.

1. 중화민국 이전의 파시즘

19세기의 전환점에 중국에서 일어난 민국 시기 혁명 역사와 중국 최초의 민족주의당인 국민당이 설립된 이후에 일어난 사건들에 대해서는 이미 여러 차례 다루어진 바 있다. 중국의 역사에 대한 문헌은 쉽게 접할 수 있지만, 중국 역사에 대해 잘 알지 못하는 일반 독자들의 편의를 위해 아래에 간략하게 개요를 제시하겠다.[1]

20세기 초 중국 정부의 구조가 바뀌기 시작하면서 이에 반대하는 움직임이 눈에 띄게 급속도로 일어났다. 이런 움직임은 청(淸)왕조에 대한 1911년 혁명으로 이어졌는데, 이 반란은 중국에서 황제 국가가 사라지고 이후 공화정 시기로 순조롭게 넘어가는 계기가 되었다.

1911년과 1912년 결국 청 왕조가 무너지게 된 것은 단순히 중국 내부로부터의 압력 뿐 아니라 동아시아 대륙을 넘어 외세로부터 받은 광범위한 도전 때문이기도 했다. 1912년 청 왕조의 마지막 황제가 퇴위하면서 수세기 동안 이어져 온 체제가 사라지게 되었다. 이로 인해 중국의 정치 핵심에는 공백이 생겼고 사회, 문화, 경제 발전 단계 또한 영향을 받게 되었다. 중국의 전통적 가치 덕분에 법적 지위를 확보할 수 있었던 정치 제도가 무너지면서 중국인들은 새로운 사회를 구성할 방안과 새로운 제도를 합법화할 수 있는 가치들을 모색하게 되나, 이 과정이 다소 늦춰지면서 국민들은 분열하게 되었다.

중국 전체 역사를 통틀어 가장 절정에 이르렀던 시기 가운데 하나가 18세기였다. 중국 국민들은 번영을 누렸고, 청 정부가 국경 내에서는 권력을 잘 행사하고 있으므로 비교적 평화로웠다. 청의 통제범위가 다소 제한적이기는 했지만, 청 왕조 중기부터 지리적 유산은 근대 중국의 영토라는 개념에서 볼 때 중요한 의미를 갖게 되었다. 근대 중국 정부는 청 왕조 무렵 보유했던 모든 영토를 되찾기 위해 고군분투하였다.[2]

19세기에는 미국과 유럽에서 건너온 외국인들이 중국 해안을 통해 군사적 위협을 가하였다. 이들의 공격으로 인해 중국은 중국 제국군의 훈련 상태와 장비가 얼마나 열악했는지를 깨닫게 되었고, 무능함에서 벗어나고자 노력하는 과정에서 서양 기술 및 지식과 서양의 군사체계를 재빨리 받아들여야 한다는 필요성을 느끼게 되었다. 1895년 일본과의 전쟁에 패한 뒤 변화에 대한 요구는 더욱 강해졌고, 위안스카이(袁世凱)가 서양 훈련체계를 모델로 하여 군대를 조직하는 책임을 맡았다.

1895년 이후에 활동했던 혁명론자들은 청 왕조를 타도해야 한다며 극단적인 요구를 하였고 마침내 공화국이 설립되었다. 다소 덜 극단적이었던 개혁주의자들은 중국에 입헌군주제를 도입하고자 하였다. 구조는 바꾸되 청 왕조를 유지하면서 적절한 서양 제도를 도입하자는 것이었다.

가장 중요한 혁명당은 쑨원이 1905년 도쿄에서 설립한 동맹회였다. 혁명가들의 청 왕조에 대한 공격은 근본적으로 왕조를 반대하는 것이었지만, 외세의 억압을 막아내고 국민들에게 안정적인 생활환경을 제공할 수 있는 강력한 국가로 중국이 다시 태어나게 하기 위해서는 많은 변화가 필요했다.

잘 알려져 있는 1911년 10월혁명은 중국 중부 지방의 우한(武漢)에서 일어난 지방 봉기에서 비롯된 것이었다. 이것이 혁명으로 발전하였고 우한 봉기에 대한 소식이 퍼지면서 중국의 성들이 하나씩 독립을 선언하기 시작했다. 청 정부가 혼란에 빠져서 무엇을 해야 할지 모르고 있을 때, 근대 중국군을 창설한 위안(袁)은 혁명론자들을 처리하라는 요청을 받게 된다. 위안은 청 왕조의 몰락을 막기보다는 자신의 세력을 키울 기회를 노렸다.

1911년 12월 초 새로운 정부 구조에 대한 윤곽이 잡혔고, 난징이 지방 정부의 중심지로 떠올랐다. 우한 봉기 무렵 미국에 있었던 쑨원은 12월 25일 귀국하였다. 대부분의 지방 대표들은 위안이 실질적인 권력을 잡고 있다는 사실을 알고 있었지만, 쑨원이 미국에서 돌아오자마자 임시 대통령으로 그를 지명하였다. 그러나 그 자리는 일시적인 것이었으며, 위안이 선출될 때까지 임시 대통령으로 활동한다는 데에 쑨원 또한 동의하였다. 쑨원은 1912년 1월 1일 이를 맹세하였고 이 날이 중국 공화정이 시작된 시점으로 간주된다.

1912년 2월 12일 황제는 왕위에서 물러난다고 선언했고, 동시에 위안은 임시 정부를 조직하게 되었다. 위안을 무시할 수 없었던, 난징의 임시 공화정은 임시 총통의 지위를 내줌으로써 그의 세력을 억제하고자 하였다. 3월 10일 베이징에서, 이어 4월 1일 쑨원은 공식적으로 자신의 자리를 포기하겠다고 선언하였고, 난징 의회는 활동을 미루고 베이징으로 옮겼다.

■국민당 창설

중국이 스스로 공화국임을 선언한 뒤 다른 정당들의 활동도 허용이 되었고, 국민들 또한 민주주의에 대해 알게 되었다. 공화국 초기 몇 년 동안 수백 개의 정당이 활동했던 것으로 알려져 있다. 동맹회와 다른 정당의 당원들은 1912년 1월 공개적으로 당을 세울 수 있다는 결정이 내려지자 열광적인 반응을 보였다. 3월 국회에선 쑨원을 총통으로 선출하였다. 또한 쑹자오런의 주도 하에 동맹회와 4개의 소규모 정당이 합병되었고, 8월 말에는 국민당 창립총회가 열렸다.

최고 창립 위원인 쑹자오런과 함께 국민당은 1912년 말과 1913년 초 선거기간 동안 여당이 되었다. 위안스카이가 수장으로 있는 베이징의 중앙 정부는 국민당이 성장함에 따라 중압감을 느꼈다. 3월 20일 쑹자오런이 암살된 사건은 중국 정치에 엄청난 영향을 끼쳤다. 쑹자오런의 암살을 위안스카이가 직접 지시하지는 않았겠지만 임시 총통으로서 그의 열망을 실현하는 과정에서 겪는 어려움을 상징한 것으로 볼 수 있다.

위안은 중앙 정부의 세력을 다시 일으키고자 했으나 그가 부딪힌 가장 큰 문제는 중국의 재편을 위해 필요한 자금을 어떻게 마련하느냐는 것이었다. 그는 대부분의 지방세입을 탕진하였고, 외국 은행들의 컨소시엄으로부터 대규모 차관을 받기 위해 협상하였다. 결국 조정 단계를 거쳐 미국(1차), 영국, 프랑스, 독일, 러시아, 일본의 후원을 받게 되었다.

쑹자오런 암살과 차관 협상 등 일어나는 일련의 사건들을 통해, 민족주의자들은 위안이 더 큰 세력을 확보하기 위해서 얼마나 많은 준비를 하고 있는지를 알게 되었다. 민족주의 지도자들은 위안의 세력을 억제하기 위해 계속 노력하면서 2차 혁명이라 불리는 군사 도전을 고려하게 되었다. 그들의 군사력은 위안의 것과는 비교할 수 없을 정도로 뒤처져 있었고 질 수밖에 없는 상황이었기 때문에, 시작된(1913년 9월) 지 얼마 지나지 않아 싸움은 마무리되었다.

위안에 대한 군사적 저항이 실패로 끝나자, 위안을 공식적으로 대통령에 취임시키고자 하는 움직임이 일어났고 그는 더 이상 헌법적 제약을 받지 않게 되었다. 1913년 11월 위안이 국민당을 해산하자, 쑨원은 일본으로 망명하였다. 몇 주 뒤에는 국회를 해산시키고 자신이 선출한 행정 의회로 대체하였다. 1914년 3월 지방 의회도 해산하였다. 1914년 위안은 권력을 집중시키기 시작하면서 스스로 새로운 왕조의 초대 황제가 되기 위해 군주제를 부활시키고자 하였는데, 그 조치는 매우 간단한 것이었다. 힘, 뇌물, 여론 조작을 결합시키는 것이었다.[3]

1916년 6월 6일 위안이 노환으로 사망하자, 일부 조직들은 1913년 무렵처럼 지방 의회를 다시 세워 공화정을 수립하자는 데에 합의하였다.

위안의 사망 이후 중국 통일을 위한 움직임이 재개되는 듯했으나 현실은 그렇지 않았다. 중앙 정부에 대한 존중이 거의 사라지고 지방세력은 단순히 병력에 의해 결정되었다. 1916년부터 27년까지의 시기는 '군벌시기'로 불린다. 이 기간 동안에는 그 어느 때보다도 힘이 의지를 강요하는 수단이 되었고, 거의 예외 없이 군벌들은 군대의 규모를 늘려나갔다. 군벌 연합의 급속한 변화와 중국 동부 지역에서 일어난 전쟁으로 인해, 중국이 신속하게 통합되어 장기적으로 발전을 누릴 수 있을 거라는 기대는 사라져 갔다. 또한 1917년과 1918년 쑨원이 헌법 보호를 위해 실시했던 캠페인은 남서지방의 군벌들이 분열되면서 실패하였다. 쑨원은 이에 실망하여 상하이로 떠나 집필활동에 몰두하였다.

■국민당 재건

제1차 세계대전 이후 몇 년 동안 서로 연관되어 있는 두 가지 중요한 사건이 일어났다. 민족주의가 부상한 것과 중국 공산주의 운동이 일어난 것이다. 민족주의는 대중들의 정서로서 중요한 정치적 역할을 하였는데, 이것은 극심한 외국인 혐오현상으로 표출되었다. 1919년 베르사유에서 있었던 제1차 세계대전 평화 회담의 결과는 이런 반외세 감정이 표출되는 계기가 되었다. 민족주의적 성격을 갖고 1919년 5월 4일에 일어난 시위는 중국에 전례가 없는 규모였고 이른바 '5.4운동'으로 알려지게 되었다. 처음에는 애국적 정치 운동 겸 새로운 문화 운동으로 시작되었는데, 많은 지식인들과 대학생들이 운동의 선봉에 서면서 국민들은 이 운동이 반제국주의와 반봉건주의에 초점을 맞추고 있다는 사실을 새로이 인식하게 되었다.

쑨원은 이 운동의 반유교적 측면에 대해 걱정하게 되었고 중국 청년층들과 교감할 수 있는 통로를 모색하기 시작하였다. 결국 1919년 10월 국민당을 공식적으로 재건함으로써, 1913년 11월 위안스카이가 활동을 금지시킨 국민당이 존속하도록 했으며 그동안 해외의 중국 화교들을 대표하였던 중화혁명당은 사라지게 되었다. 쑨원은『재건』이라는 잡지를 발간, '국가 재건을 위한 계획'에 대해 집필하기 시작하였다. 1918년부터 1920년까지 상하이에서『국가 재건의 기본 원칙』이라는 책을 편찬하였고, 여기에는 '삼민주의'를 공식화하는 내용이 담겨 있었다. 그 3가지 원칙은 국가의 부활, 국민 주권 시행, 경제재건 및 근대화를 겨냥한 것이었으며, '민족주의, 민권주의, 민생주의'로 불린다.

1919년 재건된 뒤 국민당은 중국 남부 지방에 당사를 뒀다. 남부 지방을 선택한 것은 국민당의 주요 지도자들 대부분이 1911년 이전의 동맹회 출신이었기 때문이다. 또한 1917년부터 1918년까지 광저우(廣州) 정부의 지도자였던 쑨원 또한 여전히 남부 군벌들과 사적인 유대관계를 맺고 있었다. 쑨원은 그의 간부들과 함께 광저우로 옮겨 1921년 4월 임시 총통직을 맡았다. 쑨원이 북벌을 준비하고 있는 동안 광둥(廣東) 지방의 통치자 겸 광동군 최고사령관이었던 천중밍(陳炯明)이 그를 배신하였다. 천중밍은 1922년 6월 반란을 일으켰고 쑨원은 광저우항에서 포함을 타고 망명할 수밖에 없었다. 1922년 8월 1일 상하이로 떠나기 전까지 쑨원은 거의 2개월 동안 머물렀다. 1922년 9월 쑨원은 국민당을 재조직하기 시작하였고, 1923년 1월 1일 국민당 성명을 발표하였으며, 중국의 현 상황에 맞도록 삼민주의도 개정하였다.

쑨원은 재통합 투쟁을 위해 또 다시 외세의 도움을 요청하였고, 결국 1924년 5월 31일 소련과 국민당 사이에 합의가 이루어졌다. 국민당의 조직은 여전히 취약하였지만 이런 상황은 소련의 지원을 받으면서 앞으로 2년 내에 개선될 수 있었다. 그 지원에는 자금, 군사 장비 및 소련 자문관 파견 등이 포함되어 있었고, 중국 장교들 가운데 장제스는 소련의 군사체계를 보고 배우기 위해 3개월 동안 모스크바로 파견되었다. 국민당 재건을 위해서는 당의 규율을 엄격하게 만들고 당의 군대에 대한 요구와 더불어 새로운 당 프로그램을 더 열심히 선전해야 했다.

1925년 3월 12일 쑨원이 암으로 사망하였으나 국민당은 그가 사망 한 후에도 심각한 분열 없이 살아남았다. 여전히 쑨원은 국민당 이념에 있어 가장 중요한 인물로 남았으며, 특히 그의 저작에서 강조한 삼민주의 —고무적이면서 메시지는 강력했지만 후계자들이 해석하기에는 너무 많은 여지가 남아있어서 모호한 규율체계— 로 인해 더욱 그 상징성이 커졌다.

쑨원이 제창한 삼민주의는 중국과 국민당의 근간이 되었다. 쑨원의 이념은 중국 발전을 위한 국민당의 지침이 되었고, 특히 1927년 장제스의 주도 아래 민족주의 정부가 들어선 이후에는 더욱 그 의미가 커졌다. 쑨원이 구체적인 정치 관련 지식은 부족했을 수도 있지만, 중국의 발전을 기획한 '국부'로 칭송받고 있다. 민족주의 정부에서 재정 자문관을 맡았던 아서 영(Arthur N. Young)은 아래와 같이 말하였다.

혁명 이후의 단계에서는 경제를 살리고 확실한 자금을 모으는 것이 경제 개발의 최우선순위일 것이다. 그러나 쑨원이 주장한 장기 개발 프로그램을 잊어서는 안 될 것이며, 다행히 그 가운데 일부 기본 조치들은 채택되었다.[4]

그러나 윌버(Martin Wilbur)는 쑨원의 역할을 다음과 같이 기술하고 있다.

역사적인 관점에서 쑨원은 전환기적 인물이다. 부패한 제국의 전통에서 벗어나 산업화된 민족 국가로 성장할 수 있는 위대한 중국으로 가는 길을 열었기 때문이다. 그는 이런 전환기에 공화국 건설을 지원하고 군주제 재건을 막는 등 정치적 역할을 수행하였다. 그러나 역사적인 관점에서 볼 때, 그는 같은 흐름에 가담했던 많은 인물들 가운데 한 명일 뿐이다. 쑨원은 그의 특수한 비전에 맞게 국가의 정치 제도를 재구성하는 데에 그의 성인 시절을 다 보내었다.[5]

국민당은 1926년 7월 장제스의 지도 아래 군벌에 맞서서 북벌에 착수하였다. 1926년 말까지 당의 세력은 북벌로 인해 광둥과 광시 지방을 넘어 허난(湖南), 후베이(湖北), 장시(江西), 푸젠(福建) 지방까지 엄청나게 확대되었다. 그러나 순탄하진 않았다. 장제스가 북벌에 성공하여 난징과 상하이로 행군하려고 했을 때, 특히 CCP 구성원들의 통제를 받고 있던 우한의 임시 공동위원회와 대립을 피할 수 없었다.

1928년 북벌에 성공한 이후, 난징의 국민당 정부는 중국 내에서 가장 강력한 세력임을 자신할 수 있게 되었다. 그럼에도 불구하고 소위 '난징 10년' 이후에도 내부의 적에 대응하고 동시에 일본의 공격을 막아내기에는 힘이 모자란다는 사실을 깨닫게 되었다.

난징정부는 1928년 10월 10일 공식적인 국민 정부가 되었다.

2. 국민당과 장제스의 권력

국민당에서 민주주의에 헌신하는 것이 국가 전체에 민주주의를 확립시키는 것보다 더 큰 실질적 의미가 있기는 했지만, 원래 국민당의 강령은 의회 민주주의와 온건 사회주의를 지향하였다. 난징정부가 설립된 이후 국민당은 3년 전에 러시아 자문관인 보로딘(Michael Borodin)과 브루처(Vasili Blucher)가 주장했던 엄격한 민주집중제 모델을 채택하였다. 최소한 서류상으로는 당이 가장 힘 있는 정치 조직이 되었으며, 어떤 측면에서는 예전보다 더욱 독재적인 성격이 강해졌다. 1928년에는 장기적인 목표가 헌법 민주주의를 세우는 것이라고 공언하였지만, 정치적 후견 기간에는 공식적으로 일당 독재의 원칙을 추진하였다.[6)]

당의 핵심에는 통치 기구, 또는 중앙상무위원회(CEC)가 있었으며, 이 기구는 당 정책을 공식화하는 역할을 하였다. CEC가 소집되지 않을 경우에는 정치 위원회에서 그 역할을 맡았다. 군사 위원회는 군대의 성격과 관련된 정책을 집행하였지만, 단순히 CEC의 지침에 따랐을 뿐이다. 독재 중앙집권주의에 대한 요구와는 반대로 국민당에는 내부 분열이 만연하였다.

1930년 이후 장제스는 중국 민족혁명에 따른 문제들에 대처하기 위해서 파시즘을 대안으로 생각하게 되었다. 그는 장교단, 더 넓게는 정부에 파시스트 사상을 침투시켰다. 그의 승인이나 지원이 없었다면 파시즘은 중국에 뿌리를 내릴 수 없었을 것이다.

중국의 파시즘은 일반 국민들이나 군대에 기반을 두지 않았다. 중국의 파시즘은 기만적 선동으로 국민을 동원하여 이용한 이탈리아와 독일의 전형적 파시즘이나, 군부와 관료기구를 이용한 일본의 천황제 파시즘과는 달리, 남의사란 비밀 단체가 이용된 점이 특이하다. 남의사는 활동기간 동안에는 주목받은 적이 거의 없었으며, 국민당 내에서 비밀리에 활동하였다. 이런 상황은 파시스트 운동이 공개적으로 활성화되었던 유럽의 파시즘과는 상당히 대조되는 것이었다.

장제스는 민족혁명과 관련하여 다음과 같이 견해를 피력하였다.

> 세상에는 쉬운 일이 없습니다. 세상에는 어려운 일도 없습니다. 우리 국민들은 삼민주의 원칙과 국가 건설을 열광적으로 지원하고 적극적으로 실현하는 한편, 민족혁명의 목적과 목표를 확실히 인식하고 이를 위해 함께 투쟁하면서 우리 국가와 민족에 대해 절대적인 자신감만 가지면 됩니다. 그러면 앞으로 산을 옮기거나 바다를 비우는 일만큼 어려운 일이 닥쳐도 우리가 성공하지 못할 이유는 없을 것입니다.[7]

이 말은 그의 추종자들이 더 활발히 활동할 수 있는 추진력이 되었다. 그러나 1930년 국민당 당원들은 중국 혁명이 실패했다고 느꼈고 장제스 또한 1932년에 이를 인정하면서 "지금 내 유일한 희망은 1924년 무렵 국민당이 갖고 있던 혁명 정신을 부활시키는 것이다"[8]라고 밝혔다. 국민당이 혁명 정신을 상실한 것은 분명하였고 국민당 고위층에는 부패가 만연하였으며, 장제스는 부하들의 가벼운 죄에 대해서도 혹독히 문책하였다.

리더십이라는 관점에서 볼 때, 국민당은 난징 시기 동안 3가지 주요 문제에 부딪치는데, 첫째, 남부 지방의 공산당 폭동에 어떻게 대응하고 민족 통합을 어떻게 이룰 것인가, 둘째, 1926~1927년 북벌 이후 재빨리 사라진 개혁과 변화 정신을 경제 분야에는 어떻게 불어넣을 것인가, 마지막으로 다년간에 걸친 내부 분열과 파벌 문제를 어떻게 풀어나갈 것인가 하는 것이었다. 파시즘은 이 모든 문제들을 풀 수 있는 수단을 제공해 주는 듯 보였다. 국민당 내에서 발생한 투쟁으로 인해 드러난 이런 상황은 나중에 다시 다룰 것이다.

장제스의 전기에서, 양수뱌오(楊樹標)는 장제스의 소위 '파시스트 원칙'을 아래와 같이 설명하였다.

> 1931년 국회는 공식적으로 파시즘을 국민당의 지배이론으로 채택하였다. 중국 파시즘의 사회적 배경은 1) 일본의 만주 공격에 대항한 '9.18사건' 이후 겪었던 국가적 위기, 2) 파시즘뿐만 아니라 삼민주의 원칙을 통해 국민당 정부를 개혁하라는 요구, 3) 대지주들과 자본가들이 공산당의 토지개혁 위협에 저항할 것을 요구하는 상황, 4) 중국의 힘을 키우기 위해서는 파시즘을 장려해야 한다고 중국인들을 꾸준히 자극하는 독일과 이탈리아의 노력 등이었다.[9]

공산주의자들의 위협이 늘어나면서 장제스는 쑨원의 자유주의가 아닌 더 강력한 정치적 방침을 필요로 하였다. 강서 지방에는 CCP의 통제하에 체계적인 구조와 조직을 갖춘 지역이 있었는데, 1932년 이 지역이 중국 소비에트 공화국임을 선언하게 되었다. 이 지역의 상황과 공산주의의 압박이 그 무렵 국민당 지도층에게는 최우선의 순위 관심사가 되었다. 장제스는 파시즘으로 전향한 뒤에 더욱 체계적인 이념 체계와 강한 투지를 갖고 반공 활동을 추진하고자 하였다.

한 연설에서 장제스는 "파시즘은 공산주의의 적이며, 우리가 필요한 것은 파시즘"[10]이라고 강조하기도 하였다. 4장의 반공 활동에서 공산주의자들에 대항한 남의사의 활동에 대해 더 자세히 다룰 것이다.

파시즘은 또한 중국 경제 문제에 대한 만능해결책이며 당의 내부 분열에 대한 뛰어난 치료법으로 간주되었다.

■파시즘과 경제 개혁

장제스가 파시즘에서 해결책을 찾으려고 했던 또 다른 배경으로 열악한 중국 경제 상황을 들 수 있다.

1927~1937년 국민당의 경제적 성과는 상당한 논쟁거리를 만들어 냈다. 셰리단(James E. Sheridan)은 "일부에서는 국민당이 장제스의 지도 아래 역사상 유례없는 변화를 일으켰다고 주장하는 반면, 경제 침체를 유지시킨 것 외에는 아무 것도 하지 않았다고 보는 사람들도 있다"11)고 설명하였다. 그러나 이렇게 의견을 달리하는 학파들이 중국이 부딪힌 경제 문제가 엄청났다는 데에는 모두 동의한다. 장제스가 단기간 내에 중국 상황을 개선시킬 수 있는 수단을 모색하는 과정에서, 파시즘은 1920년대와 1930년대에 성공한 다른 국가들-독일, 이탈리아, 일본-과 마찬가지로 중국 경제를 일으킬 수 있는 방법 가운데 하나로 간주되었던 것이다.

경제상황이 심각해진 주요한 이유 가운데 하나는 대다수 농민들의 생활환경이 악화된 것이었다. 중국은 농경 국가였고, 농업이 국가 경제의 중심이자 중국인들의 생활양식의 핵심이었다. 국민당이 농촌에 즉각적인 개혁이 필요하다는 것을 인식한 것은 전(全) 국가적인 세력을 획득하기 훨씬 이전부터였다. 그러나 국민당 정부 내에 기회주의와 사리사욕이 만연해지면서, 개혁을 지지하기 위해서는 공산주의자들과 결탁해야 한다는 위험이 따르게 되었다. 공산주의에 대한 국민당의 두려움으로 인해 당의 성격은 보수적으로 바뀌게 되었다. 국가경제에서 농업의 역할이 중요했는데도 불구하고 난징정부가 농촌 개혁을 실시하는 데에 실패한 것은 아마도 정부가 기본적으로 도시 지향적이었기 때문일 것이다. 국민당은 '실제로 농촌 지방의 문제에 대해 정보를 많이 갖

고 있지도 않고 별 관심도 없는 부르주아당'이었다.[12]

통화 수축으로 인해 농촌 지역이 큰 어려움을 겪자, 중국은 은으로 통화를 보완하는 세계 유일의 대국이 되었다. 1929년 세계 대공황 이후 3년 동안 은의 가격은 금의 가격에 비해 급격히 떨어졌다. 이로 인해 대부분의 국가와는 달리 중국에서는 상업과 제조업이 붐을 이루게 되었으나, 일본이 1931년 9월 만주를 공격하고 1932년 1월 상하이를 공격하면서 이 짧은 번영기는 끝을 맺었다. 해외 투자자들의 신뢰는 크게 떨어졌고 중국 생산자들은 가장 큰 시장 가운데 하나를 빼앗기게 되었다.

따라서 정부의 주요 임무 가운데 하나는 여러 종류의 냥(兩, tael)을 사용하는 과정에서 일어난 혼란을 막고 통화 제도를 정리하는 것이었다. 결국 1935년까지 정부는 냥을 성공적으로 무효화시키고 유일한 법정 화폐인 표준 통화를 만들었다. 그러나 불행히도 1929년 시작된 세계 경제 공황이 중국에도 영향을 미쳤고, 세계 시장에서 자신들의 상품을 더욱 경쟁력 있게 만들기 위해서 영국과 일본은 1931년 말, 금(金)본위제를 포기하였다. 결과적으로 중국은 투자 시장에서 더 이상 매력이 없는 국가가 되었다. 이자율이 오르고 가격이 떨어지면서 중국으로 들어오는 은(銀)의 흐름 속도도 느려졌다.

동시에 1930년대 대공황 기간 동안 연이은 가뭄과 홍수의 피해로 농민들의 생활은 심각한 타격을 입었다. 1931년 이후 농업 위기가 일어난 주요 원인은 당연히 대규모 통화 수축과 나쁜 기상 조건이라고 할 수 있을 것이다. 국민당 통치 기간 동안 점점 상황이 악화된 또 다른 요인엔 막대한 과세, 말도 안 되게 높은 대출이자율, 불공정한 토지 보유제도 등이 있다. 장제스는 정부 관료들과 경제를 강력하게 통제하기 위해선 가능한 한 빨리 엄중한 조치를 취해야 한다는 것을 깨닫게 되었다.

독일 나치가 아직 권력을 잡지 못했던 1930년대 초, 성공적으로 변화를 일으킨 모델을 찾던 장제스는 이탈리아의 파시즘이 완벽한 답이 될 거라고 굳게 믿었다. 중국을 구하기 위해 파시즘을 따르려고 한 것이다.

> 1931년 9월 18일(일본의 만주 공격) 이후, 이탈리아 파시즘을 모방하자는 사회적 공감대가 형성되었습니다. 앞으로 중국 혁명에 대한 협의체는 삼민주의(우파)+파시즘(강력한 조직)으로 이루어질 것입니다. 이것은 국민당의 삼민주의 원칙이 파시즘이라는 새로운 피를 수혈 받아야 한다는 것을 뜻합니다.… 파시즘은 중국의 미래입니다.… 우리는 내용면에서 삼민주의를 활용하고 기능면에서는 파시즘을 활용해야 합니다. 이렇게 해서 중국을 부활시킬 수 있다는 희망을 가질 수 있을 것입니다.[13]

■당(黨) 통합과 파벌 문제

국민당 정권 무렵, 정치권력에 대한 투쟁은 전국적으로 일어난 것이 아니라 정부 위원회 내에서 일어났다. 정치권력을 지휘계통에 따라 분배한 것이 아니라 장제스와 그의 측근들이 개인적으로 결정했으므로, 권력 분배는 개인적인 영향력에 의해 주로 결정되었다. 예를 들면 장관이나 고위 공무원이었던 기존 인사들을 해임하고 그들의 측근이나 지지자들로 대체한 것은 흔한 일이었다.[14] 따라서 정치적인 성공을 위해서는 전문적인 지식을 습득할 것이 아니라 정계 지도자들과 친분을 잘 유지하는 것이 관건이었던 것이다.

즉, 파벌주의가 정치 투쟁에 있어 주요 매개체가 된 것이다. 가장 큰 파벌이 정책을 결정할 때 가장 큰 영향력을 행사하였지만, 실제로는 장제스가 이들을 모두 통제한 것이었다. 파벌들 간의 관계도 복잡하였다. 모두가 장제스를 지도자로 지지하였지만, 동시에 서로에 대한 대우는 복잡했다. 패권에 대한 시기와 투쟁이 만연했기 때문이다.

　이것이 장제스가 혁명을 통해 얻은 정치권력을 통제하고 지휘할 수 있는 강력한 제도를 찾았던 또 다른 이유였다. 파시스트 조직은 이런 상황에 대한 해결책이 될 수 있을 것이라고 간주되었고, 중국에서 제일 우선적인 문제가 통일성이 부족한 것이라고 생각했던 남의사 설립자들은 유럽 파시스트 정당들의 사례를 따라 독재를 지지하게 되었다.

■유럽 파시즘과 남의사

　그 무렵 대부분의 국가에서 정치에 관여하고 있는 사람들이 볼 때, 파시즘은 내부 문제를 풀 수 있는 '재빠른' 해결책이며 국가를 통일시킬 수 있는 방안이었다. 이런 상황에서 이탈리아와 독일에서 파시즘이 성공적으로 자리 잡은 것에 고무된 1930년대의 중국도 예외는 아니어서, 중국의 파시스트들은 이탈리아 파시즘과 독일 나치즘 중에서 중국과 관련 있어 보이는 요소들을 본뜨고 답습하기 위해 노력했다. 중국 정치가들 가운데에서 중국을 근대국가로 발전시킬 수 있는 길을 모색하면서 국가 발전을 위한 모델을 외국에서 찾고자 했던 사람이 장제스만은 아니었다. 다른 정치가들, 예를 들면 천리푸(陳立夫), 장쥔마이(張君勱), 주자화(朱家驊), 그리고 1936년 이후 왕징웨이(汪精衛) 등도 이탈리아와 독일에서 그들의 철학 및 정치 상황과 조화를 이룰 수 있는 요소들을 선택적으로 받아들였다.

　장제스는, 생존을 위한 투쟁에서 중국이 갖추어야 할 필수조건이라고 생각했던 군사 및 정치 통합 관련 정책에 집중하였다. 따라서 장제스-이후에는 남의사-가 유럽 파시즘의 요소들을 답습했던 것은 군사 분야였다. 1933년 히틀러가 독일에서 권력을 잡게 되자 대중들에 대한 군사교육, 스포츠 활동, 군복무 관련 정보에 대한 요구가 급속도로 늘어났다. 또한 장제스가 나치즘에 관해 가장 관심을 보인 분야는 조직, 규율 및 반란군에 대해 혹독한 조치를 취할 수 있는 능력 등 통치 방식으로서 효과적으로 작용할 수 있는 자질 부분이었다.

그러나 남의사의 이념가들은 중국 역사를 무시할 수는 없었다. 따라서 그들은 '해외' 파시스트 사상과 중국의 전통 사상에 전형적인 유교적 특징을 부여하는 데에 많은 시간을 투자하였다. 더욱이, 일본에서 수학한 사람들이 대부분이었고 국민당 내의 강력한 우파였던 황푸파(黃埔派, 남의사 엘리트들의 파생지)는 그 당시 일본의 전형적인 군사관교와 흑룡회 –급진적인 민족주의 성향을 실천한 비밀 조직– 에 영향을 받아 이념적 융화사상을 도입하였다.

남의사를 주도했던 인물 가운데 한 명인 류지안췬(劉健群)은 1969년 이스트만과의 인터뷰에서 아래와 같이 밝혔다.[15]

지금 파시즘은 역행하고 있는 것으로 보인다. 그러나 그 무렵에는 나라를 다시 일으킬 수 있는 매우 진보적인 수단으로 간주되었다.

1931년 류지안췬이 『정당 개혁을 위한 몇 가지 아이디어』라는 제목의 수필을 썼을 때가 고작 19살이었으며, 그의 아이디어 가운데 일부는 이탈리아 파시즘 중에서 성공적인 사례에 자극을 받은 것이었다. 이런 자극을 받았던 것은 사실 류지안췬 뿐만이 아니었다. 왜냐하면 이탈리아 파시즘의 승리는 대부분의 유럽 국가에서 파시스트 사상이 무르익는 계기가 되었기 때문이다. 류에 따르면, 중국이 부딪힌 문제는 열악한 경제 상황, 농민들의 빈곤, 외세의 강요로 인한 불평등 조약, 중국 영토에 대한 공격, 자연 재해 등이었다. 이런 문제들 외에도, 두 강대국 일본과 소련이 중국에서 패권 다툼을 하고 있었다.

일본 제국주의는 이미 한국과 대만을 식민지화한 한편, 만주를 공격하면서 중국의 나머지 영토도 정복할 준비를 하고 있었다. 그러나 소련은 조금 다른 태도를 취했다. 표면적으로는 약한 나라를 돕는 제스처를 취했으나, 그런 친근한 태도 이면에는 중국 국민들 사이에 분란을 일으키고자 하는 책략이 숨겨져 있었다. 소련은 중국 공산당이 중국 내에서 상당한 영향력을 행사하고 있다고 판단했으므로, 중국을 그들의 통제 아래에 둘 수 있을 거라고 기대한 것이다.

중국에서 그리 큰 영향력을 갖지는 못했지만, 독일 또한 민족주의자들을 지원하였는데, 이것은 독일 경제의 발전을 더욱 장려하고 유럽에 대한 소련의 전략적 진군을 막기 위해서였다. 1992년 진행된 인터뷰에서 타이완의 덩위안중(鄧元忠) 교수는 "실제로 1930년대에 소련과 독일이 중국의 최고 관심 대상은 아니었다."고 밝힌 바 있다.16) 그 무렵 대부분의 중국 정치가들은 소련과 독일을 제1차 세계대전 이후 근대화 및 산업화에 성공한 나라로만 생각하고 있었다.

중국의 근대화 노력과 관련하여, 덩위안중 교수는 남의사를 "중국군 근대화 운동"으로 간주하기도 했다고 밝혔다. 이런 맥락에서 남의사를 처음 설립한 것이 '군벌'로 불리기도 했던 황푸파 구성원들이었음을 명심해야 한다. 등교수가 남의사에 대해 중국군 근대화 운동이라고 언급한 것은 군대와 근대화가 밀접하게 연관되어 있던 일본의 상황을 연상시키는 것이다.

3. 중국 근대화와 일본의 파시스트 조직

19세기 말 지식층들의 생각이 바뀌면서 중국 사회에 대한 인식도 달라졌다. 중국 관료 체제의 안팎에서는 민족주의가 엘리트층 정치사상의 기본 방침이 되었다. 엘리트층의 궁극적인 목표는 중국에서 모든 외국인들을 추방하는 것이었으며, 결국 중국은 이 목표를 이루었다. 이 과정에서 중국 지식인들의 가장 주요한 이슈는 중국의 전통가치와 근대성 개념을 어떻게 융합할 수 있는가 하는 것이었다. 청 왕조는 서양의 장점 가운데에서 가장 좋은 요소들만 습득하는 과정에서 고유의 문화적 및 제도적 독창성을 잃지 않았지만, 서양 국가들을 상대할 때에는 서양의 고유한 용어를 쓸 수밖에 없었다.

서양 제국주의에 대해 미심쩍어 했던 중국의 지식인들은 근대화 모델로서 일본에 주목하게 되었다. 일본은 동아시아에서 최초로 서양 국가들을 따라 산업화를 이룬 나라였다. 근대화를 과정이 아닌 정책으로 본다면, 일본 근대화는 서양 제국주의와 많은 관련이 있다고 할 수는 있지만 서양 제국주의의 산물은 아니었다. 서양은 중국과 일본에 위협적인 존재가 되었고 근대화만이 적절한 방패막이 역할을 할 수 있었다.[17]

■'근대화'의 개념과 정의

근대화에 대한 정의와 관련하여 역사가들 모두가 동의할 수 있는 하나의 개념이 없다는 점에서 '근대화'라는 용어는 모호하다고 볼 수 있다. 이 개념에 대해 다양한 의견이 존재하는데, 이는 많은 학자들이 근대화 과정 또는 발전 과정에서 전반적으로 경제, 정치, 사회적 및 기타 요소들이 서로 얽혀있다고 보기 때문이다. 실제로 근대화 개념의 특징 가운데 하나는 인류 지식의 모든 분야에 적용된다는 것이다. 가스털(Michael Gasster)은 "근대화를 마르크스주의와 같이 이론으로 볼 수는 없겠지만, 둘 사이의 공통점을 찾는 것은 너무도 당연하다"고 밝혔다.[18] 또한 레널(Daniel Lerner)에 따르면, "근대화는 후진국이 선진국들의 공통된 특징을 받아들이는 과정에서 일어나는 사회적 변화 과정"이다.[19] 1992년 5월 상하이 푸단(復旦) 대학에서는 중국 근대화에 대한 다양한 역사적 견해를 공유하는 회의가 개최되었다. 저(低)개발국에 적용할 경우에는 '근대화'를 사용하거나 해석하는 것에 유의해야 한다고 지적하면서, '근대화'라는 단어를 선택한다는 것이 양측 토론자들 모두에게 어려운 일임을 입증하였다.

따라서 1920년대와 30년대의 중국에서 일어난 근대화에 대해 보편적으로 합의된 것은 없다. 마이얼(Ramon Myers)은 "경제적 근대화는 시간의 흐름에 따라 지속가능한 기반 위에 부를 새로이 창출하는 것이라고 할 수 있다"고 주장한다.[20] 근대화를 서두르지는 않았으므로 자원은 아낄 수 있었지만, 19세기 말 이후 중국 본토에서는 경제적 근대화를 완벽하게 이루지 못하였다.

■일본 근대화의 영향력

20세기 중국 사회가 변화하는 과정에서 서양 학문은 중추적인 역할을 하는 동시에, 근대화와 관련하여 복잡하기도 하지만 중요한 영향력을 행사하였다. 이런 움직임은 특히 청 왕조 후기와 1898년 개혁 운동 무렵에 두드러졌다. 개혁주의자였던 캉유웨이(康有爲)와 량치차오(梁啓超)는 서양의 정치 및 사회 이론을 중국에 도입하기 위해 지대한 노력을 하였다. 량(梁)은 20세기 초 일본에서 돌아온 뒤, 서양 이념들을 도입하는 데에 매우 적극적이었다. 그는 일본이 효과적으로 외국에서 서양 학문을 받아들였다는 사실을 높이 평가하였고 그의 소개를 통해 중국 독자들은 다윈설(진화론), 루소(Rousseau)와 데카르트(Descartes)의 학설 및 기타 철학자들의 견해를 많이 접하게 되었다. 스미스(Adam Smith), 스펜서(Herbert Spencer), 몽테스키외(Montesquieu)의 저작들도 중국어로 번역되었다.

중국 정부에서 해외로 보낸 학생들 외에도, 수많은 학생들이 일본으로 떠났다. 1899년 청 정부는 약 130명의 학생들을 일본으로 유학을 보냈으며, 이것은 단지 시작에 지나지 않았다. 의화단운동 이후에는 더 많은 학생들이 일본으로 떠났으며, 1905년과 1906년 사이에는 8,000명 이상의 중국 학생들이 일본 학교로 떠났다. 일본으로 간 학생 수에 비하면 매우 적지만, 유럽과 미국으로 간 중국 학생들도 있었다.[21] 많은 학생들이 청 정부의 지원을 받아 유학했음에도 불구하고, 그들 가운데 대다수가 청 왕조를 반대하였다. 개혁을 지원해 줄 세력을 찾고 있던 중국 개혁주의자들에게 이들은 공략 대상이 되었다. 때로는 이런 혁명 활동으로 인해 학업은 뒷전으로 밀리기도 하였다. 예를 들면 20세기 초 유럽에서 유학하던 일본 학생들은 학업에 집중하였지만, 유럽에서 공부한 대부분의 중국 학생들은 무기 가격을 조사하느라 바빴다. 이로 인해 많은 중국인들이 근대화를 군사화와 혼동하는 상황이 자주 발생하였다. 군대는 중국에서 그 무렵 가장 근대적인 부문이었을 것이다. 〈표 1〉은 일본과 중국의 근대화와 관련하여 부문별로 비교해 놓았다.[22] 중국의 근대화는 대체로 일본보다 늦게 이루어졌지만 안칭(安慶)의 탄약 공장 건설만은 일본보다 약 5년 빨랐던 것으로 나타났다.

〈표 1〉 일본과 중국 근대화 발전 비교

내용	일본	중국
	(시작된 시점)	
입헌 정치	1889	1911
개혁 운동	1868	1898
근대식 대학	1877	1902
해외 유학	1862(네덜란드)	1872(미국)
화폐 개혁	1871	1935
음력 폐지	1873	1912
공장 건설	1866(요코스카 선창)	1861(안칭 탄약)
신문 발간	1868(쥬가이 신문)	1873(Zhao xinbao)
근대식 인쇄공장	1869	1897
여성의 해외 유학	1871	1901

　문제는, 중국의 근대화가 왜 일본보다 훨씬 늦었는지, 그리고 두 국가의 근대화 개념의 차이점은 무엇이었는가 하는 것이다. 일본과 중국의 개혁 운동은 비슷한 점이 많다. 예를 들면, 두 국가 모두 반(反)급진주의를 지지하고 신속한 근대화보다는 점진적 개혁 조치를 선호하였던 스펜서(Spencer)의 사회진화론23)의 영향을 받았다는 것이다. 일본과 중국의 개혁 운동은 둘 다 '성공 또는 실패'와 '생존을 위한 투쟁' 철학에 기반을 두고 있었다. 이 이론에 따르면, 국가의 힘은 빠르게 향상될 수 있으며, 결과적으로 국가의 근대화도 재빨리 그에 따라야 한다는 것이다.

　이 두 개혁운동은 부분적으로는 비슷한 사상을 공유하였지만, 일부 해석을 달리한 부분도 있었다. 일본 지식인들은 기본적으로 사회진화론을 따랐으며, 이를 실천하기 위해 노력했다. 반면 중국의 지식인들은 유교라는 중국 전통의 맥락에서 이를 해석하고 사회 개혁에 적용하려 하였다.

　일본 지식인들은 사회 전반에서 일어난 문제들을 처리할 때 스펜서의 이론을 활용하기 위해 노력하였고, 중국의 지식인들은 현실에서 벗어나 이상주의의 길을 택하였던 것이다. 분명한 것은 대다수의 중국 지식인들이 스펜서의 이론을 진지하게 받아들이지 않았으며, 그것은 단순히 유행일 뿐이었다. 일본에 비해 정통 유교의 교육을 더 철저히 받은 중국 지식인들로서는 '서양의' 철학을 받아들이고 이를 실천하는 것이 매우 어려웠을 것이다.

중국이 일본과의 전쟁에서 패하고 그 결과 중국인들에게는 그들의 장점과 약점을 파악하는 일이 그 무엇보다도 절실했다. 일본의 부상을 직시했던 사람들 가운데 한 명이 쑨원이었다. 그러나 쑨원은 중국에 변화의 시기가 왔음을 직감했던 많은 중국인들 가운데 한 명일 뿐이었다. 란킨(Mary Rankin)은 다음과 같이 밝히고 있다.

> 중국의 엘리트층과 중국 정부는 이미 19세기 말 이전부터 느린 개혁의 방향으로 선회하기 시작했다고 볼 수 있다. 일본과 서양의 제국주의는 이런 변화를 가속화하고 새로운 산업 기술과 조직을 도입함으로써 임계점에 다다랐다.[24]

쑨원과 그가 추진하려던 정치적 전통에 특히 큰 영향을 미친 것은 일본이었다. 쑨원은 외국에서 상당한 시간을 보냈으며, 그가 일본에서 보냈던 시간이 그의 사상과 활동에 큰 영향을 미쳤을 것이다. 1895년 일본을 처음 방문했을 때부터 마지막으로 방문했던 1924년까지 쑨원은 여러 번 다른 시기에 일본에 머물렀다. 쑨원은 망명자였음에도 불구하고 일본의 일부 조직단체들로부터 존경을 받았으며 중요한 지인들과의 인맥을 만들 수도 있었다.

■일본의 비밀 단체 : 흑룡회

쑨원이 일본에서 접촉했던 조직 가운데에는 비밀 단체들도 있었다.

1장에서 다루었다시피, 19세기 말 일본이 급속도로 발전하면서 사무라이는 여러 계층으로 나뉘어졌다. 사무라이 중에서 보복주의자들은 그들이 회생할 수 있는 기반은 일본 밖에서 전쟁을 일으키는 것이라고 생각하게 되었다. 따라서 더욱 공격적인 외교정책을 지지하는 사무라이 조직들이 현양사나 흑룡회와 같은 비밀 단체들을 조직하기 시작하였다. 현양사는 1881년 광산을 소유하고 있던 사무라이 출신 히라오카코타로(平岡浩太郎)와 도야마미츠루(頭山滿)가 설립한 것이다. 이 이름은 일본 후쿠오카의 북동지역에 있는 현해탄의 이름을 딴 것이다. 1901년 우치다료헤이(內田良平)와 스기야마겐(杉山元)이 도야마의 지원을 받아 흑룡회를 설립하였다.[25]

현양사와 흑룡회는 일본이 지배하는 범아시아를 지향하는 극단적인 민족주의 조직이었다. 이 단체들이 설립될 무렵, 이들은 일본 군사 제도의 성향을 대변하였다. 제1차 세계대전 이후, 일본 국수주의(國粹主義)에 이념적 기반을 둔 우익 운동과 이 두 조직 사이에는 유대관계가 성립되었다. 국수주의의 성격은 영어로 표현할 경우 원초적 파시즘이라고 하는 것이 가장 적절할 것이다. 이때부터 현양사와 흑룡회는 민족주의 조직에서 파시스트 조직으로 변화하였다. 장제스와 다른 국민당 지도자들은 흑룡회 및 일본 군대와 맺은 관계 덕분에 국수주의 개념을 익히 잘 알고 있었다. 이 사상은 국민당에도 영향을 미쳤는데, 특히 1927년 장제스가 권력을 잡은 뒤에 그 영향력이 더욱 커졌다. 장제스와 그의 추종자들은 남의사를 설립할 무렵에도 국수주의의 자극을 받았을 것이다.

일본 파시즘의 '이념적 아버지'인 기타잇키는 흑룡회 출신이었다. 일본에서 초(超)민족주의는 점차 자민족중심주의 또는 인종차별적 민족주의로 발전하였고, 여기에 대아시아 또는 범아시아주의 개념까지 융합하여 기타가 집대성하였다. 제1차 세계대전 이후 일본에서는 여러 민족주의 조직들이 발족되었지만, 이 가운데에서 가장 상징적인 기관은 하라 정부와 직접적인 유대관계를 맺고 있던 범일본민족애국회일 것이다.

특히 흑룡회는 쑨원 및 중국 혁명 조직과 오랫동안 밀접한 관계를 유지하였다.[26] 우치다는 미야자키토텐(宮崎滔天)을 통해 쑨원을 알게 되었고 두 사람 모두 쑨원을 지원하는 동시에 그를 이용하기로 합의하였다. 흑룡회는 중국의 혁명주의자들과 관계를 지속하기를 원했는데, 이 단체의 목표가 중국, 특히 만주에 굳건한 발판을 마련하는 것이었기 때문이다. 결국 1911년 우치다는 중국 혁명 조직을 지원할 목적으로 특별 비밀 단체인 유린회(有隣會)를 조직하였다. 1911년 중국에서 혁명이 일어나자, 도야마는 아마도 우치다와 함께 '세이세이다이(西西隊)'라는 조직을 대동하고 중국으로 건너가 혁명주의자들을 지원하였다.[27] 결사대[28]로 불리는 이 조직의 성격은 1927년 장제스와 왕징웨이가 설립한 국민당의 CC단이나 '시시위엔(西西園)'파와 성격이나 한자표현에 있어서도 비슷했다.

1912년 1월 15일 우치다는 공화국 정부로부터 외교 자문관으로 활동해 줄 것을 요청받았다. 우치다가 중국 혁명주의자들에게 무기 구매자금을 대줄 수 있는 자본가들을 소개했다고 보는 것이 더 적절하겠지만, 아무튼 우치다는 유린회를 통해 국민당의 자금을 지원하였다.[29]

일본의 군사 지도자들은 우치다의 조직에 대해 매우 흡족해 하였고, 흑룡회는 해외에서 활동하는 일본 전쟁성의 비밀 조직으로 변모하였다. 이 기관의 업무는 기존 합의에 따라 정부 당국이 공식적인 역할을 수행하지 못할 때 언제나 해외에서 이루어졌다.

이 단체에서 가장 뛰어난 첩보원들은 여러 애국 단체들 —이들의 원형은 흑룡회였음- 의 격려와 지시를 받아 일본 정보부와는 다소 독립적으로 활동하였다. 그 무렵 흑룡회와 같이 선전 활동에 참여하고 첩보 요원들을 훈련시킬 학교를 세운 소규모 조직들이 많이 있었다. 이 애국단체들이 뽑아서 훈련시킨 많은 첩보요원들은 일본 정보부의 공식 업무를 위해서도 중요한 역할을 수행하였다. 독립적인 첩보원들로 구성된 정보부와는 별개로, 이 단체들은 주로 잠재적인 첩보 인력들을 훈련시키는 요람과 채용 기관으로서의 역할을 수행하였다. 흑룡회는 도쿄와 오사카에 외국어 전문학교를 세워 이런 모든 작업에 필요한 인력들을 준비하였다.[30]

1911년 중국 혁명에 대한 지원은 차치하고라도, 흑룡회 구성원들은 다른 나라에서도 활동하였는데, 예를 들면 러시아와 아시아의 이슬람 사회나 인도 독립 운동 등에서 활약하였다. 아시아 전체를 일본의 지배하에 두겠다는 목표 아래, 흑룡회는 잠입을 계획하였다. 이 단체는 아시아 각지에서 경제, 정치 및 전략적 정보를 수집하고 범아시아주의에 공감하는 조직들과의 유대관계를 유지시킬 목적으로 하부 조직을 구성하였다. 이들은 고위 공무원들을 직접 구성원으로 가입시키거나 협박이나 테러를 통해서 통제하였다.[31]

현양사나 흑룡회와 같은 일본 비밀 조직과는 별개로, 일본 군부 내에서는 여러 파벌들이 활동하였다. 그들은 소속 단체의 노선에 따라 구성원들을 지시하고 조직 및 통제하면서 활동하였다. 중국의 남의사도 비슷한 상황이었는데, 군대의 주요세력들을 포섭한 반(半)비밀 단체였다. 일본 군부 내에서 활동한 비밀 조직의 예로는 육군사관학교(陸軍士官學校) 졸업생들이 설립한 진지가이(人事會)를 들 수 있다.[32]

일본과 같이, 중국의 군부 내에서도 비밀 조직들이 활동하였다. 장제스가 사적인 관계를 유지했던, 서로 다른 본거지를 가진 14개의 비밀 조직 목록은 부록 1에 나와 있으며, 남의사와 비밀 조직들의 관계 및 남의사에 미친 그들의 영향력에 대해서는 5장에서 자세히 다룰 것이다.

1930년대에 군국주의자들이 일본을 완전히 장악하고, 공개적으로는 팽창주의정책에 착수한 이후 흑룡회는 그들의 수요를 더 많이 충족할 수 있었을 것이다. 일본에서 그 무렵 이 단체의 영향력과 중요성은 줄어들었던 것으로 보인다. 그러나 여전히 일본 정부의 '비공식적인' 첩보 기관으로서 해외에서 활동하였던 것으로 짐작된다. 일본에서 흑룡회의 활동이 눈에 띄게 줄어든 것은 당국의 탄압 때문이 아니라 구성원들이 외국에서 활동하였고, 그들이 비밀리에 일하는 데에 능숙했기 때문이었다.

흑룡회의 3가지 주요한 특징은 남의사와도 상당 부분 일치한다. 두 기관 모두 비밀리에 활동하였고, 전선에서 설립되었으며, 그들의 목적을 이루기 위해 테러를 행하기도 하였다는 점이다. 흑룡회의 조직적 특징에 대해서는 쑨원과 일본에서 공부했던 중국 학생들 또한 잘 알고 있었다. 따라서 남의사는 형식적인 면에서 흑룡회와 비슷한 부분이 많았을 것이다.

흑룡회는 대중적인 기관으로는 발전하지 않았으며, 일본 전체를 통틀어 그 구성원이 2만 명을 넘지 않았다.[33] 그럼에도 불구하고 일본 사회에서 법질서를 세우는 데에 핵심으로 활동하였으며, 이 활동 가운데 일정 부분은 남의사의 활동방식과 비슷한 측면이 있다. 두 기관 모두 겉으로는 비밀 조직이었던 반면, 그 구성원들은 법질서를 세움으로써 출구를 찾기 위해 노력하였다.

또한 일본 정부 및 첩보활동을 지시했던 기구의 고위직의 대부분이 흑룡회 또는 그 지부 출신이었다는 사실에 주목해야 한다. 이런 상황은 중국 남의사와 아주 비슷하며, 두 조직 간의 유사점을 파악할 수 있게 해준다. 흑룡회는 범아시아 군대의 집행기관으로서 제2차 세계대전 무

렵까지도 일본에서 활동하였다.[34]

■장제스와 일본 군국주의

장제스는 일본군으로 복무할 무렵 얻었던 경험을 결코 잊지 못했다. 1932년 6월 그는 황푸군교 학생들에게 연설하면서 일본 사무라이-군국주의 정신에 대해 언급하였다. 그는 군교 생도들 또한 이 정신을 받아들여야만 일본에 대항할 수 있다고 말하였다.[35] 이 연설은 해외 참관인들과의 사상 교류에 자극이 되었던 것으로 보이며, 남의사도 그들의 지침에 무사도 정신을 추가하였다.[36] 장제스는 '국가의 부상과 몰락은 군대의 책임'이라고 말하기도 하였다. 이 발언은 그의 관점을 잘 보여주는 것이다.

앞서 밝혔듯이, 19세기 말부터 많은 중국 학생들이 일본에서 수학하였다. 대체로 중국 학생들은 1902년 도쿄에 설립된 홍문관(弘文館)과 같은 장소로 모여들었다. 이들은 한곳에 모여 지내면서 중국 정치에 대한 책들을 집중적으로 읽고 토론하게 되었다. 홍문관은 혁명 사상과 반체제 사상의 온상이 되었고, 이 장소는 일·중(日·中) 우호협회라는 이름으로 현재도 도쿄에 남아 있다. 일본은 세기가 바뀌는 시점에 중국 혁명 운동의 실질적인 중심지가 되었다. 레이티넨(Kauko Laitinen)은 다음과 같이 밝히고 있다.

외국에서 수학한 중국 학생들은 민주주의나 민족주의 사상이 중국 본토를 관통할 수 있을 거라는 신념을 갖고 혁명 선봉에 나섰다.[37]

학생들은 주요 선동세력이었다. 쑨원과 황싱(黃興)은 이 사실을 깨달고 학생들이 혁명 활동을 수행할 수 있도록 혁명 조직을 구성하였다. 중국에서 이루어진 대부분의 혁명 학생 활동은 광동 지방의 흥중회(興中會), 후난 지방의 화흥회(華興會), 저장 지방의 광복회(光復會)라는 비밀 혁명 조직의 이름으로 위장하여 이루어졌다. 이 단체들은 청 왕조에 대한 반감을 퍼뜨리고 이에 따른 행동에 돌입하기 위해 혁명파 지식인들과 비밀 조직의 구성원들을 통합시키는 역할을 하였다.[38]

1927년 8월 장제스가 퇴임하자, 남의사의 성립과도 관련이 있는 중요한 사건이 일어났다. 장제스는 퇴임 직후 1927년 9월 말 일본으로 건너갔다. 같은 해 10월 13일 그는 친구인 장췬(張群)과 함께 두 사람을 만났는데, 이들은 장제스를 도야마의 집으로 데려갔다. 두 사람은 초면이었지만, 처음부터 서로 존중하는 마음을 가졌으며 도야마는 장제스를 중국의 미래에 있어 중요한 인물로 간주한 것으로 보인다. 도야마의 회고록을 보면 장제스는 일본과 협력하기를 원한 것 같다. 또한 장제스는 내적으로 또한 필요할 경우에는 외적으로도 중국 공산당에 저항하고, 그들의 세력에 대항해야 할 필요성을 역설하였다.[39] 두 사람이 토론을 벌이는 과정에서 흑룡회와 국민당 사이에는 일종의 비공식적인 협력 관계가 맺어지게 되었다.

일본에 머무르는 동안 장제스는 그 무렵 일본 수상이었던 다나카 기이치(田中義一)를 하코네(箱根, 만난 장소 정확하지 않음)에서 만날 기회가 있었다.[40] 두 사람은 중국과 일본의 협력 및 북벌과 관련하여 중국 북부 상황에 대해 대화를 나누었다. 장제스로서는 이 대화가 실망스럽게 끝났는데, 왜냐하면 다나카가 장제스의 북벌 추진 노력에 동의하지 않았기 때문이다.[41] 그러나 장제스에게 이 회담의 긍정적인 결과 중 하나는, 1928년 중국 군교 학생들이 일본으로 유학을 떠나게 되었다는 것이다.

일본에서 학업을 할 수 있도록 비밀리에 모집한 학생 중에는 텅지에(滕杰)도 있었다. 이것은 장제스가 처음 퇴위한 이후 세운 계획 중 일부였는데, 황푸 졸업생들이 더 많은 훈련을 받을 수 있도록 일본으로 보내는 것이었다. 이 계획은 6학급에서 5명의 학생을 선출하면서 시작되었다. 결국 1931년 여름까지 일본에서 수학했던 황푸 출신 학생들의 수는 60명이 넘었다. 그들은 주로 두 부류로 나뉘었는데, 와세다(早稻田)대학과 메이지(明治)대학에서 문(文, Pen: 지식)을 배우거나, 장제스의 학교인 포병학교와 기병학교에서 무(武, Sward: 행동)를 배웠다.[42]

이들 가운데에는 이후 남의사 구성원이 된 사람들도 있었다. 텅지에(滕杰), 간궈쉰(干國勛), 런쥐애우(任覺五), 예웨이(葉維), 판요창(潘佑强), 두신루(杜心如), 치우카이지(邱開基), 펑멍지(彭孟緝), 리이민(李一民), 주푸(朱復), 리더밍(李德明), 거우치(葛武啓), 완지(阮齊), 얀등한(嚴登漢), 천징시안(陳景賢), 후징시안(胡兢先), 리스진(李士珍), 리구어쥔(李國俊), 러간(樂干) 등이다. 소련에서 돌아온 이후 공부를 계속하기 위해 일본으로 갔던 허종한(賀衷寒)과 샤오찬위(蕭贊育)도 여기에 포함된다.[43] 일본에서 공부한 학생들은 특히 일본이 점차 중국에 대해 공격적인 성향을 갖게 되는 것을 깨닫고 난 뒤, 중국의 현 상황을 돌이켜 보게 되었다.

텅(滕)은 메이지대학의 정치경제학과에서 공부하였다. 그는 정당에 대해 공부하였고, 세 가지 이슈 -1) 주의 또는 이념, 2) 조직, 3) 활동 또는 관행에 대한 자료를 모을 수 있었다. 이 정보들은 텅이 남의사를 조직할 때 큰 도움이 되었다.

장제스를 포함하여, 민국 이후 중국에서 주요 군사 지도자가 된 사람들 대부분이 일본 군사학교에서 훈련을 받았다.[44] 장제스는 1908년 초부터 이 학교의 3년 과정에 등록함과 동시에 비밀 조직 가운데 하나인 동맹회에서 쑨원을 만나게 되었다. 1910년 12월 장제스는 예비 학교에서 훈련을 마치고 육군사관학교의 후보생으로서 일본군에서 복무하였다.

장제스는 일본군으로 복무했던 덕분에 일본 군사 제도가 어떻게 운영되는지를 직접 볼 수 있었다. 그는 일본 군대의 장점이 엄격한 규율과 정치적 교화, 기술 교육에 있다고 보았다. 명령을 절대적으로 수용하고 상관의 무결점에 대해 절대적으로 믿는 것이 일본군 규율의 핵심이었다.[45] 장제스는 이것을 잊지 않고 중국 군대에 주입하기 위해 노력하였다. 또한 이런 특징들은 약 20년 뒤 남의사 조직에도 영감을 주었다. 황푸 생도들에게 미친 일본 군국주의의 영향력은 상당하였고, 일본 파시스트 사상은 점점 중국 전역에서 뿌리를 내리게 되었다. 군사적 측면이 강했던 것 외에도 장제스가 일본 파시즘에서 가장 끌렸던 부분은 하향식 통제방식이었다. 전체적으로 일본 사회를 통합시키는 데 성공한 것에 감탄하였고, 장제스가 선호하였던 가치들-조직, 엄격한 규율, 기술 교육- 을 국민들에게 성공적으로 주입시킨 것을 높이 평가하였다.

1930년까지, 파시즘과 관련된 대부분의 일본 문헌은 상하이에서 중국어 번역판으로 출판되어, 전국적으로 퍼져나갔다(표 2. 참고). 이 일본 자료들은 1932년 파시즘에 대한 다른 책으로 보완되었다.

또한 국민당이 자체적으로 발행한 간행물에서 일본 파시즘을 어떻게 표현하는지를 비교해 보는 것도 흥미로울 것이다. 우파잡지인 『동방(東方)잡지』에서는 일본 파시즘을 상세히 설명하고 있다.[46] 일본 파시즘이 어떻게 형성되었는지를 추적하여 모든 민족주의 조직 가운데 최고 대표 기관인 흑룡회가 제국주의와 '아시아의 가치들'을 추진하는 과정까지 거슬러 올라가고 있다. 흑룡회는 1931년 6월 초민족주의 정당인 대(大)일본생산당이 설립될 무렵 후원하는 역할을 맡았다. 실제로 일본 파시즘은 군대로부터 정치적 통제를 받았다.

일본 파시즘에 대해 주목할 만한 것은 구성원들 대부분이 일본 국교인 신토(神道)의 신자들이었으며 이 요인이 일본 파시즘에 있어 중요한 역할을 하였다.[47] 신토는 일본 국민들을 결합시켜 지배하는 이데올로기적 무기였다. 초(超)민족주의를 지지하는 신토 조직과 군부세력들은 1920년대에 통합되었고 1930년대에 들어서면서 더욱 강력한 관계를 형성하였다.

우치다 또한 신토, 즉 오모토교(大本敎)의 신자였다. 1930년대에 오모토교 신자들 가운데에는 군인, 정치인, 부유한 기업가들이 많았다. 우치다는 오모토교의 강력한 영향력을 인지하고 있었고, 자신의 조직과 재정 지원을 위해 이를 활용하고자 하였다.[48] 그러나 1930년대 오모토교와 일본 군대의 관계는 우치다 본인과 군대의 관계보다 더 강력한 유대관계를 맺게 되었다.

〈표 2〉 중국에서 번역된 일본 책 목록

저자	번역자	제목	출판사	연도
Fujii Tei	Chen Baohua, Xing Moqing	파시즘의 이상과 현실	Shanghai xin shengming	1929
Tsuchinaru Masami	Wang Zhanggong	파시스트 운동의 이념과 정책	Shanghai huatong	1932
Kawano Mitsu	Tian Qiu	파시즘의 조직과 이론	Shanghai huatong	1933
Zama Katsuhei	Shu Yiping	일본 파시스트 운동	Beijing chenbao	1933
Imanaka Tsugimaro	Zhang Wojun	파시스트 운동의 이론	Beiping renwen	1933
	Jin Kuiguang	사회민주주의 운동 이론	Shanghai huatong	1933
Gorai Kinzo	Liang Weizhi	파시즘과 민족주의	Shanghai minzu	1935
Kinoshita Hanji	Lin Jidong	일본의 파시즘	Shanghai shangwu	1937

Tan Ruqian(1980), Zhongguoyi Ribenshu zonghe mulu(중국에서 번역된 일본 책 목록), Zhongwen daxue, 홍콩, pp.366~381. 중국 번역가들의 이름은 가명일 수도 있다.

4. 장제스 권력과 유럽 파시즘

유럽 파시즘은 제1차 세계대전 이후 상황에 대한 반향으로 발생한 것이라고 볼 수 있다. 전쟁으로 인해 황폐해진 유럽 국가들은 크나큰 위기에 봉착했음을 인식하였고, 러시아 혁명이 성공한 것에 자극을 받아 공산주의로 선회하기 시작하였다. 볼셰비키 혁명이 유럽 전역에 영향을 미치게 될까봐 실제로 두려워했던 상황에서 파시즘이 출현하게 된 것도 이런 위기감이 고조되었기 때문이다.

■국민당 발전과 독일의 영향력

쑨원과 장제스가 일본 우익 단체들의 정신에 대해 열심히 공부하는 동안 독일과 중국 사이에 맺어진 긴밀한 군사적 관계를 간과할 수 없다.

독일과 이탈리아의 상황이 혼란스럽고 불온했다면, 중국의 상황은 제1차 세계대전 이후 위의 두 나라들보다 더 열악한 상황이었다. 중국의 경제 문제는 수년 동안 이어진 초(超)인플레이션 현상이나 '대공황'에만 국한된 것이 아니라, 보편적이고 지속적이며 이겨내기 힘든 성격의 것이었다. 독일과 이탈리아의 '전선 세대'가 느낀 배신감은 중국도 마찬가지였다. 윌슨 대통령이 민족자결주의를 선언했음에도 불구하고 중국은 여전히 '불평등한 조약'의 구속을 받고 있다고 느꼈고, 독일에 이어 일본이 중국을 식민지화하려고 하면서 상황은 더 열악해졌다.

1894~1895년 중일전쟁 이후 독일과 중국의 접촉이 이루어지면서 중국 군대의 무능력함이 여실히 드러났다. 독일식 제도, 훈련 및 교습 등을 본떠 2개의 군부대가 신설되었다. 19세기 말 메이지유신(明治維新) 기간 동안 일본 군대 또한 독일 사례를 본떴고 독일군의 자문을 받았다

는 사실을 명심해야 한다. 중국이 독일 군대와 전문 기술에 관심을 갖게 되면서 난징 시기 동안에는 다른 방면에서도 유대관계가 성립되어, 중국에 머물고 있는 독일 자문관들의 도움을 받아 무역을 증진시켰다.

독일의 영향력이 국민당에 미치기 시작한 시점은 제1차 세계대전의 마지막 해로 거슬러 올라가는데, 독일은 중국에 친독일파를 조성하고 러시아 및 일본을 상대로 전쟁을 치를 때 이 조직을 활용하고자 하였다. 그러나 이에 실패하자, 독일은 중국이 가능한 한 중립적인 상태를 유지하면서 전쟁과는 전혀 상관없는 상황이 되기를 바랐다. 하지만 독일은 1917년 7월 쑨원이 광저우에서 권력을 잡자 그를 지지하기로 결정했다. 독일 측 제보에 따르면, '독일 관료들은 3월에 상하이에서 쑨원을 만나 돤치루이(段祺瑞)를 타도할 것을 제안하였다. 17년 4월 쑨원은 준비가 되었다고 밝히고 육군과 해군을 운용하기 위해 필요한 자금 2백만 불을 요구하였다.'[49] 이러한 거래는 혁명을 위해 외세의 지원을 유도했던 쑨원의 노력 가운데 일부였을 것이다. 그러나 쑨원이 광저우의 미(美) 총영사에게 쓴 편지에서는, 이 내용과 관련된 어떤 일도 일어나지 않았으며 독일 자금을 절대로 받은 적이 없다고 주장했다.[50]

분명한 것은, 쑨원이 그의 정치적 직감을 잃지 않았고, 결코 '카이저의 주머니 속에' 들어간 적도 없었다는 것이다. 이런 사실은 쑨원이 세운 광저우 정부가 중국과 독일 사이에 여전히 전쟁이 이어지고 있다는 사실을 인식하면서 분명해졌고, 이런 상황은 베이징 정부가 17년 8월 전쟁을 선포한 지 겨우 한 달 뒤에 일어난 것이었다.

제1차 세계대전 이후 쑨원은 다시 광저우 정부의 운영자금을 지원해줄 것을 독일에 요청했다. 그러나 우수한 노동력을 갖고 있던 독일의 입장에서는 중국의 발전을 위해 개입하는 것이 민감한 문제였을 것이다.

독일의 입장에서 볼 때, 전쟁은 단지 중국 경제 발전에 독일이 직접 관여하지 못하도록 방해하는 장애물일 뿐이었다. 제1차 세계대전 이후 맺은 독일 재무장을 위한 산업 협력에 따라 새로운 추진력과 지침을 갖추게 되었고, 1927년 이후 중국은 국민당 정권 아래, 정치적인 안정을 찾게 되면서 '중국의 세계적 발전'에 전념할 수 있게 되었다. 1923년 10월 출범한 소련의 보로딘(Mikhail Borodin) 정권이 파견한 자문관들을 받아들이는 한편, 쑨원은 독일과도 좋은 관계를 유지하기 위해 계속 노력하였다. 생전에 쑨원이 바랐던 성공을 거두지는 못했지만, 정권 초기에 맺었던 대부분의 유대관계는 쑨원의 후계자들에게도 큰 도움이 되었던 것이 분명하다. 1925년 쑨원의 사망 이후, 독일과 중국 간의 협력은 계속되었고, 1928년 장제스는 이를 더욱 확대하였다.

위안스카이가 사망한 이후 1916년 '군벌 시기'가 시작되었고 27년 북벌로 이어지면서 무기에 대한 수요는 급속도로 늘어났다. 이것이 제1차 세계대전 이후 독일과 중국의 경제관계가 곧바로 재개되는 주요 요인이 되었다. 1919년 베르사유 조약의 제약에도 불구하고 독일인들은 중국으로 무기를 나르기 시작하였다.[51]

■국민당과 독일군 자문관들

공산주의자들이 분열되면서 소련이 지원을 중단하고 자문관들을 더 이상 파견하지 않게 되자, 1927년 장제스는 여러 측면, 특히 군대의 근대화 지원과 관련하여 소련의 지원을 대신할 수 있는 대안이 시급히 필요하다고 생각하였다. 이런 상황에서 독일은 새로 설립된 난징정부에 지원을 제공하기 시작하였다.

중화민국 건국 초기에는 처리해야 할 임무들이 산더미같이 많았다.

장제스는 여러 분야, 특히 군대와 경찰세력을 구축하기 위해 독일 전문가들을 적극적으로 활용하였다. 이것이 그가 독일과의 관계를 장려하고자 했던 주요한 이유 가운데 하나였다.52) 중국에 고용된 자문관에는 독일 출신 뿐 아니라 미국, 프랑스, 영국, 네덜란드, 그리고 이후에는 이탈리아 국적의 사람들도 있었다.53)

중국 국민들은 독일 무기 및 각종 산업 장비와 반가공품을 열심히 사들였다. 이런 현상은 1920~1927년 동안 독일로부터의 수입이 늘어난 것을 보면 잘 알 수 있다. 그 무렵 중국이 수입한 독일 무기의 금액은 매년 1,000만 달러 ―전체 해외 수입 가운데 절반 이상 차지― 를 넘어섰다.54) 이런 측면에서 볼 때, 장제스가 중국에 파견된 독일 군인들과 민간인 자문관들은 돌려보내는 한편 독일과의 협력을 확대하면서 더욱 밀접한 관계를 기대한 것은 타당했다고 볼 수 있다.55) 장제스가 독일 자문관을 고용하자, 저장성(浙江省) 지방을 비롯한 일부 지방 정부들도 민간인 출신 자문관들을 고용하기 시작하였다.

두 국가 간의 협력의 핵심은 중국의 중공업 발전이라고 할 수 있었다. 중국과 독일의 관계는, 1931년 일본이 만주를 공격한 이후 군대와 산업 발전에 대한 국민당의 전략이 뚜렷해지면서, 그리고 1933년 권력을 잡은 독일의 나치가 천연자원을 필요로 하게 되면서 더욱 발전하게 되었다.56)

1934년 말 장제스는 2년 내에 또 다른 세계대전이 일어날 것이라 예상하였다.57) 그는 난창(南昌), 우창(武昌), 뤄양(洛陽), 항저우(杭州)에 새로운 훈련센터를 세워 군대를 재구성하고자 하였다. 이런 목적으로 장제스는 더 많은 독일인들과 미국인, 캐나다인 자문관들을 모으기 시작하였다.

바우어(Max Bauer, 1869~1929) 대령은 난징 시기 동안 중국의 발전

과정에 큰 영향력을 행사한 최초의 독일군이었으며, 1928년 장제스의 초대 자문관이 되었다. 중국에 머무는 동안 장제스에게 그의 사상을 소개하였고, 이후 바우어는 중국에서 존경받고 칭송받는 인물이 되었다. 바우어 대령은 히틀러의 나치 조직과 개인적인 친분을 갖고 있지는 않았지만, 영향력을 가진 사람들과는 친분이 있었다. 바우어의 정치적 신념은 극단적 민족주의였으며, 1920년 캅(Wolfgang Kapp)이 푸치(Putsch) 활동에 참여했었다는 사실이 이를 증명해 준다.[58] 그러나 그의 사상은 히틀러의 나치 사상과는 달랐다.[59] 바우어는 히틀러를 능력 있는 지도자라고 보지 않았으므로 그와 협력하거나 그의 명령을 받는 것을 거부하였다.

막스 바우어는 1927년 말 난징정부 무렵 장제스의 자문관직에 임명되었고, 1928년 3월 말 "독일 산업을 활성화하고 독일 전문가들을 고용하기 위해서 독일로 돌아갔다".[60] 바우어는 1928년 11월 말 중국으로 다시 돌아와 독일 자문단을 설립하였고, 이 조직은 1938년까지 유지되었다. 2개월 동안 바우어는 각 분야의 전문가들을 모아 참모들을 26명까지 늘렸다. 바우어의 자문단은 중국에서 독일의 입지를 강화시켰을 뿐 아니라, 중국 장교단에 처음으로 독일 파시즘의 존재를 알려주었다. 바우어는 전형적인 파시스트라고 할 수는 없었지만, 독일 자문관들 가운데 특히 1930년 이후에는 나치 사상을 받아들인 군인들도 있었다. 장제스와 바우어는 개인적으로 가까운 친구가 되었다. 1929년 5월 바우어가 사망한 이후에 발간된 독일 신문 『디 브루카(Die Brücke)』에 따르면, 장제스는 바우어를 친구 겸 최고의 자문관으로 평가하였다.

바우어 대령 이후 공석이었던 자리에 크리블 대령이 부임하였다. 그러나 "난징에서 보낸 그의 첫 재직 기간은 짧고 불행했다." 크리블은 1929~1930년까지 장제스의 군사 자문관을 지냈다. 이후 1934년 히틀러는 크리블을 주 상하이 총영사로 임명하였고, 크리블은 이곳에서 극동 나치기구의 수장 자리도 맡게 되었다.[61] 크리블은 나치주의자였으며, 히틀러가 공산주의자들에게 맞서기 위해서 뮌헨에 바바리안 자유군단을 세우고 라익스위얼(Reichswehr)군 장교들을 이끌던 때부터 히틀러를 잘 알고 있었다. 크리블 대령은 전투동맹을 결성하고 1923년 11월 8~9일 뮌헨에서 히틀러 폭동을 주도함으로써 히틀러를 지원하기도 하였다.[62] 크리블과 장제스가 사적으로 가까운 관계였는지 여부를 알 수 있는 증거는 거의 없다. 또한 두 사람이 공식적으로 친밀한 관계를 유지했는지에 대한 증거 자료 또한 없다. 독일 서류들을 검토해 본 결과 두 사람의 관계는 순수한 외교적 관계였던 것으로 보인다. 실제로 장제스와 크리블의 사상적 견해는 충돌하였을 가능성이 크다. 크리블이 난징에 머물렀던 기간이 짧았던 것도 이 때문인 것으로 보인다.

크리블의 후임은 베첼(Georg Wetzell) 사령관이었는데, 1930년 5월 난징에서 장제스의 '자문 사령관'으로 임명되었다. 베첼은 1930년부터 1934년까지 복무하였으며 대부분의 시간을 군사훈련 및 전술 문제에 투자하였다. 베첼이 중국에 오래 있었음에도 불구하고, 또는 그랬으므로, 베첼의 재임 기간 동안 장제스와 독일 자문관들의 관계는 눈에 띄게 멀어졌다. 특히 베첼 사령관이 쑹즈원(宋子文, T.V. Song)과 가깝게 지냈다는 사실을 장제스는 받아들일 수 없었던 것으로 보인다. 1932년 3월부터 장제스는 베첼을 대체할 사람을 물색하기 시작하였다.

폰 젝트(Hans von Seeckt) 사령관은 군사 자문을 지휘하고 중국 군대를 재조직하기 위해 1934년 특별히 장제스의 초청을 받아 중국으로 부임하였다.[63] 퇴역한 뒤 그는 군사 및 정치 이론 분야에 전념하여, 국가 및 군대의 역할에 대한 자신의 사상을 대중화하기 위해 노력하였다. 폰 젝트의 주장 가운데 하나는 군대가 국가 권력의 핵심이어야 한다는 것으로서, 장제스의 구상에 영향을 미쳤다. 폰 젝트는 나치주의자가 아니었고 뚜렷한 고유의 이념체계를 갖고 있었지만, 1933년 히틀러가 권력을 잡게 된 뒤에는 히틀러의 주변 조직과 점점 가까워졌다.

폰 젝트 사령관은 1934~1935년 동안 장제스의 자문 사령관으로 활동했을 뿐 아니라 중국 군대를 재조직하고 독일 자문 지휘 및 재구성을 맡는 군사 위원회의 임원이기도 하였다.[64] 중국 군대를 재조직하려는 그의 계획에 감명을 받은 장제스와도 성공적으로 관계를 구축하였다. 폰 젝트가 중국에서의 임무를 완수한 뒤, 1935년 3월 초에 독일로 돌아가 1936년 12월 사망하기 전까지 공식적으로 장제스의 자문관직을 유지하는 한편 베를린에서 경제 분야에도 종사하였다. 폰 팔켄하우젠 (Alexander von Falkenhausen) 사령관이 폰 젝트의 후임을 맡아 1935년부터 1938년 자문단과 그 대표들이 강제로 추방될 때까지 자문단을 이끌게 된 것도 폰 젝트의 추천 덕분이었다.

여기서 주목할 것은 장제스가 1930년대에 독일군 자문관들을 활용했을 뿐 아니라, 이나바마사오(稻葉正夫)의 설명대로 일본군의 자문도 받았다는 사실이다. 간토군(關東軍)[65]의 오카무라야수지(岡村寧次) 소장은 중국 자문관으로 유명한 중국 전문가였으며, 1965년 사망할 때까지 장제스, 천청(陳誠) 및 다른 국민당 지도자들과도 긴밀한 관계를 유지하였다. 1933년 11월 오카무라는 만주의 미래에 대한 회담에 참석한 일본 대표 가운데 한 명으로서 중국 대표들을 만나기도 하였다. 여기서 주목할 것은 1907년 오카무라가 육군사관학교의 교관이었으며, 이때 중국 학생들의 교육을 맡았다는 사실이다. 교관으로 재직할 무렵, 그는 천이(陳儀), 얀시산(閻錫山), 쑨디엔팡(孫殿芳)과 같은 중국 학생들을 지도하였다. 이 3명의 생도들은 이후 국민당 및 장제스와 가까워졌으며, 남의사와도 관계를 맺었을 것으로 짐작된다.

■독일의 관심 : 일본

장제스는 독일 자문관들과 접촉하는 과정에서 파시즘 사상 및 정치 관행에 관심을 갖게 되었다. 1920년대와 1930년대 후반 독일과 중국 사이에 정치, 군사, 재정적 관계가 더욱 활발하게 되면서 나치 사상이 난징으로 침투하기 시작했다. 바우어, 크리블, 베첼 등은 스스로를 '진실한 독일 정신[66]의 수호자'로 칭하였고, 독일 모델을 바탕으로 하여 중국 군사조직을 재구축하였다.

1938년 군사 자문관들이 중국에서 철수한 것은 독일이 중국보다는 일본과 더 깊은 관계를 맺고자 했기 때문이었다. 두 나라 모두와 유대 관계를 유지하는 것이 1930년대 독일에서 첨예한 이슈가 되었다.

1935년 무사코오지(武者小路) 백작이 일본 대사로 새로 부임하면서 독일과 일본은 이전부터 친밀한 관계였음을 역설하기 시작했다. 그는 "제3제국의 정신에는 일본의 정신과 꽤 많은 부분의 비슷한 점이 있으며, 국교 회복이 진행 중"이라고 밝혔다. 나치당의 인종 전문가들은 이미 예전의 우정을 회복하기 위한 방안을 모색하고 있었으며, 일본인들이 '비유대계 백인'이라는 사실을 인정하게 되었다.[67]

1936년 11월 독일과 일본 사이에 반(反)코민테른 협정이 정식으로 체결되면서, 독일의 관심은 중국에서 더 강력한 이웃인 일본으로 옮겨가게 되었다. 일본은 독일에 자신과 더 가까운 관계를 유지하기 위해서는 중국과의 유대를 희생해야 하며, 독일 자문관들이 중국에 머무를 날이 얼마 남지 않았다고 주장하였다. 결국, 1938년 5월 제3제국의 외교 장관인 폰 리벤트롭(von Ribbentrop)는 주(駐) 일본 대사인 딜크센(Dirksen)을 통해 주 중국 대사인 트라우트만(Trautmann)에게 전보를 보내어, 군사 자문관들을 즉각 철수시킬 것을 명령하였다. 이 전보에 따르면, 중국과의 전쟁에서 '일본이 초기에 승리할 지도 모른다고 히틀러가 불안해했으므로 철수가 이루어진 것'이다.[68] 1938년 이후 독일과 중국의 관계는 매우 낮은 수준이었다.

5. 장제스 파시즘과 국민당 정책

1920년대 초, 중국에서는 fanxi(泛西)라는 단어가 생겨나면서 파시즘에 대해 언급하기 시작하였다. 그 무렵 이 단어는 이탈리아 파시스트 정당에만 적용된 것이었다. Fascisti를 뜻하는 faxisidi(法西斯蒂)라는 단어를 쓰기 시작했지만, 현재 파시즘 사상을 뜻하는 faxisi zhuyi(法西斯主義)라는 단어는 1933년 이후에야 쓰게 되었다.[69]

장제스가 중국에 파시스트 조직을 세우려고 했다는 사실에는 논쟁의 여지가 없다. 이에 대해 그가 직접 언급했음은 명백한 사실이다. 1934년 초 제2차 남의사 총회 연설에서 장제스는 다음과 같이 밝혔다.

> 유명한 정당이 있는 외국에서는 그 당이 통치권을 갖고 있으며, 중국의 경우 유명한 정당은 국민당입니다. 그러나 국민당은 권력이 없는 형식적인 기관일 뿐입니다. 다른 나라의 파시스트 정당은 성공을 거두었으며, 최근 더 큰 성공을 거두며 세력을 넓히고 있습니다. 따라서 저는 중국에도 파시스트 정당이 필요하다는 것을 선언하는 바입니다.[70]

장제스가 중국에 필요하다고 생각한 파시스트 정당이 정확히 어떤 종류의 것인지, 그리고 그가 자극을 받게 된 원천이 무엇인지는 최근까지 많은 학자들의 논쟁거리가 되어 왔다. fanxi라는 단어가 생겨났다는 사실에서 알 수 있듯이, 처음에는 파시즘에 대해 이탈리아에서 일어난 지역적인 현상으로만 인식하였다. 이후 이탈리아 파시즘이 중국 발전에 얼마나 실질적인 영향력을 행사하였는지가 이슈로 떠올랐다.

처음 쑨원이 내세운 중국의 민족주의 사상은, 1920년 무솔리니의 이탈리아 파시스트 운동에 가담한 이탈리아 민족주의자들의 사상과 매우 비슷한 점이 많았다. 그러나 국민당과 이탈리아 민족주의자들 사이에 비슷한 점이 있었던 만큼, 차이점도 매우 많았다는 사실을 기억해야 한다. 예를 들면, 이탈리아 민족주의의 공격적이고 팽창주의적 성향이 쑨원의 이념에는 나타나지 않았다.

실질적인 측면에서 이탈리아로서는 독일이 중국에 개입했던 정도까지 중국에 접근하기는 어려웠다. 이는 이탈리아가 독일에 비해 산업화가 덜 이루어졌고 따라서 비슷한 수준의 기술 지원과 자문을 제공할 수 없었기 때문인 것으로 보인다. 이탈리아의 산업이 어느 정도 발전을 이루고, 또한 1930년대 국민당이 공군을 창립하기 위해 롤디(Lordi) 사령관의 지휘 아래 이탈리아 비행 전문가 집단의 지도를 받기도 했지만,[71] 극동 지방에서 독일과 라이벌이 되기는 힘들었다.

이탈리아와 독일 파시스트 모델이 중국 파시즘에 얼마나 영향을 미쳤던 것일까? 남의사 이념가들이 유럽 파시즘에 대해 잘 알고 있었던 것은 사실이나, 중국 파시즘이 그들과 같은 맥락에서 형성되었음을 뜻하는 것은 아니다. 남의사의 조직과 구조는 기본적으로 중국적인 것이었고, 일본에서 유학했던 황푸 생도들의 영향으로 인해 군사 부문은 대체로 일본의 것과 비슷했다. 따라서 독일이 자문관들을 파견하여 중국 군대에 상당히 영향력을 행사하였고 파시즘에 대한 정보 또한 모두 유럽에서 온 것이기는 하지만, 중국 군대가 가장 잘 이해할 수 있었던 것은 일본 모델이었다.

장제스는 권력을 잡기 직전에야 나치즘에 관심을 보이기 시작했는데, 실제 그가 나치즘에 관심을 가졌던 것은 그 조직에 대한 부분이었다. 장제스가 나치식 조직을 세우려 했다는 주장에 반박하는 이들은 남의사를 설립할 무렵 독일이 관여했던 증거가 너무 부족하다는 것을 그 근거로 들고 있다. 분명한 것은, 독일의 공식문서를 살펴보면 독일이 남의사 조직에 개입했다는 주장을 뒷받침할 자료가 거의 없다는 것이다. 실제로, 중국의 독일 외교관들은 새로운 조직이 나타나자 다른 유럽 대사관이나 외국 사무소들과 마찬가지로 어리둥절해 했던 것으로 보인다. 그들이 베를린에 보고한 내용은

작년에 덩원이(鄧文儀)의 주도로 황푸 생도들이 장제스 최고사령관에게 구체적이고 설득력 있는 계획을 제안하였고, 장제스는 이 제안을 받아들였습니다. 이 과정에서 중국에서는 난징에 본부를 두고 '문화협회'라는 이름으로 최초의 파시스트 운동이 일어났습니다.[72]

1930년대에 중국 민족사회당(NSP)과 이후 중국 민주사회당(DSP)이 설립된 것을 두고, 이것이 나치즘의 영향을 받은 것이라고 잘못된 결론을 내릴 수도 있을 것이다.[73] 두 정당의 정신적 멘토는 개혁주의자인 량치차오(梁啓超)였으며, 이에 대해 치안탄성(錢端生)은 다음과 같이 밝히고 있다.

장쥔마이(張君勱)의 민족사회당과 북미에 살고 있는 중국인들이 설립한 중국 민주헌정당이 합병하게 되었다. 민주헌정당은 캉(康)과 량(梁)의 황제수호협회의 직계 후계자였으며, 장(張)을 포함한 민족사회당의 지도자들은 여러 방면에서 량의 연구파와 제휴를 맺었다.

정보부 보고서에 따르면, 정당 설립 날짜와 장소는 1934년 베이징이었다. 설립자는 장쥔마이(張君勱), 루어룽지(羅隆基), 장둥쑨(張東蓀),

리껑니앤(李庚年), 판광단(潘光旦) 등이었다. 전체 구성원의 대부분이 학생들이었고 정치가도 있었다. 조직의 원칙과 정책은 절대 애국주의와 진보 애국주의를 강조하는 민족사회주의였다.[74]

중국 민족사회당은 장제스와 삼민주의 원칙을 지지한다고 선언하였다. 설립 무렵부터 이 정당의 기조는 반(反)공산주의였다. 그러나 1937년 일본과의 전쟁 이후 점차 태도를 바꾸었고, 그 결과 민족사회당과 공산당의 관계가 개선되었다. 인민정치위원회에 대한 그들의 제안이 실현된 이후에는 민주 동맹에 합류하기도 하였다. 어떤 경우에도 이 정당은 나치당과는 거리가 멀었다.

요 약

강력한 민족 정부를 설립하고자 했던 국민당은 내부 분열, 부조리한 행정, 황제의 통치, 그리고 무엇보다도 농촌 지방에 대한 지배력이 약했기 때문에 임무를 효과적으로 완수하지 못했다. 장제스는 그의 권한을 침해할 수도 있는 군대와 정치세력들을 무력화하기 위해 힘을 쏟았다.

1930년대 혁명이 실패했다는 대중심리로 인해 상황이 바뀌자 국민당은 파시즘으로 돌아섰고, 무엇보다도 국민당 정부와 그 관료들이 제대로 역할을 다 하지 못하면서 경제 상황 또한 악화되었다.

장제스의 궁극적인 목표는 중국 사회 전체를 변화시키고 근대화하고자 하는 것이었으며, 이 변화의 매개체로 파시즘을 채택하기로 하였다. 중국 농민들을 대중적으로 동원ー장제스가 생각한 사회 변화 수단ー하려고 하였으나 이 계획은 보류되었고, '위로부터의 혁명'이라는 목표를 이루고자 남의사라는 '특별 위원회'를 설립하였다. 장제스는 남의사 설립 무렵 국민당 당원들의 경험을 십분 활용하였다. 분명한 것은, 일본에서 유학한 학생들이 일본 파시스트 운동의 영향을 받았다는 사실이다. 그들은 일본 군대와 흑룡회의 극단적인 민족주의 사상을 선호하였고 이념적 융화사상을 도입하였다.

일본과 중국 파시즘의 비슷한 점은 그들의 종교 및 철학적 배경과 파시즘에 대한 접근법에서도 찾을 수 있다. 일본 파시즘은 국교인 신토(神道) 내에서 발전하였고 따라서 쉽게 기존의 문화와 합칠 수 있었다. 파시즘이 종교와 동화된 것이다. 중국에서는 파시즘을 유교 사상과 공존시킬 수 있는 형태로 재구성하기 위해 일본과 비슷한 시도를 하였다. 또한 남의사가 중국에서 활동했던 방식은 일본 흑룡회의 방식과 비슷하였다. 장제스가 1927년 9월 일본을 방문한 뒤, 황푸 졸업생들이 일본에서 훈련을 더 받게 되었고 이들 가운데 상당수가 이후 남의사에 가담하였다. 군대에 직접 영향력을 미쳤던 비밀 조직들은 남의사 설립자들에게 모범 사례가 되었을 것이다.

나치즘과 유럽 파시즘의 영향을 받은 육군 장교, 경찰관, 정부 관료들, 그리고 부분적으로는 독일 자문단과 유럽을 방문한 군 장교 및 경찰관들을 통해 파시스트의 영향을 받기도 하였다. 대체적으로 유럽 파시즘은 남의사에 직접 영향을 미쳤다기보다는 전반의 선험적 영감을 주었다고 할 수 있다. 장제스는 독일과 이탈리아의 개념을 매우 선별적으로 차용했으며, 새 조직의 주요 노선들은 일본에서 빌려온 것이다.

중국의 지식인들은 나치즘과 이탈리아 파시즘에 대한 정보를 얻을 수 있었지만, 외국의 사상을 접하는 과정에서 그들 고유의 사상을 변화시킨 사례는 찾아볼 수 없다. 대부분의 지식인들은 전통적인 유교사상을 공부하였고 그들이 습득한 외국 사상들의 영향력과 상관없이 중국에 파시스트 조직이 설립될 때 그들의 사상을 지배했던 것은 전통적인 견해와 가치들이었다. 따라서 그들은 전형적인 중국 사상 및 고대 중국 적-유교적- 특징과 융합된 '외국의' 파시스트 사상을 지지하였다. 장제스가 남의사 조직에 이식하려고 했던 파시즘의 형태는 아마도 가장 '독특한' 것이었을 것이다.

1924년 6월 16일 황푸군관학교 창립 기념식 광경. 좌측부터 랴오중카이, 장제스, 쑨원, 쑹칭링 (장소: 광저우 쑹칭링 故居)

사진 : 中国共产党新闻网 www.cpcnnews.cn

3장 남의사의 출현

남의사가 성립된 시기는 중국에 긴장감이 고조되었던 시기와 일치한다. 1931년 9월 18일 일본 제국주의의 위협은 만주 공격으로 인해 절정에 이르렀다. 일본의 공격이 남의사가 발생하는 데에 큰 자극이 되었던 것으로 보이며, 이 조직을 설립한 것은 일본에서 공부한 황푸 생도들이었다.

남의사 운동이 이탈리아 파시즘이나 독일 나치즘의 영향을 받았다기보다는 일본 제국주의에 대한 반향으로 발전하게 된 것이라고 주장할 수 있을 것이다. 실제로 주요 설립자 중 한 명인 텅지에(滕杰)는 남의사 설립 무렵 유럽 파시즘에 대해 거의 알지 못했다.[1] 국민당 개혁에 대한 유명한 에세이 덕분에 남의사의 정신적 지주로 간주되었던 류지안췬(劉健群)은 유럽 파시스트 사상에 대해 어느 정도 알고 있었을 것이다.

남의사에 대한 모든 것 −그들의 기원, 정치적 역할, 그들의 이름−이 논쟁의 대상이 되어 왔다. 남의사에 대해 다룬 대부분의 학자들은 남의사의 이름과 조직 모델이 독일이나 이탈리아에서 유래된 것이라고 결론내리면서, 이를 이탈리아의 흑셔츠나 나치 독일의 브라운셔츠와 비교하였다. 유럽이나 일본의 파시스트 조직에서 어떤 영향을 받았든지 간에, 중국 역사 속에서 '남의사'라는 이름과 비슷한 조직들의 예를 많이 찾을 수 있다. 예를 들면, 명(明) 왕조 때 황제의 비밀 수호대의 이름은 '금의위(錦衣衛)'였다.

앞장에서 유럽 파시즘이 대중 동원을 통해 어떤 성격을 갖게 되었는지 간략히 살펴보았다. 중국 파시즘의 대표격인 남의사는 기본적으로 국민당 내의 소규모 엘리트 군사 조직이었다. 남의사 가운데에서 비밀 경찰세력이 가장 적극적으로 활동했으므로, 대부분의 사람들은 남의사 조직에 대해 이 세력 외에는 아무 것도 없다는 잘못된 결론에 이르기도 한다. 실제로 남의사는 더 큰 조직을 보유하고 있었다.

남의사의 공식적인 목표는 근대 중국 정치사 관점에서 볼 때 독특한 것과는 거리가 멀었으며, 그들의 조직 방법과 무자비한 성격은 '신선한' 것이라고 할 수 있었다. 국민당의 조직과 성향은 중국을 통합하고 근대화시키고자 하는 장제스와 그의 노력에 투신하는 것이라고 앞에서 밝힌 바 있다. 이 조직 가운데 CC단은 장제스가 정당과 국가의 변화를 일으키기 위해 다른 접근법이 필요하다고 결심했던 1932년 수많은 난제들을 만들어내기도 했다.

CC단은 반일(反日) 단체의 학생과 노동자들을 불러 모았지만, 그들의 행동을 통제하기는 쉽지 않았다. 따라서 1931년 7월 CC단이 자극했던 -그리고 만주 공격으로 인해 더욱 고조된- 반일 감정은 곧 통제하기 어려운 상태가 되었고, 이로 인해 12월 장제스는 정권에서 물러나게 되었다. 일본에 저항하기 전에 내부 통합을 확보해야 한다는 정책에 분노한 반일 시위대가 집중적으로 비판을 쏟아 놓자 결국 장제스가 총통직을 사임하게 된 것이다. 장제스는 이것을 CC단의 탓으로 돌렸고, 결국 이것이 남의사를 조직하게 된 계기가 되었다.

1. 남의사의 설립 동기

1927년 난징정부가 설립된 뒤 국민당도 민간 정부도 국가를 바로 세우고 일관된 정책을 집행하기에는 적합하지 않다는 사실이 점점 뚜렷해졌다. 따라서 군대세력이 상대적으로 점점 커졌고, 정당과 정부 기관의 세력은 그에 따라 약화되었다. 일본은 중국의 북부 지방을 끊임없이 위협하였고, 공산주의자에 대한 군사 작전도 진행되고 있었으므로 군국주의자들의 힘이 커질 수밖에 없었다. 공식적인 정당 기관들은 점점 스스로 정책을 결정하지 않게 되었고, 장제스 주변의 파벌들이 이미 결정해 놓은 사항들을 승인할 뿐이었다. 이 파벌들은 정계에서 '총통의 막강한 권한으로 인해 빚어진 제도적 모순으로부터 벗어날 수 있는 가장 확실한 대안이라고 할 수 있었으며, 관료들은 이미 그 힘을 거의 잃었으므로 중앙의 결정을 집행할 수 없었다.'[2]

장제스에게는 민족주의자들 가운데 그의 패권에 도움이 되는 파벌들을 조종할 수 있는 힘이 있었다. 그는 관념적인 지위나 파벌 정책과 관련된 지위는 절대 맡지 않았다. 정치적으로 우월한 지위를 보장해 주는 파벌과 연루되지 않으면서도 그들과 쉽게 어울렸다. 서로 적대적인 파벌들-예를 들면 CC단과 남의사- 의 충성을 동시에 확보할 수 있는 재능을 갖고 있었던 것이다. 그럼에도 불구하고, 1931년 일본의 공격 이후 장제스는 허(虛)를 찔리게 되었고, 평소와 같이 국민당의 상황을 통제할 수 없다는 사실을 깨달았다. 주요 파벌들 중 일부는 그의 리더십에 대한 확신을 버렸던 것이다. 장제스가 국가 수장으로서의 역할-국가 영토를 방어하는 역할- 을 수행할 수 없게 되자 사임을 요구하는 사람들이 생겨나기 시작했다. 결과적으로 장제스는 군사직은 보유했지만, 권력을 떠나 고향인 저장 지방으로 '물러났다.'

장제스가 반(半) 은퇴한 상황이 되자, 독재 성명을 통해 더욱 독재적인 통치방식을 요구하는 정당 내의 정치 사상가들과, 스스로를 정당 및 국가에서 부동의 우두머리라는 사실을 재차 확인하고자 했던 장제스의 이해관계가 일치하게 되었다. 이것이 남의사가 중국 정치에서 중요한 역할을 맡을 수 있었던 배경이 된다.

남의사 운동은 황푸 군교 졸업생이며 일본 대학 및 사관학교에서 수학한 황푸 졸업생 60명 가운데 한 명인 텅지에가 일으킨 것이었다.[3] 텅은 만보산 사건[4] 무렵 일본에서 유학 중이었으며, 일본이 중국에 대해 전쟁을 일으키려고 한다는 사실을 황푸 학생들과 함께 확신하게 되었다. 이 조직은 일종의 선제조치를 취하기로 결의하였고, 텅과 동료학생인 샤오찬위(蕭贊育)는 1931년 7월 말 중국으로 돌아가게 되었다. 그들은 난징정부에게 곧 다가올 위험을 경고하는 임무를 맡았으며, 장제스가 중국 통일을 앞당겨 이 위협에 미리 대처하기를 바랐다. 그러나 장제스는 내부 통합을 추진하는 과정에서 회유정책을 내세웠고, 따라서 정치인들로부터 격렬한 저항을 받게 되었다.

중국에 도착한 이후, 텅은 중국이 그가 생각했던 것보다 더 큰 혼란에 빠진 것을 눈으로 확인하였고 중국이 심각한 상황에 처해 있음을 확신하게 되었다. 결국 그는 일본으로 돌아가지 않는 대신 국가를 구할 계획을 세우기로 결심하였다. 텅의 계획은, '핵심 간부들을 모두 황푸 군교의 졸업생들로 구성하여 강력하고 비밀스러우며 고도로 훈련된 조직'인 일종의 태스크포스(task force)를 꾸리기 위해 필요한 지하 조직을 만들고자 하는 것이었다.[5] 또한 이 조직은 장제스로부터 직접 지시를 받아야 하며 쑨원의 가르침에 따라 운영되어야 한다고 강조하였다. 1931년 9월 일본이 만주를 공격했을 무렵, 텅은 3번의 회합 뒤 황푸 군교의 졸업생 가운데 뜻을 함께 하는 민족주의자들 약 40명을 불러 모았

다. 이 장교들 중 대부분이 일본의 일반대학과 사관학교에서 공부하였
으며, 따라서 중국에 대한 일본의 계획을 반대했던 것은 사실이나 그들
이 파시스트 사상을 옹호하는 흑룡회 등 일본의 군사조직으로부터 많
은 영향을 받았다는 것 또한 사실이다. 황푸 장교들로 이루어진 이 조
직은 삼민주의 리싱서 – 역행사(力行社)라 이름 지었으며, 초기에는 다
른 황푸 졸업생들 중에서 새로운 조직원들을 모으는 데에 많은 시간을
투자하였다. 1931년 9월 무렵 '남의사'라는 이름은 등장하지 않았다.

역행사는 경찰, 군대, 정당, 정부 기관 내에서도 조직을 구성하기 시
작했다. 새로 가담한 조직원들은 당 내에서 공산주의자로 추정되는 사
람들과 지방의 공산주의자들, 그리고 친일주의자들과 대적하는 데에
힘을 쏟기 시작했다. 1932년 1월 일본이 상하이를 공격했을 때에는, 5개
월 전의 혼란을 극복하고 호연지기와 안정감을 바탕으로 침략자와 맞
설 수 있게 되었다.6)

초기에 역행사 조직원들은 장제스에게 조직의 존재나 활동에 대해
알리지 않았다. 표면적으로는 국가적 위기를 맞고 있는 동안 다른 문제
로 장제스에게 부담을 주지 않고자 했기 때문이었다. 그러나 1932년 1월
조직의 지도층들은 장제스가 이들의 의도에 대해 충성심을 저버리고
정권 타도를 계획하는 것으로 오해할까 걱정하게 되었고, 장제스의 개
인 비서인 덩원이(鄧文儀)에게 조직의 존재와 계획에 대해 장제스에게
보고할 것을 부탁하였다.

내부 추방으로 인해 권력을 잃었던 장제스는 처음에는 비서의 말을
듣고 별로 달가워하지 않았다. 그러나 한편으로는 정당 내에서 주도권
을 다시 잡을 수 있는 기회가 될 수도 있겠다는 가능성을 보고 계략을
세우게 되었다. 또한 그는 정권의 무기력함과 내부 통일이 이뤄지지 않
는 사회적 분위기로 인해 괴로워하고 있었다. 장제스로서는, 열렬한 민

족주의자이자 장제스에게 충성을 맹세한 황푸 졸업생들이 만든 조직 덕분에 더 나은 미래에 대한 일종의 희망을 가지게 된 것이다.[7] '북벌 기간 동안 그리고 그 뒤 알려진 황푸(黃埔) 정신은 대부분의 다른 당원들이 보여준 전형적인 부패상과 무력함과는 상당히 대조적인 것이었다.' 그리고 역행사 조직원들이 장제스에게 보여준 충성심 또한 왕징웨이와 같은 다른 국민당 지도층의 파벌주의나 기회주의와는 뚜렷한 대조를 이루었다.

장제스에 대한 불충(不忠)은 당의 고위층에서부터 시작하여 일반 당원들에게까지 만연하였으며, 일반 당원들 사이에서도 장제스의 권력은 심각하게 훼손되기 시작했다. 또한 남의사 설립을 결심하게 된 요인 가운데 하나는 1931년 가을 일부 학생 의용군들마저 장제스에 대해 충성심을 갖고 있지 않다는 보고가 늘어났기 때문인 것으로 보인다.

남의사라는 별칭을 가진 역행사가 출현한 직후인 1932년 2월 중앙 정부가 반일 의용군들에게 해산을 명령한 것은 어떤 연관성이 있었음을 보여주는 것이다.[8]

이 의용군들은 장제스가 일본의 공격을 효율적으로 막아내지 못한 것과 그가 결정적인 통솔력을 갖지 못했다고 심각하게 비판하였다. 따라서 장제스는 반일감정을 통제하고 완화시키기 위해서 1932년 초 역행-실천을 활용하기로 결심하였다.[9]

거의 같은 시점에 류(劉)는 '구국(救國)' 사상에 전념하고 있었다. 1931년 말 『정당 개혁을 위한 몇 가지 아이디어』라는 수필을 발표하여 국민당 개혁을 위한 그의 계획을 역설하였고, 1932년 3월 초 장제스가 여기에 관심을 갖게 되었다. 장제스는 자신이 예외적인 정치 위기에 몰려 있음을 실감하고 있는 상황이었고, 정당 내의 충신들이 조직(力行社, 행동, 실천)을 설립했던 것과 거의 동시에 류가 새로운 조직을 설립해야 한다고 그 필요성을 역설하고 있었던 것이다. 이 두 사건은 새로운 기구를 통해 권력을 되찾고 이를 유지하고자 하는 장제스의 개인적인 정치적 수요와 일치하는 것이었다. '남의사'가 태어난 것은 이런 철학적인 측면과 실질적인 측면이 조화를 이룬 결과였던 것이다. 1932년 3월 상하이에서 공식적으로 전쟁이 끝나기 직전, 장제스는 역행사의 설립자들과 만났고, 중국 비밀 조직들의 선서 의식이 끝난 뒤에 삼민주의 역행사라는 이름의 새로운 조직이 구성되었음을 공식 선언하였다.[10]

역행사가 설립되었을 무렵에는 무너지기 직전의 국민당 내에 생긴 또 하나의 파벌일 뿐이었다. 그러나 다른 한편으로는 특별하면서도 전혀 새로운 역할을 맡을 것이었으므로 예외적이었다고도 할 수 있을 것이다. 장제스의 정치적 신념을 실현한 것일 뿐 아니라 그의 적수 및 다른 파벌들을 감시하면서 최대한 그들의 활동을 억누르고자 하는 사명을 맡았던 것이다.

2. 남의사의 조직과 구조

남의사 조직과 관련하여 가장 처음으로 이루어진 체계적인 연구는 1937년, 그리고 1939년 좐성란(傳勝藍)이라는 남의사 출신 인사를 심문한 뒤 일본 정보부가 작성했던 자세한 보고서라고 볼 수 있다. 일본 정보 당국은 이 조직에 대해 작성해 놓은 기존 보고서가 자세하지 않고 구체적이지 않다는 사실을 발견하고, 새로 작성한 보고서가 그 간극을 메울 수 있을 거라고 전망하였다.

일본 보고서들은, 3개의 동심원으로 단순하게 정리할 수 있는 남의사의 구조에 대해 꽤 정교한 부분까지 묘사하는 등 다양한 실례들을 활용하고 있다. 다른 한편으로는 조직과 구조를 설명하기 위해 조직 피라미드를 활용하기도 하였다. 기본적으로 이 모든 실례들은 같은 목적 아래 수집된 것인데, 그 목적이란 조직에 대한 통제와 기밀 유지를 강조하고자 하는 것이었다.

근본적으로 남의사 조직은 전통적인 중국 비밀 조직의 구조와 비슷한 부분이 많다. 1930년대에는 전통적인 비밀 조직에 대한 중국인들의 이미지가 많이 바뀌었는데, 그러한 점이 반(半)개방적인 성격의 남의사에게 동기를 부여했을 수도 있을 것이다. 이런 변화는 '군사적인' 방식으로 일어났는데, 장제스에게는 가장 적합한 것이었다. 기존의 비밀 조직 가운데에는 군사력을 보유한 경우가 없었던 반면 남의사는 군사력을 보유하고 있었음을 기억해야 한다.

비밀 조직의 의식 가운데 가장 화려한 것은 당연히 입회식이라고 할 수 있다. 기존의 조직원들이 새 멤버를 소개하면, 이들은 조직의 비밀 암호와 은어를 익혀야 한다. 입회식에서 후보자들은 기밀을 유지할 것을 맹세하고 선서문을 읽은 등 또는 비밀스런 신체 신호나 수신호 또는 비밀 춤이 필요했으며 이것은 장교들 뿐 아니라 일반 조직원들이 서로를 확인할 수 있는 수단 가운데 하나였다.

중국 비밀 조직들은 표면적인 목적, 활동, 그리고 어느 정도까지는 조직의 환경에 따라 본래 모습을 바꾸었다. 비밀 조직들은 친목회와 같은 개방적인 단체로 위장하였고, 존재 및 기능에 대해 엄격하게 비밀로 유지할 수 있었다. 이런 점에서 남의사는 전통적인 중국 비밀 조직과 매우 비슷하였다.

남의사의 구조 및 목표는, 그 무렵 SMP 첩보원들이 조사한 것을 토대로 서양에서 작성한 보고서[11]에도 잘 드러나 있다. 일본과 서양 보고서의 주요한 차이라면, 예를 들어, SMP에서 작성한 보고서에서는 남의사의 구조를 체계적으로 분석하지 않았으며 따라서 서양의 보고서 또한 그 정보가 자세하지 않으면서도 세분화되어 있었다는 점이다.

이후 간궈쉰(干國勛)과 덩위안중(鄧元忠) 교수가 펴낸 책에서는 남의사의 구조와 조직을 자세하게 설명하고 있다.[12] 이스트만은 남의사를 연구하기 위해 처음으로 이 두 인물을 모두 참고한 학자 가운데 하나였다. 그는 다음과 같이 밝히고 있다.

> 1972년에 '남의사'에 대한 기사를 썼는데, 간(干)은 내 기사에 대응하여 처음으로 실천회에 대한 기사를 쓰기도 했다.…내가 실천회에 대해 다룬 내용의 대부분이 아직도 실효성이 있다고 믿지만, 최근에 발간된 이 2권의 책 덕분에 내가 예전에 오해했던 일부 내용을 확실히 바로잡게 되었다.…그것은 주로 조직의 구조에 대한 것이었다.[13]

이스트만은 남의사에 대한 첫 번째 연구에서 일본 자료를 주로 썼다. 일본 보고서에서 활용한 정보와 간(干)과 덩(鄧) 교수의 책에 나타나는 정보를 비교해 보면, 일본 자료들의 신빙성이 더 높은 것으로 나타났다. 이스트만의 선택을 믿고, 이 책에서는 일본의 초기 자료와 중국의 최근 자료에 나타나 있는 남의사의 구조 및 조직을 채택할 것이다.

■동심원

일본 보고서에 따르면, 남의사들은 3개의 동심원 구조를 조직하였다. 조직의 핵심인 가장 작은(안쪽) 원이 장제스를 최고 지도자로 세운 실천회를 뜻했고, 1937년 기준 조직원은 528명에 지나지 않았다. 이 핵심 계층에 대한 통제는, 그 규모가 시간에 따라 바뀌기는 했지만, 17명의 정회원과 9명의 명예 회원으로 구성된 중앙집행위원회의 손에 달려 있었다. 이 핵심 간부들은 남의사의 정책을 결정하는 행정 센터를 구성하였다. 그 중앙에는 5명으로 구성된 상임 위원회가 있었고, 이 5명 가운데 1명이 사무총장이었다. 1932년부터 1938년까지 총 5명이 남의사의 사무총장직을 맡았었다고 알려져 있다.[14]

사무총장은 남의사의 집행위원회가 결정한 정책과 작전을 지휘하기 위해서 사무국과 4개부서, 즉 1)총무부, 2)홍보부, 3)조직부, 4)특별업무부 등의 지원을 받았다. 관련부서의 국별로 2차적으로 작전을 지시하였다.

동심원 가운데 두 번째 원은, 애초에 실천회 설립 한 달 뒤에 구성된 2개의 엘리트 조직으로 이루어졌었다. 그중 하나는 허종한(賀衷寒)과 황푸군교 졸업생으로 이루어진 중국 혁명군 전우회였고, 다른 하나는 류와 민간인들로 이루어진 중국 청년 전우회였다. 혁명군 전우회는 1933년 초 해산되었다.[15]

파벌주의는 거의 초기부터 조직의 근간을 흔들기 시작했다. 두 번째 원을 구성하던 두 파벌 간의 경쟁은 곧 고질적인 것으로 바뀌었고, 때로는 두 조직의 조직원들 사이의 싸움으로 번지기도 하였다. 결국 1933년 초 장제스가 혁명군 전우회의 모든 활동을 멈추라고 명령하게 된 것이다.

청년 전우회는 역행사 간부 가운데 중상위 계층으로 구성된 주요 조직으로 자리 잡게 되었다. 그들은 실제로 남의사가 조성되는 데에 도움을 주었다. 새로운 조직원들은 청년 전우회를 거쳐서 조직에 가입하게 되었고, 역행사에서 계획한 대부분의 활동은 우선적으로 이 전우회에서 집행했다. 그들은 서민층, 관료를 비롯하여 군부대까지 침투하였다. 청년 전우회는 중국 전역에 네트워크를 조직하였고, 1938년 무렵 조직원 수는 약 3만 명에 이르렀다. 그러나 청년 전우회를 중화(中華) 부흥사로 오해하는 경우도 많았다. 실제로 부흥사(復興社)는 동심원 가운데 세 번째 원을 이루었고 규모나 성격 면에서 가장 눈에 띄는, 역행사를

만들어 낸 선두 조직이었다고 볼 수 있다.16) 부흥사는 조직의 대중적
기반이었고 중앙 본부 및 산하기관의 간부들까지 아우르는 조직이었
다. 또한 남의사 조직 가운데 가장 낮은 차원이었으며 새로운 조직원들
이 기존 조직원들의 추천을 받아 비교적 쉽게 가입할 수 있었다.

청년 전우회와 역행사에 지원하는 것은 심사와 승인 절차가 까다로
워 더욱 어려웠기 때문이다. 부흥회 조직원의 수는 1937년 약 30만 명
에 이르렀으며, 그 수는 10만 명에서 50만 명까지 다양하게 나타났다.
부흥사 조직은 근본적으로 역행사와 청년 전우회의 그것과 같아서, 4개
의 조직으로 나뉘어졌다. 그러나 부흥사는 자체의 지도층과 조직이 없
었으므로 청년 전우회에서 이 역할을 맡았고, 따라서 역행사를 이끄는
사람들과 그 수장이 같았다. 전체 조직은 민주집중제로 운영되었으며,
이것은 낮은 차원에서도 토론은 허용되었지만 결정은 고위층에서 했다
는 뜻이 된다. 따라서 의사 결정권을 고위층에서 갖고 있었으므로 고위
층에서 모든 문제를 결정하였다.

위에서 설명했던 관료제도와 감시 체제 통제 위원회가 공존했는데,
이들은 남의사의 행정 업무를 감시하는 역할을 수행하였다. 이 위원회
는 남의사의 예상 지출액을 확인하고 각 조직원들의 사상, 행동 및 활
동을 끊임없이 감시하였다. 이 통제 위원회 구성원의 전체 수는 1,000
명이 넘었으며, 최고위층에는 사무총장이 그 수장으로 있는 감독 위원
회가 있었다. 산하 기관과 그 하부 조직에는 감독 위원회에서 지명한
해당 위원회들이 활동하였다.17)

■피라미드식 구조

일본 자료에서는 남의사 조직이 근본적으로 어떻게 피라미드식 구조

로 이루어졌는지를 설명하고 있으며, 물론 최고 지도자 자리에는 장제스가 있다.[18] 그의 아래로, 내려가면서 3개의 층으로 이루어진 피라미드식 구조가 성립되었다. 가장 높은 층에 역행사가 있으며, 조직의 지배층을 이룬다. 두 번째 층은 중상층 간부로 이루어졌으며, 세 번째 층은 조직의 대중적 기반인 부흥사로 이루어져 있다. 각층은 다시 3개의 부문으로 세분화되어 다른 임무와 직업을 대표하며 각각 고유의 조직과 지도자를 세웠다. 한 부문은 정부 관료들, 두 번째 부문은 군인들로, 세 번째는 일반인들로 구성되었다.

이 피라미드나 앞서 언급한 동심원을 통해 남의사 조직과 구조를 분석한 내용을 살펴보면 매우 비슷한 점이 많다. 차이점이라면 동심원이 그 구조를 더 잘 설명하는 경우도 있고, 피라미드 구조가 더 정확하거나 상세할 때가 있다는 점이다.

계층적 피라미드의 두 번째 층은 동심원의 두 번째 원과 비교할 수 있는데, 중상층 간부들로 구성되어 있으며 여러 개의 산하기관 및 지부로 나누어진다. 여기에는 남의사 지도층의 두 번째 차원을 구성하고 있는 청년 전우회도 포함된다. 이 층의 산하기관과 지부의 간부들은 남의사의 특별 업무, 예를 들면 군교의 강사와 같은 특수한 기능을 수행하였다. 지방과 주요 도시에 퍼진 산하 기관의 수는 약 10개쯤이었을 것이다. 이 산하 기관들은 다시 지부로 나누어졌고, 각 산하기관 및 지부에서는 사무관이 그 수장을 맡았다. 중앙 간부들과 함께 이 사무관들도 역행사의 일원이었다.

이 피라미드의 세 번째이자 가장 낮은 층은 동심원의 세 번째 원과 비교할 수 있다. 이 조직은 중화(中華) 부흥사를 구성하고 전체 조직의 대중적 기반이며 남의사의 일반 조직원들을 모두 아우르는 것으로, 국민당 내에서 자체적으로 조직되었다. 1920년대 초 코민테른이 국민당에 영향을 미친 것 가운데 하나는 이 세 번째 조직이 투사들의 소규모 조직으로 편성된 것이다. 이 소규모 조직들은 3~9명의 조직원으로 이루어졌다.[19]

남의사의 가장 큰 장점은 군사 조직에 있었는데, 국민당 조직에서 가장 중요한 기관 가운데 하나인 군사 조직의 활동은 군사 위원회에서 맡았다. 중앙 군사 조직에 행사한 남의사의 영향력은 상당했는데, 그 이유는 장제스가 군사 위원회의 의장이었기 때문이다. 실제로 위원회의 각 행정 사무국은 남의사 조직원들이 주도하였다. 이 사무국에서부터 지방의 산하기관 사무실까지 통제 시스템의 영향을 받았다. 남의사의 군사 조직이 큰 장점이기는 했지만, 민간인 조직원들 가운데 일부는 특히 1930년대 정치 발전사에 큰 획을 긋기도 하였다. 주요 인물에는 캉저(康澤), 다이리(戴笠), 허종한, 덩원이 등이 있었으며, 류지안췬 또한 조직에서 중요한 지위를 맡았다.

3개로 나누어진 이 조직의 목표는 국가를 재건하는 것이었다. 실제로 한 일본 자료에 따르면 역행사와 그 하부 조직을 가리켜 민주 부흥 운동이라 칭하기도 했다. 물론 민주주의-또는 주권-는 쑨원의 삼민주의 기둥 가운데 하나였다.

남의사의 모든 조직원들은 그들의 행동에 대해, 어떤 상황에서도 지도자에게 복종하였는지, 비밀을 유지하였는지, 오직 이 조직에만 충성을 다하고 있는지 등등 엄격한 기준을 통해 평가를 받았던 것으로 보인다.

남의사가 세운 조직 네트워크는 국가 전체[20]를 아우르려던 것이었으며, 이를 위해 남의사는 중국인들을 대상으로 하여 새로운 인생, 국군 훈련, 국가 경제 재건, 내부 화평 및 호전 운동에 대한 저항 등 4가지 주요 운동에 초점을 맞추었다. 내부 화평 및 호전 운동에 대한 저항은 다른 3가지 운동의 기본이 되었다. 국가가 우선 통일되고 안전하지 않다면, 다른 운동들의 목표인 국가의 정신적, 사회적, 경제적 재건을 실현하기가 어렵다고 간주한 것이다.

■서방 자료(SMP) 분석

서방 국가에서 확보했던 남의사 조직에 대한 정보가 일본 자료에 비하면 훨씬 세분화되어 있고 상대적으로 자세하지는 않지만, 기본적으로는 옳은 정보였다는 것을 설명하고자 몇 가지 사례들을 아래에 제시해 보려고 한다. 서양의 보고서에서는 남의사 조직원 수가 3,000명으로 제한된 적이 있었는데, 그 가운데 2,000명은 황푸군교 졸업생이어야 하며 나머지는 일반 대중들 가운데에서 선발했다고 결론을 내리고 있다. 조직의 최고 지도자들은 모두 13명이었으며, 이것은 아마도 13명의 프린스 즉 핵심 멤버들을 참고한 것으로 보인다.[21] 또한 그 이름은 남의사를 지휘하는 장제스를 헌신적으로 따르는 추종자들의 조직의 것을 본뜬 것으로 보인다.[22] 워싱턴DC의 미국 국립문서보관소에 있는 SMP 문서들을 보면, 다음과 같은 사실을 알 수 있다.

> 조직은 각 지방마다 국민당의 산하기관을 설립하였다. 산하기관의 간부들은 충성스러운 당원들을 선발하여 이 산하기관의 조직원으로 영입하였는데, 그 목적은 국민당의 제5차 총회에서 주도권을 잡기 위해서였다. 또한 장제스의 독재를 위해 중앙 정치세력의 힘을 키우고자 하는 것이었다. 조직은 목표 달성을 위해 3가지 운동을 추진하였다.[23]

SMP 문서에서 설명하고 있는 3가지 운동은 다음과 같다.

· 健軍運動(군대 건전화 운동) : 전국적으로 흩어져 있는 장성들을 감시, 기존 장성들의 세력 결집, 중국군을 파시스트 방식으로 훈련, 군인

들에게 파시스트 사상 주입 등을 목적으로 한다. 이 조직에서 가
장 중요한 부문은 정치 훈련 연구소의 정치학도와 의용군 - 정치
학도들로 구성될 것이다.

· 健黨運動(정당 건전화 운동) : 여러 파벌로 갈라진 당 지도자들을 모두
　추방하고 당의 업무를 조직에서 관할할 것, 당의 수장직 복원, 조
　직이 추진하는 파시스트 운동 활성화를 위해 유능한 요원들을 지
　방의 당 조직으로 파견하는 것 등을 목적으로 한다.
· 健財運動(재정 건전화 운동) : 토지 보유권 균등화, 국영기업 명의로 차
　관 마련, 파시스트 운동을 위한 자금 지원 등을 목적으로 한다.

이러한 3가지 운동을 통해 남의사는 정당과 국가 내에서 지배권을
확보하고자 하였다. 서방측 보고서에 따르면, 남의사는 6가지 주요 정
책을 설정하고 있다.

· 선전정책 : 신문이나 정기간행물을 통해 국가관을 통합시키고자 함. 이
　작업은 청티안팡(程天放), 사오위안총(邵元冲), 천부레이(陳布雷:
　오랫동안 장제스의 개인 비서를 맡았음)의 소관이었음.
· 재정정책 : 쑹즈원의 관할이었음. 상하이에 있는 모든 매변(買弁: 중국
　에 있는 외국 상사 또는 영사관에 고용되어 거래 중개 역할을 한
　중국인)들과 그 부하직원들이 남의사를 지원하도록 유도하는 것이
　목적임.
· 교육정책 : 전 교육부 장관인 주자화(朱家驊)와 천궈푸(陳果夫)가 맡았음.
· 외교정책 : 이탈리아 및 독일의 파시스트 정당과 유대관계를 맺기 위해
　류원다오(劉文島)와 그 무렵 중국 중앙은행의 의장이었던 쿵샹시
　(孔祥熙)를 각각 독일과 이탈리아로 파견하였음.
· 국내정책 : 남의사 운동에 반대하는 사람들을 모두 반동분자로 여겨 국
　민당에서 축출하고 정적(政敵)으로 공격하였음.
· 테러정책 : 남의사는 암살단을 조직하였고 이를 탐정부와 암살부 등 두
　부서로 나누었음.

테러정책을 맡았던 두 부서는 각각 다시 2개의 기관으로 나뉘어졌다. 탐정부는 왕바이링(王伯齡)이 지휘하는 군사비밀기관, 구지안종(顧建中)의 지휘 하에 정치 정보를 맡는 특무기관으로 나뉘어졌다. 암살부는 공공치안국 사회군단에서 선발한 반공 작전단과 철과 혈의 군단(제4장의 다이리(戴笠)와 남의사 기밀 조사부 참고)이라고도 불리었던 저격군단으로 나뉘었다. 철과 혈의 군단은 유명한 공산주의 지도자였던 구쉰장(顧順章)이 수장을 맡았다.

철과 혈의 군단은 남의사의 저격 군단을 가리키는 것으로, 황푸군교의 정치 훈련 연구소 졸업생들로 이루어졌으며, 이 임무를 수행하기 위해 특별히 선발된 것이었다. 철과 혈의 군단은 남의사 암살부의 일부로, 구쉰장이 수장을 맡았다. 암살부의 조직원들 또한 황푸군교의 정치 훈련 연구소 졸업생들 가운데에서 선발하였다. 상하이의 공공질서군단장이며 악명 높은 청방(靑幇)의 지도자였던 양후(楊虎) 대장이 그들의 훈련을 맡았다. 1933년 상하이에 있던 이 군단의 수는 약 200명에 이르렀다.[24]

일본 보고서와 마찬가지로, SMP 서류들 또한 남의사 산하기관 내에서는 중국의 전통적인 기초조직제도에 따라 엄중한 보안이 유지되었다고 설명하고 있다. 각 그룹의 구성원들은 오직 자기가 속한 그룹의 지도자만 알고 있었으며, 그 지도자 역시도 자신의 상관과 접촉할 뿐이었으며, 다른 기초 조직과는 전혀 접촉하지 않았다. 모든 조직원들은 국가의 이익을 위해서 모든 것을 희생하고 언제든지 중앙 정부의 사상을 선전할 수 있는 준비가 되어 있어야 했다. 각 조직원은 선서문을 읽으면서 남의사에 충성을 맹세한 뒤에 가입증을 받았으며, 죽지 않고서는 조직을 떠날 수 없었다.

물론 이 제도는 각각의 기초 조직에도 적용되었으며, 위로부터의 명령 없이도 효력을 발휘하였다. 한편으로는 이런 면들이 반대파에서 남의사의 특성이라고 여겼던 잔학 행위들을 어느 정도 설명해 주기도 한다. 남의사의 활동 가운데 일부는 확실한 정치적 동기를 갖고 있었지만, 약탈 행위 이상의 그 무엇도 아닌 활동도 있었다.[25] 기초 조직은 피라미드에서 세 번째 그리고 가장 낮은 층을 가리키는 것이었다.

3. 남의사와 류지안췬(劉健群)

류(劉)가 남의사 설립에 기여했다는 주장은 어느 정도 과대평가된 것일 수도 있다. 그러나 조직과 관련된 대부분의 문서에서 그의 수필을 언급하고 있으며, 따라서 그의 집필 작업이 남의사 조직을 세우게 된 과정의 일부라고 여길 수도 있을 것이다.

류는 북벌 기간 동안 혁명을 지지했던 민간인이었으며, 1931년 난창에 있는 허잉친(何應欽)의 반공 본부에서 그의 비서로 일하기도 하였다. 여기에서 일하는 동안 류는 동료들과 함께 혁명의 실패, 관료들 사이에 만연한 부패와 같은 문제들에 대해 토론하기 시작하였다. 그의 견해에 대해 군 장교들의 도전을 받은 뒤, 1931년 10월 류는 앞서 말했던 『정당 개혁을 위한 몇 가지 아이디어』[26]라는 제목으로 87페이지의 수필을 출판하였다.

『Beijing Morning Post』는 1933년 7월 류와의 인터뷰를 게재하였다.

어제 북평에 있는 중국 북부 선전단(남의사의 최전선 조직) 본부에서 열린 기자간담회에서 최고지도자인 류쥐안췬은 참석한 기자들에게 3권의 小册字를 나누어 주었는데, 그 가운데 하나가 1931년 10월에 쓴 『정당 개혁을 위한 몇 가지 아이디어』라는 제목이었다. 이 논문 가운데 5장은 주목할 만한 내용을 담고 있었는데 그 제목이 중국 국민당의 남의사 조직[27]이었다.

류의 수필은 '중국 국민당의 남의사'라고 쓴 부분을 포함하고 있었으므로 남의사라는 이름과 관련하여 많은 논란을 부추겼다. 수필이 발간되자 류가 저자로 알려지게 되었고 따라서 류가 남의사의 설립자, 또는 그의 수필이 남의사 조직에 직접적인 영향을 주었다고 자연스럽게 추측하게 된 것이다. 그러나 이 모든 것은 사실이 아니었다. 1931년 말 류는 그의 수필에서 언급했던 고유의 조직을 설립하기 위해 국민당 내에 새로운 정치세력을 조성하려고 했으나, 그의 시도는 그리 오래 가지 못했다. 남의사 설립에 그가 기여했던 부분은 주로 그의 수필에 드러난 사상이지, 그가 주장했던 조직은 아니었다. 상황이 더 복잡해졌던 이유는, 그가 1931년 말 설립했던 조직이 실제로 '남의사'로 불렸었다는 사실 때문이다. 이후 1932년 3월 류는 역행사의 주요 조직원이 되었는데, 이로 인해 상황이 더 복잡해진 것이다.

류의 수필에 대한 평가를 통해 이스트만은 글에 등장한 '중국 국민당의 남의사'의 출처를 확인하고자 노력하였다. 이스트만은 이것이 수필 제목의 2순위 또는 대안이었거나 아니면 전혀 다른 글이었을 거라고 결론 내렸다. 이스트만의 의심이 옳았을 수도 있지만 류의 의도는 매우 뚜렷했다. 처음부터 2개의 글이 있었다고 하더라도, 또는 원문에 새로운 내용을 추가했다 하더라도, 류는 초판이 나오고 불과 몇 개월 뒤에 새로운 버전을 배포하였다.

이 무렵(1932년 중반) 류는 정당 개혁을 권고하다가 새로운 조직(역행-실천회)의 열성적인 조직원이 되었고, 초판을 고쳐 실제 발전과정과 일치시키는 것이 가장 자연스러운 조치였을 것이다.

1933년 7월 『Beijing Morning Post』의 기자가 간담회 자리에서 류에게

그의 수필에서 언급한 남의사와 같은 조직이 이미 발족되었는지, 그리고 그 활동에 대한 정보를 줄 수 있는지를 물었을 때, 류는 다음과 같이 답하였다.

> 남의사에는 국민당의 기존 원칙을 넘어서는 새로운 원칙은 없을 것입니다. 남의당이 아닌 남의사라는 이름의 뜻을 이해한다면 이 조직의 목표도 알 수 있을 것입니다. 저는 단지 국민당 지도자들에게 조직 체계에 대한 제안을 했던 것이고, 실제로 저는 이 운동에 참여하지는 않았습니다.[28]

정당 지도자들이 조직의 존재를 완강히 부인했던 이후의 성명에 비추어 본다면, 류가 그의 '제안'을 실천하는 것은 정중히 거절했더라도, 이 절반의 진실이 실제로는 솔직한 것이었음을 알 수 있다.

그의 수필에서 논란이 되고 있는 부분을 보면, 류는 새로운 조직에 대해 몇 개의 이름, 예를 들면 '청년군단'과 '면의단(綿衣團)'을 실제로 제안하였다. 그러나 결국엔 이런 이름들이 적절하지 않다고 판단하였다. 류의 글 가운데에, "전자－청년군단은 공산당의 청년 조직과 헷갈릴 수 있으며, 두 번째 이름도 비단과 같은 다른 천연 제품들이 있기 때문에 적절하지 못하다. 따라서 '중국 국민당의 남의사'라는 이름을 쓴 것이다."[29]라고 언급하였다.

『Beijing Morning Post』는 국민당이 당의 기본색으로 파란색과 하얀색을 정했고, 남의(藍衣)는 국민당의 공식 제복으로 지정되었다고 설명하면서 글을 마무리하고 있다. 또한 고대로부터 남의는 일반인들의 정장으로 인식되어 왔다는 사실을 지적하고 있다. 류는 '조직원들은 어디에서나 천연 섬유로 만든 옷을 입어야 하며, 특히 조직의 공식 회의에 참석하는 사람들은 '파란 면(綿)'으로 만든 쑨원의 제복을 입어야한다'고 주장하였다.[30]

이념적으로도 1931년 만주사변이 일어나기 직전 중국에서 시작되어 이후에 강화되었던 반일(反日)불매운동을 강조하고 있다. 당시 면 산업은 중국에서 가장 규모가 큰 근대산업으로, 가난하지만 광대한 시장을 상대로 옷을 생산하였다.

류가 위의 인터뷰에서 이 운동에 참여한 사실을 부인하기는 했지만, 이스트만을 필두로 여러 학자들이 류의 말이 전적으로 사실은 아니었음을 밝혀냈다. 위에서 언급했듯이 남의사로 불렸던 조직은 류와 그의 친구가 1931년 말에 설립하였다.

> 남의연합이 삼민주의 실천회의 다른 이름이라는 소문이 있었다. 그러나 이것은 오해이다. 실제로 남의연합은 혁명을 부활시키려는 계획을 갖고 있었다. 국가 조직으로 발전되지는 못했지만 이 조직은 1932년 1월 직전에 설립되었다. 남의연합은 역행사와 공존한 것이다.[31]

이 정보는 류지안췬의 초기 남의사와 텅지에의 역행사에 대한 것이다. 확실한 것은 류의 남의사는 단 2개월쯤 존재했을 뿐이며, 아마도 장제스가 류를 중앙 군교의 정치 훈련 연구소의 수장으로 임명한 직후 역행사와 합병된 것으로 보인다.

두 조직과 류와의 관계는 1939년 일본 정보국이 남의사 출신인 환성란을 심문했던 기록을 통해 확인할 수 있다. 1931년 10월 류는 '국민당의 미래 전망' ─ 실제로 위에 언급했던『정당 개혁을 위한 몇 가지 아이디어』와 같은 수필 ─ 이라는 제목의 파란색 전단지를 만들었다는 사실도 확인할 수 있다. 류는 이후 역행사를 주도하는 인물이 되었고, 많은 사람들이 이 조직을 류의 글에 등장하는 남의사로 착각하게 되는 이해 가능한 실수를 했던 것이다.[32]

4. 남의사의 명칭

위에서 언급했다시피 1932년부터 38년까지 활동했던 이 조직은 역행사보다는 남의사라는 이름으로 중국 대중들과 외부 세계에 더 많이 알려졌다. 그 무렵 해외 대사관에 배포되었던 상하이 경찰 당국의 공식 문서나 대중들 사이에 혼란이 일어났으므로 이 두 단어에 대해 설명할 필요가 있다. 더욱이, '남의사'라는 이름은 일본 보고서에도 등장한 바 있으며 때로는 일본 정보 당국은 이 조직이 파시스트임을 강조하기 위해서 이 이름을 쓰기도 했다고 설명하고 있다. 최근까지도 남의사를 연구하는 학자들은 이런 혼란을 겪고 있다. 실제 명칭을 '남의사 - 역행사'로 표현하는 데 있어서 하나의 이유는 1930년대 문서에 기재된 대로 번역하였기에 이중성을 띠고 있다고도 볼 수 있다.

일본 정보부는 거의 초기부터 새 조직을 집중적으로 탐구하였으며, 늘 '남의사'라는 이름을 썼다. 마찬가지로 중국 공산당과 국민당의 좌파도 그들이 내놓은 출판물을 통해 늘 남의사라는 이름을 썼다.[33] 중국어와 영어로 발간되는 중국 신문 및 해외 신문들도 '남의사'라는 이름을 인용하였고, 그 이름을 중국 대중들도 널리 받아들였다.

그러나 지금도 널리 쓰이는 이 이름이 앞에서도 설명했듯이 실제로 이 조직의 공식 명칭은 아니었다. 따라서 국민당 또는 남의사가 왜 이 실수를 바로잡지 않았는가 하는 의문이 생긴다. 거의 확실한 것은 남의사는 국민당 고위층 내에서 활동한 비밀 조직이었으며, 이 조직의 존재에 대해 장제스와 국민당은 공식적으로는 늘 부인했었다. 이름과 관련하여 사람들이 느끼는 혼란은 남의사의 지도자들에게는 매우 이상적인 연막과 같은 것으로 여겨졌고, 그들 모두 이에 대해 설명하거나 그에 대한 책임을 두려워하지 않고 더욱 자유롭게 활동할 수 있었던 것으로 보인다.

1932년 7월 10일 발간된 『대공보(大公報)』 기사에서는 '남의사라는 이름이 중국 대중들 사이에 알려지기 시작하면서, 장제스는 여러 사람들로부터 국민당 고위층 내에 파시스트 파벌을 조성하였다는 비난을 받았다'고 밝히고 있다. 1932년 7월 남의사에 대한 인터뷰를 했던 장제스는 공개적으로 이 조직의 존재에 대해 아는 바가 없다고 부인하였고, 또한 "나는 국민당을 위해 살고 죽을 것이다. 살아서는 국민당의 당원이고 죽어서는 국민당의 혼이 될 것이다"라고 밝혔다. 장제스는 이 파시스트 조직의 존재에 대해 공개적으로 부정하였던 반면, 이후 대공보의 편집장인 후정즈(胡政之)와의 사적인 인터뷰에서는 남의사의 존재를 인정하였다. 그는 후에게 "사람들이 정확한 진실을 알게 된다면 나의 정적들이 이 조직을 파괴하기가 더 쉬워질 것이다"라고 고백하였다.[34]

황푸군교 학생들과 왕징웨이의 지지자들이 조직한 구국단이 이 '파시스트 조직'과 관련하여 날카로운 질문을 던졌을 때, 장제스는 다시 한번 그 조직과의 연관성을 부인하였으며, 오히려 싫어한다고 밝혔다.

장제스의 정적들 ─ 일본인, 공산주의자들, 왕징웨이가 지휘하는 국민당의 좌파 ─ 은 이 조직의 파시스트 성향과 관련하여 정치적 견해를 자주 표현했으며, 아래와 같이 주장하였다.

> 장제스의 지도를 받는 남의연합은 사람들을 억압하고 중국의 제국주의 원칙을 보호하기 위한 수단일 뿐이다. 장제스가 중국을 팔 수 있도록 돕는 조직일 뿐이다.[35]

'남의사'는 다른 국가에서 일어난 파시스트 운동의 이름, 예를 들면 독일의 '브라운셔츠'나 이탈리아 및 영국, 미국의 '흑(黑)셔츠'와 매우 비숫하다는 것은 사실이다. 파시스트 운동은 화이트셔츠, 실버셔츠, 카키 셔츠로 알려져 있었다. 남의사라는 이름을 가진 조직이 이집트, 아일랜드, 프랑스에도 실제로 있었다.

또한 '남의사'라는 이름은 '옷'을 뜻하는 의(衣, yi)라는 단어를 잘못 번역하였거나 잘못 이해해서 생겨났을 수도 있다. 중국에서는 이 단어가 셔츠가 아닌 제복을 뜻하는 것이며 파란 제복은 그 무렵 중국인 남성들 사이에서 가장 일반적인 옷차림이었다. 가장 대중적인 색깔이 파란색이었는데, 평직의 파란색 면은 중국에서만 생산되었고 수입된 것이 아니었다. 실제로 중국은 '파란 제복의 땅'으로 묘사되기도 했다. 중국에서는 파란 제복을 입은 사람이 살인과 같은 죄를 저지르고 군중 속에 섞여서 사라져도 찾을 수가 없었다고 한다. 그 무렵 중국인들은 흔히 국민당의 비밀 요원들이 파란 제복을 입었다고 믿었으므로 그들을 남의사로 이름 지었던 것이다.

따라서 남의사와 유럽의 흑셔츠 사이에 어떤 연관성이 있었다 하더라도, 남의사(藍衣社, Lanyishe)라는 이름에서 '제복'과 '셔츠'가 헷갈렸으므로 영문 표현으로는 Blueshirts가 채택됐다는 것이다. 이런 주장이 현재 어느 정도는 맞다고 할 수 있는데, 그 어원이 무엇이든 간에 서양에서는 Lanyishe, 즉 '남의사'로 널리 부르게 되었다.

'남의사'라는 단어가 널리 통용된다고 하더라도, 이것이 절대적인 것은 아니었으며 널리 알려진 다른 이름들도 많았다. 해외 대사관에서 온 문서들 뿐 아니라 중국 언론, 특히 일본이 통제하는 『모기 신문』[36)]에서는 '남의사'라는 이름의 변종이 생겨났다. 때로는 '남상의(藍上衣)' 또는 남의단(團)이라고 부르기도 하였다. 남의당(黨)이나 남복사(藍服社)와 같은 이름도 있었다.

전체 남의사 조직을 지칭하거나 특정 부서나 국(局)을 얘기할 때 다른 이름과 혼용하기도 하였다. 그 가운데 하나는 구망회(救亡會, Jiuwan ghui)인데 '국가의 몰락을 구제하자'는 의미였다. 영국에서는 이 이름을 쓰려는 시도가 있었으며, 더 짧은 이름인 '남의사'는 비밀 대화 또는 내부 소통 때만 활용되었다. 베이징 주재 영국 공사관에서 나온 보고서에서는 '이 조직의 활동 보고서에도, 장제스의 통제를 받고 있는 파시스트 또는 반(半)파시스트 기구를 뜻하기도 하는 Jiuwanghui라는 표현이 분명히 나타나 있었으며, 이 표현은 중국 언론에서도 등장한 적이 있다'[37]고 언급하였다.

이 조직의 이름을 잘못 번역하는 경우가 늘자, 조직에 대한 정보의 정확성 문제가 드러났으며, 특히 늘 믿을 만한 정보를 제공하는 소식통에서 정보가 나왔을 경우 신뢰성 문제가 더 커졌다. 일부 측근들만이 이 조직의 구조에 대해 다 알고 있었다. 일본 학자들은 지리학적 견해를 제공함으로써 이런 어려움을 회피하기도 했는데,[38] 한 연구 보고서에서는 한커우의 조직원들이 이 조직을 부흥회(復興會)라고 부르기도 했으며, 난징과 상하이의 조직원들은 Jiuwanghui라는 명칭을 썼다고 밝혔다. 물론 다른 어떤 문서에도 등장한 적은 없지만, 중국 북부 지방에서 가장 널리 쓴 이름은 도우춘서(鬪存社)였다.

조직의 공식 명칭인 '역행사'라는 이름이 공식 기록문서에 처음으로 등장한 것은 SMP의 S2 특별 산하기관이 1939년 4월 작성한 비밀 보고서에서였다. 이 보고서는 남의사 또는 도덕 문화 연맹에 대해 다루고 있는데 번역이 정확하지 않을 수도 있지만 다음을 참조하기 바란다.

다이리는 1932년 장제스를 지원하고, 군사 지도자가 나아가는 길의 모든 장애물을 없애며, 황푸 생도로 구성된 강력한 연합을 결성하고자 하는 목적에서 남의사 또는 도덕 문화 연맹(역행사)을 설립하였다.[39]

이 이름을 앞서 썼던 사례는 1936년 『China Today』에서 발간한, 황푸 생도들이 장제스에게 보낸 공개장에서 찾을 수 있는데, 왕징웨이 암살 시도에 대한 자세한 내용이 여기에 담겨 있다. 이 글에서는 '국민당의 개인 파벌인 역행사(남의사)의 특별 업무부 수장 천광궈(陳光國)가 조직하고 완수하였다'고 밝히고 있다. 따라서 1939년 비밀 보고서가 작성되기 이전에는 남의사가 역행사라는 이름으로 널리 알려져 있었던 것이 분명하다. 공식 명칭을 분명히 알고 있었음에도 불구하고, 대중들은 '남의사'라는 이름을 계속해서 썼고 역행사라는 이름은 거의 쓰지 않았다.

'삼민주의 역행사'라는 이름은 논문과 공식 문서에서 다양한 영어 단어로 번역되었다. 마리아 장과 다른 연구자들은 'Earnest Action Society of The Three Principles of the People — 삼민주의 열렬활동단'으로, 이스트만은 'Vigorously Carry Out Society of The Three Principles of the People —삼민주의 세력수행단'[40]이라고 번역하였다. 그러나 이 책에서 우선적으로 쓸 이름은 '삼민주의 역행사'이다. 현재는 흔하고 역사적인 관례가 되었지만 더 친숙한 단어인 남의사를 역행사와 관련하여 계속 쓸 것이다.

5. 남의사와 CC Clique(團)

중국 사회에서는 관료제도가 2개의 그룹으로 분리된다는 것을 전제로, 펜은 지식(文臣), 그리고 검은 행동(武將)을 뜻한다. 이 그룹은 각각 '문관'과 '무관'을 뜻했다. 이렇게 구별하는 것은 국민당 내에서 남의사의 역할을 파악해 보면 이해할 수 있는데, 특히 남의사와 CC단을 대조해 본다면 더 잘 이해할 수 있다. 일반적으로 볼 때, CC단은 문관과 비숫한 반면, 남의사의 활동은 무관과 더 일치한다. 상징되는 색으로 구별할 때에는 文-흰색, 武-파란색으로 나타낼 수 있다.

펜과 검의 차이는 CC단과 남의사의 이념을 논할 때에도 관련이 있다. CC단은 '知'로 규정되는 경우가 많았고, 남의사는 '行'으로 나타냈다. 일본에서도 흑룡회와 현양사에 대해 구분할 때 이런 비슷한 경우가 일어난다. 실제로 일본 비밀 조직들이 국민당 파벌에 미친 영향력은 광범위하였다.

CC단과 남의사는 매우 비슷한 점이 많았는데, 가끔은 비슷한 활동을 맡기도 하였고, 조직원들 또한 늘 라이벌 관계였지만 두 조직 모두 장제스의 감시를 받기도 했다.

CC단은 1927년 6월 난징에서 민족주의 정부 설립 이후 조직되었다. CC단은 이례적으로 장제스와 사적 및 정서적으로 긴밀한 유대관계[41]를 맺음으로써 그의 통제를 받았으며, 그와 같은 저장성(浙江省) 지방에서 온 천(陳)형제(천궈푸 陳果夫[42])와 천리푸 陳立夫)와 연합하였다. 천형제는 장제스와 직접적으로 같이 일하는 사람들을 불러 모았는데, 이 가운데 상당수는 상하이 기업과 긴밀한 관계를 맺고 있었다. CC단은 소위 Stickers Clique[43] of Guangzhou, Western Hills Group, 그리고 황푸군교의 쑨원연구단체에서 조직원들을 선발하였다.[44] 또한 저장의 혁명 전우회, 장시지방의 반(反)볼셰비키파 등의 조직들이 흡수되었다. 이 조직들은 CC단의 핵심을 구성하였고, 그 정치적 영향력은 급속도로 커지게 되었다. 1931년까지 천형제들과 27명의 인사들이 모여 CC단의 고위층을 이루었고, 새로운 CEC의 15%를 통제하였으며, 정당의 중하층 간부들 수천 명을 끌어들임으로써 하층 조직이 급속도로 늘어났다.[45]

국민당 CEC의 조직부는 천형제가 통제하였다. 그들은 또한 당의 보안경찰로 활동할 정보망을 조직하였다. 따라서 CC단은 조직단이라고 불리기도 했다. 그들은 정당 내의 지위 뿐 아니라 민간 행정 기관과 문화 교육 기관 내의 지위까지 통제하였다. 천형제는 당과 정부 기관 도처에 지지자들을 배치하였는데, 주로 조직의 중하위층에 많이 파견하였다. 이런 식으로 CC단은 국민당 체제의 문관 기관에서 그 영향력을 넓혔고, 대부분의 관료 제도와 노동조합을 통제하게 되었다.

더욱이, CC단은 지식인, 관료들, 장교들을 끌어들여 조직의 상급층에서 일하도록 하였다. 천형제가 세운 중앙 경찰학교에서 온 학생들을 지방으로 파견하여 지방 정부 및 기타 기관들을 통제하였다. 그들은 또한 출판물까지 통제하였는데, 예를 들면『시사월간(時事月刊)』과『문화부흥(文化復興)』등을 통제하였다.

천형제들은 유교주의의 부활을 가장 적극적으로 추진하였다. CC단의 주요 단원들은 중국 근대화를 위한 기반으로서 전통 윤리에 의존하고 국가 (심리적) 개혁에 대한 확신을 공유하고 있었다. CC단은 체계적인 구조를 갖춘 정치 조직이었으며, 그 단원들은 기본적인 6가지 이념적 및 정치적 개념을 공유하였는데, 실제로 이것은 남의사의 원칙과 매우 비슷했다.[46]

> 쑨원의 삼민주의가 국가 혁명의 기반을 이룬다.
> 장제스는 혁명 및 정당의 최고 지도자이다.
> 삼민주의와 일치하지 않는 어떤 정치적 교리도 반대한다.
> 국가의 독립성을 지지하고 외국의 제국주의에 반대한다.
> 권력을 집중시킨다.
> 전통 윤리 및 종교적 가르침 부활을 지지한다.

CC단은 오랜 기간 동안 장제스가 지휘한 가장 효과적인 정치 파벌 가운데 하나였다. 그러나 중국 정치인들은 CC단이 1931년 만주사변에 제대로 대처하지 못했다고 여겼다. 이런 상황에서 장제스가 CC단 대신 남의사를 인정하게 된 것이다. 남의사를 비밀리에 조직한 사실을 그 무렵 남의사에 개입하지 않았던 천형제들에게는 알리지 않았다. 그럼에도 불구하고 장제스는 1932년 6월 천형제들에게 남의사에 대한 어떤 정보도 갖고 있지 않다고 부인하였다. 장제스가 이렇게 부인했던 사실은 장제스가 천형제들과 친밀한 관계였으므로 더욱 흥미롭다.

　남의사가 부흥회로 불리는 조직의 대중적 기반을 구축했을 무렵, CC 단의 지도층은 그들의 이름을 청백사(靑白社)로 바꾸었다. 아마도 대중들에게 새롭고 더 강력한 이미지를 보여주고 싶었기 때문일 것이다.[47] 기관에서 지배적인 영향력을 행사하였으며, 관료 행정, 교육 기관, 청년 조직 및 노동조합을 통제하였다. 일반적으로 군사 지향적인 남의사는 모든 측면에서 국민들의 생활을 아우를 수 있는 광범위한 정치적 이슈를 제시하였다. 이것이 남의사와 CC단이 대립하게 된 가장 결정적인 이유였다. 남의사는 그들만의 청년 조직, 문화 클럽과 신문을 만듦으로써 CC단을 희생시키고 그들의 영향력을 넓히고자 하였다. 남의사의 확장의지는 '기본권'을 주장했던 CC단의 격렬한 저항을 받게 되었다.

　워싱턴DC의 국립문서보관소에 있는 한 문서에서는 다음과 같이 이 대립을 설명하고 있다. '1934년 남의사와 CC단 사이에 갈등이 첨예해졌고 거의 싸움이 일어날 뻔했던 상황에서, 장제스는 단지 두 파벌 간의 인물 배치를 정리했을 뿐이었다.' 비슷한 내용을 1935년에 나온 SMP의 보고서에서도 발견할 수 있는데, 이 보고서 또한 남의사와 CC단 간의 대립 관계를 설명하고 있다. '남의사 또는 중국 파시스트당의 파벌에 속한 각 구성원들은 권력 문제로 인해 사이가 나빴지만 공식적으로는 대립 관계에 이르지 않았다.'[48] 이스트만은 이런 상황을 자세히 설명하고 있는데, 덩위안중[49]의 설명은 다음과 같다.

남의사 또한 정부의 문관 조직, 특히 CC단에 대항하여 투쟁하였다.…
1933년 장제스는 4명의 문관 관료들 －다이지타오(戴季陶), 주자화, 그리고
CC단의 지도자 2명, 즉 陳형제들－ 을 역행사의 집행 위원회에 배치하였다.
그러나 다음 해에 류지안촨이 장제스의 사무총장으로 임명되었다. 이 모든
조치들은 파벌 간의 증오심을 개선하는 데에는 거의 도움이 되지 않았다.

1935년 8월 남의사는 중국 신문과 일본 신문 간의 협력을 추진하던
친일(親日) 신문기자 위안자오이(袁兆亿)를 체포하였다. 그를 체포한
것은 남의사와 CC단 간의 차이 때문이었던 것으로 전해진다. 위안은
상하이 자치 정부의 사회국장이자 중국 지방 신문들을 통제하던 CC단
의 사회 부문 지도자 우싱야(吳醒亞)의 후원자였다. 남의사는 CC단에
대한 간접적인 공격으로 위안을 체포했던 것으로 보인다. 위안기자는
일본 대사관의 정보부장이었던 이와이에이치(岩井英一)가 주최한 회의
에 참석한 뒤 실종되었다. 이 회의에는 수많은 일본 및 중국 신문 기자
들이 참석하였다. 위안은 일본 및 중국 신문 기자들 간의 친선을 주장
하고 중국 － 일본의 경제 협력을 지지하는 연설을 하였다. 상하이에
있는 남의사의 특별업무단이 위안을 체포했던 것으로 보이는데, 이 조
직은 옹광훼이(翁光輝)가 지휘하는 암살조직이었다.
　두 조직 간의 마찰에 대해 SMP도 관심을 갖고 있었는데, 그들이 작성
한 한 보고서에서는 이런 상황을 잘 설명하고 있다.

　임무가 겹치는 것을 피하기 위해 남의사는 활동에 대한 책임 범위를 다
음과 같이 나누었다. CC단의 지도자인 천궈푸는 교육 및 사회조직 활동을
맡게 하고, 양용타이(楊永泰)는 우창(武昌)의 현지 본부 사무총장과 정치 및
군사 조직의 활동을 맡았다. 상하이는 교육과 사회적 관점에서 볼 때 중국
제일의 도시였는데, CC단은 이 도시에 집중할 필요가 있다고 여겼다. '통제'
라는 목적을 이루기 위해 CC단은 중국의 유명 작가 및 교수들 가운데 일부

를 초빙하여 특별 기구를 조성했는데, 목적은 중국 지식인들의 정치 성향을 연구하는 것이었다. 이 특별 기구에는 10명의 교수가 포함되었으며, 1935년 1월 10일 이 교수들이 중국 언론을 통해 성명을 발표하였다. 천리푸는 이 성명을 지지한다고 다음 날 발표하였다.[50]

두 조직 간의 문제를 해결하기 위한 이런 모든 노력에도 불구하고 대립 관계는 지속되었으며 1937년 7월 장제스는 다시 한 번 CC단과 남의사의 지도자들을 소집하였다. 이 회의에 참석한 CC단의 단원들은 천궈푸, 천리푸, 장리성(張勵生), 주푸하이(周佛海), 예슈펑(葉秀峰), 쉬은회(徐恩曾), 장다오판(張道藩)이었으며, 남의사에서 참석한 지도자들은 류지안췬, 다이리, 덩원이 등이었다. 이 회의에서 각 조직은 스스로 고유의 활동 영역을 제한해야 하며, CC단의 경우 당 조직 및 문관 기관으로, 남의사는 군사정책 및 안보 문제에 노력을 집중하도록 조정하였다. 두 조직의 밀접한 관계와 상호 이익 때문에, 그리고 천형제가 두 조직 모두에 개입하게 되면서 한 조직이 다른 조직에 대해 실수를 하기도 했는데, 이런 내용은 남의사에 대한 SMP의 보고서에 여러 번 등장했다. 1934년 11월 SMP의 한 보고서에는 다음과 같은 내용이 담겨있다.

> CC단은 위험한 상황에 빠진 나라를 구하기 위해 대중들에게 새로운 정신인 파시즘을 주입하는 역할을 할 충직한 단원들을 모집하였다.[51]

일본 보고서에서는 중국인들이 두 조직을 헷갈려 한다고 설명하고 있다.[52] 보고서에서는 상하이에 있는 CC단과 남의사의 주요 목표는 비밀 테러활동이라고 설명하고 있으며, 이것은 기본적으로 맞는 말이었다. 때로는 CC단과 남의사의 방법 및 활동이 독일의 게슈타포나 소련의 GPU와 같았다고 밝히고 있다. 이것은 다시 한 번 남의사와 CC단의 활동을 구별하는 것이 얼마나 어려운지를 보여주는 것이다.

애초에 CC단의 첩보 활동은 정원실업사(正元實業社)라는 이름의 회사를 거쳐 진행되었는데, 이것은 물론 가명이었다. 이 회사는 장제스를 재정적으로 지원했던 비밀 조직원들이 설립한 것이었다. 1933년 CC단은 난징의 본부들과 상하이의 2개 본부를 관할하였고, 정원 또는 중국 공정회(中國工程會)라는 이름 아래 광저우, 홍콩, 톈진, 한커우, 베이징에 그 지역본부들이 있었다. CC단의 산하기관은 모두 합쳐 30개에 이르렀다.

관계를 악화시키지 않으려는 시도, 그리고 서로의 일에 관여하지 않으려는 노력에도 불구하고 남의사와 CC단은 결코 합병되거나 구별하기 쉬웠던 적이 없었다. 예를 들면 장제스는 2개의 다른 비밀수호대의 재훈련을 명령했는데, 두 기관 모두 수사통계국(BIS)으로 알려져 있다. 첫 번째 기관은 중앙당부조사통계국(中央黨部調査統計局, 中統)－중앙 국민당 특별업무부의 수사통계국－ 으로서 천(陳)형제들과 CC단이 관할하였다. 두 번째 기관은 다이리와 남의사의 지도를 받았는데, 군사위원회조사통계국(軍事委員會調査統計局, 軍統), 군사 위원회 특별업무부의 수사통계국이었다. 이 두 기관은 1937~1945년 중일전쟁이 시작된 뒤 각각 보안국(保安局)으로 이름을 바꾸었다.53)

한 명의 지도자 밑에 하나 이상의 비밀수호대가 있었다는 것은 전혀 이상한 일이 아니었는데, 그것은 이런 상황이 중국 역사의 일부였다고 볼 수 있기 때문이다. 중국의 여러 황제들도 2개의 다른 비밀수호대를 보유하고 있었다.54) 한(漢) 왕조에는 2개의 비밀 수호대가 있었으며, 소옥(詔獄)과 대수하(大誰何)로 구분되고, 당(唐) 왕조에도 려경문(麗景們)과 부량인(不良人)이라는 2개의 비밀 수호대가 있었는데, 송(宋) 왕조에서만 군순원(軍巡院)이라는 1개의 비밀 수호대를 갖고 있었다. 명

(明) 왕조에도 2개의 수호대 - 금의위(錦衣衛)와 동서창(東西廠)이 있
었는데, 황제의 위신과 이익을 위해 일하였다. 공화주의 중국 초기에는
비밀 수호대가 중국 사회의 일부였으며, 위안스카이는 통치 기간 동안
정집처(偵緝處)를 설립하였다. 따라서 중국의 역사에 비추어 볼 때, 장
제스가 2개의 별개 세력을 원한 것은 전혀 의외의 것이 아니었다. 실제
로 그가 두 세력을 모두 활용하고자 한 것은 이원화에 대한 중국인들의
성향을 반영한 것이라고 볼 수 있으며, 문(文: 눈에 보이지 않는 것 또
는 지식)과 무(武: 눈에 보이는 것 또는 행동)의 차이를 통해 이런 성향
을 제일 확실하게 알 수 있을 것이다.

CC단의 스파이 활동을 지지하기 위해서, 예를 들면 국민당의 중앙당
사무국은 전신 기사들의 훈련을 지원하였고, 훈련이 끝난 뒤에는 CC단
의 명령에 따라 일하였다. 그러나 CC단과 남의사는 같은 역할을 맡은
조직에 대해 다른 이름을 붙였는데, 그 덕분에 외부 사람들은 그들의
활동을 구분하기가 거의 불가능했다. 하나의 예를 든다면, 상하이 본부
에 속한 단원 2명의 사례를 들 수 있을 것이다. 왕룽장(王龍章, 당시 30
세), 인밍쿠이(尹名揆, 당시 35세)이 일본으로 소위 현장학습을 갔는데,
표면적으로는 일본 농업 상황을 공부하기 위해서였다.55) 그러나 그들
의 실제 계획은 친일 혐의를 받고 있는 중국 학생들을 염탐하고자 하는
것이었다. 처음 일본인들이 볼 때 그들이 남의사인지 CC단의 조직원인
지를 구분할 수가 없었다. 그러나 결국 그들은 CC단의 구성원인 것으
로 드러났다.

요 약

일본인들의 위협과 공산주의자들과의 투쟁을 지속적으로 겪은 결과, 장제스는 1928년 이후 점차 당보다는 군대에 더욱 의존하게 되었다. 군 사력이 강화되는 과정에서 국민당 정부의 문관들이 희생되었다. 국민 당의 무관과 문관들 모두, 상황이 나아지기를 바라는 그 무렵 국민들의 요구를 만족시킬 수는 없었던 것으로 드러났다.

국민당 내 파벌들은 서로 협력하는 대신, 자주 분쟁에 휘말렸다. 남 의사가 설립되기 전에 가장 힘 있는 파벌은 CC단이었다. 이 조직이 상 대적으로 힘이 있기는 했지만 남의사의 설립을 간접적으로나마 이끌었 다고 볼 수 있는데, 이는 1931년 말 장제스가 퇴임을 강요받던 무렵 CC 단을 비난했기 때문이다. 같은 해 9월 일본이 만주를 공격한 뒤 CC단은 반일 운동을 지휘할 수 없었고 통제 불능 상태가 되자 장제스의 지배체 제가 위협을 받기 시작했던 것이다.

결과적으로, 장제스는 파벌에 대한 통제권을 확보하고 중국 사회를 급진적으로 변화시키고자 하는 비전을 실현할 새로운 조직을 설립하게 되었다. 그러나 공식적인 이름인 역행사는 중국인들에게도 외국인들에 게도 친숙하지 않았으며, 공식적으로는 남의사로 알려지게 되었다.

남의사가 가장 절정이었을 때에는, 지도층의 조직원 수가 300~500명 에 이르렀다. 그러나 이들도 남의사의 전체 활동 가운데 일부만을 알고 있었다. 지도층에서도 보안과 비밀을 강화하기 위해서 활동을 서로 구 분하였다. 남의사가 가장 쉽게 이미지를 만들 수 있었던 수단이 모호함 이었다.

조직의 구조는 활동 단위들이 외부와 연계되는 일을 최소화할 수 있 도록 설계되었다. 수직 관계를 강화하고 수평적인 접촉을 최소화하는 것을 기반으로 하는 이 비밀 구조는 혁신적인 체제이기는 했지만 중국 전통적 비밀 조직(방, 幇)으로부터 물려받은 것이었다. 이 구조는 조직을 계층적이면서도 느슨하게 만들기도 했다. 따라서 3개의 동심원 가운데에서 바깥의 2개 원(圓)은 남의사의 핵심(가운데 원)의 존재를 알지 못했으며, 그들은 그들이 속해 있는 기초 조직 또는 산하기관의 구성원들만 알고 있을 뿐이었다. 특히 초기에는 조직 설립자들의 정책과 3개의 동심원 가운데에서 안에 있는 2개 원의 구성원들을 외부에서 초빙하였다. 양보다는 질에 초점을 맞추었던 것이다.

남의사의 조직은 국민당의 구조와 대체로 비슷했다. 정부는 조직을 5개의 개별 세력으로 나누었는데, 남의사가 통제 위원회와 4개 부서로 이루어진 것과 비슷했다. 또한 중앙집행위원회는 정책을 공식화하는 권한을 갖고 있었다. 차이점이라면, 국민당의 조직에서는 지도층이 수평적인 관계를 갖고 있었고, 이것은 남의사와 대조되는 부분이었다. 또한 남의사의 조직이 비밀을 유지하기 위해 3개 층으로 구성되었던 반면 국민당은 그렇지 않았다.

남의사는 수년 만에 비교적 대규모 운동으로 확대되었고, 그 영향력이 점점 커지자 주요 파벌인 CC단과 대립 관계를 갖게 되었다. 장제스는 CC단의 설립자인 천형제들을 남의사 조직의 최고위층에 지명함으로써 국민당 내에서 가장 중요한 두 조직의 라이벌 관계를 해소하고자 노력했다. 실제로 이것은 CC단은 주로 그 에너지를 일본인을 포함한 외국인들에게 쏟은 반면 남의사는 주로 공산주의자들을 대상으로 했다는 것을 의미한다. 장제스가 '분할 통치'를 모토로 하여 여러 파벌들을 지휘했지만, 실제로 이 대립 관계를 효과적으로 해소하는 데에는 실패하였다.

4장 남의사 파시즘과 쑨원(孫文)이념

제1차 세계대전과 제2차 세계대전 사이의 기간 동안 유럽에서 파시 즘이 부상하게 되었고, 이것은 다른 대륙에도 큰 영향을 미쳤다. 정치 적 관점에서 볼 때, 파시즘은 성공적인 것으로 보일 수도 있다. 따라서 몇몇 국가에서는 나치 독일과 파시스트 이탈리아에서 일어난 이념에 전적으로 동의하지 않으면서도 발전을 가속화하기 위해 파시즘의 사상 과 관행을 일부 수용하였다. 남의사도 이런 흐름에 참여한 조직 가운데 하나였는데, 이들은 주로 민족주의 혁명과 장제스의 독재 문제에 관심 을 갖고 있었다.

본 4장에서는 남의사가 파시즘을 어떻게 해석하였고, 또 중국만의 독 특한 사상체계를 세운 뒤 사회에 정착시키기 위해 어떤 노력을 했는지 검토해 볼 것이다. 일본과 유럽 파시즘이 남의사 조직에 미친 영향력에 대해서는 앞 장에서 다루었으므로, 여기서는 먼저 국민당의 노선과 구 별되는 새로운 이념이 있었는지의 여부에 대해 살펴볼 것이다. 우선 삼 민주의와 남의사 파시즘을 비교할 것이다. 이 주제를 연구한 학자들은 각자 다른 분석을 내놓았고, 남의사 내에서도 일치된 의견을 내놓지 못했다.

둘째로, 조직의 활동을 통해 남의사 이념을 어떻게 실행했는지를 살펴볼 것이다. 남의사를 주도한 대표적 인물인 다이리(戴笠)에 대해 특별히 따로 살펴보고자 한다. 셋째로, 신생활운동(新生活運動) 기간 동안 대중적인 기반을 구축하기 위해 남의사가 어떤 노력을 했는지를 검토해 볼 것이다.

■쑨원의 정치적 유산

쑨원이 사회 및 정치 문제에 대해 일관된 이론을 내놓지 못했으므로, 삼민주의에 대한 해석도 다양할 수밖에 없다. 생전의 쑨원도 시기별로 각각 다른 해석을 내놓았다. 삼민주의의 기원은 그 의미만큼이나 불분명하다. 쑨원은 1896~1897년 런던을 방문했을 무렵 이론을 체계화한 것으로 보인다.[1] 이것은 쑨원이 1924년 광저우에서 이 이론을 공식적으로 발표했던 시점보다 27년 앞선 것이다. 초기에 생각했던 개념이 이 기간 동안 바뀌었을 수도 있다.

삼민주의의 철학적 및 정치적 배경은 사실상 절충주의였던 것으로 보인다. 쑨원이 일본의 메이지유신과 프랑스혁명의 유사한 점에 관심을 갖고 있었던 것으로 알려져 있기 때문이다. 국민들의 복지와 관련하여 쑨원이 갖고 있던 사상은 런던의 대영(大英)국립도서관을 자주 방문했던 무렵에 이루어졌을 것이다. 그가 관심을 보였던 책 가운데에는 그 무렵 아주 유명했던 조지(Henry George)의 『Our Land and Land Policy』와 『Progress and Poverty』라는 책이 있었다.[2]

1905년 파리에 있을 무렵 쑨원은 파리 동양 학교를 졸업한 프랑스 학자 라펠 로(Ulysse Raphael Reau)를 비서로 고용하였다.[3] 쑨원과 Reau는 오랜 시간 동안 토론을 하였는데, 이것이 프랑스혁명에 대한 쑨원의 사상에 영향을 미쳤을 수도 있으며, 아마도 이때 쑨원이 민주주의에 대한 개념을 정리했을 것이다. 쑨원은 민주주의 정부에 대해 좋은 이미지를 갖긴 했지만, 민주 정부에 대해 공부한 이후에는 대의정치(代議政治)만으로는 중국의 현안들을 해결할 수 없다는 결론을 내렸다. 그 후 쑨원은 슈타이너(Rudolf Steiner)의 저작, 특히 1920년, 21년 미국과 영국에서 출판된 『Threefold State』에 관심을 기울였다. 슈타이너는 국민들의 권리 신장을 설명하기 위해서는 국가 경제, 특권, 정신 등 서로 연관된 3가지 사항에 따라 분석해야 한다고 밝히고 있다.[4]

쑨원은 유럽과 미국을 여행하는 동안 그곳의 정치사상도 접할 수 있었다. 1904년 샌프란시스코에서 처음으로 에이브러햄 링컨의 유명한 3가지 정책 — 국민의, 국민에 의한, 국민을 위한 정부 — 을 알게 되었다. 쑨원은 이 문구에 깊은 감명을 받았는데, 이유는 뚜렷하고 단순하며 그가 내세운 슬로건과 비슷한 의미를 갖고 있었기 때문이다. 링컨 대통령의 어구는, 중국의 고전 서경(書經)에 나오는 3가지 용어 — 정덕(正德), 이용(利用), 효성(孝誠)과 비슷했다. 따라서 쑨원은 중국의 전통 사상이 링컨의 말에 투영되어 있다고 느꼈을 것이며, 이것이 그가 내세운 개념인 민족주의, 주권, 복지에 또한 반영되었을 것이다.

쑨원은 1924년 광저우에서, 프랑스혁명의 전통 슬로건인 Liberté(자유), Égalité(평등), Fraternité(박애)가 중국에서는 민족, 민권, 민생으로 대체되어야 한다고 주장했다. '민주(民主)'의 어원상의 뜻은 실제로 민족주의가 아니라 씨족(氏族)주의이며, 전통적인 중국 가족과 씨족 제도를 뜻하는 것임을 기억해야 한다. 쑨원은 한족의 민족주의를 강조하였는데, 중국은 그 무렵 다른 민족, 즉 만주인들이 지배를 하고 있었기 때문이다. 또한 그는 중국인들이 외국의 제국주의에 맞서 민족으로서 결집할 수 있기를 원했으므로 민족주의를 더 광범위한 뜻을 가진 '국민들의 씨족주의'로 해석한 것이다. 씨족주의 사상은 중국 비밀 조직들이 합법성을 확보하는 과정에서 중심 사상이 되었고, 남의사들도 같은 정서를 갖게 되었다.

쑨원이 국민들을 이끌고 혁명에 성공하기는 했지만, 혁명을 이루고 국민당의 성공을 위해 필요하며 모두를 포용할 수 있는 민족주의 감정에 대해서 국민들을 설득하는 데에는 실패하였다. 대체로 중국인들은 그들이 살고 있는 지방의 영향권에서만 생활한다. '근대' 시기로 전환될 수 있었던 것은 대다수의 중국인들이 이룬 성과가 아니었다. 대다수 인구가 농촌에 살고 있는 중국인들의 민족주의 감정은 대체로 씨족주의로 표출되었다. 물론 이것은 위에서도 언급했다시피, 일반 중국인들에게 가장 잘 알려진, 전통 비밀 조직의 특징 가운데 하나이다.

남의사가 국민들의 지지를 받는 데에 실패했던 이유 중 하나가 여기에 있다. 남의사 파시즘이 대중적인 차원에서부터 발전한 것이 아니라는 점에서 유럽 파시즘과 다른 것도 사실이며, 본질적으로 배타적이었으므로 대중에게는 개방되지 않았던 비밀 조직의 특징을 구현한 것도 사실이다.

쑨원의 슬로건은 "People's Nationalism, People's Sovereignty, and People's Livelihood"로 번역된다. 'Nationalism, Democracy and Socialism'이라고 번역되기도 하는데, 이것은 유럽 독자들이 이해하기 쉽게 쑨원의 사상을 번역한 것이지만 원래의 뜻과는 매우 다르다고 볼 수 있다.[5]

외국 정치사상의 영향을 받은 것은 더 의심할 여지가 없지만, 삼민주의의 기원을 추적해 보면 세기가 바뀔 무렵 중국 사상가들 사이에 유행하던 현지 사상에서도 찾을 수가 있다. 따라서 쑨원의 철학이 어떻게 발전되었는지를 평가할 때 중국의 영향력도 저평가해서는 안 된다.

쑨원의 사상에 영향을 끼쳤을 만한 사람 중에는 청 왕조 말기 개혁자인 캉유웨이, 탄스퉁, 량치차오가 있으며, 이들 모두 전통 유학자들이었다. 일본의 저명한 노무라 코이치(野村浩一) 교수는 '국가'에 대한 량(梁)의 사상이 신민론(新民論) - 민족에 잘 나타나 있다고 설명한다.6) 그의 주장의 핵심은 '국가'는 그 국민들에 의해 성립되어야 한다는 것이다.

쑨원의 '복지' 사상은 외국 이념인 공산주의의 영향을 받았을 것이다. 그러나 또한 단(譚)의 仁學에 소개된 중국 현지 사상의 영향도 받았을 것이다. 그 책에 나오는 '위대한 조화'를 뜻하는 대동주의(大同主義)를 '복지'로 설명할 수도 있기 때문이다. 실제로 대동주의라는 개념은 교훈주의에서 시작되었다. 쑨원이 단의 사상 가운데에서 영향을 받은 또 다른 사상은 장자(莊子)에 소개된 이론으로, 사람은 누구나 고유의 자유를 갖고 있으며 모든 사람들은 평등하다고 설명하고 있다. 이 사상은 쑨원의 '국민 주권' 개념의 기반이 되기도 하였다.7)

1. 쑨원의 사상과 지(知) 행(行)

Zhinan xingyi yu zhenzhi lixing (知難行易與眞知力行)
이해하는 것은 어렵고 행동은 쉬우나, 지식과 행동은 불가분의 관계이다.

－ 쑨원 －

위의 문장에서 마지막 두 단어 力과 行이 남의사의 실제 이름인 '역행사(力行社)'에 영감을 주었을 것이다.

쑨원은 사망한 뒤 중국에 불확실한 정치 유산을 남겼다. 그가 주장한 사상들은 여러 출처에서 나온 것이었고 따라서 국가, 정부의 공식 이론이 되지 못했다. 그러나 민족주의에 대한 그의 견해는 자세히 알 수 있다. 쑨원은 개인의 이익이 모두의 이익이 될 수 있다고 간주하는 집합적 정체성 정신과 소속감을 중국인들에게 깨우치기 위해 노력하였다. 쑨원은 국가가 살아남기 위해서는 현대 과학과 전통 가르침이 잘 조화되어야 한다고 생각하였다.[8]

공산주의자들의 위협이 늘어나고 일본으로부터의 압박이 커지자, 1930년대 국민당에는 쑨원의 세계주의적 자유주의보다 더 강력한 정치이론이 필요하게 되었다. 난징 시기 동안 지도층에 부딪힌 과제는 쑨원의 사상을 의미 있고 일관적이며 실용적인 통치이론으로 바꾸어야 한다는 것이었다.

쑨원이 '지식'과 '행동'에 대한 고대 중국 이론과 관련하여 1918~19년에 밝힌 견해는, 혁명을 통해 중국인들이 얻은 것이 많지 않다는 사실에 대한 실망과 괴로운 감정에서 발전된 것이었다. 쑨원은 왜 신해혁명이 실패했는지를 자문해 보았다. 혁명은 중국과 그 국민들을 구제하고자 시작한 것이었으나, 결과적으로 국민들의 고충은 더 심해졌던 것이다.

쑨원은 혁명에 대한 신념을 갖고 있지 않았던 당원들을 비난하였다. 그가 내린 결론은 당원들의 신념이 모자란 것은 그들 사고방식의 문제라는 것이었다. "그들은 '지식은 쉽고 행동은 어렵다'는 정설을 믿었기 때문"이라는 것이다.[9] 이 이론은 은(殷) 왕조의 고전으로 잘 알려져 있는 상서(尙書)에서 처음 등장하였으며, 현재까지 중국인들의 마음속에 깊이 자리 잡고 있는 개념이다. 그럼에도 불구하고 쑨원은 이 이론이 혁명을 성공으로 이끄는 데에 장애가 된다고 보았다. 그는 중국인들이 행동하지 않는 것은 지식이 부족하기 때문이라고 믿었다. 따라서 쑨원은 오랜 격언인 "지식은 쉽고 행동은 어렵다"는 뜻을 "지식은 어렵고 행동은 쉽다"라고 바꾸었다.[10]

이 과정에서 쑨원은 무기력한 상태에 빠진 국민들을 일깨우고자 했으며, '지식은 쉽고 행동은 어렵다'는 이론에 대한 국민들의 맹신적 태도를 버리게끔 이끌었다. 쑨원은 이것이 중국을 구할 수 있는 유일한 길이라고 굳게 믿었다. 쑨원의 이념으로 평가받는 이 이론은 이후 장제스가 추진한 정치 프로그램의 중심이 되기도 하였다. 행동을 강조한 것은 장제스의 정책과도 일맥상통했는데, 그의 주장에 따르면, 군인이 된다는 것은 행동하는 인간이 된다는 것이며 정당의 철학 또한 지식 – 행동 가설에 중점을 두고 있었기 때문이다. 니비선(David Nivison)은 이와 관련하여 '장제스는 그의 주장을 개선하기 위해 신(新)유교주의 미덕을 강조하고 전통철학의 어휘와 성구(聖句)를 꾸준히 사용했다'고 밝히고 있다. 장제스가 이 주제를 선호하였고, 따라서 역행사, 즉 남의사를 설립할 무렵 이 사상의 영향을 받았다는 사실은 자명하다고 볼 수 있다. 남의사가 설립되었던 1932년 장제스는 '혁명 철학의 발전 단계'라는 제목으로 강연을 하였는데, 그 무렵 그가 '행동의 철학'이라는 용어를 제안한 것은 우연의 일치였을까?

쑨원의 이론은 서양에서 파시즘을 설명할 때 쓴 '생각과 행동의 통일'이라는 말과도 연관되어 있다. 그러나 쑨원의 이론은, 후스(胡適)의 지적대로 '지식과 행동을 개별적인 것으로 간주하는' 근본적인 실수를 했다는 점에서 비난을 받게 되었다. 중국 사상의 두드러진 특징은 개념을 이원화하는 것이다. 그러나 쑨원은 지식과 행동을 엄격히 구분해야 한다고 강조하려던 것이 아니라, 국민들이 기존과 다른 방식으로 사물을 볼 수 있도록 이끌어 보려던 것이었다. 쑨원의 실제 업적은, 누구든지 행동은 할 수 있지만 선택받은 일부 사람들만이 이해하고 알 수 있다는 사실을 중국인들에게 확인시켜 주었다는 점이다. 이런 접근법을 통해 쑨원은 그의 지지자들이 행동하기에 망설이지 말고 다른 이들에게도 생각을 전할 것, 즉 '그들이 지도자를 따르기' 바랐다.

또한 행동은 남의사의 핵심단어였으며, 남의사 설립 과정에서 가장 많은 이념적 영향력을 미친 인물 가운데 한 명인 류지안췬은 1933년 11월 연설에서 다음과 같이 선언하였다.

> 우리에게 필요한 것은 진실이며, 행동을 통해 이론을 창조할 수 있다.…
> 따라서 현재 중국에서는 삼민주의가 좋은가 나쁜가 하는 것이 문제가 아니라 어떻게 삼민주의를 실천하느냐 하는 것이 문제가 될 것이다.[11]

그는 행동을 강조하였고, 남의사의 지원을 받아 어떻게 삼민주의를 실천할 수 있을 것인가 하는 데에 역점을 두었다. 류는 쑨원의 사상을 단순히 파시스트 체제를 위장하는 수단으로 활용하려던 것은 아니었으며, 이 두 가지가 온전히 양립할 수 있다고 보았다. 남의사의 사상가들은 파시즘이 필요한 이유를 3가지로 정리하였다.

> - 파시즘은 삼민주의를 실천하는 수단이 될 수 있다.
> - 파시즘은 공산주의를 제거하고 중국을 통일시킬 수 있는 가장 최선의 수단이다.
> - 파시즘은 독재 지도층을 확립하고 국민당 본래의 정신을 회복할 수 있도록 하는 최고의 수단이다.[12]

허종한(賀衷寒)은 이런 관점에서 장제스의 정책을 설명하였다. 파시즘과 관련하여, 삼민주의는 국가를 구제할 수 있는 '주의'로 간주되었으며, 중국의 국가적·정치적·경제적 평등을 위한 3가지 진리를 담고 있다고 보았다. 자본주의와 공산주의는 중국을 구제할 수 있는 사상이 아니라고 보았다.

그러나 실제로는 국민당의 우파 내에도 수정주의적 성향이 있었다. 이런 경향이 생겨난 것은 1924~1925년 반공(反共)주의 학생들이 황푸 캠퍼스에 세운 쑨원 연구회 설립 무렵으로 거슬러 올라간다. 민족주의자 및 반공주의자인 학생들은 쑨원의 전통을 바탕으로 우파적 사상 조직을 발전시키고자 하였다.[13] 황푸파로도 불리던 이 조직의 핵심에는 허종한, 양인즈(楊引之), 풍디(酆梯), 증쿠어칭(曾擴情), 덩원이 등이 있었다. 이 조직은 다이지타오의 저작인『삼민주의 철학기초 및 국민 혁명과 중국 국민당』을 설명하는 방침을 위하여 쑨원의 원칙을 발전시켰다.

북벌 이후 1927년 쑨원 연구회의 명칭을 황푸 동창회로 개칭하였다. 동창회의 사무국장은 증(曾)이었고, 회장은 판요창(潘佑强)이었다. 다이치타오의 사상을 공부한 황푸파는 1932년 이후 남의사의 중심이 되었다. 쑨원주의 전통을 바탕으로 하여 우파 작가들이 연이어 발표한 글들은 새로운 운동의 중심이념을 구성하는 역할을 하게 되었다.

남의사가 형성된 직후인 1932년 10월 4일 마오관산(毛冠山)이 관련 주제로 쓴 수필이 발표되었다. 이 수필은 저우류잉(周锍英)의『사회신문(社會新聞)』을 통해 출판되었다. 이 수필에는 중국의 민족주의 혁명과 파시즘과의 관계에 대한 마오(毛)의 견해가 드러나 있다. 그는 3개의 세계 주요 혁명 −프랑스, 러시아, 터키 혁명− 이 정치 발전 모델로서 중국에 줄 수 있는 교훈은 거의 없다고 주장하였다. 그의 주장에 따르면, 파시스트 혁명을 통해서만 중국을 구제할 수 있으며, 이탈리아 파시즘의 성공을 예로 들었다.

파시즘은 공산주의자들의 주장과 같이 반동적인 것이 아니다. 파시즘은 몰락해 가는 나라를 구제하기 위해 쓸 수 있는 유일한 수단이다. 이탈리아 파시즘은 실제로 가장 강력하고 용감하게, 그리고 가장 적극적으로 국민의 정신을 표현하였다. 국경이나 경제력과 상관없이, 상대적으로 후진국이던 이탈리아와 선진국이던 독일에서도 파시즘은 성공적으로 정착하였다. 파시스트 운동은 유럽에서 일어난 것이지만 아시아와 미국에서도 발전하였다. 쓰러져가는 운명의 중국을 구제할 수 있는 마술과 같은 무기가 될 수 있을 것이다. 파시즘은 삼민주의 및 국민당과도 공존할 수 있다.[14]

한 달 뒤인 1932년 11월『사회주의월간(社會主義月刊)』의 편집자인 저우(周)가 쓴 두 번째 수필이 출판되었다.『파시즘과 중국 혁명』이라는 제목의 이 수필에서 그는 중국 파시즘의 기원은 실제로 청조 후반으로 거슬러 올라가며, 쑨원이 설립한 중국혁명 동맹회의 '혈(血)과 철(鐵)의 정신'에 그 기반을 두고 있다고 주장하였다. 저우는 중국인들이 외세에 맞서 싸워야 한다고 강력히 주장하면서도, 쑨원의 사상만으로는 중국을 구할 수 없다고 보았다. 대신, 문관과 무관이 손을 잡아 '펜과 검' 또는 '지식과 행동'의 협력 아래 쑨원주의와 파시즘이 함께 작용해야 한다고 주장하였다.

■독재 정권의 방어

우파가 쑨원주의를 유럽 파시즘과 접목시키려던 시도는 성공적이지 못했다. 장제스의 정적 가운데 한 명인 후한민(胡漢民)은『삼민주의 반(半)월간지』를 통해 파시즘을 강력히 비난하였다. 그는 국민당 내에 남의사를 비롯한 그 어떤 파벌도 존재해서는 안 된다고 주장하면서, 파시즘을 통해 정당을 지배하고 독재를 제도화하려는 저우류잉이나 파시즘을 지지하는 우파 당원들을 비난하였다. 후(胡)는 또한 파시스트 이념이 매우 좁은 개념의 민족주의를 대표하며, 중국 파시즘이 나라를 구제하기 위한 실용적인 수단이라고 강조하는 견해는 어리석고 부적절한 것이라고 주장하였다.

남의사가 독재를 지지하기 위한 수단으로 쓰이고 있다는 후의 비난은 당의 내부 문서에도 나타나 있는데, 그 가운데 일부에서는 그가 경계했던 독재 형태에 대해 상세히 논하고 있다.

우리가 기대하고 있는 독재는 개인 독재의 형태 또는 한 사람이 주도하는 형태가 아니며, 법의 지배를 받는 조직적이고 민주적인 독재 형태가 되어야 할 것이다.[15]

이 글에서는, 독재가 영구적인 정치 체제가 아니라 정치 발전 과정의 일부로서 과도기적인 방식으로 나타나야 한다고 강조하고 있다. 독재가 쑨원의 이념에서 주장하는 하나의 정치적 후견의 연장선에 있으며, 전적으로 삼민주의와 일치되어야 한다고 믿었던 것이다. 의회 민주주의는 그 무렵 중국 상황에는 적합하지 않은 것으로 여겨졌는데, '국민들이 정치와는 완전히 동떨어져 있으며 현재 상황에서 정치에 신경을 쓰지도 않기' 때문이었다.

우파인 황푸 학생들이 주장한 독재의 장점은 국민당과 군대와 상관없는 일부 중국 평론가들의 이목을 끌기도 했다. 『Beijing & Tianjin Times』의 1933년 8월 5일자에는 '당에서 개인 독재로: 중국 파시즘과 장제스'라는 제목의 기사가 실렸는데, 남의사 프로그램 및 정책에 대해서 자세히 담고 있다.

장제스 사령관이 또 한 번 부인하기는 했지만 중국의 실질적인 독재자는 더 이상 뒤로 숨지 않을 것이며, 어지럽게 분열된 사회에 파시즘을 정착시키기로 한 결정은 이미 북부 및 남부 지방에 잘 알려져 있었다. 유럽에서 실천하고 있으며 수사학적으로는 중국에도 등장한 '민주주의'는, 독재주의와 독재 정권에 그 자리를 내 주었다.[16]

그 무렵 기사에서는 또한 남의사의 원칙을 열거하고 있다. 따라서 당의 우파 내에서는 남의사를 강력히 지지하는 견해가 점점 힘을 얻고 있었고, 그 무렵 중국 상황에서는 독재가 가장 적절한 정치 형태였다고 볼 수 있다. 이탈리아에서 돌아온 류원다오(劉文島)를 환영하기 위해 열린 국민당 관료 회의에서, 그는 다음과 같이 연설하였다.

독재는 지도자가 훌륭해야만 실현가능한 통치형태입니다. 유럽의 경우, 무솔리니와 히틀러가 훌륭한 지도자이므로 독재체제가 시작될 수 있었던 것입니다. 중국에도 장제스와 같은 훌륭한 지도자가 있습니다. 그는 무솔리니, 저우거량(諸葛亮)과도 비교할 수 있을 것입니다. 장제스는 중국의 운명을 매우 걱정하고 있으며, 나라를 다시 일으키고자 하는 열망과 용기를 갖고 있습니다. 지금 중국은 정치적 후견 기간을 겪고 있으며, 국민들의 훈련이 아직 완성되지는 않았습니다. 이런 시기에는 훌륭한 정치가가 필요합니다. 모든 중국인들의 의무는, 우리가 교육자이든 사업가이든 간에, 장제스를 돕는 것이며, 우리 모두가 그를 도와야 할 책임을 갖고 있습니다. 그래야만 이 중국이 다시 일어날 수 있습니다.[17]

독재 하에서 사회질서를 유지하고 중국이 다급하게 필요로 하는 정치 건설을 시작하는 것이 더 쉬울 거라고 주장하는 것이다.

■루산(蘆山)회의

1933년 8월 21일 루산에서 남의사의 진로를 정하기 위한 회의가 개최되었다. 장제스는 이 회의를 남의사의 내부 조직을 더 강화하고 아무런 제약 없이 독재의 장점을 얘기할 수 있는 토론의 장으로 삼았다.

이번 회의에서는 '충성스러운' 군부대와 학교, 대학에 국민당 본부의 파시

스트 기초 조직을 설립하기로 결정하고, 이 작업을 상하이에서는 우싱야,
판공쫜(潘公展), 후베이에서는 우한 군사 본부의 참모장이자 중앙 군사 본
부의 장갑 열차 파견대 지휘관인 장즈종(張治中), 장시에서는 장시 군사 본
부의 정치 훈련부장인 허종한, 후난에서는 국민당 후난 지방국의 당원인 캉
저, 쓰촨은 중쿠어칭한테 맡기기로 결정하였다.18)

장제스는 루산회의에 모인 군 지도자들과 남의사 지도층에게 "가장
중요한 임무는 이미 죽은 혁명 정신을 되살리는 것이다!"라고 밝혔다.
국민당에 대해 '영혼 없는 해골'이라고 호되게 꾸짖었던 장제스는, 반대
로 혁명 정신을 통해 국가 전체를 관할하고 있는 이탈리아 및 독일의
파시스트 정당들을 높이 치켜세웠다.19) 장제스의 이 발언은, 독일처럼
중국을 비롯한 다른 나라에도 강력한 독재 정부를 세울 수 있을지 의문
을 제기한 것이었는데 이것은 국민당을 향한 비난이 늘어나고 있는 상
황에서 주목할 만한 것이었다.

남의사는 설립 뒤 단순히 쑨원 연구회의 사상을 받아들이기만 한 것
이 아니라 다이지타오 노선도 계속해서 발전시켰다. 결과적으로 그들
은 그들만의 '삼민주의'를 고안하였고, 그 의미를 중국의 군사 조직만을
주로 다루는 특수한 파시스트 사상으로 제한하였다.20)

1. 국가 방위   a. 방어 강화
                       b. 군대 개혁
                       c. 공군 확대
2. 초국가주의   a. 정신적
                       b. 물질적
3. 사회주의 국가 a. 사회 서비스 운영 및 행정 개혁
                       b. 운송 및 인프라의 신속한 개발

달리 말하자면, 쑨원의 원칙과 남의사의 원칙은 자연스럽게 연관되어 있다는 것이다. 쑨원의 사상은 어떤 면에서도 파시스트 혹은 원시 파시스트가 아니었다. 오히려 매우 포괄적이어서 모든 정치 이론이 갖고 있는 이념적 특징을 모두 다 감쌀 수 있었다. 따라서 남의사가 쑨원의 정치 유산 가운데 하나의 견해를 발전시키고 지켜 나가는 동안, 공산당은 같은 원칙을 선전 작업에 활용하면서 오직 혁명적인 사회주의만이 이 원칙을 완성시킬 수 있다고 주장하였다. 그러나 공산주의자도 파시스트도 쑨원주의를 포기할 필요는 없었다. 쑨원주의는 그들만의 정치 견해에 맞도록 끼워 맞출 수 있는 성격이기 때문이다.[21]

남의사 조직원들 가운데 일부는 쑨원의 사상을 공개적으로 포기하자고 요구하기도 하였다. 예를 들면 1934년 1월 남의사 2차 총회에서 대다수의 간부들이 쑨원주의에 대한 그들의 견해가 바뀌었다고 밝힌 것이다. 그들은 '우리가 장제스의 독재를 추진하기 위해서는 민주주의와 쑨원주의를 포기하고 파시즘으로 전향해야 한다. 우리는 새로운 파시스트 사회를 건설하기 위해 쑨원의 가르침들을 폐기하고 군사교육을 확대해야 한다'고 생각한 것이다.

따라서 국민당의 선전정책이 표면적으로는 여전히 삼민주의에 충실한 것처럼 보였고 1930년대 초 등장한 파시스트 사상이 쑨원의 슬로건과 잘 맞을 수도 있었지만, 일부 당원들은 기존의 이념들을 급하게 정리할 수 있는 좋은 기회로 삼은 것이다. 그러나 극단적인 열성주의자들은 이 싸움에서 이기지 못했고, 중국 파시즘은 기존의 당 이념을 기반으로 성장하고 뻗어 나갈 수 있었던 것이다.

■국민당 좌파 파벌과 파시즘

남의사와 국민당 중앙 사령부의 관계는 복잡하고 혼란스러운 경우가 많았다. 남의사의 목적이 국민당의 목적과 얼마나 다른지를 파악하기 위해서는, 국민당의 내부 구조에 대해 간략히 설명할 필요가 있을 것이다.

1930년대 국민당에는 여러 파벌이 있었는데, 모두가 장제스의 통제를 받고 있었다. 권력은 주로 개인적인 영향력에 따라 나뉘었다. CC단, 황푸파, 그리고 정치 연구파 등의 중심 파벌들도 장제스 밑에 속해 있었다. 명목상 국민당 정부의 총통은 국무총리의 역할을 맡아 외무부, 재정부, 교육부, 통상부 등 하위 부서들의 업무를 총괄하였다. 공식적으로 장제스가 정권을 잡고 있었지만, 공식적인 명령 계통에 대해서는 최소한의 관심만을 갖고 권력을 행사하였다. 결과적으로 정책을 추진하는 행정 기관으로서의 정부의 힘은 약화되었다. 따라서 민간 정부는 장제스와 군대의 이익에 따라 좌우되었고, 자체적인 추진력을 가지지는 못했다. 정당으로서의 국민당은 정부의 행정기관보다도 못한 상황에 처하게 되었지만, 이것은 장제스가 혁명을 통해 군사독재 정권을 세운 결과이기도 하다.

국민당 내에서 가장 큰 파벌은 정책 결정에도 가장 많은 영향력을 미친다. 그러나 장제스는 모든 파벌을 통제하였다. 파벌들 사이의 관계는 복잡했지만, 모두가 장제스를 정권의 지도자로 떠받들었다. 동시에 각 파벌의 구성원들 사이에는 지나친 압력을 가하기도 했으며, 질투와 권력 투쟁이 난무하였다.

남의사는 다른 파벌들을 부패한 문관 정치인들이라고 여겼고, 특히 CC단과는 적대적인 관계였다. 두 파벌의 정치, 교육, 지식 활동이 겹칠 때에는 심각한 마찰이 일어나기도 했다. 3장에서 설명한 것과 같이, 이들이 마찰을 일으킨 것은 이념과 정책의 차이 때문만은 아니었다. 근본적인 문제는 권력과 지위의 차이였다. 이런 측면에서 장제스의 입장은 '분할 통치'라고 볼 수 있는데, 자신의 우월성을 확인하면서 두 파벌 가운데 어느 한쪽이 권력을 더 갖게 되는 상황을 미리 막았던 것이다.[22]

그러나 장제스의 직접적인 통제를 받지 않으면서 쑨원주의를 지지하는 두 개의 경쟁 파벌이 있었는데, 국민당 정부의 일원이었던 왕징웨이의 개편파와 광동 및 광서 지방의 남서(南西) 자치 위원회와 협력했던 후한민이 설립했으나 상대적으로 덜 알려진 조직이 있었다. 독재와 파시즘에 대한 이 조직들의 견해는 지금 여기서 논하고 있는 주제와도 관련이 있다.

남의사나 황푸파가 파시즘을 숭배하는 자세에 있어 그들과 비견할 만한 파벌은 없었다. 어떤 파벌도 중국 상황에 대해 그들만큼 근본적인 해결책을 내놓지 못했다. 실제로 파시즘을 지지하는 CC단은 훨씬 신중했다. 의장인 천리푸는 질서와 통제 문제에 관심이 많았는데, 예를 들면 리더십 원칙과 청년단원 모집에 우선순위를 두고 있었다. CC단과 이후 삼민주의청년단에서도 주요 인물인 주자화 또한 1927년 장제스에게 독일 자문관들을 소개해 주었다. CC단은 정교한 이념적 접근법을 내놓지는 못했지만, 대부분의 최고위층은 중국 사회의 개혁은 전통 유교윤리에 맞추어 실행되어야 한다고 합의하였다.

정치 연구파는 파시즘을 중국에 적용하는 데에 있어 매우 다른 관점을 갖고 있었다. 이들의 파시즘에 대한 접근법은 이념적이기보다는 실용적이었다. 이 파벌이 국민당 정치에 미친 영향력을 저평가해서는 안 되는데, 왜냐하면 이 파벌 출신으로서 1930년대 중반 정부 고위직을 차지하게 된 사람의 수가 점점 늘어났기 때문이다. 예를 들어, 정치 연구

파의 양용타이(楊永泰)는 1932년 장제스의 군사 위원회 본부 사무총장
이 되었고, 1936년 암살될 때까지 가장 힘 있는 정치 인물 가운데 하나
였던 것이다.

왕징웨이의 개조파는 국민당 좌파였으며, 1931년 이후 왕징웨이는
장제스와 어렵게 손을 잡았다. 정부의 수반으로서 위안은 명목상으로
만 정부를 관할하고 있었고, 실질적인 권한은 장제스의 군사 위원회,
즉 장제스가 독차지하였다. 왕징웨이는 파시즘에 찬성하지 않았고, 국
민당의 독재도 반대하였다. 그러나 1936년 독일에 다녀온 뒤 긍정적인
입장으로 돌아서게 되었다. 피플스 트리뷴『People's Tribune』의 저자
겸 정치평론가로 잘 알려져 있는 탕량리(湯良礼)는 왕징웨이의 파벌인
것으로 확인되었고, 그의 주요 대변인을 맡았다. 탕(湯)은 글을 통해 나
치의 사회적 특징이 왕징웨이의 사상과도 양립할 수 있음을 강조하였
다. 쑨원의 '민생'과 나치즘의 개념이 비슷하다는 것도 그의 글에서 다
루고 있다.

후한민은 파시즘에 반대하였고, 중국을 파시스트 국가로 바꾸려는
국민당을 비난하였다. 실제로 후(胡)의 비난은 주로 장제스 개인에 대
한 것이었다. 후의 지지자 가운데 한 명인 류루인(劉蘆隱)은 파시즘과
관련하여, 유럽 파시즘과 쑨원의 삼민주의 사이에는 여러 갈래의 길이
있다고 주장하였다.

요약하자면, 국민당 내에 있는 모든 파벌들은 황푸파, 즉 남의사에서
기인한 것이며, 대부분이 파시즘에 대해 긍정적이었다고 볼 수 있다.
그들이 갖고 있던 구상들은 모두 장제스의 응원을 받아 세울 수 있었던
것이다. CC단은 조금은 덜 급진적인 방식으로 남의사가 주장하는 대부
분의 사상을 지지하였다. 그들이 파시즘을 받아들일 수 있었던 것은 장
제스가 유도했기 때문일 것이다. 대부분의 조직원들이 국민당 정치에

영향을 미쳤지만, 유럽 파시즘에 대한 정치 연구파의 접근법은 실용적이었다. 왕징웨이는 1936년 유럽을 방문하기 전까지는 중국 재건을 위해 파시스트 사상을 적용하는 것을 반대했으나, 유럽 방문 이후부터 중국을 변화시킬 수 있는 수단으로서 파시즘이 갖는 사회적 특징을 강조하게 되었다. 대체로 후(胡)는 장제스를 반대했으므로 파시즘에 대해서도 다른 견해를 갖고 있었다.

2. 남의사 프로그램

남의사 프로그램의 주 내용은, 국가가 가장 우월하며 신성하다는 것이다. 남의사 조직원의 유일한 의무는 국가의 이익을 보호하겠다고 맹세하는 것이었다. '모든 조직원들은 국가의 일에 책임을 져야 하고, 국가 이익을 위해서 모든 것을 희생해야 한다'고 강조한다. 그들의 활동 및 목표 범위는 초국가주의, 독재, 개인주의 및 민주주의 반대, 국영 경제, 전체주의적 문화 통제, 사회의 군국주의화, 정적에 대한 비밀경찰 활용 등 전형적인 파시스트 운동에서 나타나는 모든 특징을 포괄한다.[23] 절대 지도자에 대한 복종이라는 파시스트 원리는 남의사 이념 가운데 가장 본질적인 부분이었다. 그들이 생각하는 이상적인 사회는 지도자의 의지에서부터 국민들의 행동까지 모두를 전체적으로 조정할 수 있는 사회였다.

『사회신문(社會新聞)』은 중국 및 중국인의 문화 발전에 대한 남의사의 견해를 밝힌 바 있다. 1933년 보도 자료에서 다음과 같이 주장하였다.

국민당은 결코 일관적인 문화정책을 내놓지 않았다. 현재까지 그들의 정책은 건설적이고 창조적이기보다는 파괴적인 성격의 것으로 드러났다. 국민당의 문화정책에는 당 교육, 정부가 주도하는 언론, 간헐적인 선전활동, 독립적인 문화 발전과 같은 사항이 포함되어 있어야 하기 때문이다.[24]

또한 다음과 같이 설명하고 있다.

현 상황에서 중국에는 통합된 문화가 필요하며 또한 중국 혁명의 발전을 위해 독립적인 민족문화도 필요하다. 두 측면이 모두 고려되어야 하는 것이다. 수직적으로 역사적 관점에서 볼 때, 현재 중국은 삼민주의 문화를 실천해야 하며, 수평적으로 사회적 관점에서 볼 때, 현재 중국 문화에는 두 가지 요소가 포함되어야 한다. 첫째, 국가 극단주의와 민족 극단주의; 둘째, 과학이다. 현재 문화 통제에는 5가지 사항이 포함될 것으로 보이는데, 종교, 교육, 예술, 언론, 사회조직 통제 등이 그것이다.[25]

남의사 프로그램은 철저하고 포괄적이었다. 모든 측면의 군사 및 정치 활동이 포함되었고, 장제스에게 독재 권한을 부여하는 것을 목적으로 삼았다. 합리적인 기반 위에 정치 문제, 방위력, 국가 재정 시스템을 세우고, 모든 접근법 가운데 급진주의는 배격하였다. 이 목표들을 이루기 위해서 남의사는 중국 교육제도를 개혁하기로 결정하였다.[26] 초등학교부터 일부 시간을 군사교육에 할애하도록 하고 민족주의를 열렬히 강조하였다.

그 무렵 남의사가 그들의 프로그램을 효과적으로 실행할 수 있을지 여부와 관련하여 해외에서 보는 시각들은 제각각이었다. 어느 보고서에 따르면 조직은 효율적일 수도 있겠지만, 남의사 설립 직후부터 통일성이 부족했다는 것이다. 특히 남의사 상하이 지부는 심각한 좌절을 겪은 경험이 있었다. 그러나 중국에서, 특히 이런 부류의 조직에서 이런 일은 흔한 것이었다. 문관과 무관들이 뭉치기 위해서는 수없이 난관을 거쳐야 했으며 이것은 남의사에만 있는 일이 아니었다.

남의사 프로그램이 뚜렷한 파시스트적 특징을 갖고 있었다는 사실은 국민당 내부 문서에도 분명히 나타나 있는데, 특히 파시스트정책과 관행에 대해 자세히 언급하고 있다.[27] 남의사의 주요 목표를 국민들에게 파시스트 사상을 주입하고 여론을 통제하는 것으로 간주한 문서를 보면, 1932년 6월 19일 새로운 조직, 즉 '신(新)중국 건설학회'를 이런 목적으로 상하이에서 설립한 것이라고 밝히고 있다. 이 새로운 조직은 중국인들에게 파시스트 사상을 조직적으로 가르치고 대중들의 여론을 통제하면서 국민당 정부를 지원하고자 하였다. 또한 이 조직은 정기적으로 월간지를 출판하였고, 헌법 정부, 국영 경제, 다른 나라들의 선거 및 교육제도 등에 대한 역사적 자료를 포함하여 다양한 주제의 책자를 출판하였다.

국민당 문서에 따르면, 이 조직의 회장은 황옌페이(黃炎培)였으며, 그는 1911년 혁명의 2인자로서 장제스의 의형제이기도 했다. 이 조직은 장제스로부터 전폭적인 지원과 인정을 받았으며, 국민당으로부터 자금 지원을 받기도 했다.

남의사는 이 조직의 작업과 상관없이 다른 출판 업무를 통해 많은 연구 자료들을 확보하고 있었다. 컬비(William Kirby)에 따르면, 난징의 중앙군관학교 잡지인 『황푸 월간』은 민주주의와 독재, 독재와 지도자, 파시즘의 정치사상, 파시즘의 정치 기관, 무솔리니의 독재 정부, 히틀러의 독일 독재, 중국의 독재 정부와 같은 다양한 주제를 다루었다.[28]

남의사는 파시즘을 통해서 나라를 군국주의화하려고 하였고, '쓰러져가는 나라를 구하'기 위해 군국주의를 통해서 중국을 통합하고자 하였다. 구망회(救亡會)라는 별칭은 남의사가 공식 업무를 처리할 때 주로 활용하였다. 남의사의 이념적 특징은 덩원이, 허종한 등의 인물들이 주도했다는 사실에서도 확실히 알 수 있으며, 남의사가 파시스트 사상과 독일 및 이탈리아의 관행에 대해 수백 권의 책을 출판했다는 사실에서도 잘 알 수 있다.[29]

■군대 재편성

남의사는 군대를 엄격히 통제하는 것이 군대 기능을 개선하기 위해서 중요한 부분이라고 보았으며, 이 목표를 이루기 위해서 군대 내에 기습 부대를 신설하였다. 국민당 문서에서는 다음과 같이 밝히고 있다.

군인들의 장비는 열악하고 군인들은 정부에 충성하지도 않는다. 그들은 가능하다면 언제든지 빠져 나가려고만 한다. 따라서 군대 내에 기습 부대를 조직하여 군인들을 정렬시킬 필요가 있다. 이 기습 부대는 믿을 만한 세력이 될 것이다. '특별 기동대'로서, 예를 들면 적의 요지를 공격한다든지 국가에 어떤 사건이 일어날 때에만 활용될 것이다. 사건이 일어날 경우 기습 부대는 먼저 국민들의 반란에 대처하고, 둘째로 국민당 군대 내의 반란을 정리하며, 셋째로 공산군과 투쟁해야 할 것이다. 이런 점에서 기습 부대는 히틀러의 슈츠스타펠(Schutzstaffel-SS)이나 당의 선봉대와 비교할 수 있을 것이다.[30]

군관학교 내에 많은 독일 자문관들이 교관으로 일하고 있었음에도 불구하고, 군대의 정치 교육은 '근본적으로 중국의 영역이었다.' 더욱 중요한 것은 중앙 정치 훈련 사무소를 이끌고 있던 남의사의 주요 인사 허(賀)가 주도하는 남의사의 영역이었다는 것이다. 또한 1933년 장서 지방에서 군사적 방법으로 공산주의자들을 제거하는 데에 실패하자, 장제스는 전략을 바꿔서 '칠할 정치(七分政), 삼할 군대(三分軍)'라는 슬로건을 만들어 내었다. 그의 초기 전략은 군대만 강조하는 것이었다.

이 새로운 전략을 지원하기 위해서 '특별 기동대'가 설립된 것이다. 실제로 이것은 남의사의 또 다른 저명인사인 캉저가 책임을 맡고 있는 비밀 활동 조직이었다. 이 기동대의 임무 가운데에는 군대 내의 정치 선전활동도 포함되어 있었다(4장의 반공 활동 참고).

군대 재편성에 성공했다는 사실은 국민당 당원 가운데 군대 출신자들의 비율이 높아진 것을 보면 알 수 있다. 1930년대에 국민당 당원-특히 군대 출신- 은 매년 그 수가 조금씩 늘어났다. 중일 전쟁 발발전, 군대 출신 당원의 수는 전체 당원의 63%에 이르렀다.[31] 그 수치는 아래 〈표 3〉과 같다.

〈표 3〉 국민당 내 여러 조직의 구성원 비율(%)

연도	1932	1933	1934	1935
지방 & 도시	32.0	30.4	31.2	30.8
해외	8.8	8.0	7.4	6.2
군대	59.2	61.6	61.4	63.0

■남의사의 경제정책

1931년 류지안췬이 펴낸 수필 『정당 개혁을 위한 몇 가지 아이디어』에서는 공화국에 대한 주요 위협 요소로 국가 경제 상황 악화, 자연 재해 및 정부의 무대책으로 인한 농민들의 빈곤한 생활, 서양 및 일본의 공격 등 3가지를 꼽고 있다.[32]

따라서 처음부터 남의사 설립에 동참했던 사람들은 중국을 근본적으로 변화시키기 위해서는 경제정책이 우선적으로 필요하다는 것을 인식하고 있었다. 기본적으로 그들은, 균형적인 발전을 가로막는 장애 요소들, 즉 자본 부족, 기술 부족, 인프라 부족, 생산 역량 부족, 발전된 시장 부족 등을 극복하기 위해 국가가 주도적으로 재화 생산 및 분배를 계획하는 일종의 국가 사회주의를 지지하였다.

남의사는 중국 경제 건설을 위해서는 정부의 개입이 불가피하다는 사실을 인식하고 있었다. 그들은 정부가 국민들의 경제생활에 개입하게 될 것이며, 사기업과 국민들의 소비방식을 지도하기 위해 극단적인 정책에 기대게 될 것을 예견하였다. 남의사의 주장에 따르면 이것은 장제스의 독재 아래에서만 가능한 것이었다. 실제로 제1차 세계대전 뒤 히틀러와 민족사회당이 부상하면서 독일 경제가 부활하게 된 사례는 인상적인 것이었다.[33]

중국 경제정책과 관련하여 남의사가 내놓은 출판물은 국가가 통제하는 경제에 필요한 정책들을 설명하고 있다. 그들은 철강, 자동차, 항공, 철도, 화학제품, 방위 산업과 같은 중공업은 국가에서 운영해야 한다고 권고하였다. 또한 환율을 안정시키기 위해서는 국제 환율도 국가가 통제해야 한다고 제안하였다. 국제 항공 운송업도 정부에서 운영해야 하며 국내 항공 노선은 외국 기업보다는 중국 기업에서 운영해야 한다고 주장하였다. 또한 민간 기업들은 수익을 생산 확대로 연결시킬 수 있도록 세금 혜택을 받아야 한다고 주장했다.

경제 발전은 농민은행이나 생산자 협동조합과 같은 구상을 통해 추진하였다. 이해관계자들에게 수익을 배분하는 것은 제한되었다. 국민들의 소비를 통제하기 위해서 사치품에는 세금을 부과시켰다.

경제 통제를 위해서는 2가지 정치적 전제가 필요한데, 첫째, 혁명 대상은 발전을 통해 결정된다는 것, 둘째, 강력하지만 융통성 있는 정치 제도가 필요하다는 것이다. 중국 경제 통제의 목적은, 1) 국내 생산 촉진, 2) 외세의 공격에 맞서는 것, 3) 국력 강화, 4) 국민들의 생활을 위한 경제 기반 확립 등이다.[34]

특히 경제 부문에 대해 남의사는 국가가 깊숙이 개입해야 한다고 주장했는데, 이것은 중앙집권적인 정부에서만 가능한 것이었다. 특수한 성격의 파시스트 독재는 통합을 이끌어내기 위한 정치적 수단 이상의 의미를 갖고 있었으며, 또한 경제 변화를 위해 필요한 선행 조건이라고 볼 수 있었다. 예를 들면 이탈리아의 파시스트 독재를 중국의 경제 발전 모델로 삼았다는 사실은 그들의 주장을 뒷받침해 준다.

> 무솔리니의 슬로건 가운데 하나는 '질서, 권한과 정의, 신념, 복종과 투쟁'이다. 이 6개 단어는 그의 성공을 설명해 주는 주요 단어이다. 6개 단어 가운데에서 가장 중요한 것은 권한이다. 권한이 없다면 정의도 없고, 정의가 없다면 신념도 없고, 신념이 없다면 복종과 투쟁도 없다. 따라서 이탈리아 성공에 있어 가장 기본이 된 요소는 권한이라고 할 수 있다.[35]

남의사가 주장하는, 중국 사회에 필요한 근본적인 변화에 대해 『사회신문』에서는 '파시즘은 몰락 직전의 국가를 스스로 구제할 수 있는 유일한 도구이다. 중국으로서는 이탈리아와 독일에서 폭력적인 투쟁으로 발현된 파시스트 정신을 본뜨는 것 외에 다른 해결책이 없다'고 설명하고 있다. 달리 말하자면, 이것은 단순히 독재의 문제가 아니라 파시스트 독재의 문제라고 할 수 있을 것이다.

3. 남의사와 파시즘

남의사의 활동 범위는 매우 광범위하다고 볼 수 있다. 장제스와 남의사 지도자들의 대부분은 주로 도구적인 목적에서 파시즘에 관심을 갖고 있었다. 그들은 유럽의 파시스트 정당들이 약하고 분열되어 있던 국가를 통일된 강력한 국가로 빠르게 그리고 성공적으로 변화시키는 것을 보고 감명을 받았다. 따라서 이 파시스트 정권들이 활용했던 기법들을 배우기 위해 노력했다.

또한 부흥회의 훈련 매뉴얼인 '우리의 훈련'과 류지안췬이 실행회의 사무총장직을 맡기 직전인 1933년 11월 연설했던 내용에서도 뚜렷이 나타난다. 이 연설의 제목은 '중국 혁명 부활의 길'이었다. 이스트만은 "이 권위적인 출판물들을 통해, 중국이 그 무렵 부딪힌 시급한 임무는 미묘한 이념을 주장하는 데에 있는 것이 아니라 이미 그들이 갖고 있던 이념을 실행하는 데에 있다는 것을 뚜렷이 밝히고 있다. 역행사는 이론이 아닌 '행동'이 가장 중요한 것이다"라고 설명하였다.[36] 이 말은 쑨원과 장제스의 사상과도 일치하는 것이다.

그러나 남의사가 취한 행동은 폭력적인 형태로 확대되는 경우가 많았으며, 특히 폭력은 폭력으로 되돌아왔다. "힘만이 성공의 수단"이라는 표현이 떠돌기 시작했다. 남의사의 정기간행물인 『치안투 – 전도(前途)』와 『사회신문(社會新聞)』에는 국가의 권위를 기반으로 폭력을 쓰자는 의견도 끊임없이 나타났다.

남의사는 교육과 문화 통제를 강조하면서 질서를 강요하고, 종합적인 근대화정책을 통해 그들의 목표를 실현하기 위해 노력하였다. 학교와 보이 스카우트, 성인들을 상대로 한 군사훈련이 추진되었다. 파시스트 선전 활동은 학교나 특정 그룹에 집중되었다. 남의사는 파시즘을 주입하고 고취시키고자 하는 그들의 목표에 도움이 되는 한 그 대상이 어떤 부류의 그룹 또는 학교인지는 신경 쓰지 않았다. 이 기법은 '거미줄'처럼 곧바로 퍼져나갔다.

■언론 개혁

남의사는 언론 개혁도 실행하였다. 허종한은 이 개혁을 배후에서 조종한 인물로서, 다음과 같은 견해를 피력하였다.

불법적인 관습들을 없애기 위해 저널리즘은 교훈적인 개념을 확보해야 한다. 가장 중요한 것은 저널리즘에 대한 검열이다. 우리의 경우 新聞－XINWEN(뉴스)이 가장 효율적인 수단이지만 영화와 라디오도 중요한 수단이 된다.[37]

남의사는 여러 종류의 대중매체를 만들고 서점을 열었으며 정기간행물을 출판하였고, 따라서 선전 작업은 신문, 잡지, 책 출판을 통해 이루어졌다. 남의사는 1932년부터 1935년 사이에 파시스트 선전에 대한 출판물을 비롯하여 약 200개의 정기간행물을 검열하였다.[38]

남의사가 선전 작업에 쏟은 노력에도 불구하고 그들이 보급하고자 했던 파시즘의 메시지를 국민들은 잘 받아들이지 못했다. 대부분의 사람들은 기사에서 주장하는 바와 표현들을 잘 이해하지 못했고, 남의사가 정치 이념으로서의 파시즘을 통해 영향력을 행사한 곳은 소규모 조직에 제한될 수밖에 없었다. 이런 선전 작업과는 반대로 남의사가 썼던 폭력에 대해서는 많은 사람들이 더 잘 이해하고 두려움을 느끼게 되었다.

유럽 저널리즘과 관련하여 허(賀)는 '10월혁명 이후 러시아에는 정부의 관할 아래 개인이 관리하는 대중매체가 등장했다. 이탈리아에서는 정당이 통제하거나 정부가 운영하였다. 독일의 경우 히틀러가 권력을 잡은 뒤에 정당이 저널리즘에 대한 통제권을 갖게 되었다'고 밝혔다. 따라서 검열 문제가 이슈로 떠오르게 되었고, 허의 견해는 『치안투』에 등장하기도 했다.

민주제도 아래 고충을 겪고 있는 영국, 미국, 프랑스의 언론정책 가운데에서 기술과 조직을 비롯하여 우리가 차용할 수 있는 것은 거의 없습니다. 그러나 각각의 이념이 다른 '주의'에 기반을 두고 있기는 하지만, 정당이 국가를 통치하는 독일, 이탈리아, 소련의 언론정책에서 배울 수 있는 것은 많습니다. 언론정책 및 법과 관련하여 필요한 5가지 사항은, 1) 문관으로서 언론인의 행동, 2) 언론인들의 복지를 보호하는 완벽한 조직으로서 언론인들의 행동, 3) 언론인들의 훈련 강조, 4) 조사 및 선전 강조, 5) 언론의 힘을 통제하는 중앙 정부의 선전부 등입니다.[39]

이런 측면에서 약 1년 전인 1935년 1월경 국민당 정부(장제스)가 3개의 주요 상하이 신문사와 1개의 통신사를 재구성할 것을 명령했다는 사실은 흥미롭다. 그 신문사는 『China Times』, 『China Press』, 『China Evening News』등과, 『선스(申時)』통신사였다. 장주핑(張竹平)국장은 1934년 말 사임을 종용받았고, 대신 악명 높은 청방의 보스인 두웨성(杜月笙, 자세한 것은 5장 참고)이 새로 조직된 신문사에서 중요한 자리에 앉게 되었다. 이 매체들을 재구성하는 작업은, 장제스의 회유정책에 대해 지속적으로 공격하였던 『선바오(申報)』의 국장 스량차이(史量才)가 1934년 11월 13일 암살된 뒤에 시작된 것으로 보인다.

■공공(公共) 보안에 대한 통제

남의사는 경찰 및 공공 보안 단위들을 설립하고 이들을 통제하였다. 이 단위들 ―그 가운데 일부는 비밀 조직― 은 정당 내에서 남의사의 우월성을 주장하고 국민들에게 장제스에 대한 복종을 강요하는 역할을 수행하였다. 일부는 정적에 대한 무자비하고 폭력적인 태도로 인해 두려움의 대상이 되었다. 그들은 공산주의자나 일본인들, 정치 라이벌에 맞서 폭력을 행사했는데, '혁명 엘리트로 분류되지 않았던 당과 정부 인사들까지도 그 대상으로 하였다.' 그들의 존재감을 알리고 대중들이 남의사의 존재를 인식하게 되기까지는 어느 정도 시간이 걸렸다.

남의사는 반(半)지하 조직이었으므로, 신문지상에 공개되는 그들의 활동 보고서는 대부분 소문, 누설된 비밀들, 억측들을 섞어놓은 것이었다. 지방 도시에서 오는 특보들은 난징, 한커우, 광저우에서 진행되는 남의사의 활동에 활기를 띠게 만들었다. 1933년 11월 13일 상하이 언론에 보도된 그들의 활동 보고서는 남의사의 조직원들이 파시즘을 감싸고 공산주의를 비난하는 전단지를 어떻게 배포하는지를 보여주고 있다.[40]

1932년부터 1936년까지 남의사의 활동은 상하이에 집중되었다. 상하이에서 남의사의 활동은 다음과 같이 진행되었다. 첫째, 장제스를 반대하거나 공산주의자들 또는 그런 사람들을 피신시켜준 혐의를 받고 있는 공공 기관의 지도자들, 문관 및 무관 지도자들의 사상과 활동을 감시하는 등 도시의 전반적인 상황을 보고하였다. 둘째, 공산주의에 대한 강력한 억압이었다. 우싱야는 1936년 사망하기 전까지 상하이 사회국장으로 활동하였다. 그는 난징정부의 명령으로 '상하이 청년 역사(力社)'를 설립하였는데, 이 조직은 실제로 상하이에 있는 남의사의 지부였다.

남의사 조직원들은 해외로 파견되기도 했는데, 특히 이후에 중국으로 돌아와서 폭발물과 독극물을 생산한다는 궁극적인 목표를 갖고 과학 및 기술을 공부하기 위해 해외로 나갔던 것이다.[41]

■반공(反共) 활동

남의사는 설립 무렵부터 강력하고 분명한 반공성향을 갖고 있었다. 초기 조직원 가운데에는, 극단적인 반공 단체인 중국문화학회를 설립했던 텅지에와 덩원이도 포함되어 있었다. 남의사가 설립되기 전 이 조직은 황푸 졸업생들과 긴밀한 관계를 유지하였다.[42] 따라서 일본인들을 비롯한 외국인들은 남의사 연합과 이 조직을 혼동할 수도 있었을 것이다.

1927년 4월 숙청사건, 일명 상하이 대학살 또는 '백색테러'라고 불리
는 이 사건은 장제스가 청방의 도움을 받아 상하이 국민당에 있는 모든
공산주의자들을 경고도 없이 '숙청'하고, 그들 가운데 대다수를 암살한
사건이었다. 그러나 이 사건도 공산주의자들을 완전히 뿌리 뽑지는 못
했는데, 1932년까지 장서 지방에는 스스로 중국 소련공화국이라고 주장
하며, 중국 공산당의 통제를 받고 있는 지역이 있었다. 따라서 이 지역
에 대한 진압과 공산주의에 대한 억압이 국민당 지도층들의 최우선순
위가 되었다. 남의사는 공산주의자의 근거지를 습격하고 공산주의자들
의 지배를 받는 지역의 영세 농민들로부터 '진심 어린 지지'를 받기 위
해서 주도적인 역할을 수행하였다.

앞에서 주지하였듯이 1932년 6월 '3할은 군대, 7할은 정치'라는 더욱
보수적인 정책이 등장하였다. 이 정책에는 영세농민들에게 쑨원의 삼
민주의에 대한 존경심을 주입시키는 작업도 포함되었다. 그러나 CCP도
거의 비슷한 방법을 썼는데, 그들은 먼저 이 원칙을 영세농민들에게 설
명한 뒤에 국민당이 이것을 적용하는 데에 어떻게 실패했는지를 설명
했다.[43)]

국민당은 외딴 지방에 사무소를 처음 세웠던 시점부터 반공 활동에
집중하기 시작했다. 방(幇) 조직(다음 5장 참고)이 그들과 협조하기는
했지만 그 활동은 조화롭지 못했다. 더욱이 CCP의 활동이 억압을 받게
되면서 그 당원들이 체포되었다. 그들의 활동은 다이리의 첩보원들이
수행한 비밀 정보활동과도 필적할 만한 것이었다. 그리고 농민들의 반
란이 억압을 받고 공산당 당원이던 반란의 주도자가 살해된 허베이성
과 저장성 항저우에서는 성공적으로 반공 활동을 수행한 사례도 있다.[44)]

남의사는 반공 활동을 더 효과적으로 지휘하기 위해서 1933년 10월
특별 기동대－別動隊를 설립하였다. 그 조직원들은 특별 지령을 받아

공산주의자들이 통제하는 지역으로 파견되었는데, 그들의 임무 가운데
에는 지역 주민들을 모아 '공산주의자 근절 의용군'을 조직하는 일도 포
함되었다. 실제로 이 조직은 특별 기동대가 확대된 것이었다.[45] 특별
기동대의 지령은 공산주의자들이 점령한 지역 주민들의 복지를 개선하
는 것이었으며, 특히 교육을 강조하였다. 또한 대도시에서는 남의사의
일부 조직원들이 공산주의자들에 투항하기 위해 지역 경찰들과 긴밀히
협력하기도 하였다.

　반공 투쟁이 갖는 의미는 1934년, 장제스의 제안대로 남의사의 본부
를 난창으로 옮겨 장서 지방의 소련 공화국과의 투쟁 전선에 더 가까이
접근했다는 사실에서도 잘 알 수 있다. 장제스는 반공 투쟁을 우선시하
는 과정에서 조직 내 일부 지도층을 숙청하고 충성심 많은 젊은 군인으
로 그 자리를 대체했는데, 이들 가운데 대부분이 적군파와 소련 국가정
치보안부(GPU)에 대해 연구한 뒤 소련에서 갓 귀국한 사람들이었다.
남의사 내에서 이들 조직의 이름은 '당정군(黨政軍) 계획 위원회'였다.[46]

　공산주의자의 영향력은 농촌에만 국한되지 않았다. 1927년 CCP는 도
시지역에서 지하 조직으로 활동하였으나, 27년 숙청사건 이후에도 본부
는 여전히 상하이에 남아 있었다. 따라서 남의사는 이들을 뿌리 뽑기 위
해 특별한 기관을 세웠다. '지역 당 본부는 난징의 국민당 상무위원회-
CEC로부터 비밀 지령을 받는데, 그것은 공산주의자 척결을 위해 상하
이 지방 전우회를 설립하는 것이었다.'[47] 그 지령의 내용은 다음과 같다.

　　상무위원회는 수석 비서인 우카이시안(吳開先)을 비롯하여 다음의 3인으
　로 구성된다. 양후장군은 보안대의 수장직을 맡으며, 천쑤(陳蘇)와 펑공주
　(彭公祖)는 난징 특별 정치관으로서 상하이에 주둔하며 이 조직은 상하이
　전체 지역을 관할하는 90개 지부로 나누어질 것이다. 또한 각 지부는 지도
　자를 포함하여 5명으로 이루어질 것이다.

이 지령을 담은 문서에는 규칙과 규정 사본, 그리고 앞으로 이 조직에 가입할 때 작성할 지원서 양식이 첨부되어 있었다. 전체 규칙 가운데 제 1항은 '이 조직의 목적은 삼민주의에 따라 국가 혁명을 실현하자는 원칙을 기반으로 한다.' 6개의 장에는 관련 조직원 자격, 조직 및 의무, 조건 및 기밀 등이 들어 있었다. 부록에서는 '위원회는 필요할 경우 이 규칙들을 수정 또는 변경할 수 있는 권리를 갖고 있다'고 밝히고 있다.

남의사는 상하이에서 영향력을 행사하고 있는 공산주의자들을 성공적으로 제압하기 위해서 상하이 청년세력회의 자매기관 2개를 함께 세웠는데, 이 조직들 또한 우싱야의 후원을 받게 되었다. 두 조직은 중봉사(中鋒社)과 상하이시(市) 호사(互社)로서, 각각 지방 중학교 학생들의 활동을 감시하는 임무와 지방 국민당원들 가운데 청년층의 활동을 지휘하는 임무를 맡았다.

남의사는 결국 설립 1년 만에 상하이에서 CCP를 축출하는 데에 성공하였고, 노동조합원과 친(親)공산주의 혐의를 받는 사람들에 대한 테러 캠페인을 통해 CCP가 다시는 재기할 수 없도록 하였다. 그러나 1936년 8월 우(吳)가 사망하자 상하이 청년세력회는 해산하였고, 다른 두 조직도 1937년 말 상하이에서 해체되었다. 이것은 일본의 공격으로 인해 중국군이 상하이 지역에서 철수했기 때문이었다.

■반일(反日) 활동

남의사 활동 가운데에서 또 다른 중요한 부문 —최소한 조직 설립 초기에는— 은 전국적으로 반일 활동을 조직하는 것이었다. 이 활동과 관련하여 정보를 구할 수 있는 주요 원천은 중국에 있던 일본 기밀 조사부의 기록인데,[48] 이 기록에 따르면 남의사는 여러 개의 반일 국가구제

협회와 긴밀히 협력했다고 한다. 또한 남의사의 내부 기록을 통해 반일 활동의 범위도 알 수 있다. 남의사의 공식적인 출판물을 살펴보면, '1933년 봄 우한에서, 일본과 협력한 혐의를 받고 있는 40여 명의 반역자들을 요원들이 살해하였다'고 한다. 남의사는 그들이 숙청한 사람들을 늘 '반역자'라고 표현했는데, 이것은 단지 그들 활동에 대한 핑계였을 뿐이다. 상하이 지역에서도 반일 활동은 수없이 많이 일어났고, 남의사 또는 관련 조직들은 많은 사람들을 살해했다.

1931년 9월 일본의 만주사변으로 인해 반일 활동은 주로 중국의 북부 지방에서 일어났다. 코블(Parks M. Coble)은 "중국 북부 지방에서 일어난 남의사의 활동에 매우 높은 관심을 보이고 있는데,[49] 쉬훼이즈(徐會之)가 남의사의 북동지부장을 맡은 뒤 1934년 7월 25일부터 남의사의 군사행동 속도가 갑자기 빨라졌다"는 사실에 주목하고 있다.

중국 북부 지방에서 남의사는 일본에 맞서 광범위한 군사행동을 추진했다. Coble은 다음과 같이 밝히고 있다.

> 장제스는 남의사의 소위 철과 혈의 군단 조직원들을 파견하여 테러 행위에 참여하도록 하였다. 동시에 남의사는 반일 불매운동과 언론 캠페인을 지시하였다. 한국인도 일부 포함되어 있던 암살단원들은 텐진에서 주로 활동하였고 만주에 잠입하려고 시도하기도 하였다.[50]

일본 보고서에는 남의사 요원들이 시도한 암살 및 암살 미수와 관련된 목록이 포함되어 있다. 이 엄청난 사건은 만주 및 중국에 있던 일본 언론에서도 크게 보도되었다. 더욱이, 1935년 6월 협상 과정에서 일본이 남의사 폐지를 요구한 것은 일본인들의 관심을 여실히 보여주는 것이었다.

설립 직후부터, 아마도 1932년 8월 또는 9월, 남의사는 텐진에 북부 지부를 설립하였다. 지부장에는 류부퉁(劉不同)이 지명되었고, 남의사의 극단적인 반일 활동을 지휘하였다. 그러나 이 자리는 류(劉)의 '좌파' 딱지로 인해 같은 해에 장바이청(蔣伯誠)으로 바뀌었다. 1933년 초 장(蔣)은 국민당 군사부의 정치훈련과장 대리로 임명되었다. 이후 류지안췬이 이 지부장 자리에 앉게 되었다. 한편, 남의사 북부 지부에 대한 통제권은 여전히 장이 갖고 있었다. 남의사 설립 멤버 가운데 하나인 증쿠어칭은 1934년 4월 톈진에서 류지안췬의 지위를 이어받았다. 정치훈련과장 대리로서 증(曾)이 톈진에 도착한 이후부터 이 지역에서 남의사의 활동은 더욱 강화되었다. 또한 이것이 국민당 정부와 남의사 핵심 조직원들이 긴밀히 협력하게 되는 계기가 되었고, 결국 중국 북부 지방에서 남의사의 권력이 확대되었다.

1934년 6월, 허잉친, 허구이궈(何桂國), 루탕핑(魯蕩平), 선인란(沈尹然), 장지(張繼), 증쿠어칭, 등은 베이징에 남의사의 새로운 지부인 소위 화북총지부(華北總支部)라는 북부 지방의 본부를 새로 설립하였다. 남의사는 허베이, 산시, 산둥, 차할(察合爾), 수이웬(綏遠), 이 5개 省에 대한 통제권을 확대하기 위해 노력하였고, 그들의 목적은 '중국 구제를 위한 반일 활동'이었다.[51] 새 지부의 조직원들은, 특히 일본인들로부터 '1등급 암살자'들이라고 불리었다.

국민당 군경찰의 제3군단 사무소가 허베이 지방에서 철수한 것은 친일(親日) 신문사 사장 2명, 즉 『천바오(晨報)』의 바이위항(白楡桓)과 국권(國權)의 후인촨(胡恩傳)을 남의사가 암살하면서부터였다. 톈진 내 일본인 조계(租界)에서 사장 2명이 살해되었는데, 이들은 그 지역의 일본군과 매우 긴밀한 관계를 맺고 있었다. 국민당 군경의 제3군단이 허베이에서 철수한 것은 또한 일본의 공격 때문이었다. 실제로 남의사는 철수한 것이 아니라 비밀 활동 조직으로서 하나의 마피아 비밀 조직으로 위장하여 활동하게 되었다.

장제스는 1936년 시안- 서안사변(西安사변에 대한 자세한 내용은 6장 참고)이 일어나기 전부터, 29로군의 군 지도자였던 쑹저위안(宋哲元)의 신뢰가 약화되었다. 그는 쑹(宋)이 비밀리에 일본인들과 접촉하고 있을 거라고 의심하였다. 따라서 장제스는 남의사의 북부 지부가 필요했던 것이며, 특히 지난, 톈진, 베이징, 장자커우 등에 새 지부를 설립하기 위해 노력하였다.[52]

그러나 일본 보고서를 포함하여 동시대의 정보기관 담당보고서를 꼼꼼히 살펴보면, 중국 북부 지방에서 남의사가 일본을 위협했다는 사실을 지나치게 부풀려 놓았는데, 그 이유는 일본인들이 다른 조직들의 반일 활동까지 남의사가 일으킨 것이라고 보았기 때문이다. 예를 들면 북부 지방에서 매우 적극적으로 활동했던 조직 가운데 '베이징 반일 구국회(北京 反日救國會)'가 있었는데, 중국 청년당의 후원을 받아 장쉐량(張學良)의 지지자들이 지휘하고 만주까지 그 활동을 넓힌 조직이었다. 실제로 일본에 대한 방해 공작이나 저항의 대부분은 CCP가 수행한 경우가 훨씬 많았다는 사실을 기억해야 한다.[53]

남의사의 반일 캠페인이 원래 어떤 의도에서 이루어진 것인지, 그리고 얼마나 왕성했던지 간에 그리 오래 이어지지는 못했다. 1936년 1월 21일자 『Shanghai Times』는 '남의사가 반일 활동을 보류했다'고 밝히고 있다. 이 기사에서 남의사가 진행하던 반일 활동이 1년 동안 멈춰졌다고 밝히고 있는데, 이것은 그 무렵 장제스가 중국 총통에 당선되기 전이었기 때문이다. 이 신문은 또한 1935년 12월 26일 난징 군관학교의 고급 과정 졸업반 학생들에게 장제스가 연설한 내용을 밝히고 있다.

나는 일본에 맞서야 한다고 믿고 있지만, 국제 상황을 핑계로 나의 이런

정서를 대중화시키지는 않을 것입니다. 만약 세계정세가 바뀐다면 나는 당
연히 일어서서 일본과 싸우기를 망설이지 않을 것입니다.[54]

　실제로 장제스는 외부의 적과 맞서기 전에 내적 통합이 이루어져야
한다고 끊임없이 주장했으며, 이것은 시안사변으로 인해 일본 제국에
맞서 CCP와 동맹을 이룰 수밖에 없었던 상황 직전까지도 모두의 반대
를 무릅쓰면서 장제스가 추구했던 노선이었다. 1937년 8월 시작된 일본
과의 전쟁 뒤 남의사가 상하이 지역에서 조직한 활동은 점차 줄어들었
지만, 반일 테러 활동은 이어졌다. 웨이크만(Frederic Wakeman)이 쓴 것
처럼, ‘공식적 및 비공식적 기관들 모두 1937년부터 1938년 사이에 일어
난 반일 테러 활동이 악명 높은 남의사의 소행이라고 밝혔으며, 전(前)
경찰서장인 차이징쥔(蔡勁軍)이 도덕적 활동조직 려지사(勵志社)의 수
장으로 가장하여 모든 활동을 조정한 것’이라고 하였다.[55] 따라서, 남
의사는 중일전쟁이 시작된 뒤 상하이 지역에서 일어난 다른 반일 활동
에 대해서도 책임을 지게 된 것이다.

■다이리(戴笠)와 남의사 기밀 조사부

　남의사의 모든 활동 중에도, 중국인들이 두려움과 혐오를 가장 많이
느꼈던 것은 특무대(特務隊) 또는 기밀 조사부로서, 정보부와 테러리스
트 활동을 맡았던 기관이다. 이 기관의 책임자는 다이리로서, 장제스가
가장 믿는 부관이었다. 다이(戴)는 ‘중국의 히틀러’라고 불리기도 했는
데, 그의 무시무시한 고문방법과 장제스의 정적에 대한 무자비한 태도
때문이었다.
　1926년 황푸 군관학교에 입학하기 전부터 다이는 이미 장제스와 친

분을 맺고 있었으며, 1920년대 초 상하이에서 개인 기밀 조사요원으로 활동한 적도 있었다. 다이가 국민당의 주요 인사들인 다이지타오, 천궈푸 등과 관계를 구축하게 된 때는 그가 상하이에 머물던 시기였다.[56] 다이리는 다이치타오로부터 특별한 후원을 받았는데, 그들은 동성(同姓)으로서 둘 다 장제스의 고향인 저장성 지방 출신이었기 때문이다. 다이치타오는 동향 출신인 다이리와 특별한 유대감을 느꼈다.

1926년 봄, 다이리는 29살의 나이에 그 무렵 민족주의 정부의 중심지였던 광저우로 가서 황푸 군관학교의 6학년에 등록하였다. 그는 황푸 군관학교 과정을 마치지는 못했지만 이후 명예 학위를 받았다.

1939년 SMP의 보고서에 따르면, 장제스가 1931년 말 일시적으로 퇴임하게 되었을 때, 다이리는 증지애민(鄭介民)과 다른 황푸 학생들의 도움을 받아 기밀 조사부를 설립하고, 신문 기사와 비평을 비롯하여 장제스 정적(政敵)들의 활동 정보를 수집하기 시작했다. 이들은 주요 정보를 담고 있는 긴 보고서를 작성하여 1932년 장제스가 복귀하자마자 그에게 제출하였다. 이에 대한 감사의 표시로, 장제스는 다이리를 군사위원회에 영입하였고 그가 기밀 조사부를 구성할 수 있도록 허락하였다. 1932년 9월 장제스는 다이리를 '군통'으로 알려져 있는 군사위원회 조사통계국 제2과장으로 임명하였다.

1932년 3월 남의사가 설립될 무렵, 조직에는 정보부도 포함되어 있었는데 초기에는 구이용칭(桂永清)이 수장을 맡았다. 그러나 구이(桂)는 해군 사령관 및 군대의 주요 직위를 함께 수행해야 했으므로, 다이리가 남의사의 정보부장직을 이어받게 되었다.[57] 기밀 조사부의 주요한 역할 가운데 하나는 장제스의 정적들에 대한 암살단을 조직하는 일이었다. 그들은 이 임무를 쉬지 않고 수행하였고, 다이리의 요원들은 곧 전국에 지명 수배되었으며, 언론과 국민들은 새로 암살이나 유괴사건이 일어나면 무조건 다이리의 기관이 한 일이라고 생각하게 되었다. 소위 철과 피의 분대 또는 철혈대(鐵血隊)는 이후 군사위원회 조사통계국으로 흡수되었다.[58]

남의사가 제일 먼저 살해한 것은 중국의 유명 작가인 딩링(丁玲)의 친구 잉슈른(應修人)인 것으로 생각된다. 잉(應)은 딩(丁)과 함께 살고 있었고, 상하이 예술 대학의 교수였던 판즈니안(潘梓年, 가명은 William PM Fung)과 딩링의 가까운 다른 친구도 그 집에 함께 살고 있었다. 1933년 5월 14일 잉(應, 가명은 丁九)이 죽은 채로 발견되었다. 판과 딩은 모두 중국 시민권 단체의 구성원이었고 그들 또한 비밀리에 납치되었는데, 이것은 분명 남의사의 소행이었을 것이다. 이후 판은 공공(公共) 보안국 수용소에서 발견되었다.[59]

남의사가 상하이에서 저지른 가장 큰 범죄는 양친(楊銓)을 살해한 것으로, 잉을 살해한 직후인 1933년 6월 18일 Academia Sinica(중앙연구원)의 밖에서 일어난 일이었다. 양친(楊銓, 가명은 양싱푸, 楊杏佛)은 중국 시민권 단체의 비서로서, 중앙연구원의 부원장이었으며 파시즘을 반대하고 있었다. 양(楊)은 남의사가 일으키는 일련의 테러 활동을 비난하였으며, 특히 그녀의 친구들이 '실종'된 사건과 관련하여 딩링을 강력히 비난하였다. 실제로 그녀는 친구들의 실종 사건에 대해 남의사 지도층인 마사오우(馬紹武, 가명은 Shi Jimei)를 비난하기도 하였다. 이 사건 이후, 기밀 조사부는 국민당 최고위층의 후원을 받았을 뿐 아니라 상당한 용기를 가진 요원들이 등장하기 시작했는데, 양(楊)을 암살한 혐의로 경찰 조사를 받기 전 남의사의 비밀을 누설하게 될 바에는 자살을 택하는 대범함을 보인 요원이 있었던 것이다.[60]

살인 및 실종 사건은 더 자주 일어났고 더 대담해졌다. 1934년 11월 13일 다이리의 조직은,『선바오(申報)』가 뚜렷한 '좌파적' 성향을 보이

자, 편집국장인 스량차이(史良才)를 살해하였다. 1935년 5월 텐진에서
는 다이의 요원 가운데 한 명이 중국 북부 지방의 독립을 주장하던 신
문 편집자 2명을 일본인 조계(租界)에서 암살하였다. 가장 극적이고 정
치적 의미가 컸던 사건은 국민당 좌파의 지도자이며 당내 주도권 다툼
에서 장제스의 주요 라이벌인 왕징웨이에 대한 암살 시도였다. SMP의
특별 지부에서 작성한 보고서에서는 이 사건을 남의사의 소행이라고
밝히고 있다.[61]

왕징웨이에 대한 암살 시도는 1935년 11월 1일 일어났는데, 그 무렵
난징에서는 국민당 6차 본회의가 개최되고 있었다. 왕징웨이는 그 무렵
국민 정부의 총통과 외교부 장관직을 맡고 있었다. 그에 대한 암살 시
도는 당 지도자들이 단체 사진을 찍기 위해 자세를 취하고 있을 때 이
루어졌다. 장제스도 그 자리에 있었지만, 치통으로 통증이 너무 심해
안에 있고 싶다며, 왕징웨이의 옆자리에 서지 않았다.[62] 왕징웨이를 암
살하려 했던 데에는 2가지 이유가 있었는데, 첫째는 왕징웨이가 친일주
의자였다는 것, 둘째는 그의 지지자들을 배신했다는 것이다.

이 음모는 왕야자오(王亞樵)라는 청방 조직원이 조직한 것으로 드러
났다. 왕(王)은 1932년 초 중일 대립(일본군이 상하이를 공격하였음) 무
렵 상하이에서 의용군 부대를 설립하기 위해 적극적으로 활동하던 중
이었고, 이 지역에서 혈(血)과 정신 군단을 조직하여 활동하던 장즈리
안(張志廉)과 알게 된 것도 이때였다. 왕의 지휘 아래 그의 지지자들은
중국 무역 기선회사의 전무 이사였던 자오티에차오(趙鐵橋)를 살해하
였고, 재정부 장관이던 쑹즈원(宋子文)에 대해서도 암살을 시도하였으
며, 만주사변(1931년 9월) 뒤 상하이에 있던 국제연맹 위원회의 구성원
들에 대해 암살을 시도하였다.[63] 그들의 공격방식은 매우 단순했다. 그
들은 장제스와 그의 독재 지배를 비난하는 정치, 문화, 법조계 또는 언

론계에 몸담고 있는 자유주의자, 인권 운동가, 1당 지배 및 독재에 반대
하는 사람들이면 누구든 암살 대상으로 삼았다.

■남의사의 암살 목록

1933년 7월, 『상하이 이브닝 포스트 & 머큐리(Shanghai Evening Post
& Mercury)』는 파시스트, 즉 남의사가 암살하려고 했던 사람들의 명단
을 공개했다(전체 목록은 부록 2 참고). 이 신문에 따르면 '상하이와 광
둥 지방에서 파란 제복 또는 중국 파시스트 조직에서 나온 것으로 보이
는, 대규모 암살을 명령한 문제의 문서가 떠돌았다'는 것이다. 이 기사
에서는 공개적으로 장제스와 남의사를 연결시켰으며, '남의사'라는 이
름은 반대파 지도자들에 대한 비밀 암살을 뜻하며 중국 행정의 독립성
과 영토권을 완전히 무시하는 일본과의 동맹을 상징한다고 주장했다.
그와 동시에, 이삭(Harold Isaacs)이 편집한 잡지인 『차이나 포럼
(China Forum)』은 같은 목록 사본을 받았으며, 이것이 익명의 출처로부
터 온 것이라고 밝혔다. 『China Forum』은 이것이 양친을 암살했던 것과
같은 목적으로 만들어진 목록이라고 설명하였고, 여기에는 중국 공산
당의 지도자들과 많은 좌파 작가들의 이름도 올라있다고 밝혔다. 그 가
운데에는 자오윈(趙雲)이라는 가명을 쓰는 캉성이 있었으며, 장제스의
반대파를 이끌었던 정치 지도자 후한민도 포함되어 있었다. 이 문서에
는 'hua(華)'라는 서명이 있었는데, 이것은 분명 남의사 조직의 지도층
을 상징하는 것이었다. 이 목록은 1933년 6월 15일에 작성되었고, 이 날
은 남의사의 수장 마사오우가 살해된 다음 날이었으며, 양친이 살해되
기 3일 전이었다.
SMP 보고서에서는 다음과 같이 밝히고 있다.

마(馬)가 살해될 때 떨어뜨린 서류 가방을 지방 경찰이 증거로 수집했는데, 거기에서 다음과 같은 보고서가 발견되었다. 1) 중국 공산주의 기관 분석, 2) 현재 정치 상황 및 특별 업무, 3) 급진적 성향을 가진 사람들의 목록 등에 대한 것이었다.

보고서 1)과 2)의 내용을 살펴보면, 남의사 지도층이 지난 6월에 제시한 급진주의자들에 대한 정책과 관련하여 전반적으로 이해할 수 있으며, 보고서 3)의 목록에는 그 당사자들이 정치 활동을 멈추게 될 경우 남의사의 입장에서는 환영할 만한 이들의 명단이 담겨 있었다. 분명한 것은 남의사가 그 무렵 이들에 대한 암살을 제재할 생각이 없었으나, 이들에 대한 대중들의 관심이 높아지자 암살 의도를 결국 중지했다는 것이다.[64]

이렇게 해서, 남의사와 관련된 정보를 언론에 곧바로 '누설했던' 마를 살해한 기밀 조사부의 암살 목록이 SMP의 수중에 들어가게 된 것이다. 그러나 이 주제에 대해 영국 총영사에게 제출했던 공식 보고서는 마가 살해된 지 한 달이 훨씬 지난 뒤에야 접수되었다. 1933년 8월 12일 일본 측이 발행한 풍자 신문인 『소공보(小公報)』에서 '반대파 암살을 준비하는 남의사'라는 제목의 중국어 기사를 출판하자, 이 목록과 관련된 이슈가 다시 한 번 수면 위로 떠올랐다. 기사에 따르면

『Shanghai Evening News & Mercury』는 전날 남의사의 비밀 지령과 암살 대상인 저명인사들의 명단이 포함된 기사를 발간하였다. 이후 암살에 대한 소문이 떠돌기 시작했다. 지난 밤, 이 신문은 남의사의 지방 조직원이 폭로한 남의사의 다음 암살 계획을 확보하였다. 14개 군단 소속 57명(그 명단은 구할 수 없음)의 요원들이 다이리와 자오용싱(趙永興)의 지휘 아래 상하이에서 암살 작전에 참여하고 있다는 것이다. 이 14개 군단의 본부는 1) 프랑스 조계에 6개, 2) 공공 조계에 5개, 3) 중국인이 관할하는 지역에 3개가 있다고 한다.[65]

이 기사는 암살자들이 주로 인력거꾼이나 행상인, 점쟁이로 꾸며 암살 대상자가 살고 있는 구역에 급파되었다고 밝히고 있다. 암살 목록은 장제스의 반대파들을 위협하고 남의사의 명성을 드높이기 위해서 계획적으로 누설한 것이 거의 확실했다. 목록이 완성되기 전 대부분의 공산주의자들은 이미 상하이에서 쫓겨났고 장시 지방의 소련 공화국은 무너졌으며, 장제스에게 유일하게 맞섰던 반대파는 자유주의 지식인들 가운데에서 파벌 지도자에게 불만을 갖고 당에서 나온 사람들이었다. 상하이에 있던 대부분의 CCP 당원들은 이미 살해되었으며, 자유주의자나 인도주의자 반대파들을 CCP 당원들과 함께 암살 목록에 넣은 것은 그들이 침묵을 지키도록 위협하기 위한 시도였던 것이다.

이 자료가 누설된 뒤 남의사가 이 목록에 따라 작업을 하려고 했는지에 대한 증거는 없으며, 이미 누설된 자료이므로 자료의 정치적 의미도 그리 크지 않았다.

4. 남의사 국민의식 개선 : 신(新)생활운동

남의사가 엘리트세력으로서의 자리를 유지하기 위해서는 그들을 지지해 주는 대중 기반을 구축하는 것이 얼마나 중요한지에 대해 지도자들은 잘 알고 있었을 것이다. 다른 나라에서 이미 성공을 거둔 파시스트 운동의 사례를 연구했다는 것은 남의사 지도층이 대중 기반의 필요성을 인식하고 있었다는 것을 보여준다.

일본의 파시스트 운동(일반적인 애국 조직)에 참여했던 구성원들의 수는 25만 명에 이르렀고, 초(超)민족주의(혹은 국수주의) 운동과 관련된 다른 조직원 수 40만 명을 합하면 총 65만 명으로, 이 수는 일본 총 인구수 약 7천 2백만 명의 1/110에 이르는 수치이다.[66] 이탈리아의 파시스트 수는 35만 명으로 총 인구 약 3천만 명의 1/90에 이르는 것이다. 독일의 경우, 1932년부터 1933년까지 NSDAP 구성원 수는 10만 8천명에서 약 150만 명까지 늘어났으며, 이 수는 총 인구 약 6천 6백만 명의 1/44에 이르는 것이다. 또한 1933년 1월 30일부터 1934년 말 사이에 구성원 수는 약 200% 늘어났다. 히틀러 유겐트단의 성장은 어마어마했는데, 1933~1934년 기간에 그 구성원 수가 10만 8천명에서 약 360만 명까지 늘어났다. SA의 구성원 수는 1923년 약 7만 명이었으나 1930년에는 10만 명에 이르렀다. 1930년부터 그 수는 급속도로 늘어나 30만 명 이상까지 늘어났다.[67]

이들의 특징 가운데 하나는 일반 당원과 SA, SS, 히틀러 유겐트단 또는 전투자동맹과 같은 특정 조직의 구성원을 구별할 수 있었다는 것이다. 물론 이 조직들 사이에 겹치는 수도 꽤 있었지만 —특정 조직에 속한 사람들 가운데에는 당원 출신도 많았음— 일반 당원들은 당의 이념을 수동적으로 따르는 것 외에는 그 이상도 그 이하도 아니었다. 대중적인 조직들은 새로운 조직원들을 모집하거나 그들의 신념을 일상생활에서도 의미 있는 형태로 바꾸는 등 특정 분야의 작업이나 활동에 중점을 두었다.

난징 시기의 초기인 1928~1932년 중국에는 이런 운동이 존재하지 않았다. 뚜렷하게 정치적 혼란기라고 말할 수는 없지만, 엘리트 조직인 남의사와 국민당원인 대중들 간의 무관심과 나태함은 극복하기 힘들 정도였다. 새로 당원으로 가입하는 사람들이 늘어났지만 이미 타성에 젖은 당원들은 당을 활성화시킬 만한 계기를 좀처럼 찾지 못했다. 지방의 군사 지도자들이 군인들을 당원으로 가입시키기도 했지만, 정당 내 여러 파벌 사이의 심각한 이념 차이로 인해 국민당은 서서히 그 세력을 잃어가고 있었다. 장제스가 독재 체제를 굳히고 나자, 1924~1927년 사이에 소련 자문관들이 소개해 준 민주집중식 의사 결정 구조는 더 이상 소용이 없어졌고, 당은 그 기능을 잃은 부속물에 지나지 않게 되었다.

남의사 지도층이 다른 나라에서 성공을 거둔 파시스트 운동 사례를 분석하면서 얻은 결론은, 성공적인 독재를 위해서는 활발한 선전 작업을 통해 대중적인 기반을 마련해야 한다는 것이었다. 그들이 생각한 지도층과 대중의 이상적인 구성 비율은 약 1:200으로, 이것은 전국적인 영향력을 갖기에 충분하지만 당원들이 더 큰 특권을 누리거나 혹은 그들의 이념이 흔들리지 않도록 막는 데에도 충분히 배타적인 비율이었다. 다른 파시스트 정권이 성공을 거둔 대중운동을 염두에 두고, 중국에서는 신생활운동을 제창하였다.

신생활운동은 1934년 난창의 남의사 본부에서 그 막을 열었다. 그해 3월 18일부터 21일까지 장제스는 100명의 중앙 및 지방 지도자들을 난창에 불러 모아 대대적인 홍보 작업을 통해 이 운동을 시작하기로 하였다. 남의사 지도층의 의도는, 그들의 목표와 이념을 공유할 수 있도록 200만 명까지 당원을 늘리고 남의사 조직원들을 신생활운동의 대중 기반과 통합시키고자 하는 것이었다. 그러나 현실은 조금 달랐다. 운동을 시작한 첫 해에 남의사는 전국적으로 1,400명의 조직원을 모았고, 이들을 21개 지부로 나누었다. 또한 베를린, 런던, 파리, 비엔나, 하노이, 모스크바, 워싱턴, 도쿄 등 해외에도 지부를 설립하였다.[68]

지부가 늘어나고, 1937년까지 이 운동에 남의사 조직원 30만 명이 참여했음에도 불구하고 200만 명이라는 목표는 이룰 수가 없었다. 대체로 신생활운동은 장제스를 비롯한 창시자들이 애초에 기대했던 것만큼 성공을 거두지는 못했다.

■신생활운동의 목표

이 운동의 목적은, 깨끗하고 단정한 습관을 익히고 다른 사람에게 이기적이지 않고 배려하는 자세를 가짐으로써 중국 사회를 재통합하려는 것이었다. 또한 이 운동의 핵심 요소 2가지는 서로를 존경하고, 남을 이용하지 않도록 하는 것이었다. 신생활운동은 '익숙한' 방법을 통해 '신생활'을 할 수 있다고 공언하였다. 남의사와는 반대로, 신생활운동의 성격은 개방적이었고, 모든 중국인들이 접할 수 있었다.

주요 목표는 3가지였다.

- 노블레스 오블리주(사회적 신분에 상응하는 도덕적 의무)
- 국민들의 부를 위한 생산 장려
- 국민들의 힘을 키우기 위한 군국주의화[69]

장제스가 황푸 군관학교에서 했던 '신생활 실천'이라는 제목의 연설에 따르면

신생활운동의 목적은 우리 동포들이 건강하고 근대적인 시민이 되는 것입니다. 이 목표를 이루기 위해서 해야 할 가장 첫 번째 일은 튼튼한 체력을 갖는 것입니다. 그래야만 정신적으로도 강하고 건강해질 수 있으며, 외세의 억압과 공격으로부터 여러분의 나라를 지키기 위해 나라의 힘을 키울 수 있는 기술을 배울 수 있을 것입니다.[70]

장제스가 중국인들의 행동에 관심을 갖게 된 것은 갑작스러운 충동에 의한 것이 아니었다. 그의 고향에서 실시했던 훈련에서부터 일생 동안 자연스럽게 축적된 것이었다. 이런 맥락에서, 황푸 생도들에게 "영국 '의회당원들'의 정신에서 영감을 얻어 북벌에 성공할 수 있는 자극을

주는 데에" 성공한 것이 장제스였다는 사실에 주목해야 한다.
아마도 장제스는 스스로가 강력한 군사지도자, 즉 중국의 크롬웰
(Cromwell)이 되기를 원했던 것으로 보인다. 또한 신생활운동의 기원은
공화정 초기 왕징웨이가 설립했던 진덕회(進德會)로 거슬러 올라갈 수
있다. 이 모임의 성격은 도덕적 개혁 운동과 더 비슷했다.71)

퇴역한 군사령관 펑위샹(馮玉祥)은 신생활운동에 대해 그 무렵 다음
과 같이 밝혔다.

> 우리의 민족주의를 회복하고 우리나라를 구제하기 위해 근본적으로 필요
> 한 것은 인재입니다. 가장 기본적으로는 국민들의 정신을 일깨울 필요가 있
> 습니다. 따라서 무엇보다도 이 정신을 촉진시킬 수 있는 최선의 수단은 신
> 생활운동입니다.72)

이 운동이 시작된 난창시는 그 뒤 신생활 가치를 구현하는 모범 도시
가 되었다. 황폐해진 부지에 새로운 건물을 세우고 거리를 넓히고 정돈
하고 연결하였으며 더 넓은 고속도로를 건설하였다. 수많은 학교를 개
방하고 국민들을 위해 공원도 개방하였다. 다른 여러 도시에서도 난창
의 모델을 따라했지만, 국민당 정부가 난징으로 이전한 뒤에는 대도시
의 성격을 바꾸는 것이 어려워졌다. 또한 상하이에서는 우티애청(吳鐵
城)장군과 같은 주요 관료들이 이 운동을 장려하였고, 대(大)상하이 시장
은 판공쥔(潘公展, 교육 위원), 원훙은(文鴻恩, 공공 보안 위원), Li Tingen
(李廷恩, 박사, 보건 위원)가 추진하는 대중 회의를 지원하기도 했다.73)

유교사상의 개조

'신생활'이라는 이름에도 불구하고, 이 운동은 집, 가족, 국가에 대한
의무라는 오래된 메시지를 가르치고 있었다. 국가적 양심과 사회 협력

은 고대 중국의 4가지 미덕, 즉 예의염치(禮義廉恥)를 바탕으로 한 것이었다. 장제스는 이 4가지 미덕이야말로 고대 중국을 강력한 국가로 만들었고, 현재 신생활운동의 바탕이 되고 있다고 밝혔다. 남의사 조직원의 대다수가 신생활운동의 이론가였는데, 그들에 따르면, 이것은 고대 중국의 강한 정신력의 바탕이 되었던 이 덕목들은 잊고 서양의 '유해한 문명'과 유물론을 꾸준히 접촉했기 때문이라는 것이다.

그러나 중국의 전통 가치들과는 매우 다른 부분이 있었는데, 신생활운동의 정책 가운데 여성에 대한 정책이었다. 여성을 위한 신생활운동이 생기면서 난징에 있던 여성 신생활운동 협회는 장제스의 부인 쑹메이링(宋美齡)을 조직의 의장으로 모시는 혜택을 누리게 되었다.[74] 따라서, 장제스의 부인의 영향력 덕분에 많은 변화가 생겨났다. 신생활운동의 원칙 가운데 하나가 남성과 여성은 동등하다는 것이며, 여성들은 건강하고 완벽한 근대 가정 및 가족을 세우기 위해 현명한 부인으로서 행동해야 한다는 것이었다. 모든 남성과 여성은 자유롭게 배우자를 선택해야 한다는 점에서 결혼의 자유를 주장하였으며, 중국인들의 입장에서는 매우 근대적인 논리였다. 그러나 전반적으로 중국 사회에서 여성은 남성과 동등한 대접을 받기 어려웠다.

독일 나치 시기에 여성이 어떤 대우를 받았는지를 신생활운동과 비교해 보면, 나치는 매우 남성 지향적인 기관이었고 큰 의미가 없는 역할만을 여성에게 할당하였다. 예를 들면 여성은 정당의 지도층이 될 수 없었지만, 민족사회주의에는 여성 해방이라는 개념이 포함되었고 그들의 생물학적 및 가족 내에서의 역할은 줄이고자 하였다.

민족사회주의의 반(反)도시적이고 반(反)근대적인 이념에 따라, 이것은 모성애, 집안일, '여성적인' 일로 받아들여졌다. 소위 집안일을 하는 해, 결혼 크레디트, 자녀 보너스 제도를 도입한 것은 반(反)해방 캠페인의 일부였다. 그러나 환경이 허락지 않았고 1936년부터 여성들, 특히 결혼하지 않은 여성들은 노동 과정에 재흡수되었다.[75]

신생활운동이 자립과 전통 가치를 강조한 것은 쑨원이 주장했던 가치를 강력하게 반영한 결과였다. 실제로 신생활운동 2주년을 축하하는 자리에서 쑨원이 주장했던 내용을 인용하였다.

> 모두를 하나의 큰 민족단위로 통합하는 것 외에도, 우리 민족이 잃어버렸던 지위를 되찾고자 한다면 먼저 민족적 윤리를 회복해야 합니다. 그래야만 우리가 예전에 확보했던 민족적 지위를 어떻게 되찾을 수 있을지를 계획할 수 있을 것입니다.[76]

장제스는 대중들이 어떻게든 협력해야 하며, 전통적 유교 가치인 윗사람에 대한 충성심이 신생활운동의 중심 사상 가운데 하나가 되어야 한다고 믿었다. 신생활운동은 초기에는 꽤 성공적인 듯 보였다. 조직원들은 해외에 있는 중국 동포들에게 신생활운동의 윤리를 가르치기도 했다. 그러나 남의사의 노력에도 불구하고, 이탈리아나 독일 파시스트 운동의 전형이었던 대중적인 지지 기반을 세우지는 못했다. 따라서 신생활운동을 통해 국민당의 대중 기반을 조성하려던 노력은 실패하였고, 남의사와 서양의 파시즘을 비교 분석할 때에는 이 실패사례를 참작해야 할 것이다.

신생활운동은, 국민들이 정부를 외면하는 상황을 극복하고 국민들이 국가를 지원할 뿐 아니라 국가 개혁을 지원할 수 있도록 동원하고자 했던 국민당의 노력을 대표하는 것이었다. 신생활운동을 그 정치적 의도 및 목표라는 측면에서 볼 때, 반혁명주의적 태도, 공공서비스를 제공하기 위해 전 국민을 동원하려는 계획 등 일반적으로 파시스트라는 단어가 가리키는 유럽의 운동과 매우 비슷하다.[77] 그럼에도 불구하고, 신생활운동에서 활용했던 대중 동원 방법을 이런 방식으로 유추하기란 매우 어렵다. 실제로 국민당이 강조했던 것은 통제였다. 처음부터 장제스의 목표는, 내부 및 외부의 적에 대한 적대감을 조성하는 것이 아니라 '통제된 동원'이었다. 대중 운동의 기반을 세우려는 과정에서 가졌던 두려움으로 인해 정부가 통제를 강조했던 것이라고 볼 수 있다. 유럽과는 달리 신생활운동은 권력을 확보하기 위해 노력한 기본권 운동이 아니라 정부가 스스로 시작한 것이었다.

롱멍위안(榮孟源)이 작성한 기사를 보면, 장제스가 실제로는 왜 대중 운동을 꺼려했는지를 다루고 있다. 롱(榮)의 기사에 따르면, 1931년 초 장제스는 이탈리아나 독일 등 서양 국가들의 파시스트 이념이 중국에는 그다지 적합하지 않은 것으로 보았다고 한다. 특히 1932년 이후 파시즘에 대한 장제스의 접근방식이 그의 견해를 잘 보여주고 있다.

장제스가 통제를 강조하게 된 결정적인 이유 가운데 하나는 장제스가 설명했듯이, 중국의 청년층 또는 전 국민들이 그 무렵 서양의 사상과 문물에 큰 관심을 갖고 있었기 때문이다. 그가 두려움을 느꼈던 이유는 국민들이 서양 사상을 흡수하게 되면 반란을 일으킬 수도 있고 국민들이 더 이상 그들의 지도자를 존경하지 않게 될 거라는 것이었다. 이런 관점 또한 신생활운동에 대한 장제스의 접근법을 잘 보여주는 사례이다.

1931년 2월 12일 장제스는 남경중앙군관학교(南京中央軍官學校)에서 유교에 대해 연설하였는데, 특히 그는 '도리(道理)'라는 개념을 강조하였다.[78] 장제스가 유교 사상에 관심을 기울였다고 하더라도 이것은 교묘한 술책이었을 수도 있다. 장제스가 실제로 유교주의자였는가 아니면 그저 국민들을 통제할 수 있는 편리한 수단으로 유교를 활용한 것인가?

유교는 중국인들의 생활방식과 사상에 깊이 뿌리내리고 있다. 유교는 여러 세기 동안 중국인들의 생활방식에 영향을 미쳤으며, 심지어 현재까지도 영향력을 행사하고 있다. 이것은 중국의 풀뿌리 이념이 아닌 파시즘과는 경우가 다르다. 공자의 사상은 기본적으로 통치자(天)와 피통치자(地)의 관계를 뚜렷이 하고 있다. 국민들이 그들의 상관 또는 연장자에게 복종해야 한다는 것이 유교 이론의 기본 구조이다.

국민당의 정치인들은 그들의 정치 세계에 필요한 것이 국민들의 복종이라는 사실을 깨달았다. 그들은 유교의 이념 구조가 그들의 정책에 알맞다고 본 것이다. 국민당은 유교주의를 재평가하는 과정에서 중국인들을 위한 유교적 가치의 장점을 인정하게 되었고, 한편 중국인들이 유교적 가치를 수용하는 데에 별다른 이유를 필요로 하지 않는다는 사실을 알게 되었다. 장제스의 난징정부가 중국의 근대화를 주장하기는 했지만, 장제스는 전통 가치에 대해 고민하면서 유교를 다시 번성시키는 데에 집중했다. 근대화를 목적으로 하던 지식층이 유교를 도구로 자주 활용했다는 사실을 기억해야 할 것이다. 신생활운동은 유교 사상과 기독교적 윤리 규범, 군사적 이상 등의 이념적 혼합체 위에 구축된 것이었다.79)

신생활운동의 사상이 원래는 쑹메이링으로부터 나온 것이라는 주장이 있다. 이 주장은 아마도 그녀의 친구들로부터 시작된 것으로 보이는데, 그들은 장제스의 부인이 주도하는 복음 전도활동에 익숙해져 있었기 때문이다. 따라서 사람들이 대중매체를 통해 신생활운동에 대해 듣거나 관련된 글을 읽으면서, 서양의 YMCA와 비슷한 개념을 제시하고 있다는 사실을 깨닫게 되었다. 특히 중국 서민층 이상의 지식층 사이에서는 신생활운동이 동양의 YMCA와 어느 정도 관련되어 있다고 오해하는 경우도 있었다.80) 그럼에도 불구하고, '신생활' 유교주의는 정치적 및 사회적 생존을 우선시하던 사람들에게는 별 의미가 없었을 것이다.

대중들의 물질적 빈곤이 정신적인 갱생을 통해 채워질 수 있다고 주장하는 신생활운동이 빈곤층의 입장에서는 터무니없는 것으로 보였을 것이다.

새로운 도덕적 질서

신생활운동은 중국인들의 원기를 회복하고자 하는 것이었다. 당시 중국의 총 인구 4억 5천만 명 가운데에서 약 1억만 명만이 글자를 읽고 쓸 수 있었다. 즉, 기술이나 물질은 근대화되었지만 국민들의 지성이나 교육은 여전히 뒤쳐져 있었던 것이다. 이런 문제를 해결하기 위해, 신생활운동은 주자화(朱家驊)의 주도 아래 개혁적인 교육정책을 만들어 내었고, 일상적인 행동 방식을 개선하고 허울뿐인 서구화를 척결하기 위한 캠페인을 실시하였다.[81] 이 과정에서 언론에서는 신생활 규정을 출간하였다. 규정 가운데 일부를 살펴보면, 유교적 윤리를 부활시키고 개인행동에 대한 규칙을 규정한 신생활운동을 통해 국가를 재건하려는 노력이 얼마나 무익하고 우스운 것인지를 알 수 있다. 즉, "길에 침을 뱉는 행동은 10위안의 벌금을 내야 한다. 파마머리는 허용되지 않는다. 생머리가 최선이다. 보행자들은 좌측통행을 해야 한다," 등이다.

경찰 당국에서는 이 규칙들을 다소 엄격하게 해석했는데, 그들은 길에서 담배를 피우는 일도 허용하지 않았다. 도시 실직자들을 위한 광고판에는 "당신이 일자리가 없다면 무언가 할 일을 찾아야 한다."고 기재되었다.

신생활운동에 대해 지식인들은 오해하는 경우가 많았는데, 그 윤리가 극단적으로 단순했기 때문이다. 따라서 신생활운동은 농부, 시골 출신 사람들, 거리의 사람들, 부유층 및 빈곤층 등 모든 국민들을 대상으로 하고 있다는 사실을 잊어서는 안 된다. 표면적으로 신생활운동의 지지자들이 중국을 구제하기 위해 가장 중요한 것은 중국인들의 몸과 마음에서 건강하지 못한 습관을 버리는 것이라고 주장하는 등 터무니없

이 부풀리고 미리 근심했다는 사실은 주목할 만하다.[82]

국민당 정권이나 남의사와 아무런 관계가 없던 지식인들은 신생활운동이 왜 필요한지를 이해하지 못했다. 그들은 이 운동 뒤에 숨겨진 파시스트적 동기에 대해 거의 이해하지 못했고 실제로 그들은 반파시스트주의자에 가까웠지만, 장제스가 이 운동을 통해 고취하려고 했던 유교적 도리를 공부하기도 했다. 그러나 유교적 관점을 통해 합리성을 추구하고자 했던 신생활운동의 목적을 지식인들은 납득하지 못했다. 신생활운동의 윤리가 지식인들이 진지하게 다루기에는 너무 기본적이거나 너무 과장되어 있었기 때문이다. 신생활운동의 이론적 기반에 일관성이 부족했다는 사실은 운동이 시작되던 시점에도 문제가 되었었다. 그러나 이런 문제를 국민당 내의 이기적인 이론가들은 인정하지 않았던 것이다.

공산주의에 대한 윤리 전쟁

그 무렵 금지되었던 머리 스타일이 지금 상황에서 볼 때 터무니없고 우스울 수도 있으며, 실제로 당시 사회 전반에서는 바람직하지 않은 개인 습관보다도 신생활운동에 대한 비난이 더 많았다. 장시 지방의 중국소련공화국이 설정해 놓은 위생윤리 저지선을 넘어서기 위해서는, 난창에서도 신(新)유교적 사회질서를 수립해야만 했다.

소련 지역의 국경이 유동적이었던 데다가 CCP가 광범위하게 선전 작업을 실시하자, 국민당 지도층은 불안감을 느끼게 되었고 지역의 영세 농민들이 가진 불만을 정치에 대한 불만으로 전환하게끔 이끌었다. 특히 장제스는 CCP–적군파가 영세 농민들 가운데에서 신병을 모집하는 데에 성공한 것을 보고 엄격한 통제가 필요함을 실감하였다.[83]

1933~1935년 사이 공산주의자들의 활동이 장시 지방에 집중되자, 남

의사는 이 지역에 대한 통제권과 대중들의 마음을 되찾아오기 위해 노력하였다. 결국 남의사는 공산주의자들이 다시 점령하게 된 지역의 영세농민들을 조직하기 위해 생도들을 파견하였다. 생도들은 도착하자마자 전체 주민들을 모아 보갑(保甲)제도를 세우고, 공산주의자들 및 그 외 탐탁지 않은 요소들을 없애기 위해 '사회 조사'를 실시하였다.

생도들은 공산주의자들의 영향력이 영구적으로 사라진 것인지 확인하기 위해서 장제스가 국가 재건을 위해 가장 필요하다고 여겼던 가치들을 영세농민들에게도 가르치기 시작했다. 이 가치들을 보급한 것은 신생활운동이 시작되는 계기 가운데 하나였다.[84]

장제스가 신생활운동의 도덕적 가치들을 역설했음에도 불구하고, 최측근들의 부패를 척결할 수 없었다는 사실은 다소 역설적이라고 할 수 있을 것이다. 실제로 신생활운동의 중추적 역할을 맡았던 남의사는 중국에서 가장 뇌물을 많이 받은 사람들 중 한 부류일 것이다. 신생활운동은 남의사의 활동과 모순되는 부분이 많았다. 남의사는 청방의 지하 밀수 조직과도 깊이 연계되어 있었으며, 난징에서 수도를 옮긴 뒤에는 쓰촨의 아편 카르텔을 인수하면서 그들의 본거지를 합병한 것으로 알려져 있었다. 그러나 신생활운동의 주요 캠페인 중 하나는 아편을 퇴치하자는 것이었다.

1934년 여름 신생활운동에서 파생된 자원근로봉사단이 설립되었다. 이 조직은 군인, 정당 기관, 학교, 여성 및 기타 다른 그룹에게 노역을 강요하기 위해 만들어진 도덕적인 근로봉사조직이었다. 물질적인 것 뿐 아니라 도덕적 및 물리적 강점 등 어떤 것이든 봉사를 위해 활용할 수 있었다. 장제스가 제시한 통합과 힘이라는 목표를 위해 이렇게 많은 사람들이 동원되는 것을 보면서, 사람들은 중국이 (외국의) 공격에 맞서 굳건하게 일어설 수 있을 거라는 희망을 갖게 되었다.

전투태세를 갖춘 국민들의 에너지를 활용하기 위한 또 다른 시도, 그리고 신생활운동에 대한 보완책으로, 1935년 4월 장제스는 국민경제부흥운동을 실시하였다. 이 운동의 목표는 표면적으로는 국가의 모든 천연자원을 활용하여 국민들의 생활수준을 개선하고자 하는 것이었다. 또한 직업을 새로 만들어서 실업자들에게 일자리를 제공하겠다고 주장했다. 장제스의 굳건한 신념대로만 진행된다면 이 두 운동, 즉 신생활운동과 국민경제부흥운동은 중국을 초일류국가로 끌어올릴 수 있을 것이었다.

신생활운동은 장제스가 참모들의 사기가 떨어지자 이를 회복하기 위해 실시한 것이었으며, 마을마다 다니면서 반항하는 농민들을 총검으로 단순히 굴복시키기보다는 반공 투쟁을 한층 더 높은 수준으로 끌어올리고자 하는 시도는 멋쟁이 운산 가운데 하나였다. 장제스는 군대의 이념적 신념을 드높이기 위해 일본의 공격에 대처하기 전, 화평 정책에 대한 군인들의 충성심을 고취시키고자 신생활운동을 활용했던 것이다. 장제스는 회의에서 회유정책을 주장하였다.

> 장제스는 다가오는 1936년 혹은 1937년에 제2차 세계대전 도발을 예측했습니다. 새로운 전쟁은 중국에게 황금과 같은 기회를 준 것입니다. 전투 기간 동안 연합 전선을 형성하게 된다면 중국은 다시 태어날 수 있을 것이며 강하게 변화할 수 있을 것입니다. 중국이 약하고 분열된 국가가 된다면 멸망하게 될 것입니다. 따라서 무엇보다도 내부 통합이 중요합니다.[85]

장제스는 그의 외교정책을 추진하는 과정에서 엄청난 정치적 도전과제를 만나게 됐다. 정치적 위협은 1933~1934년의 푸젠(福建)사변이나 펑위샹(馮玉祥)의 반일 연합군 활동만큼 떠들썩하지 않았지만 그 위험성은 실로 비슷했다. 장제스는 그의 군대와 지지자들의 사기를 유지해야만 했다. 그는 일본과의 인내 및 화해 정책이 국가의 이익에 부응하는 것이라고 국민들에게 확신시켜야만 했다. 신생활운동은 이런 정치적 목적을 유지하는 데에 매우 중요한 요소였다.

■궁극적인 실패

신생활운동을 성공적으로 이끌고 대중운동으로 구축하고자 했던 갖은 노력에도 불구하고, 이 운동은 실패로 끝이 났다. 이 운동은 지방의 엘리트나 대중들의 지원을 받지 못했던 것이다. 또한 특별한 도움 없이 신생활운동을 진정한 대중운동으로 탈바꿈시킬 수 있는 적절한 추진력을 발견해내지 못했다. 실패할 수밖에 없었던 가장 주된 요인은 국민들의 생활과 신생활운동의 이념이 매우 동떨어져 있었기 때문이다. 국민당의 지도층은 중국의 전통 가치와 일반인들의 수요가 거의 일치하지 않는다는 사실을 너무 늦게 알았던 것이다. 더욱이 지방 엘리트층으로부터 지원을 받아낼 수 있는 역량이 모자랐는데, 이런 신생활운동의 성격이 부분적으로는 한몫한 것이었다. 즉 더 이상 유교 사상을 고수한다고 말할 수가 없었던 것이다.[86]

요 약

중국 파시스트 사상의 대중성은, 사회학적 분석에 따라 국민들이 공산주의자의 위협을 받고 있다고 규명하는 것만으로는 설명하기 힘들다. 독일과 같이 초(超)인플레이션 현상으로 인해 반세기 동안 성장하는 과정을 꾸준히 지켜보았던 불만에 찬 중산층이나 저소득층이 있었던 것도 아니다. 중국 생산자들은 이탈리아나 독일과 경쟁하기 위해서

'지연된 산업화' 이념을 수용하고자 하였다. 실제로 중국에는 1930년대 초까지 제조업에 종사하는 사람이 거의 없었으며, 중국 파시즘의 다소 특이한 실험에다 운명을 맡기기보다는, 질서와 안정을 위해 일본과 개방적으로 합작하기를 원하는 사람이 더 많았다. 중국 파시즘의 특수한 형태는 유럽 모델보다는 일본의 것과 훨씬 가까웠다. 1932년 중국의 사회 및 정치적 환경은 제1차 세계대전 이후 유럽의 상황과 비교할 경우 매우 달랐다고 볼 수 있다. 그 무렵 이탈리아에서는 파시스트 운동이 시작되었고 독일은 민족사회주의 노동당을 설립하였다.

이탈리아나 독일의 조직들은 노동자와 중산층, 저소득층을 위한 진정한 운동을 시작하였다. 일본과 마찬가지로, 중국에서도 군사 엘리트들이 일으킨 것이었다. 분명한 것은, 파시즘의 대중성이라는 측면에서 볼 때, 중국 파시스트 사상이 이탈리아나 독일에서 누렸던 정점에는 다다르지 못했다는 것이다. 히틀러나 무솔리니가 근대적인 선전 방법을 교묘하게 활용하여 수백만 동포들의 마음과 가정에 남아있게 된 반면, 중국 파시즘은 군인과 정치 지도자들의 이념적 자만심 이상의 존재는 되지 못했다. 중국 파시즘은 국민당 내의 지식인들의 모임에서만 빛을 발했고, 대부분의 조직원들이 매우 보수적이었으며, 다이지타오와 같은 전(前) CCP 당원들은 파시즘이 그들의 이상인 근대국가로 가는 길을 열어줄 거라고 믿었던 것이다.

남의사의 역사는 이런 구상을 실현할 수 있는 체계를 실질적인 조직 형태로 바꾸기 위해 이어진 노력의 역사였다. 중국의 파시즘 지지자들은 대체로 초기의 파시스트 운동이 아닌, 안정된 파시스트 정권을 그들의 모델로 삼았다. 그들은 빠르게 권력을 가질 수 있도록 돕는 무정부적인 사회혁명세력이 아니었으며, 기존의 중앙집권적인 정치 제도를 재발견하기도 했다. 남의사 운동은 유럽 파시즘의 교훈을 활용하여, 조직이 분열되고 사기가 떨어지면서 후진국 대열에 들어서게 된 중국을 가능한 한 빨리 근대화의 길로 끌어가기 위한 시도였던 것이다.

남의사는 이념 논쟁에는 크게 관심이 없었다. 어떤 형태로든지 파시즘이 권력의 기본이 되었고, 국가 권력을 분석한 연구도 유럽 자유주의자들의 사랑을 받았던 반(反)지성적이고 반(反)분석적인 'Führer(leader)' 철학으로 대체하였다. 그러나 남의사가 중국에 파시즘을 어떻게 적용할 것인가에 대한 이론을 체계적으로 발전시키지 않았다고 해서 그들이 파시스트가 아니었다고 주장하려는 것은 아니다.

남의사가 관련되어 있던 활동들 -반공주의자 숙청, 반일 인민주의, 정적(政敵) 암살 등- 은 전형적인 파시스트들의 것이었으며, 장제스는 교묘한 캠페인을 실시하여 그의 정적들을 모두 공산주의자로 몰아버렸다. 장제스가 이 목표를 이루기 위해 남의사의 폭력성과 신생활운동 사이의 균형을 유지하려 했던 노력도 전형적인 파시스트의 것이라고 볼 수 있었다. 남의사가 정적들을 제거하고 있을 때쯤, 신생활운동은 지지자들을 동원하였고 남의사가 잔인한 집행자라는 사실이 새어나가지 않도록 하기 위해 신생활운동의 지도층을 간곡하게 설득 및 권고하면서 노력했던 것이다. 그럼에도 불구하고, 신생활운동은 일반 대중들의 마음을 사로잡지 못했고, 그런 의미에서 결국 실패였다고 볼 수 있다.

5장 남의사의 **공존(共存)**

청방(靑幇)

이스트만(Lloyd Eastman)이 『마피아와 같은 상하이 청방』이라는 책에서 밝혔듯이 보는 각도에 따라 청방은 마피아의 일종이라고 볼 수도 있을 것이다.[1] 비교해 본다면, 미국의 근대적인 도시 마피아보다는 마피아의 본고장인 이탈리아 남부 지방의 마피아와 비교하는 것이 더욱 적절할 것이다. 이탈리아 마피아가 실제로 지역사회에 그 뿌리를 내리고 공제회와 같은 수많은 역할을 맡았던 것처럼, 청방도 특정한 장소나 직업, 역사적인 비밀 조직에 근간을 두고 있었다. 마피아에 대한 책을 쓴 더간(Christopher Duggan)은 청방이 어떤 조직이었는지 가장 잘 설명하고 있다. 그에 따르면 마피아는 "비밀 조직이 아니라 삶의 방식 중 하나 또는 마음가짐"이었다.[2]

중국의 비밀 조직과는 달리, 마피아는 신규 모집을 기반으로 하여 가족 구조를 적용하였다. 가족 제도나 친목회의 개념을 떠올리게 하지만, 중국 조직들, 특히 홍문 삼합회(洪文 三合會)는 가족 제도를 기반으로 하지 않았다.

청방의 기원을 논하기 전에, 청방과 국민당 간의 긴밀한 협력 관계는 난징 시기 동안 펼쳐진 주요한 정치적 풍경 가운데 하나였다. 국가의 수도는 난징 상류 지역이었지만, 상하이야말로 중국 자본주의가 시작된 초기 거점이었을 뿐만 아니라 일본인 및 유럽인들을 접할 수 있는 가장 주요한 지점이었다. 장제스는 그 무렵 이 도시의 중요성을 잘 인식하고 있었다. 그에게 활동자금을 대 주는 도시의 역할 때문만은 아니었다. 장제스는 1912년부터 1922년까지 상하이 및 청방의 지도층들과 강력한 유대관계를 맺고 있었으며, 상하이에서 많은 시간을 보냈다. 재계(財界)나 지하 세계의 주요 인물들과 맺었던 관계는, 장제스가 국민당을 이끌게 되고 파시즘으로 전향하는 동안에도 변하지 않았다.

난징 시기의 초기에 청방은 독립 기관으로서 그 권력의 정점에 이르렀으며, 국민당에 미치는 영향력 또한 그러했다. 그러나 남의사나 중국의 전통 비밀 조직과는 달리, 군사력은 갖고 있지 않았다. 민족주의 중국에 파시즘이 처음으로 등장한 것이 이때였을 것이다. 상하이 지역의 청방 지도자였던 두웨성은 이미 비밀 조직들의 전통 영역을 넘어서 영향력을 넓히게 되었고, 이로 인해 청방은 남의사와 맞설 수밖에 없었다.

본 5장에서는 남의사와 청방이 얼마나 밀접하게 연계되어 있었는지 그 관계의 특징을 살펴보고, 남의사가 다른 청방 조직들과도 얼마나 밀접한 관계였는지를 알아볼 것이다. 주로 남의사가 청방의 기존 조직원들을 어떻게 영입하고 통합할 수 있었는지를 살펴볼 것이다. 많은 학자들이 이미 마피아 조직들의 활동, 특히 1920년대의 활동을 검토한 바 있지만, 이 장에서는 중국, 일본, 영국, 미국의 출처에서 나온 정보들을 모두 모아 논의의 영역을 넓혀 보고자 한다.

1. 청방의 어원(語源)

청방 및 청방과 남의사의 관계를 논하기 전에 용어에 대해 어느 정도 설명하는 것이 도움이 될 것이다. 원래 마피아는 '도움', '원조' 또는 '지원'을 뜻한다. 서양 학자들이 마피아라는 단어를 처음에 왜 'gang'으로 번역했는지에 대해서는 논란의 여지가 있다. 한 중국 학자는 마피아를 'band'로 해석하여 Qing Bang(靑幇)을 Green Band로 번역하였다.[3] 그러나 'band'는 dai(帶)나 dui(隊)로 번역하는 것이 더 타당할 것이다.

대부분의 학자들은 마피아를 설명하기 위해 '비밀 조직'이라는 용어를 쓴다. 따라서 순수한 비밀 조직인 비밀사회(秘密社會)와 너무 쉽게 융합되어 버렸다. 그러나 이 표현은 중국에서 나온 것이 아니라 일본어 번역인 himitsu shakai(秘密社會)에서 파생된 것이며, '비밀 조직'이라는 말도 그 애매함 때문에 bang(방, 幇)을 적절하게 해석한 것이라고 볼 수 없다. 서양의 전문가들과는 반대로, 일부 일본학자들은 'guild'라는 주석을 달았고,[4] 이 해석이 '방'의 본질에 가장 가까이 다가간 표현일 것이다.

'방' 조직을 엄격히 말하자면 서양의 마피아 - 갱단과 비교하기는 어렵다. '방'은 중국에서 긴 역사를 갖고 있으며, 경제, 종교, 예술적 후원 및 기타 다른 영역의 활동에도 개입해 왔으며, 서양의 '갱단'과는 관심과 목적이 다른 성격을 지니고 있다. 다양한 사회 활동에 개입했을 뿐 아니라 조직원들에게 상호 지원을 제공했다는 점에서 볼 때 청방은 근대적 범죄 조직보다는 유럽의 중세 길드와 더 비슷했다. 이것은 청방을 번역한 모든 단어 가운데에서 가장 가치 함축적이라는 점에서 중요한 것이며, 기본적으로 이 단어를 오해할 경우, 특히 1930년대 상하이에서 진행되었던 연구와 같이 왜곡된 관점에서 보게 될 수도 있다.

오해의 소지가 있는 또 다른 단어는 Lanyishe(藍衣社)나 Lixingshe

(力行社)에서 쓰인 'she(社)'라는 단어이다. 청방이 설립된 뒤 24개의 단어가 새로 만들어졌다는 말이 있었다. 청 왕조 후반 청방 조직의 위계질서에 대한 용어, 즉 조직 내에서 개인의 지위를 뜻하는 용어는 연공서열의 역순으로 大(대), 通(통), 悟(오), 學(학)이며, 이 용어들은 1949년까지 쓰였다. 그러나 1910년부터 1920년까지는 훨씬 더 일반적인 용어들이 유행하기 시작했으며(언제 이 단어들이 도입되었는지에 대해서는 정확한 정보가 남아있지 않지만), 이 용어는 '社' 세대 간의 지위를 보여주는 것이었다. 가장 넓은 의미로 社는 '조직', '단체', 또는 '공동체'를 뜻하며, 가장 널리 쓰인 것은 '단체'라는 뜻이다. 또한 이 단어는 현재 상업 회사 명칭으로 특히 한국, 일본에서 주로 사용한다. 방 조직에서 社 지위의 그룹(字輩)을 뜻하는 단어는 특정 계급에 속한 조직원들이 썼으며, 청방 뿐 아니라 홍문(洪門)에서도 활용되었다.

또한 청방 산하에 설립된 더 작은 조직에는 주로 she라는 이름을 붙였는데, 예를 들면 지성사(志誠社), 민흥사(民興社), 부흥사(復興社) 등이 있다. 또한 상하이의 청방 보스인 두웨성은 1932년 11월 항사(恒社)라는 조직을 구성하였으며,[5] 1934년 이 조직원의 수는 223명까지 늘어났으며, 그들 중에는 정치인, 정부 및 군사 관료, 기업가들도 있었다. 마피아의 하부 조직들이 she라는 이름을 썼으므로, 일본인들이 남의사나 역행사의 성격을 오해하기도 하였다. 그 이름 때문에 국민당의 정치기관이 아니라 단순히 또 하나의 '갱단'이라고 추정했던 것이다.

비밀 조직들은 중국 역사를 통틀어 늘 영향력을 행사해 왔고, 역사를 기록하기 시작한 뒤로 어떠한 형태였건 간에 중국에서 존재하여 왔다. 그들은 주로 중국 사회의 제도 부문에서 중추적인 역할을 하였다. 역사적으로 그들의 영향력은 널리 파급되었으며 그 하부 조직 또한 중국인들의 생활 속에서 다양하게 영향을 미쳤는데, 특히 정치, 종교, 통상, 노동조합, 지하 범죄 조직까지 퍼져 나갔다. 조직들은 불교 또는 도교를 기반으로 하는 경우도 있었지만, 19세기까지 이들의 주요 목적은 부패한 관료들의 억압으로부터 서민들을 보호하는 것이었다. 이 조직들 가운데 가장 규모가 컸던 것은 삼합회와 홍문 연맹이었다.

중국 남부 지방의 비밀 조직들은 회(會)라고 불리었던 반면, 북부 지방에서는 교(敎)라고 불리었다.[6] 회는 종교적 성향을 가진 비밀 정치 모임이었으며, 교는 민족주의적 성격을 더 많이 띤 비밀 종교 협회였다. 그러나 두 조직 사이에 공통점이 있었는데, 그것은 반(反)만주 정서였다.[7] 많은 영세농민들이 마피아 조직에 가입했는데, 이것은 헌법적 권한이 수도에서 멀리 떨어져 있는 시골까지 미치지 못했기 때문이다. 그들은 지방 지주와 관료들의 권력에 맞서기 위해서, 그리고 그들의 경제적 및 사회적 이익을 보호하기 위해 서로 단결하였다.

베버(Max Weber)와 같은 학자들은 전반적으로 마피아에 대해, 강력한 정치적 유대관계가 부족하고 가족이나 종교에 대한 충성심을 기반으로 하는 조직이라고 분석하였다.[8] 혈연이나 지연으로 맺어진 유대관계는 전통적으로 정책이나 이념보다 중요하며, 정치 영역에 진출하기 시작하면서는 제국 통치자의 권한에 도전하기보다는 경제적 혜택을 보장받고자 하였다.

그러나 청 왕조 후반으로 가면서, 혁명 조직들이 마피아의 인력을 영입하기 시작하자 이런 분석은 설득력을 잃었다. 예를 들면, 저장 지방에서는 혁명론자들이 홍문 조직과 접촉하기 시작했던 것이다. 실제로 쑨원은 전통적인 마피아 조직과는 구별되는 정치색을 갖기 위해 홍중회(興中會), 동맹회(同盟會) 및 기타 조직을 활용하였다.

2. 청방 혹은 'Green Gang'

청방 조직들은 20세기가 시작된 뒤 약 10년 동안 700개 이상의 소금 밀수조합을 거느리게 되었고 양쯔강(揚子江) 하류지역에서만 10,000명 이상의 지지자들을 확보하게 되었다. 밀수는 이들의 주요 생업 수단이 되었고, 이런 경험은 이후 소금 사업에서 더 수익이 높은 아편 무역으로 사업 영역을 넓힌 뒤 더욱 빛을 발했다.[9]

가장 영향력 있는 방(幇) 조직 가운데 하나가 청방 또는 'Green Gang'이었는데, 20세기 전반 중국의 중부 및 동부 지방을 지배하였고, 상하이항을 주요 활동 무대로 삼았다. 공화정 시기에 중앙 통제권이 약화되고 법적 제재가 소홀해지자 청방은 비교적 쉽게 대중적 기반을 확대하였다. 청방은 1920~1950년 사이에 그 세력이 정점에 이르렀는데, 그 무렵엔 중국의 정당들이 심각하게 분열되었고 상하이시는 군벌 또는 외세의 지배를 받고 있었다. 이 시기에 청방은 상하이시의 힘 있는 지배자였다.

장제스와 청방의 관계는 정치 지도층과 '방' 조직들이 관계를 맺게 된 첫 번째 사례가 아니다. 쑨원이 이미 이런 유대관계를 개척했었기 때문이다. 1911년 혁명 이후 청년 지식인들로 구성된 근대파는 중국의 과거에 대해서 근본적으로 적대적이었지만, 보수파에서는 중국 전통 사회 제도의 범위 내에서 근대화 과정을 통제하고자 하였다. 새로운 정치 기관들과 안정적인 '방' 네트워크를 연계함으로써 보수파들은 중국인들의 일상생활을 해치지 않고 안전하게 개혁을 시작할 수 있었던 것이다.

쑨원의 정책은, 국가가 국민당의 '정치적 보호'를 받게 된 정치 후견 기간 동안 중국을 개혁 및 근대화하려는 것이었다. 이 과정에서 지배권을 확보할 수 있는 방법은, 중국 사회에 깊이 뿌리를 내리고 있으며 서민들의 신임을 받고 있는 '방' 조직들과 동맹을 맺는 것이었다. 장제스는 이 정책을 받아들여 더욱 발전시켰고, 이것이 1930년대 중국에 등장한 파시즘의 초석이 되었다. 남의사는, '방' 조직들이 확보하는 데에 실패했던 국민들의 정치적 복종을 끌어내기 위한 새로운 수단이었을 뿐이었다.

쑨원의 통치 기간 내내, 혁명론을 주장하는 지식인들과 실용주의 정치인들 사이에 대립 관계가 이어졌는데, 실용주의자들이 점점 우세한 위치에 서게 되었다. 청 왕조가 무너지던 해에 쑨원과 황싱(黃興)은 청방에게 동맹을 맺자고 제의하였다(그 무렵에는 성공하지 못함). 이런 상황에서도, 특히 상하이 지역에서는 혁명론자들이 지방의 홍문 삼합회와 청방(靑幇)의 지도자들로부터 지원을 확보했던 것으로 알려져 있다. 더욱이, 란킨(Rankin)이 밝혔듯이, 1911년 혁명 이후 처음 며칠 동안 천치메이(陳其美, 1911년 상하이 혁명군 사령관이었으며 이후 쑨원의 최고 부관이 됨)는 '상인 계급과 비밀 조직인 청방과 삼합회 동맹의 지원을 받아 상하이 군 통치자로서의 지위를 강화할 수 있었다'.[10] 천(陳)의 활동은 주로 상하이 주변에서 이루어졌지만, 그의 고향인 저장 지방에서 일어나는 혁명 활동에도 어느 정도 영향을 미쳤다.

또한 1911년 혁명 이후 북부 지방의 군벌들(北洋軍閥)은 청방 조직원들에게 지원을 요청하였고, 이 조직의 지원을 받아 10년이 넘는 기간 동안 양쯔강 하류 지방을 지배할 수 있었다. 1924년 북벌을 준비하고 있던 광저우의 국민당 정권은 상하이 지역을 지배하기 위해 다시 한 번 청방의 묵인을 받았다. 비밀 조직이나 혁명파 내에서 청방의 활약이 없었다면, 쑨원의 민족 혁명은 분명 성공을 거두지 못했을 것이다.

■장제스의 상하이 네트워크와 청방

널리 알려진 사실처럼 장제스는 저장 지방 출신이었는데, 중국에서 사회생활을 할 때 출신 지방 사람들의 충성심은 중요한 요소였으므로, 그의 출신지는 큰 의미를 갖고 있었다. 그 무렵 저장 -장수 재벌(浙江 -江蘇財閥)이라 불리던 사업가들의 모임이 있었는데, 닝버방(寧波幫) 에 그 기원을 두고 있었으며, 청방의 한 분파와도 밀접한 관계를 맺고 있는 길드였다.11) 닝버방은 지하 세계의 갱단이 아니라 상하이에서 활동하고 있는, 저장 지방의 변두리인 닝버 출신 사업가들을 가리키는 말이었다. 이 사업가들은 상하이 경제의 금융 및 재정 부문을 주도하게 되었고, 1895년부터 1920년 사이에 상하이 경제가 급속도로 성장하면서 엄청난 혜택을 누리게 되었다. 그들의 세력 덕분에 닝버방은 소규모의 지방은행 연맹을 구성하고, 네트워크를 넓혀 저장 대표로서 세력을 넓혀갔다. 이 조직은 전국의 상공회의소, 상하이 은행 연합, 지방 은행 연합 등 상하이에 있는 대부분의 사업기관들을 지휘하였다. 예를 들면 1923년 상하이 상공회의소 구성원 중 86%가 저장 지방 출신이었다.12)

장제스가 저장 지방 출신이라는 사실은 상하이에서 거의 폐인신세가 되었던 1913년 2차 혁명 실패 이후 더욱 그 의미가 커졌다.13) 그는 1916년경 상하이에서 개장한 상하이 주식거래소에서 중요한 지위를 확보하기 위해 지역 연고를 활용하였다. 외관상으로 대수롭지 않은 직업이라고 해서 그 일에 필요한 교육 수준도 대수롭지 않다고 볼 수는 없다. 거의 같은 시기에, 천치메이가 청방 두목인 황진롱과 그의 오른팔인 두웨성(杜月笙)에게 장제스를 소개하였다. 일반적으로 이것이 장제스와 청방이 처음으로 관계를 맺게 된 시점이라고 본다.14) 그러나 다른 보고서에 따르면 닝버방의 조직원인 위치징(虞洽卿)이 황진롱에게 장제스를 소개했다고도 한다.15) 두 사람 가운데 누가 실제로 장제스를 청방의 두목에게 소개했는지는 확실하지 않지만, 두 출처 모두 장제스와 청방이 관계를 맺게 된 시점을 이때로 보는 것에는 동의하는 것이다.

로(Pichon Loh)에 따르면, 장제스가 상하이에서 청방 두목들과의 관계를 발전시키게 된 것은 1911년 혁명 때와 그 직후였다.[16] 장제스가 상하이 금융계에 진출했던 것은 국민당의 입장에서는 정치적으로 중요한 사건이었는데, 그 무렵 쑨원이 새로운 혁명 활동에 필요한 자금을 모으기 위해 필사적으로 노력하고 있었기 때문이다. 그 무렵 쑨원은 대부분의 노력을 일본에 쏟고 있었는데, 상하이 주식거래소를 세우는 데에 필요한 자금을 익명의 정치 기관이 지원한 것이다. 결론적으로, 국민당은 상하이에 잠입하려던 일본 자본의 비밀 경로 역할을 하였으며, 상하이 주식거래소에 수익이 생기기 시작하면서 이윤을 얻을 것으로 기대했던 것으로 보인다.

상하이에서 장제스의 사업 활동은 1922년까지 이어졌으며, 청방 및 상하이 재계와의 관계도 조금씩 긴밀해졌다. 경영자가 된 두웨성, 의장이 된 위치징과 같은 청방의 후임자들이 기관의 고위직을 맡기 시작했고, 장제스는 그들과 함께 부상하여 중진급 경영자가 되었다.[17]

장제스가 국민당의 지도자가 된 뒤에도 청방과의 유대관계는 계속해서 발전하였다. 따라서 그는 여러 가지 지위를 맡았으며, 여러 사람들에게 각각 다른 얼굴을 보여주게 되었다. 예를 들면 황푸 군관학교 학생들에게는 '학장'이었으며, 저장 지방 - 특히 닝버 시(市)에서는 '의장'이었으며, 청방에서는 '대룡두(大龍頭)'였으며, 상하이 주변에서는 '새로운 황제'였던 것이다.

■국민당과 청방의 유대관계

국민당의 엘리트층 가운데에서 대부분의 고위층이 청방 출신이었다. 이들 가운데에는 리징린(李景林)이나 장제스의 측근인 장즈장(張之江)

과 같은 (군벌) 장군들도 있었다. 또한 재정부 장관인 장잉화(張英華), 주미 국민당 대사였던 둥시안광(董顯光, Tong Hollington Kong), 상하이 집배원 연맹의 지도자이며 이후에 CCP 우편통신부 장관이 된 주쉬에판(朱學範)도 청방 출신이었다.

상하이의 청방 보스들 가운데에서, 특히 두웨성은 권력과 영향력을 넓히는 데에 성공하였다. 1932년 11월 항사(恒社)를 새로 설립하여 국민당의 주요 정치인과 군 관료들, 산업가 및 재정가들을 영입하였다. 항사는 두(杜)의 청방과는 달랐지만, 핵심적인 지위를 차지하였다. 그러나 그 조직원들은 청방의 승인을 받지도 못했고, 비밀 은어를 배우지도 못했다.[18]

청방은 국민당과 관계를 맺고 있는 가장 크고 가장 강력한 비밀 조직이었다. 난징 시기 동안 청방은 국민당의 주요 권력 기반인 양쯔강 하류 지역에서 권력을 확보할 수 있도록 주도적인 역할을 하였다. 실제로 장제스가 청방과 구축했던 관계는 그의 정치 경력에서 특별히 중요했던 수년 뒤에 큰 도움이 되었다. 그 때가 1927년이었는데, 광저우 지방에서부터 북벌을 시작하여 난징을 장악하고 상하이도 점령하고자 하던 시기였다. 민족주의자들이 진군하여 거쳐 간 지역에서는 노동자들과 영세농민들이 자발적으로 선봉에 나섰고, 군대는 이미 그들이 지역 군벌을 추종하는 사람들을 동원했음을 알게 되었다.

상하이 노동자 연합을 주도하던 공산주의자들이 1927년 총파업을 일으키자, 장제스는 힘들게 확보한 혁명 통제권을 잃게 될 지도 모른다는 사실을 깨달았다. 따라서 그는 국민당 안팎으로 연맹이나 공산주의자들의 세력을 억누르기 위해 노력했다. 그 결과 상하이 대학살이 일어나게 되었고, 이것은 장제스를 대신하여 청방이 실질적으로 일으킨 사건이었다.[19] 도시의 주요 거점을 장악하고 파업을 철회시키기 위해 사람들을 무장시키고 동원한 것은 청방이었으며, 덕분에 장제스는 상하이를 효과적으로 손에 넣게 되었고 국민당 내 공산주의자들의 영향력을 단 며칠 만에 파괴시킬 수 있었다.

청방 조직원들은 상하이나 톈진 등의 연안 도시 노동자들이 자신들을 착취하는 외국인 공장 소유주들 – 대부분 일본인들-에 맞서 보호와 지원을 받을 수 있기를 고대한다는 사실을 알고 공장의 공산주의 투사들을 교체하였다. 청방 조직만이 그들을 효과적으로 보호하고 지원할 수 있었던 덕분에 조직은 급속도로 성장할 수 있었다. 장제스가 이 시기적절한 개입에 대해 청방에 지불한 대가의 내용은 정확하지 않지만 난징 시기 동안 양쯔강 하류 지역에서 성장하고 번성할 수 있었던 것은 분명한 사실이다. 하나의 예로서

> 상하이공장 기습사건으로 말미암아 결국 장제스는 청방과 두웨성(杜月笙)에 엄청난 빚을 지게 되었다. 청방 두목들은 1927년 5월 군의 소장 서열 직위를 받기는 했지만 두(杜)와 장제스의 이해관계는 전혀 일치하지 않았다.[20]

1920년대와 30년대 민족주의 정부의 중심지에서는 청방 지도자들이 은행가와 민족주의자들 사이의 중재인으로서, 또한 대규모 산업 단지의 노동자들에 대한 일종의 통제 단위로서 활약하였다. 한편 청방은 중국에서 가장 큰 기업 여러 개를 인수하였고, 다른 한편으로는 도시의 빈민가에서 그들만의 밀수 제국을 꾸준히 넓혔다. 십만 명의 인력거꾼들이 아주 소액의 수입 가운데 일부를 '방 단원에게 상납'해야만 했다.[21] 청방 조직원들은 공식적으로 노동조합을 지배하였고 모든 산업 분쟁에 개입하였다.

역설적이게도, 남의사와 청방의 이해관계가 일치하지 않는 상황이 되었을 때에야 서로의 관계가 어느 정도까지 아우를 수 있는지를 확실히

알게 되었다. 그들이 협력하는 동안에는 모든 일이 순조롭고 평안했다. 그러나 숨겨져 있던 문제들이 양성화되면서 분쟁이 일어나게 된 것이다.

청방과 국민당의 관계는 모든 차원으로 확대되었고, 결코 정당 지도자들의 개인 이익에만 국한되지는 않았다.[22] 개인적으로 좋은 관계를 유지했던 사례는 두웨성과 장제스의 관계를 들 수 있다. 두(杜)는 1927년 공산주의자들에 대한 유혈 쿠데타 이후 국민당에 대한 그의 '봉사'의 대가를 받게 되었다. 장제스는 두에게 명목상이지만 소장 서열의 의원직을 수여하였다. 두는 이후 상하이 은행계에서 주도적인 지위: 예를 들면 중외(中外)은행장에 앉게 되었고, 중국 신문사들을 재구성할 무렵 힘 있는 자리에 앉게 되었다.[23]

청방 조직원들은 은행가, 사업가, 정치인, 당 관료들과 친분관계를 맺고 그들의 서열에 맞는 지위를 제공하여 '방 사회'로 유인하였다. 또한 프랑스 조계 및 공동조계의 검찰이나 감시원(중국인)들도 방원(幇員)으로 입적하였다.[24] 그들 대부분이 지방 수비대의 지휘 본부에서 파견된 군사 관료, 공공 보안국 관료, 하급 관료들은 청방 혹은 국민당 노동 지도자 출신이었던 것이다. 조직의 가장 낮은 위치에는 국민당을 지지하는 빈민촌 주민들이 청방의 명령에 따라 동원되기도 하였다.

상하이의 복잡한 분위기와 모호성은 난징 시기 동안 청방이 패권을 장악하는 데에 큰 도움이 되었다. 이 도시의 대부분 지역이 중국의 직접적인 관할권 밖에 있었고, 따라서 중국의 법적 또는 군사적 제재를 받지 않는 지역에서 기반을 잡고자 하는 상인, 범죄조직, 정치인들을 끌어 모을 수 있었던 것이다. 따라서 프랑스 조계의 지하 세계에서 청방 '왕(王)'이라는 별명으로 불리던 두웨성은 노동 운동, 협박에서부터 납치 및 살인까지 다양한 범위의 활동을 이끌게 되었다.[25] 상하이에서 청방의 영향력 및 권력망이 도시의 모든 생활 양상으로 파고들게 된 것이다.

국민당의 입장에서 청방과의 유대관계를 통해 상하이 지역에서 권력을 행사할 수 있었으므로 이 관계의 의미가 매우 중요했다고 볼 수 있다. 실제로 국민당은 상하이에서 대부분의 은행, 기업체, 공장, 국민당의 관할권 밖에 있는 조계에서 활동하는 자본가들을 통제하는 데에 어려움을 겪고 있었다. 난징정부는 감히 갈 수 없었던 곳을, 청방은 대담하게 들어갔다. 완강히 반항하는 사업가들을 회유하기 위해 강요, 갈취, 납치와 같은 방법들을 동원하였다. 동시에 CCP의 잔유물들은 1927년 이후에도 노동조합에서 상당한 영향력을 행사하였다. 특히 중화공진회(中華共進會)로 알려져 있던 CCP 연맹과 맞서기 위해서는 상하이 조직의 두목들이 구성한 무장 전투부대를 동원하여 이들과 맞서야만 하는 상황이었다.[26]

도시 외곽에서는, 양쯔강 삼각주 지역에서 가장 영향력이 컸던 국민당 게릴라세력인 인민자위군과 충성과 정의의 민족 구세군이 신병을 모집하기 위해 청방에 많이 의존하였다. 장수(江蘇)의 북부 지방인 쑤첸(蘇遷)의 예비 여단 또한 주로 청방 출신 사람들로 구성되었다. 여기에서 국민당은 정치적 목적을 이루기 위해 어마어마한 예비군을 동원해 왔던 것으로 보인다. 또한 국민당이 양쯔강 남부 및 북부 지역까지 직접적인 통제권을 넓히게 되었을 때, 다시 한 번 청방과의 관계가 양쪽 모두에게 이익이 되는 것으로 드러났다.[27]

장제스와 청방의 유대관계로 인해, 그리고 상하이의 자본과 노동력을 그들의 통제 아래 두기 위해 무력을 가차 없이 썼으므로 청방이 도시와 국민당에 미치는 영향력은 훨씬 커졌다. 범죄 조직들은 그들의 봉사에 대한 대가를 요구했고, 이것이 상하이에 만연해 있던 투기와 부패한 분위기를 더욱 부추기게 되었다.

20세기가 되고 처음 십년 동안 농촌에서 상하이로 엄청난 사람들이

흘러 들어오기 시작했고, 따라서 범죄 활동이 늘어나자 지방 경찰당국
은 사회 분위기를 통제하는 데에 어려움을 겪게 되었다. 서문에서도 언
급했다시피, 상하이는 대(大)상하이 중국 지방자치제, 공동조계 및 프랑
스 조계로 나누어져 있었고, 각 지역은 고유의 행정, 법, 경찰 제도를 갖
고 있었다. 공동조계와 프랑스 조계가 중국 국적을 가진 사람들을 보호
하고 국민당의 엄격한 사회 제도에 대한 대안이 되기는 했지만, 3개의
개별 당국들 사이에는, 또는 공무 행정이나 사법제도 사이에도 협력 관
계가 거의 또는 전혀 없었다.

이런 상황 덕분에 방 조직원들은 더욱 번영할 수 있었다. 그들은 한
관할권에 정착하여 다른 두 지역에서 무장 강도, 납치, 마약 거래를 할
수 있었던 것이다. 그들은 그 무렵 각 지역의 경찰관들에게 뇌물을 주거
나 잠입함으로써 스스로를 보호할 수 있었다. 실제로 방 조직원들은 공
동조계와 프랑스 조계에서 중국 탐정대의 핵심적인 지위를 차지했다.
예를 들면 1920년대 상하이 지방 경찰서의 중국 정탐 책임자는 선성산
(沈杏山)으로서, '대팔군단(大八群團)'이라 알려진 청방 조직의 지도자였
다.[28] 프랑스 조계의 중국 정탐 책임자는 다름 아닌 황진롱이었다. 프랑
스 당국과 두웨성 그리고 그의 청방은 주요한 이해관계로 얽혀 있었다.
사람들이 상하이로 복귀하는 사례가 늘어나면서, 상하이는 중국의 변두
리에 있는 외국인들의 거주지라는 지위에서 국가의 미래를 결정하는 사
건의 중심지로 변신하였다.

1937년 11월 일본이 상하이를 점령한 뒤 두 부류의 반일 활동이 시작
되었는데, 하나는 교외의 게릴라 저항운동, 하나는 도심의 정치테러였
다. 두 활동 모두 8월에 전쟁이 일어나자 다이리는 상하이로 건너가서
두와 협력 관계를 맺고 상하이 지역의 게릴라 조직 활동을 지휘하였던
것으로 보인다.[29] 그 무렵 다이의 최측근 가운데에는 현직 또는 전(前)

경찰관들이 있었는데, 전 경찰청장 차이징췬, 평화수호군 전 사령관 지 지안장(吉簡章), 우송－상하이 방위 본부의 전 정보부장이었던 왕자오화 이(王兆槐)가 여기에 포함되었다. 또한 전 경감이었던 타오자닝(姚家驤) 은 1937년 초 남의사의 최전선 노동조합을 설립하는 책임을 맡았다.[30]

■청방과 일본 및 공산당원들의 협력

청방과 유대관계를 맺은 것은 국민당만은 아니었다. 예를 들면, 내전 기간 동안 지방의 청방 조직들과 일본인들 사이의 협력은 여러 문서를 통해서도 잘 알 수 있다. 1937년 시작된 일본과의 전쟁 뒤 청방과 일본 인들, 또한 공산당원들과의 협력 관계는 특히 일본인들이 점령한 지역 에서는 눈에 띄게 늘어났다. 로우(Rowe)는 이 관계를 다음과 같이 증언 하고 있다. '그 무렵 한커우에는 공개적으로 활동하는 청방 －또는 청방 이라 불리는 조직－ 이 있었는데, 점령 당국이 그 존재를 알고 있었을 뿐 아니라 금융 보증을 해 주기도 했다.'[31] 이들의 협력 관계를 방 조직 의 독립적인 성격을 감안해서 분석해 볼 수도 있을 것이다. 그들의 목 표는 국민당의 목표나 '당국'의 목표와는 대체로 일치하지 않았다. 그들 은 조직원들을 보호하고 고유의 이익을 추구하는 데에 더 많은 관심을 갖고 있었다.

청방(및 기타 비밀 조직들)과 일본인들의 관계는 천용파(陳永發)가 확실히 증명해 주었다.[32] 일본인들은 청방이 관할하는 지역에서는 청 방을 비롯하여 2개의 비밀 조직으로부터 지원을 받았다. 중국 북부 지 방의 청방 지도자인 창위칭(常玉淸)과 일본 정보부와의 유대관계는 전 쟁이 일어나기 이전부터 시작되었으며, 창(常)은 중국 중부 지방에서 청방 조직원들을 모아 친일 조직을 구성하는 책임을 맡았다. 일본 보안부 인력들을 상대할 때에는 일반 시민증보다는 이 기관에서 발행하는 증명서가 훨씬 더 효력을 발휘했을 것이다. 결과적으로 대부분의 서민들은 일본이 후원하는 청방 조직으로부터 회원증을 받기 위해 가입하게 되었다. 비슷한 맥락에서, 왕징웨이도 일본의 지배를 받던 허수아비 정권 기간 동안 이런 성향을 가진 여러 비밀 조직에 의존하였다.[33]

3. 남의사와 청방

1932년 남의사가 성립되던 무렵, 청방과 국민당은 이미 5년 이상 긴밀한 경제 및 정치적 유대관계를 맺어오고 있었다. 남의사로서는 이런 관계가 예외적인 것이었다기보다는 그 무렵의 사회적 및 정치적 상황으로 인해 청방과 관계를 맺게 된 것이었다. 따라서 남의사는 국민당이 관할하는 지역―특히 상하이시― 의 복잡한 경쟁 및 협력 네트워크 속에서 정치적, 경제적, 사회적 질서와 이해관계를 조정하는 역할을 하게 되었다.

■마약 밀매

남의사는 설립 뒤 처음 몇 년 동안 청방과 꾸준히 협력 관계를 유지했다. 이것은 청방이 기본적인 2가지를 제공했기 때문인데, 첫째 경제지원, 둘째 협동조합주의를 기반으로 하는 정치기관의 구성원들과 접촉할 수 있도록 길을 터 주었던 것이다. 마약 밀매는 그 무렵까지는 청방이 독점한 영역이었다. 그러나 남의사는 청방이 얻는 수익 가운데 일부라도 나눠 가지기를 원했다. 남의사는 초기에는 일반 대중들을 억압하기 위해 청방의 도움을 받았으나 이후에는 자진해서 마약 밀매업자의 길로 들어섰다. 한 예로 톈진의 영국 총영사가 한커우에서 청방과 남의사가 긴밀히 협력했던 사례를 보고한 문서를 살펴본다.

한커우에서 이 갱단의 첫 작업은 (1933년) 지난 봄, 일신기선회사(日新汽船會社) 매변(買弁, 중국인)이 일본인들과 상대했다는 이유로 저격한 것이었다. 그러나 얼마나 많은 사람들이 같은 운명에 처하게 됐는지는 알려져 있지 않지만, 공개된 명단을 보면 이 테러활동들이 반일활동이 아니라 실제로는 '장제스가 아편 거래를 독점하기 위해서' 아편 관련 파벌을 무너뜨리기 위한 시도였다는 추측이 설득력을 얻을 것이다. 한커우에서 목적을 달성한 뒤 청방은 강 상류로 이동한 것으로 알려져 있다. 그 무렵 남의사의 부속 기관은 훈련을 끝낸 뒤, 인수인계를 위해 한커우로 파견되었다.34)

청방 두목들은 남의사가 확보한 정치 및 군사력을 잘 알고 있었고 따라서 이 기반을 활용하고자 하였다. 난징 시기 동안 청방은 가장 오랜 부업인 밀수업을 계속하였다. 또한 상하이 및 그들이 관할하는 다른 지역으로 들어오는 무기, 아편, 기타 고부가가치 상품들의 흐름을 통제하게 되면서 벌어들이는 수익이 크게 늘어났다. 군벌 정권과의 관계와 마찬가지로, 국민당 정권과 청방 두목들 사이에서 중심이 된 것 또한 아편이었다.35) 국민당은 늘 재정 위기를 겪고 있었고, 중국 소련공화국에 맞서기 위한 볼셰비키 근절 캠페인과 군대를 확대하기 위해 필요한 자금을 세입만으로 채우기에는 턱없이 모자랐다. 따라서 꾸준히 이용할 수 있는 유일한 자금 원천은 양쯔강의 암시장에서 얻는 수입이었다. 당과 청방의 공생은 불법 거래를 통해 당 재원을 꾸준히 얻어낼 수 있는 수단이 된 것이다.

불법 거래 가운데 가장 수익이 많은 품목은 아편이었지만, 1927년 난징 시기 초기부터 국민당의 공식 정책은 가능한 한 빨리 아편 소비를 뿌리 뽑자는 것이었다. 모든 아편 거래는 아편 전매청의 관할 아래 이루어

지게 되었고, 아편 중독자들도 전매청에 등록을 해야 했다. 이 정책은
실제로 아편을 독점하기보다는 아편을 뿌리 뽑기 위한 시도였으므로,
이에 따른 수익은 국민당과 청방이 나누었다. 장샤오린(張嘯林)은 아편
전매청장으로 부임하자마자 독점 판매를 위해 청방 지도자들이 운영하
는 민간기업과 하청계약을 맺었다.[36]

　　국민당과 청방 간의 긴밀한 협력 관계는 소위 '티폿 돔 부정사건
(Teapot Dome Scandal)'을 통해서 확실히 알 수 있다. 1928년 한커우에서
상하이로 가던 증기선 한 대가 대(大)상하이 지방 자치경찰의 수색을 받
았다. 송후(淞滬) 수비대 사령관인 숑스훼이(熊式輝)의 주문을 받아 아
편을 차 상자에 숨겨서 나르던 것이 들통 난 것이다. 중국 상하이 시장
인 장정판(張正璠)은 이 위탁 판매물 운송건에 대해 보고를 받고, 이것
을 그의 정치 라이벌인 숑(熊)에게 원한을 갚을 수 있는 기회로 삼기로
했다. 그는 난징정부에 이 사실을 알리고 상하이 신문들이 이 소식을 대
대적으로 보도한 사실을 확인한 후 아편을 금지하는 정부 규정을 어긴
숑을 강력히 비난하였다. 그러나 이 사건은, 장제스의 지지자이며 국가
아편 억제 위원회의 위원장인 장즈장이 특별 위원회를 조직하여 사건을
조사하는 선에서 마무리되었다. 이 위원회의 보고서에서는 몇몇 희생양
을 비난하기는 했지만 사건의 여러 가지 사안들은 그냥 지나쳤다. 이로
인해 중국 상하이 시장직을 물러나게 된 장정판은 격노하였다.[37]

　　이런 특정한 아편 스캔들은 장제스와 청방에게도 심각한 문제가 되었
다. 논란이 된 아편 위탁판매 배급과정에 그들이 적극적으로 참여한 것
에 대해 언론이 과도한 관심을 보이자, 난징과 상하이의 주요 정치 및
군사 인사들과의 관계가 무너지게 될 것을 두려워하게 되었다. 따라서
청방 두목들은 오히려 이 스캔들을 비난하면서 관계자들에 대한 처벌을
요구하고 나섰다.

남의사와 청방이 협력했던 것으로 의심되는 사례는 1932년 10월에도 있었다. 왕더구이(王得貴), 샤오후베이(小湖北), 린파(林發)가 주도한 청방에 의하여 하차 중인 아편 위탁판매물을 강탈했으며, 당시 상하이 지방 자치경찰은 아편을 일부 받는 조건으로 급습을 공모한 것으로 보인다. 주목할 것은 아편 위탁판매물을 파란 제복을 입은 중국인이 부두에서 인수하였고, 도난 차량의 운전자는 비슷한 옷을 입은 다른 사람이 차를 타고 떠나는 것을 보았다고 증언한 것이다.[38]

아편을 밀수입한 것은 청방과 국민당만이 아니었다. 1931년 만주사변 이후 일본인들도 그들의 관할 지역에서 아편 및 헤로인 제조와 밀수 활동을 조금씩 늘려나갔고, 일본 군대의 보호를 받기도 하였다. 일본 측 정보에 따르면 상하이와 다롄(大連)에서도 일본 고베(神戶)를 거쳐 모르핀 밀수 사업을 진행했다고 한다. 또한 일본 제약회사들도 모르핀 생산에 관여하게 되었다. 그 당시 기록을 살펴보면, 호시제약(星製藥), 다이닛본제약(大日本製藥), 산쿄제약(三共製藥)과 같은 회사들이 관여한 것으로 보인다.[39] 이 모든 활동들은 일본인들과 청방 및 남의사가 충돌하는 계기가 되었다.

모르핀은 중국으로 운송되어 판매되었다. 그러나 일본인들은 주로 만주와 중국 북부 지방에서 헤로인을 생산했는데, 헤로인은 소규모 공장에서도 제조하기가 쉬웠기 때문이다. 그 지역과 생산지는 일본군의 보호를 받았다. 중국 북부 지방에서 일간 신문 특파원으로 활동하던 일본 기자는 1933년 만주를 여행했던 '친구'가 쓴 보고서를 발표하였다.[40] 그 내용은 다음과 같다.

> 윈난(雲南)이나 쓰촨 뿐 아니라 러허(熱河)나 만주 등의 북부 지방에서도 작년 아편 재배와 밀수입이 늘어났다. 만주에서 작성한 이 친구의 보고서에는 "모든 벌판이 양귀비로 가득 차 있다"라고 써 있다.[41]

물론 중국 북부 지방에서 이루어진 일본인들의 밀수입은 반일 구세 군 조직이 국민당 정부를 강력히 비난하기 위한 수단으로 활용하기도 했다. 1936년, 장제스는 일본과의 전쟁을 늦추기 위해 노력하였지만, 중 일 관계는 거의 무너지기 직전에 이르렀다.

1933년 상하이 저널의 특파원은, 상하이에서는 아편을 자유롭게 쓸 수 있고 법을 교묘하게 피하기 위해서 '연고'로 위장하여 팔고 있다고 보도했다. 또한 '약' 상자에는 '장수 지방이 부과하는 특별세'라는 문장 이 새겨져 있었다고 언급하였다. 국민당과 청방의 반(半)관료적인 협력 관계는 아편 중개상과 판매자들의 부담을 가중시켰으며, 국민당이 거 둬들이는 돈은 주로 (남의사를 통해) 반공 캠페인에 필요한 자금을 채 우는 데에 썼다. 아편 거래로 벌어들인 수익은 엄청났고 남의사는 그 가운데 일부를 나눠 가졌는데, 예를 들면 장제스가 특별 아편세로 거둔 수익 가운데 남의사에게 기부한 금액이 매월 60,000위안(30만 달러)에 이르렀다.[42] 따라서 남의사는 당이 아편 수익 가운데 일부를 확보해야 하는 이유였을 뿐 아니라 동시에 이 수익의 많은 부분을 헌납 받는 당 기관이었다.

■남의사의 준(準)정치 활동

밀수 활동과 관련된 협력 관계는 관련 정치 활동과 구별하기 어려운 경우가 많다. 상하이에서 아편 거래 경쟁자들 사이에 전쟁과 같은 격렬 한 싸움이 일어나기도 했으며, 갱단 단원들은 지하 조직 라이벌들에 대 한 암살 시도 뿐 아니라 정치적 암살에도 자주 연루되었다. 예를 들면 1924년 안후이(安徽) 출신의 왕야자오는 상하이 경찰대장인 쉬구어량 (徐國梁)을 살해하였는데,[43] 이 살인 사건은 아편 판매 때문에 저장과

장수 지방의 군대 사이에 일어난 분쟁으로 인한 것이었다. 이 분쟁은
두 군대가 서로 전쟁에 이를 정도로 심각해졌다. 그 무렵 왕(王)은 3류
갱단 단원 출신으로 주로 납치나 무장 강도 활동에 참여했는데, 1926년
서부 지구의 노동조합에서 다시 한 번 활동을 주도하게 되었다.

앞 장에서 설명했다시피, 왕야자오는 왕징웨이에 대한 암살 시도와
도 관련이 있었다. 이 암살 시도의 공범자는 장위화(張玉華)로서, 1935년
11월 나카야마(中山) 사건에도 개입했음을 시인하였다.[44] 왕징웨이의
암살 시도와 나카야마 사건에 개입한 또 다른 범인은 양원다오(楊文道)
로서, 남의사와 강력한 유대관계를 맺고 있었다. 양(楊)은 1930년대 상
하이에 기반을 두고 있던 반일 비밀 조직 삼합회와 제휴를 맺은 상호
원조 연합의 의장이었다. 장제스는 양이 일본 군관인 나카야마를 살해
했다는 혐의로 체포되었을 때 그를 개인적으로 보증하였다. 경찰에서
풀려난 뒤, 어느 정도는 언론 캠페인으로 인해, 군대 내에서 양의 지위
는 강화되었다. 장제스는 이런 상황을 인식하고 문서 날조 혐의로 양을
체포하려 하였고, 양은 이 사실을 알고 홍콩으로 도주하였다.[45]

이렇게 서로 뒤엉켜 있는 지하 조직과 정치 활동으로 인해, 외국에서
작성한 보고서들을 살펴보면, 명백한 국민당 소속 기관인 남의사와 그
렇지 않은 청방을 정확히 가려 내지 못하고 있다. 남의사가 정적들에게
가했던 폭력적인 공격은 암흑가의 살인과 쉽게 가려내기 어려웠으며,
남의사 또한 그것을 바라지 않았다. 따라서 해외의 논평가들은 남의사
를 '갱단' 또는 비밀 조직, 파시스트 기관이라기보다는 일종의 '마피아'
정도로 해석하는 실수를 하기도 했다.[46]

청방과 남의사의 관계는 남의사가 국민당에서 조직력을 구축하고 있
던 시기에도 유지되었던 것으로 보인다. 남의사는 1938년 해체되었는
데 그 이유는 여러 가지로 제시되었으며, 청방은 난징 시기 이후 그 조

직이 어떻게 되었는지 양자의 관계를 몇가지 정리하면 국민당이 수도
를 상류 지역인 우한, 이후에 총칭(重慶)으로 옮김으로써 청방이 전통
적으로 권력을 잡고 있던 지역과는 멀리 떨어지게 되었다는 것이다. 둘
째로, 전쟁 기간 동안 겪은 난국과 빈곤으로 인해 양쯔강 하류 지역의
산업 기반이 황폐해졌고, 따라서 청방은 갈취와 밀수업의 수익 기반을
잃게 되었다. 셋째로, 서쪽으로 피란 온 수백만 명의 난민들과 수감되
어 있던 죄수들로 인해 청방이 구축해 놓았던 네트워크가 침해되거나
무너졌던 것으로 보인다. 마지막으로 국민당이 1937년 공산주의자들과
세우기로 한 연합 전선으로 인해 당과 청방은 예전 수준과 같은 협력
관계를 맺기 어려웠을 것이다. 분명한 것은, 청방이 난징 시기 동안 행
사했던 정도의 영향력을 다시는 행사하지는 못했다는 것이다.

■남의사와 기타 방(幇)과의 관계

그럼에도 불구하고 다른 '방'과 남의사가 협력했던 사례가 꽤 있었다.
예를 들면 장수 지방의 쑤첸에서는 남의사 조직원이자 청방 지도자였
던 리우산천(柳善臣)이 대검회와 소검회 조직원 10,000여 명을 지휘하
였다. 중국 중부 및 북부 지방에서는, 여러 '자이자리(在家里)'라 불리었
던 단체들이 청방과 강력한 유대관계를 맺고 있었고 남의사와도 우호
적인 관계를 맺고 있었다. 만주로 활동 무대를 넓힐 무렵 남의사는 지
방의 '자이자리' 조직원들을 자주 활용하였다.[47]
'자이자리'의 기원은 가로회(哥老會)로 거슬러 올라가는데, 이 단체는
19세기 중반에 성립된 극단적인 민족주의 단체였다. 가로회는 천지회
(天地會)의 지부이기도 했다. 수공예업자, 농부, 퇴역 군인 및 부랑자들
의 연합인 가로회는 주로 반(反)만주 조직의 성격을 갖고 있었다. '자이

자리'의 목적은 가로회보다는 훨씬 광범위했지만 주요 기반은 만주에 두었다. 1932년 '자이자리'는 만주에서 엄청난 권력을 행사하였는데, 이는 많은 상류층, 즉 정치인, 통치자, 군인, 중국 다른 지방에서 온 정치 난민들이 여기에 가입했기 때문이다.

웨이크만(Wakeman)은 상하이 지방 경찰과 남의사가 협력 관계를 맺을 무렵 청방이 어떻게 영향력을 행사했는지를 설명하고 있다.[48] SMP와 프랑스 조계 경찰(FCP)은 매일 그리고 매주 정보부 보고서를 교환하였으며, 때로는 난징정부 뿐 아니라 영국, 프랑스, 미국 영사들과도 정보교환을 공유하였다. SMP 내 중국 탐정대는 상하이 방언을 쓰고 지역 범죄자들을 다룰 수 있는 저장 및 장쑤 출신인들로 이루어졌으며, FCP와 중국 지방자치제의 공공 보안국과도 유대관계를 맺어왔다. 이런 관계 때문에 보안 유출에 대해 자연스럽게 걱정하게 되는데, 특히 이 유대관계가 중국의 '방' 조직이나 조직 폭력단과도 연계되어 있었기 때문이다.

남의사는 1932년부터 공공 보안국에 잠입하기 시작했는데, 이는 주로 다이리의 비밀경찰들을 통해서였다. 실제로 다이리의 측근들은 1934년 비교적 쉽게 특무처(特務處, 특수정보처)의 지휘를 맡게 되었다. 그러나 다이가 공공 조계의 중국 경찰들을 매수하려고 했던 시도는 성공하지 못했다. 영국 정보부와 특별 지부의 중국인 관리자들이 엄격하게 경계했으므로, 다이가 SMP 탐정들을 통제하기는 어려웠다. 그러나 다이는 청방과의 유대관계를 활용하여 SMP와 접촉할 수 있었다. FCP에는 다이의 첩보원들이 잠입하기가 더 쉬웠다. 그 무렵 탐정대는 청방의 관할 아래 있었고, 따라서 다이는 두웨성으로부터 필요한 모든 지원을 받을 수 있었던 것이다.

중일전쟁이 시작된 뒤 1937년 두가 세운 비밀 조직인 항사[49]의 조직원들이 협력하기 시작했다. 두(杜)는 군 병원에서 응급 처치 요원으로 복무하고 있던 조직원들에게 반일 활동에 가담할 것을 명령하였다. 이에 대한 대가로 두는 신창진(新場鎭)과 난훼이산(南匯縣)의 군인 지위를 보장해 주었다. 이것이 두와 군사위원회 조사통계국 사이에 더욱 긴밀한 협력 관계가 시작되는 계기가 되었다.[50]

이와 관련하여, 1937년 두(杜)는 강소행동위원회(蘇江行動委員會)를 설립하였는데, 이 조직은 군통 내에서 활동하였으며, 가로회와 제휴를 맺은 쓰촨의 비밀 조직 파오거(袍哥)가 1910년 초 상하이에 설립한 조직인 정성사(正誠社)의 지원을 받았다. 그러나 파오거의 현장 주임인 바이즈허우(白子侯)가 중일전쟁이 일어나기 전 심각한 병에 걸리면서 이 자리는 군통의 조직원이자 특무대원인 저우신위(周迅予)로 바뀌었다.

■노동조합에 대한 통제권

청방과 국민당 사이에 이루어진 정치 협력 사례를 검토할 때에는 그 무렵 장제스의 목적이 무엇이었는지를 염두에 두어야 한다. 그는 균등한 성장을 이루고 유럽 및 북미의 산업 국가들을 괴롭혀 온 계급투쟁을 피할 수 있는 가장 좋은 방법으로, 쑨원이 주장한 국가가 주도 및 통제하는 산업화 사상을 채택하였다.[51] 이 사상은 강력한 민족주의 및 협동조합주의였다. 그는 중국 사회에서 계급 차이가 생기는 것을 막기 위해 적극적으로 노력하였다.

국민당 정권은 중국 일부 지방에서만 산업화가 급속도로 이루어지자 사회를 통제해야 하는 문제를 갖게 되었다. 영세 농민들이 땅을 떠나고 도시 빈민층이 새로운 공장지대로 흘러 들어오면서 산업 노동자 계급이 생겨났다. 여기에서 중국은 산업화 과정에 있는 다른 모든 국가들과 같은 경험을 하게 된 것이다. 그러나 중국의 자본가나 공장주들의 대부분이 외국인이었으므로, 선진 자본주의 국가에 존재하는 것과 비슷한 중국 부르주아 계급이 생겨나기 전에, 특유의 중국 노동자 계층이 생겨났다. 집중적이고도 파괴적인 사회 변화 과정을 겪으면서 중국의 산업 노동자들은 특정한 지도세력 없이 스스로 외국인 고용주들과 맞섰다. 따라서 중국 산업 노동자들은 민족주의 투쟁의 맨 앞에 나서게 되었고, 비교적 쉽게 급진적으로 변할 수 있었다.

CCP는 이들의 잠재력을 활용할 준비가 되어 있었는데, 그 무렵 중국의 공산주의는 서양과는 구별되는 이점을 갖고 있었다. 서양에서는 공산주의가 산업화의 산물로서 정치세력으로 등장한 반면, 중국에서는 산업화 과정 초기에서부터 정치세력으로 등장하였다. 공산주의자들은 1924년 국민당에 입당한 순간부터 27년 대학살 때까지 활약하였다. 그들은 중국의 운명을 정해 놓은 뒤, 궁극적으로는 국민당을 계급에 따라 구분할 것을 요구하면서 노동자 계층의 호전성을 키우고 연안 도시에 노동조합을 세우고자 노력하였다.[52]

장제스는 민족주의 - 협동조합주의 정책을 실행하기 위해서 지방과 상하이의 노동자 계층을 가장 엄격하게 통제했다. 경제 발전이라는 시급한 숙제를 떠안은 상황에서는 노동자를 통제하는 문제가 중요했기 때문이다.

공동 조계 경찰들이 중국인 9명을 총살한 것에 격분하여, 1925년 5월 30일 상하이에서 일어난 총파업은 도시 전체를 마비시켰다. 그 뒤 상하이 대학살로 알려진 극적인 사건이 1927년 3월과 4월에 일어나게 되었다. 장제스는 공산주의자들과 그 동맹을 없애야겠다고 결심하였고, 청방의 지원을 받아 노동운동을 겨냥하기 시작했다.[53] 그때부터 공산주의자들의 활동이 일어날 조짐만 보여도 무조건 뿌리 뽑았다. 국민당은 공산주의자들이 모스크바의 계획을 추진하기 위해 과거에 노동자들을 이용했다는 적절한 혐의를 씌워 그들의 행동을 정당화하였다.

장제스가 노동자들의 반란을 통제하기 위해 선택한 방법은 놀랍게도 1922년 무솔리니가 쓴 방법과 매우 비슷했다. 이 제도에 대해서 영국이나 미국 등 서양 국가들은 긍정적으로 평가하고 상세히 논한 바 있으며, 장제스도 그 내용을 잘 알고 있었다. 무솔리니의 5가지 정책 가운데 하나는 흑의사(黑衣社)가 조합 본부를 공격하고 조합의 주요 관료들을 살해함으로써 조합들을 '재구성'하고자 하는 것이었다.[54] 장제스도 비슷한 의도를 갖고 있었고 또한 비슷한 방식으로 활용할 수 있는 힘 있는 동맹을 청방 내에 확보해 놓고 있었다. 청방의 조직원 수는 약 2만 명에서 10만 명 정도였다.

청방은 모든 사회계층에서 조직원들을 끌어들인 자본주의적 조직이었다. 직접적으로든 간접적으로든 (특히 상하이의) 대부분의 인력들을 통제하였고, 국민당에 대한 노동자들의 충성심을 확보할 수 있는 가장 쉬운 방법을 보여주었다. 역설적이기는 하지만 봉건주의 중국의 잔유물과 초기 협동조합 조직은 20세기 파시즘의 전형이라고 볼 수 있었다. 1920년대와 30년대 상하이에서 노동력을 통제 및 동원하기 위한 투쟁은, 계급 투쟁적인 CCP와 계급을 뛰어넘은 청방이 세력을 다투는 형식이 되었다. 두웨성은 일본인에 대해 뿌리 깊은 증오심을 갖고 있었고, 공산주의자들과 마찬가지로 청방의 인력들 또한 1928년, 31년, 32년 반일 불매운동에서 주도적인 역할을 맡았다.[55]

1930년대 남의사는 관할권을 유지하고 반란을 억제하는 역할의 정치 돌격대였으나, 그들이 청방 내에서 또는 청방과 함께 일할 수는 없었으므로 이 목적을 이루는 것이 어렵다는 것을 깨닫게 되었다. 32년 초 이익을 보호하기 위해 만주를 침략하고 상하이를 공격한 일본인에 대해 혐오감이 극도로 팽배해지자 남의사는 노동 정치에 가담하기 시작했다. 남의사는 국민들의 적대감을 국민당의 정치 의제로 활용하기 시작했다. 그들은 일본 직물 공장에 대한 불매운동과 파업 계획을 세웠으며, 또한 남의사 조직원들 사이에서는 100명 이상의 CCP 지도자들에 대한 암살 목록이 떠돌기 시작했다(4장 남의사의 암살 목록과 부록 2 참고). 그리고 청방은 이웃 지방의 노동자들을 상하이 공장으로 파견하기 시작하였다. 남의사는 반공(反共)사상을 갖고 있는 사람들을 찾아내는 작업을 도왔는데, 이는 아마도 노동자들을 통제하기 위해서였을 것이다. 상하이 공장에서 공산주의자의 영향력은 1932년 뒤 서서히 줄어들기 시작했다.

장제스는 조합의 지도세력이 국민당의 수하에 있음을 수시로 확인하였고 노동자들의 반란도 경계하였다. 이것은 실제로 조합의 주요세력을 위에서, 즉 남의사가 선호하는 사람으로 지명했음을 뜻한다.[56] 그러나 불행히도 남의사는 그런 역할을 할 만한 사람들을 많이 확보하지 못했다. 이런 시점에서 청방이 개입하기 시작했다. 1931년 5월 국민당 정권의 통신부에서 주요 인사 12명과 중앙 체신청 및 상하이 우체국 인사들이 청방에 가입하면서 두웨성을 지지하게 되었다. 주쉬에판의 설명에 따르면 이것은 장제스를 위한 것이었다.

> 체신청 노동조합에 대한 통제권을 강화하고, 국민당 노동조합 기관의 주요 인사로서의 지위를 굳건히 지키기 위해서 두(杜)의 청방(12명의 주요 관료들을 통해)을 활용한 것이었다.[57]

청방의 도움으로 남의사는 노동자들에 대한 통제권을 강력하게 그리고 널리 행사할 수 있었다. 실제로 상하이에서 힘을 가진 노동자들은 모두 청방의 조직원이거나 남의사와 관련되어 있었다. 국민당의 정책은 노동조합을 정치적 행위자로 규정하고 조합원들이 당에 대해 우호적인 감정을 유지할 수 있도록 하면서 산업 분야의 조화를 꾀하고자 하는 것이었다. 이런 목표는 많은 부분이 충족되었다고 볼 수 있었다. 노동자들이 파업을 일으킨 적이 있지만, 대부분이 임금 삭감, 해고 등에 항의하는 시위였고, 정치적 파업은 거의 없었던 것이다.

페리(Elizabeth Perry)는 1932~1937년 동안 상하이 조합에서 청방과 남의사가 협력했던 사례를 아래와 같이 설명하고 있다.[58]

> 상하이 서부 지역에 있던 상하이 국민당의 농민 - 노동자 그룹 구성원인 왕하오(王浩)는 1937년 1월 3구역 실크 직물공 조합을 설립하였다. 왕(王)은 청방 노동 지도자인 두의 최고 부관이었던 류징스(陸京士)와 주쉬에판을 지지하였다. 상하이의 일부 실크 직물공들이 남의사에서 훈련을 받았으므로, 왕은 노동자들 가운데에서 자신을 지지해 줄 사람들을 발굴할 수 있었다.… 왕의 활동은, 다가오는 국회 선거에 대비하여 노동자들 사이에 세력 기반을 마련하고자 했던 막후 두목 류(陸)와 주(朱)가 합의한 프로그램의 일부였다.

또한 실크 직물공 가운데 한 명은 다음과 같이 회상하였다.

> 우리 노동자들은, 그 무렵 조합에서 사람들을 불러 모은 것이 국회위원 선거에 투표하게끔 하려던 국민당의 구상 가운데 일부였다는 사실을 전혀 몰랐습니다. 우리가 알고 있던 사실은 조합이 우리에게 힘을 부여하려 한다는 것이 전부였습니다. 내가 알기로는 왕(Wang)이라는 친구가 남의사의 조직원이었습니다. 그러나 그는 좌파적 태도를 갖고 있었고, 그 무렵 그가 소면을 즐겨먹고 자전거를 타며 검소한 생활을 하는 것을 본 노동자들은 그를 신임하였습니다.

남의사는 난징 시기 후반까지 전례가 없던 매우 직접적인 이런 방식으로 상하이에 대한 통제권을 행사할 수 있었다.

4. 대립과 충돌

그러나 남의사와 청방의 관계는 단순히 협력과 공생과는 거리가 멀었다. 국민당이 중국에 대한 권력을 합병하였고 동시에 남의사가 더 강력하고 조직력을 갖추게 되면서, 두 조직의 관계는 잦은 싸움으로 인해 중단되는 경우가 많았다. 남의사가 상하이 외 다른 지역에서도 세력과 영향력을 확보하려고 했기 때문이다.

국민당이 청방과 함께 작업할 마음이 더 이상 없으며, 청방을 벗어나서 활동할 방안을 찾고 있다는 징후가 처음으로 드러난 것은 1934년 11월이었다. 두웨성은 장제스와 쑹즈원, 쿵샹시가 영국으로 몰래 수출하기 위해 어마어마한 양의 은(銀)을 샀다는 소식을 듣게 되었다.[59) 두는 상황이 어떻게 된 것인지를 파악하고, 질투를 유발함으로써 은의 수출을 막기 위해서 스량차이(史良才)에게 이 사실을 알렸다. 장제스는 비밀을 유지하기 위해 스(史)에게 뇌물을 주려고 했지만 그는 불행하게도 이를 거절했고, 그 뒤 상하이 외곽 고속도로에서 남의사에 의해 살해되었다.

그러나 스의 암살로 인해 청방과 남의사 사이에는 더 큰 분쟁이 일어나게 되었다. 1934년 가을부터 남의사는 노동운동 및 아편 세입에 대한 관할권을 청방으로부터 받아내기 위해 노력했고, 두 조직은 결국 상하이 부두에서 충돌하는 경우가 잦아졌다. 남의사는 또한 언론 매체에 대한 통제권을 넓히기 위해『선바오(申報)』와『신운바오(新聞報)』를 인수하고자 하였다. 두웨성은 전(前)편집장인 스에게 남의사의 요구에 굴복하지 말라고 권유하였다.[60) 두는 성심껏 스를 보호하였으나, 사실 이것은 두 자신이 그 신문사들을 인수하고 싶어 했기 때문이었다. 아니면 최소한 그 신문사에 대한 영향력을 갖고 싶어 했기 때문이었을 것이다. 두의 보호에도 불구하고 스는 살해되었고 결국엔 더욱 결정적인 방식으로 남의사에 의해 희생된 것이다.

또한 남의사와 청방은 각각의 영향력을 양쯔강 유역 너머까지 행사하기 위해 경쟁하면서 정치적으로도 충돌하였다. 남의사로서는 보유하고 있던 특권이 거의 없었으므로 청방의 통제권을 무너뜨리지 않으면 안 되는 매우 절박한 상황에 놓이게 되었다. 이로 인해 여름에는 강 중류에서 '테러리스트'들을 체포하여 처형하기도 하였다. 당연히 청방은 격분하게 되었고 (이에 대한 보복으로) 상하이 경찰관 몇 명이 총살당했으며 (국민당은) 복수에 대한 두려움 때문에 쑹즈원이 중국으로 안전히 돌아올 수 있도록 정교하게 대비책을 세웠다.[61]

청방과의 협상이 시작되었지만 예전과 같은 완벽한 동맹을 다시 맺기는 어려웠다. 실제로 장제스는 우한을 남의사의 주요 거점으로 삼고자 하였다.

앞에서 남의사와 기타 '방'과의 관련 부분을 설명했듯이, 1932년 5월 남의사는 만주의 '자이자리(在家里)' 조직에 잠입하였다. 공개적으로 드러나지는 않았지만 이 조직은 상하이에서 강력한 정치적 영향력을 확보하고 있었다. 결과적으로 남의사와 '자이자리' 조직원들은 위원회를 구성하여 함께 일하게 되었다. 그러나 청방이 1934년 5월 만주에 북부 지부를 설립하였고, 남의사와 CC단 두 조직 모두 청방이 그곳에서 더 많은 세력을 보유하게 될까봐 두려워했지만 청방의 구상을 막을 수는 없었다. 청방의 지도층은 '만주 지도부'에 특별 훈련을 받은 조직원들을 파견했고, '만주인들을 죽이자'는 슬로건을 만들었다.[62]

1932년 이후 만주에서도 마약을 생산하고 밀수하기 시작하면서, 청방과 남의사 가운데 그 경쟁에서 이기는 조직이 더 많은 수익을 얻을 거라고 전망한 일본인들은 두 조직의 경쟁을 더욱 부추겼다.

남의사도 다른 지역, 예를 들면 산둥, 허베이, 산시, 쓰촨, 윈난, 싼시

(陝西), 차할(察哈爾) 등에 지부를 설립하였다. 그 무렵 지방에 기초 조직을 세우고자 했던 남의사는 위 지역의 파벌 및 비밀 조직으로부터 강력한 저항을 받기도 했다.[63] 몇몇 갱단들도 남의사보다는 자신들이 이 지역을 통치해야 한다고 주장했다.[64] 그러나 국민당과 청방들은 CCP에 맞서기 위해 협력하기도 했다. 일례로, 쓰촨 지방의 북부 지역에서 황칭위안(黃靑元)의 갱단은 국민당과 협력하여 적군파를 성공적으로 물리치기도 했다.

이런 협력이 늘 자연스러웠던 것은 아니다. 1935년 3월 황(黃)의 청방 가운데 일부가 천티안바오(陳天寶)를 수장으로 삼고 후웨이산(虎威山)에서 후웨이산 려인사라는 조직을 세우기도 했다. 천(陳)은 청방들 사이에서 그의 세력을 넓히고자 하였다. 이후 다른 갱단 단원들, 예를 들면 류시안(劉先), 라이화산(賴華山), 루어진광(羅金廣), 탕등청(唐登城), 시에용즈(謝用之), 렁카이타이(冷開泰)도 CCP군과 맞서기 위해 초공자위단(剿共自衛團)이라는 새로운 조직을 설립하였다.

국민당 군대와 그 관료들, 그리고 남의사 조직원들은 쓰촨 지방의 갱단들과 심각한 대립관계에 놓이기도 했다. 1935년 당시 쓰촨 지방 지사였던 류샹(劉湘)은 가로회를 반대하였다. 적대적인 상황이 이어지면서, 1937년 초 국민당은 13개 지역에 뿌리를 내린 가로회에 대해 실질적이고 엄격한 훈계 규정을 만들었다. 교사, 보갑(保甲)의 조직원들, 기술자 및 공무원을 비롯하여 어떤 누구라도 어떤 상황에서도 가로회의 조직원이 되어서는 안 되며 이미 조직원으로 가입한 사람들은 곧바로 탈퇴하라는 경고를 받았다.

국민당은 위에 열거한 지역에 사무소를 설립한 순간부터 반공 활동에 집중하기 시작했다. 청방 조직들이 그들의 활동에 순순히 협조할 것으로 예상했지만, 실제 상황은 그렇지 않았다.

1930년 홍문의 핵심 조직원인 양칭산(楊慶山)은 한커우의 조사팀장이 되었다. 이 팀의 주요 임무는 반공 활동과 관련되어 있었다. 이 팀은 우한의 CCP 비서인 요썬신(尤孫新)을 비롯하여 CCP의 주요 당원들을 체포하였다. 그들의 활동은 다이리의 요원들이 수행하는 비밀 정보활동과 여러 측면에서 비교할 수 있을 것이다.[65] 또한 허베이에서는 류후이칭(劉慧卿)과 그의 수하들의 지휘 아래 파오거(袍哥)가 반공 활동에 필요한 조직원을 활용하였다.

1935년 쉔티에우(宣鐵吾)는 저장 지방의 부지사로 취임하자마자 항저우의 옹광훼이에게 청방 조직원들 가운데에서 선별하여 보갑정탐훈련반(保甲偵探訓練班)이라는 정탐단을 만들라고 지시하였다. 훈련 과정을 이수한 사람들은 그 지방의 반공 활동에 참여할 수 있었다. 그들의 활약상으로는 용캉(永康), 동양(東陽), 증시안(嵊縣)에서 일어난 농민반란과 공산당원 출신인 반란 지도자 살해에 대한 수사를 들 수 있다.

상하이 공공 보안국 위원은 보통 시장이 지명하거나 추천을 하여 뽑았는데, 이런 관행은 1934년 장제스의 지지자이자 남의사의 주요 조직원이었던 차이징쥔이 상하이 공공 보안국 위원으로 임명되면서 폐지되었다. 차이(蔡)는 상하이 시장의 추천 없이 정부에서 바로 지명한 것이다. 비슷한 사례로 남의사 조직원이었던 관징링(關景靈)도 베이징 공공 보안국의 위원으로 지명되었다.[66]

남의사가 난징, 한커우, 광저우와 같은 다른 대도시에서도 활동을 펼쳤다는 사실을 언론에서 대대적으로 다루기도 했다. 예를 들면 1933년 11월 13일 '이 조직(남의사)의 조직원들은 선전물을 배포하고 파시즘을 감싸고 공산주의를 비난하면서, 대중 집회를 계획하고 폭동을 일으킴으로써 그 이름을 널리 알렸다'고 보도하였다. 믿을 만한 소식통 또한 장제스가 남의사 조직원들을 베이징, 톈진, 칭다오, 상하이 및 기타 지역으로 파견하여 중국 관료들과 서민들이 일본에 대해 어떤 태도를 취하는지 감시할 것을 지시했다고 밝혔다. 남의사의 톈진 지부는 런티안무(任天木)을 의장으로 1933년 초 설립되었다. 런(任)의 조직은 그 지역의 청방과 비교적 우호적인 협력 관계를 유지하였고 짧은 기간 내에 6개의 조직으로 발전했던 것으로 보인다.[67]

그러나 청방과 남의사의 정치적 견해가 달랐다는 사실은 독재 문제를 둘러싸고 잘 드러났다. 남의사와 그들의 이전 동맹인 CC단은 독재를 열렬히 지지하였으나, 청방은 이 개념을 반대하였다. 그들은 독재자가 그들을 지배하거나 억압할 수 있을 정도로 힘을 갖게 되는 것을 두려워하였고, 현 상태에 대체로 만족하였던 것이다. 정치적 목적에 따라 CC단과 남의사는 새로운 동맹 대상을 물색하기 시작했고, 1936년 8월 상하이에서 삼합회 지도자들과 모임을 가졌다. 이 회의는 홍문이 청방의 영향력에 맞설 수 있는 대항세력으로 성장할 수 있을지를 탐색하는 자리였던 것으로 보이는데, 현재 이 회의에 대한 자료는 찾아볼 수가 없다.[68]

요 약

남의사와 청방의 관계는 국민당과 장제스, 청방 사이에 성립되었던 관계망을 벗어나서는 생각할 수 없다. 사실 이 관계는 쑨원이 성립한 것이다. 새로운 정치 기관과 안정적인 '방' 네트워크를 연계시킨 것은, 쑨원이 중국인들의 일상생활 속에서 안전하게 개혁을 시작하기 위해 택했던 방법 가운데 하나였다.

청방과 정부 당국이 협력했던 사례는 국민당에만 국한된 것은 아니

었다. 1920년대 후반 및 30년대 초에 상하이의 청방과 프랑스 조계 당
국이 긴밀한 관계를 맺었다는 사실은 잘 알려져 있다. 프랑스인들과 청
방의 이해관계가 일치했었는지는 뚜렷하지 않지만 다른 외국 기관들도
청방을 활용했던 것으로 보인다. 청방 지도층은 일본인들을 혐오했음
에도 불구하고, 1937년 이후 저항전 기간 동안에는 지방에서 청방과 일
본인들이 협력했던 사례도 있었다. 비슷한 경우가 청방과 CCP 사이의
협력 사례일 것이다.

　1920년대 장제스는 양쯔강 하류 지역에서도 세력 기반을 확보하기
위해서 청방의 지원에 크게 의존하였으며, 그들의 도움은 절박한 것인
동시에 역설적으로 떨쳐버리고 싶은 것이기도 했다. 장제스는 중국 전
통문화를 기반으로 하는 청방과의 꾸준한 협력 관계가 그가 목표로 하
는 근대화를 추진하는 과정에서는 성가신 요인이 될 수도 있다는 사실
을 알고 있었을 것이다.

　1930년대 초 장제스는 남의사를 세울 수 있을 만큼 정치적으로 확고
한 지위에 올랐으며, 남의사를 통해 그의 권위를 확장 및 강화하고 계
급 없는 국가 자본주의 사회를 세우고자 하였다.

　남의사를 위장시켜 기타 조직으로 침투시키는 목적은 노동자들을 정
치적 및 경제적으로 진압하고자 하는 것이었으며, 사실 노동자들이 정
치적으로 억압받고 있었다는 사실에는 의심의 여지가 없었다. 실제로
장제스의 정책과 무솔리니의 정책 사이에는 어느 정도 비슷한 점이 있
다. 그러나 중국에서 발전했다는 이유로 소위 '황색 노동조합주의'라 불
리는 사상은 이탈리아에서 생긴 파시스트 노동조합주의와는 비슷한 점
이 거의 없었다. 그러나 주목할 만한 차이점은 있었다. 파시스트 노동
조합주의는 관료적이고 동적이었다. 파시즘을 기반으로 한 새로운 질
서 속에서 제 역할을 다할 수 있도록 노동자들을 교육 및 교화시키기

위해 노력을 기울였다.

각 분야의 노동자들은 파시스트 조합의 지도자가 될 수 있다고 지속적으로 격려를 받았고, 실제로 이들은 당의 지도자 자리에 앉게 되었다. 이 지도자들을 통해서 노동자 계층은 직접 국가와 연계될 수 있었던 것이다. 노동자들은 고유의 정치색을 없애는 대신 국가로부터 사려 깊은 관리를 받는 방식을 택했고, 이렇게 해서 당은 공장 지역에서 대중적인 기반을 이룰 수 있었다. 이와는 반대로 장제스의 정책은 동적인 요소는 전혀 없었으며 오히려 관료적이라고 할 수 있었다. 황색 노동조합주의는 최소한의 노동자들이 참여하여 통제 및 관리되었다. 지도자들은 노동자 계급 외 다른 계층에서 나왔는데, 이탈리아에서는 이런 상황을 꿈꾸기 어려웠다. 또한 청방과 함께 노동자들에 대한 통제권을 공유하는 상황을 무솔리니가 허용할지 여부는 생각해 볼 가치도 없을 것이다.[69]

약 2년 동안 남의사는 국민당과 청방의 관계를 바탕으로 이루어진 체계 속에서 비교적 쉽고 자유롭게 활동하였다. 그러나 1934년 그들의 목적은 청방과 공존하는 것이 아니라 그들을 흡수하는 것이라는 사실이 드러났다. 두웨성이 지휘하던 청방은 강력한 반일 조직이었으나, 남의사는 특히 1934년 이후 전적으로 장제스와 그의 회유정책을 지지했던 것이다.

이런 맥락에서 남의사는 '정당 속의 방(幇)'으로 간주될 수도 있을 것이다. 그들은 유일하게 정당의 지시를 받으면서 기존의 '방'들, 비밀 조직, 노동조합, 카르텔, 밀수단을 포섭하기 위해 노력하였다. 남의사에게 공산주의자들과 노동조합을 통제하는 것은 가장 중요한 문제였다. 그들은 암(暗)시장의 모든 수입 원천을 독점하고, 모든 사회조직을 통제하고자 하였다. 봉건적인 교차계층으로 이루어진 '방' 조직을 근대적인 교차계층 파시스트 조직으로 바꾸고자 하였다.

국민당 당국이 1937년 상하이에서 붕괴되지 않았다면 남의사는 최소한 부분적으로는 이 목표들을 이룰 수 있었을 것이다. 그러나 설립된 지 6년 만에 남의사는 공식적으로 해체되었고, '방'은 일본인들이 상하이 지역과 중국 대부분 지역을 통제했던 혼란의 시기 동안에도 살아남을 수 있었다. 남의사는 결국 청방과의 경쟁에서 패배자가 된 것이다.

6장 남의사의 변모

　남의사는 1932년 3월부터 1938년 6월까지 약 6년 반 동안 활동하였다. 1938년 3월 우창에서 열린 국민당 임시 의회에서 당 내에 있는 모든 '소규모' 조직을 해체하기로 결정하였고, 남의사도 곧바로 해산하였다. 이것은 독립 기관으로서 남의사의 마지막을 뜻한 것이지만 명시적인 것은 아니었다. 이 의회에서 장제스는 삼민주의청년단(三民主義青年團) 설립을 제안하였고, 국민당 내의 모든 청년 파벌들을 포섭하고자 하였다.

　이 장에서는 국민당과 장제스가 특정한 시기에 왜 모두를 포용할 수 있는 청년 조직이 필요했는지, 그리고 이 청년 조직의 성립과 남의사 해체 사이의 관련성에 대해 검토해 볼 것이다. 남의사가 해체된 것은 하나의 이유 때문만은 아니며 다른 사건과도 관련이 있었을 것이다. 예를 들면 시안사변(이 장의 시안사변 부분 참고), CCP와의 연합 전선, 그리고 그 무렵에 자주 일어났던 대규모 학생 시위 등이다.

　본 6장에서는 갑작스럽게 남의사가 사라지게 된 상황과 관련하여 그 의문점을 분석하고, 결과로서 남의사가 다른 조직과 완벽하게 통합되었기 때문이라는 것을 우선 전제한다. 1936년 말 시안사변 뒤 남의사가 재구성되면서 1937년 국민당은 CCP와 연합 전선을 이루었는데, 그 무렵은 일본이 중국에 대한 공격을 일으키기 직전이었다. 그 무렵 CCP는 장제스에게 남의사를 해산하도록 압력을 가했던 것이 거의 틀림없다.

6장에서는 1938년 7월 남의사에 이어 공식적으로 발족한 삼민주의청년단이 설립된 이유를 살펴보고, 삼민주의청년단이 어느 범위까지 독일 히틀러 유겐트와 닮았는지 분석해 볼 것이다. 독일 문서에서는, 국민당 지도자들이 청년단 설립을 고려하는 과정에서 히틀러 유겐트에 대한 자료를 더 자주 요구했다고 밝히고 있다.

마지막으로, 남의사가 사라진 것이 중국 파시즘의 종말을 뜻하는 것인지, 이 이념이 새로운 조직에서도 계속 이어지는지 여부를 살펴볼 것이다.

1. 남의사의 해산

1935년 장제스는 독립된 지역을 비롯한 여러 지역으로 남의사의 활동 무대를 넓혀 나갔다.[1] 산둥, 허베이, 쓰촨, 윈난, 산시, 차할 및 기타 지방의 정책은 소위 '국민당 업무 재조직 위원회'를 설립하고자 하는 것이었다. 이 정책을 수행하기 위해서 남의사 부대가 설립되었다. 새로운 지역의 남의사 조직원들은 통제권을 확보하기 위해 여러 조직으로 파견되었다.

산둥 지방의 국민당원인 장웨이종(張維宗) 암살은, 그가 마음에 품고 있던 실질적인 목적을 지역 주민들이 알게 되었고, 또한 남의사의 정책을 폭로했기 때문에 일어난 것이었다. 산시 지방의 옌시산(閻錫山) 장군의 부대들도 남의사를 반대하면서 독립 조직을 세워 활동하는 조직원들을 추방하였다. 쓰촨에서는 저명한 남의사 지도자인 우궈광(巫國光)이 여러 파벌들의 반대를 무릅쓰고 총괄 본부를 설립하였는데, 아마 그 파벌들 가운데에는 청방도 있었을 것이다.[2] 1938년 남의사가 해체된 것은 거의 예측 가능한 일이었다. 장제스는 4년 넘게 남의사 조직과 국민당 내의 기타 파벌들과의 불화를 종식시키고자 쉴 새 없이 고심하였으나, 그러나 상황은 더욱 나빠졌다.

북벌(北伐, 1927년) 성공 이후 당 전체에 퍼졌던 낙관주의는 사라졌고, 공산주의자 및 일본인들과 힘든 투쟁을 겪으면서 국민당과 그 내부 기관에 조성된 임시 이권 연합에서는 계속해서 불화가 일어났다. 이어지는 파벌싸움을 벗어나 국민당의 일부 당원들이 설립한 남의사는 결국 해결책이 아닌 문제를 일으키는 씨앗이 되었다. 특히 CC단과의 대립으로 인해 남의사는 장제스에게 가치 있는 존재가 아닌 문젯거리가 된 것이다. 시안사변은 결국 그들이 해체하게 되는 계기가 되었다.

■ 내부 투쟁

시안사변이 일어나기 오래 전부터 남의사는 이미 장제스가 애초에 기대했던 바를 채워 주지 못했던 것이 분명하다. 이렇게 추측하는 이유 가운데 하나는 국민당 내에 만연했던 파벌주의가 남의사 조직 내에도 퍼졌기 때문이다. 1934년 초 남의사 지도층은 동료인 류지안췬에게 쓴 편지에서 다음과 같이 밝히고 있다.

처음 우리 조직이 성립되었던 무렵과 비교하면 세력도 많이 잃었고 자신감도 상실했다. 우리는 미래에 대한 꿈도 희망도 없다. 따라서 국가를 살리기 위해서는 우리가 가졌던 정신을 회복해야 한다. 당과 나라를 위해 하나가 되어야 한다. 솔직히 말해 지금 역행사의 정신이 과거와는 달라진 이유는 우리 주요 조직원들이 서로에 대해 따뜻하고 진실된 우정을 잃어버렸기 때문이다. 지도자(장제스)는 지금 우리 조직에 대한 공감을 조금씩 잃어버

리고 계시다.[3]

1930년대 중반 일본이 점령한 지역을 제외하고 중국이 통합되었을 때, 남의사의 내부 문제는 해결되지 않았고 CC단과 동족 살해의 비극에 점점 관련되었다. 1936년 말 무렵, 이런 문제들로 인해 남의사는 크게 세력을 잃었고, 조직 또한 당, 정부, 군대에 영향력을 행사했던 예전의 힘을 거의 잃었다. 결과적으로 남의사 조직원들은 그들의 열정과 조직에 대해 헌신하던 자세를 상당 부분 잃게 된 것이다. 또한 상하이와 농촌 일부 지역에서 남의사와 청방은 서로 권력을 차지하기 위해 자주 부딪히게 되었다. 이 싸움에서는 결국 남의사가 우위에 서지 못했다.

더욱이, 남의사는 주요 노동조합과 학생운동을 통제 및 조종하기 위해 노력했으나 장제스가 기대했던 결과를 가져오지는 못했다. 남의사가 기울인 최선의 노력에도 불구하고 CCP는 학생, 일반 사병들, 민족주의자 청년들 사이에서 점점 더 많은 지지 세력을 확보하게 되었다. 이런 상황에서 장제스는 남의사에 부여했던 임무들을 넘겨받을 새로운 조직이 필요하다는 결론에 이르게 된 것이다.

■ 장제스의 전략과 일본 : 시안사변(西安事變) 이전

공산주의자들은 정치적 임무를 완수하기 위해 항일(抗日)이라는 슬로건을 만들어 사람들을 동원하였다. 국민당, 특히 장제스는 더 약한 뜻의 배일(排日)이라는 슬로건을 계속 써 왔다. 이 두 표현의 함축적인 의미는 그 차이가 꽤 크다. 왕징웨이는 친일정책을 지지한 것으로 알려져 있기는 했지만, 중앙 정부 설립 7주년 기념행사 연설에서 "일본인에 대한 내 입장은 배일이 아니라 항일입니다"라고 의견을 밝혔다. 반면 장제스는 계속해서 배일을 주장하였다. 따라서 표현의 이런 근소한 차이로 인해 장제스의 일본에 대한 회유적인 접근법을 알 수 있다.[4]

공산주의자들은 장제스의 상대적으로 약한 노선에 맞서, 국민당은 감히 일본과 싸울 수 없다고 선전하며 청년층을 선동하는 데에 성공하였다. 급진적인 민족주의 프로그램을 통해 청년층을 조직하고 동원하는 것은 공산주의자들이 가진 능력 가운데 중요한 부분이었다. 삼민주의청년단을 설립한 것은 국민당이 CCP가 청년층을 동원하기 위해 앗아간 기반을 되찾기 위한 노력이었다. 일본에 대해 세운 장제스의 노선이 약했던 것 또한 근대 중국사에서 가장 주목할 만한 사건 중 하나인 시안사변의 원인이 되었다.

■시안사변

1936년 12월 12일 장제스는 시안에서 15마일쯤 떨어진 뤄양의 임시본부에서 납치되었다. 장제스가 납치되자마자 장쉐량(張學良)은 저우언라이(周恩來)에게 이 사실을 알렸다. 저우(周)는 어떻게 일을 진행해야 할지 크렘린에 조언을 구했는데, 그 이유는 CCP 당원들 대부분이 장제스를 처형하기를 원했기 때문이다.

그러나 1995년 자료에 의하면 장(張)은 류구이우(劉桂五)에게 장제스를 살해할 것을 명령했다고 한다. 류(劉)의 딸이 소장하고 있던 일기와 편지에서는 장이 류에게 장제스가 시안에 닿자마자 살해하라고 명령했다고 밝히고 있다. 장은 류에게 그의 명령은 당연히 최고 기밀사항이며, 어떤 일이 있어도 장제스를 처형해야 한다고 말했다. 3일 뒤 장은 류에게 했던 명령을 취소하였고, 상황이 바뀌어서 장제스를 처형할 필요가 없다고 말했다. 장쉐량은 또한 장제스를 살려 두어야 할 이유가

있다고 설명하였다. 분명 장제스가 일본인들을 상대로 싸우기 위해서
는 협력이 필요하다고 설득했을 것이다.[5]

코민테른(예: 제3인터내셔널과 그 관련 활동) 또한 일본에 맞서 중
국을 통합하기 위해서는 장제스가 중요한 역할을 할 수 있을 것으로
보았다. 모스크바－실제로는 스탈린－로부터, "모든 것이 장제스를
CCP와의 연합 전선에 끌어들인 뒤의 일"이라는 메시지가 왔다.[6] 스탈
린은 그 무렵 코민테른의 이익보다는 CCP의 이익이 그 의미가 더 작다
고 생각하고 있었다. 모스크바와의 자문 뒤 CCP의 대표 3명이 시안으
로 와서 억류 중인 장제스와 여러 차례 회합을 가졌다.[7] 저우언라이
(周恩來)는 장제스의 아들인 장징궈(蔣經國)가 소련에 머무는 동안 좋
은 대우를 받았다는 사실을 밝히면서, "당신 아들이 중국으로 돌아올
때가 되었습니다. 그는 러시아에 충분히 오래 머물렀고(장징궈는 1927
년 모스크바로 갔음), 나는 그가 안전하게 귀국할 수 있도록 모스크바
에 부탁해 보겠습니다"라고 말했다. 이런 제안으로 인해 장제스는 공
산주의자들과 화해할 것을 결심하게 되었을 것이다.[8]

이 회담은 CCP로서는 꽤 괜찮은 흥정이었고, 둘 사이에 이루어진 협
력의 구체적인 결과는 곧 나타났다. 1937년 1월 장제스는 CCP의 군대
에 자금을 지원하라는 제안을 받아들였다. 장제스는 군사적 목적으로
쓸 수 있게 매월 20만~30만 위안(100만~150만 달러)을 지원할 것을 약
속하였다.[9] 같은 해 2월, 장제스는 "통합을 위해 가장 중요한 부분은
형식을 통해서가 아니라 협력하겠다는 의지와 정신을 통해서 채워질
수 있을 것입니다. '좌익' 선전으로만 활용하지 않고 중도의 삼민주의
를 실천해야 할 것입니다." 공산주의자들은 쑨원의 삼민주의야말로 중
국이 일본 제국주의에 맞서기 위해 가장 필요한 이념이라고 선언하였으
며 그들은 민족주의 정부와 함께 '끝까지 저항'할 것임을 선언하였다.[10]

CCP가 시안에서 장제스의 양보를 받아내고자 했던 가장 중요한 사항은 남의사와 관련된 것이었다. 남의사는 특히 반공세력으로 활동했기 때문이다. 따라서 시안에서 CCP 협상가들이 연합 전선을 이루기 위해 제시한 조건들 가운데 하나가 남의사를 해체할 것을 제안했다는 사실은 놀라운 일이 아니다. 해체와 관련하여 합의한 구체적인 내용은 드러나지 않았지만, 아마도 그 내용은 남의사의 반공활동을 멈추어야 한다는 조건이었을 것이다.

장제스가 석방된 다음 날인 1936년 12월 26일, 그는 뤄양에서 성명을 발표하였다. 그는 CCP가 제안한 모든 조건에 서명하는 것은 거부했지만 중국에 실질적으로 도움이 되고 그의 약속을 지킬 수 있는 조건들은 받아들였다. 그는 '약속에 대한 충실, 실행에 대한 결정'을 공언하였다. 이 선언에 대해 마오쩌둥이 내놓은 논평은 다음과 같다.

> 장제스의 성명 가운데 일부는 감탄할 만한 것이었다. 약속에 대한 충실, 실행에 대한 결정.⋯우리는 그가 군대를 철수하라고 명령한 사실에 대해, 그가 약속한 조건들을 충실하게 지키는 그의 능력과 신뢰를 보여주는 것이라고 간주한다.[11]

결과는 곧바로 나타났다. 1937년 1월 정부는 '공산주의자 억압 캠페인'을 멈추었고, 남의사의 활동도 주로 중국에서 일어나는 친일 활동과 관련하여 집중적으로 이루어졌다. 스노(Edgar Snow)는 '남의사의 특별 헌병대는 공산주의자에 대한 간첩 활동은 계속했지만 그들에 대한 납치와 고문은 멈추었다'고 밝혔다. 1937년 2월 21일 국민당의 CEC는 '적색 위협 근절'이라는 이름의 해결책을 제시했는데, 호전적인 제목에도 불구하고 이것은 실제로 공산주의자들에게 '새로운 시작'을 할 수 있도록 기회를 제공하려는 것이었다.[12]

■남의사에 대한 도전

남의사로서는 시안사변이 여러 측면에서 중요한 의미를 갖고 있었다.

첫째, 많은 중국인들이 남의사에게 품고 있던 증오를 공개적으로 표현할 수 있게 된 것이다. 이런 감정을 엘킨스(Elkins)는 '1924~27년 장제스의 북벌 완성 후 처음으로 중국인들이 원하는 대로 생각하고 원하는 대로 말할 수 있는 자유를 갖게 되었다'고 밝혔다.[13]

시안사변이 일어나기 전부터 시안에서는 남의사가 실질적으로 활동하고 있었다. 수백 명의 급진주의자들을 살해하고 납치 및 투옥시킨 것으로 신뢰를 얻은 장제스의 조카 장샤오시안(蔣孝先) 사령관이 지휘하는, 소위 남의사 특별 봉사대인 헌병 제3연대 소속 1,500명의 군인들이 수개월 전에 시안에 도착했기 때문이다. 그들은 싼시(陝西) 지방에서 간첩 활동 조직을 세워 엄청나게 진전된 반일 대중 운동을 억압하는 역할을 하였으며, 혐의를 받고 있던 공산주의 학생들, 정치인들, 군인들을 체포 및 납치하기 시작했다.

시안사변이 일어나자 이에 대한 복수가 이루어졌다. 그 무렵 시안에 있던 남의사의 지도자들이 총살을 당하거나 군사적 억류를 당했다. 포로로 잡힌 첫 번째 장교는 장(蔣)이었다. 북부 혁명군이 그가 누군지를 알고는 곧바로 총살하였다.[14]

둘째로, 남의사는 장쉐량의 본부에 요원들을 배치해 놓은 상황에서 예상치 못했던 일이 벌어지자 어느 정도 책임감을 느꼈다. 야심에 찬 기밀 조사부가 더 많은 정보를 확보하고 있었다면 장제스가 납치되는 상황은 막을 수 있었을 것이다. 장제스가 납치되기 불과 며칠 전 남의사는 시안 경찰서와 제휴하여 친(親)공산주의자로 의심되는 사람들의 명단을 뽑아 이들을 체포하였다. 이들을 체포했다 해도 장제스의 납치를 가로막을 수는 없었으므로, 남의사가 엉뚱한 사람들을 체포했다는 비난을 피하기는 어려웠을 것이다. 남의사가 지도자의 신변 안전을 위해서는 헌신적인 조직이었다는 점에서 시안사변은 끔찍한 재난이었음에 틀림없다.

셋째로, 시안사변 때 남의사가 취했던 조치는 이후 그들이 해체되는 결정적인 요인이 되었던 것으로 보인다. 그들은 장제스가 납치되어 있는 동안 납치한 사람들에게 군사력을 가해야 한다고 주장하였다. 지도자의 석방을 협상하려는 시도는 하지 않고, 남의사의 그 무렵 사무총장인 덩원이(鄧文儀)는 장쉐량이 장제스를 비행기에 태워 신장(新彊)－혹은 소련－ 으로 데려갈까 봐 걱정하고 있었다. 따라서 덩(鄧) 스스로의 시나리오를 바탕으로 중국 북부 지방의 중앙군 사령관들에게 시안을 둘러싸고 공격할 준비를 하라고 지시하였다.[15]

난징에서 퉁관(潼關)으로 급히 군대를 보내었고, 수많은 마을이 폭격을 당했다. 관용 비행대가 시안의 지붕 너머 낮게 날아다녔고, 엔진 소리 때문에 장제스는 안심할 수가 없었다. 감금 후 몇 시간 뒤, 린퉁(臨潼) 너머 언덕에서 첫 공습이 시작된 전후가 장제스에게는 최악의 순간이었을 것이다.[16]

동시에 국민당 작전부 장관인 허잉친(何應欽)이 지휘하는 친일 파벌 또한 시안에서 군사작전을 실시하려고 했다. 상황을 주시하면서 허(何), 왕징웨이, 쿵샹시(孔祥熙)는 반공 및 친일 파벌을 조직하고자 했다. 결국 아무 일도 일어나지 않았지만, 장제스로서는 그의 측근들 가운데 얼마나 많은 사람들이 그가 그 자리를 떠나기를 원하는지 깨달을 수 있는 유익한 경험이었을 것이다.

그런 극단적인 상황에서 장제스는 가장 믿을 수 있는 보병대인 남의사에 더욱 의존하게 되었을 거라고 예상할 수 있다. 그러나 장제스는 남의사 지도층의 지혜와 이들 활동의 효과성에 대해 이미 실망한 상태였다. 장제스는 CC단, 남의사의 적극성이 없음을 스스로 인정하고, 또한 난징정부의 현황을 누구도 알려주지 않고 있다는 현실과 또한 신속한 조치를 취하고 있지 않다는 사실에 난징정부 관료들의 무능력함을 비난하였다. 결국 장제스는 그들이 자신의 신변 안전에 대해 더욱 관심을 가져야 한다고 판단하였다.[17]

장제스는 석방된 뒤 얼마간 남의사에 대한 국민들의 강한 증오와 예측 가능했던 상황에서도 정확히 대처하지 못했던 무능함에 대해 반성하는 시간을 가졌다. 위기를 겪으면서 남의사의 대처 능력은 무능한 것을 넘어 그 이상임이 드러났고, 장제스가 더 이상 안전하다고 느낄 수 없는 정도까지 가게 된 것이다.

따라서 장제스는 늦추지 않고 곧바로 남의사에 대한 조치를 취했다. 그는 남의사의 주요 지도자들을 모아 조직의 향후 거취에 대해 논의하였다. 그는 앞으로는 남의사의 활동 무대를 남서 지방으로 제한해야 한다고 제안하면서, 전국적으로 남의사 운동을 재조직할 것을 명령하였다.[18] 아마도 남서 지방이 분쟁의 주 무대인 중국 북부 지방으로부터 안전을 확보할 수 있는 지역이며, 또한 CCP가 통제하고 있는 지역으로부터 벗어날 수 있었기 때문일 것이다.

1938년 국민당 문서를 보면, 중학교 교사인 리저우위엔(李偶元)은 반(反)역행사 단체를 조직하였다고 밝히면서 공산주의자들의 활동을 설명하고 있다.[19] 국민당은 이 문서를 발견하고는 리(李)와 그 그룹의 활동을 조심스럽게 조사하였다. 그들의 활동은 주로 구이저우(貴州) 지방에 제한되어 있었으며, 그들의 목표는 '파시스트' 실행회의 활동을 방해하는 것이라는 사실을 알게 되었다. 반(反)역행사 단체의 신념은 확고했다. 중국은 매우 어려운 시기에 부딪쳤고, 일본 제국주의에 맞서 싸우기 위해서는 모두 힘을 합쳐야 한다는 것이었다. 여기에는 남의사와 같은 권위적인 파시스트 조직이 차지할 자리가 없었다. 결국 반(反)역 행사 단체가 상대적으로 강한 조직이 되면서 남의사는 대중들의 눈에서 사라지는 선택을 하게 되었을 것이다.

■ 다이리(戴笠)의 집념

장제스가 1937년 추진하려고 했던 조치는 분명한 방향성을 갖고 있었는데, 남의사의 주요 기능 3가지를 분리하는 것이었다. 첫째, 반공 투쟁은 더 이상 정치적으로 적절하지 않으며, 이 지역에서 남의사의 활동이 다른 활동과 겹친다는 것이다. 둘째, 중국의 도덕적 및 정치적 갱생을 위한 작업은 신생활운동의 관할 하에 진행되었으며, 새로운 조직인 삼민주의청년단으로 통합되었다. 남의사의 활동 중 장제스가 여전히 가치 있다고 판단한 유일한 것은 기밀 조사부였다.

다이리의 기밀 조사부는 1937년 개혁에서 제외되었다. 아마도 위기를 겪는 동안 다이리가 보여준 충성심과 대단한 용맹 때문이었을 것이다. 그는 목숨을 걸고 시안에 가서 협상을 추진함으로써 장제스의 신임을 계속 받게 되었다.

다이리는 시안사변에 대해 매우 낙담하였으며 그 일이 일어난 것에 대해 자책하였다. 1936년 12월 22일 장제스의 석방을 위해 장제스의 부인 쑹(宋)과 함께 시안으로 가기 전에 사령관들을 모아 놓고 다음과 같이 말했다. '만약 장제스를 안전하게 데려오는 임무에 실패한다면 나는 기필코 자결할 것이다. 그럼에도 불구하고, 나는 우리 모두가 혁명에 헌신하기를 바란다.'[20]

다이리가 시안에 도착했을 때, 결국 다이리는 장쉐량 관저의 지하에 구금되었고, 그곳에서 장제스에게 편지를 썼다.[21] 1936년 12월 25일 그는 장제스와 그의 지지자들과 함께 석방되었다.[22] 이렇게 위험한 상황에서 다이리가 가진 생각과 태도는 그의 유교적 사상에 바탕을 둔 것이었다.

어떤 상황에서도 그런 충성심은 드문 것이었지만, 국민당 내에서도 거의 전례가 없는 일이었다. 장제스는 다이리를 단순히 강등시키거나 무시할 수 없는 지지자로 인정하였고, 남의사를 재조직하면서 자신의 충성스러운 부관을 주요직에 앉히기로 결정하였다.

■장제스의 새로운 전략과 민족주의세력

1937~1938년 장제스가 개혁 과정에서 가장 고민했던 부분 가운데 하나는, 남의사가 대중들 사이에서 민족주의를 활용하는 인민주의적 기관을 대표했다는 점에서, 일종의 선두 엘리트의 이미지에서 탈피하고자 하는 것이었다. 특히 장제스는 남의사의 월권으로 인해 당에서 멀어진 학생 민족주의세력으로부터 엄청난 힘을 끌어내고자 했다. 이들 세력은 새로 조직된 국민당에서 급진적이고 헌신적인 새로운 간부들로 자리매김하게 될 것이었다. 1920년대와 30년대 중국의 학생 운동은 일상적인 정치 생활의 일부로서, 지도자들의 결정에 영향을 미쳤으며, 반(半)식민지 상황에서 벗어나 중국이 자유를 되찾고 사회 및 경제 기관을 근대화하고자 하는 운동에서 중요한 지위를 차지하였다. 국민당과 공산주의자들은 학생 민족주의자와 급진주의자들을 정치세력으로 조직하여 이용 및 지휘하고자 하였다. 특히 공산당은 30년대에 이 작업에 성공한 것으로 드러났다.[23]

1930년대 일본의 공격으로 인해 중국 민족주의자들의 이익을 효과적으로 보호해 주던 국민당의 명성에 흠이 생겼다. 중국 내에서 장제스와 그의 회유정책에 대한 비난은 일본에 대한 비난만큼이나 거셌다. 장제스가 1936년 12월 4일 시안에 도착했을 때 공산당원들 뿐 아니라 학생과 서민들까지도 그를 기다리고 있었다. 특히 어린 학생들은 일본에 맞서 싸워야겠다는 장제스의 민족주의 감정에 자극을 주었다.

1936년 9월 18일부터 12월 9일까지 시안 거리에서 6번의 거대한 시위가 일어났다. 장제스가 납치되기 3일 전인 12월 9일 수천 명의 학생들이 시안에서부터 린퉁에 있는 교외 본부까지 행진하면서 일본에 즉시 저항하여 내전을 끝내자고 호소하였다.[24]

장제스는 시위를 묵살하였고, 심지어 몇몇 학생들을 체포하라고 명령하기도 했었다. 그러나 납치되기 전에는 학생들의 말에 귀 기울일 준비가 되어 있지 않았던 그가 석방 뒤에는 학생 민족주의를 활용하는 데에 분명히 관심을 가졌을 것이다. 그는 학생 민족주의는 많은 부분 감정에 기반을 둔 것이며 따라서 매우 변덕스러울 것이라고 생각하였다. 또한 학생들이 '모든 것을 희생하기' 위해 준비한 것은 단지 순간적인 반응일 뿐이라고 이해했던 것이다. 그가 이 민족주의적이고 자기희생적인 본능을 지휘하고 훈련시킬 수 있었다면 그의 사령부에는 어마어마한 정치세력을 확보할 수 있었을 거라는 사실을 깨닫게 되었다.

1936년 남의사의 대표적 정기간행물인 『치안투(前途)』에는 학생 민족주의 운동에 대한 조사 내용이 실렸다.[25] 그 결론은 다음과 같다.

지금부터 학생 민족주의 운동이 가야 할 바른길은 세 가지 원칙에 바탕을 두어야 한다. 이것이 중국을 구제할 수 있는 기반이 될 것이다. 첫째, 공부하려는 노력, 둘째, 신체적인 힘을 기르는 것, 셋째, 건강을 유지하는 것이다.

그 무렵 장제스와 그의 수하들은 국민당에 새로운 청년 조직을 구성하기 위해 상의하고 있었는데, 학생 운동의 3가지 원칙을 다룬 『치안투』

기사에서 삼민주의청년단이라는 이름에 대한 아이디어를 얻었다고 볼 수 있을 것이다.

대중들 —특히 장제스가 끌어들이려고 했던 조직— 은 (1937년 가을과 겨울 동안 충분히 준비한 후에—아래 내용 참고) 1938년 2월 9일 한커우의 중산(中山)공원에서 대규모 시위를 조직하고자 하는 장제스의 계획을 알게 되었다. 약 3만 명의 학생들이 모여서 일본 공격을 규탄하였으며, 여기에 참여한 조직은 청년행동대, 후베이학생회 연합, 우한학생회 연합, 광시학생군, 중국동자군(中國童子軍) 외 다수였다.

시위는 펑원카이(彭文凱)가 조직하였고 주요 이슈는 국민당과 장제스의 지휘 아래 뭉치고 중국 재건을 위한 싸움을 위해서 중국의 청년층을 불러 모으자는 것이었다.[26] 이에 대한 장제스의 대답은 삼민주의청년단이었다. 그는 이 새로운 조직이 중요한 간극을 메울 수 있을 거라고 보았다. 신생활운동은 유교의 가르침에 따라 중국인들의 생활 방식에 더 많은 규율을 적용할 수 있도록 가르치려는 의도였던 반면, 남의사는 국가를 군국주의화하려는 의도를 갖고 있었던 것이다. 실제로 쑨원의 가르침에 따라 중국 청년층을 이끌면서 그들에게 영향을 미칠 수 있는 체계적인 조직이 없었던 것이다.

■장제스의 도전 : 나치 독일

남의사가 해체되는 것과 나치 정부가 보낸 독일 자문관들이 철수하는 일은 거의 동시에 일어났으며, 이 조치들은 1938년 2월 독일이 만주의 존재를 알게 된 직후에 이루어졌다. 이때 중국과 독일 사이에 수년 동안 존재해 왔던 우정에 변화가 생겼는데, 이것은 일본에 있던 나치들의 관심으로 인해 비롯된 것이었다.

이 책의 2장에서도 다루었다시피, 독일 자문관들은 국민당의 지도층이 극우 성향을 갖게 되는 데에는 영향을 미쳤지만 남의사의 설립에 직접 개입하지는 않았다. 1938년 6월 그들이 갑자기 중국에서 떠난 것은 남의사가 해체된 것과 연관이 있었다고 볼 수 있다. 독일과 일본의 정치 발전 측면에서 볼 때, 1937년까지 중국에 자문관들이 머물렀던 것은 독일로서는 예외적인 것이었다. 독일과 반(反)코민테른 협정을 맺은 일본은, 일본에 적대적일 뿐 아니라 시안사변 이후 CCP와 동맹을 맺은 중국 정부에게 제3제국(나치 독일)의 불합리함을 지적할 수 있게 되었다. 그 무렵부터 일본은 독일 정부에게 자문관들을 철수시키라는 압력을 넣기 시작했다. 결국 38년 5월 독일의 외교부 장관인 폰 리벤트롭(von Ribbentrop)은 자문관들에게 곧바로 철수할 것을 명령하였다.[27] 주중(駐中) 독일 대사였던 트라우트만(Trautmann)은 철수를 늦추기 위해 마지막 순간까지 협상을 했지만 1938년 6월 말 그 자리를 떠나게 되었고, 폰 팔켄하우젠(von Falkenhausen) 장군이 지휘하던 독일 자문단은 7월 5일 한커우를 떠났다.

거의 동시에 남의사가 해체된 것은 우연의 일치가 아니었다. 두 사건 사이의 인과관계를 밝혀줄 구체적인 증거는 없지만 이에 대한 추론은 할 수 있다. 장제스는 이 가운데 정책을 펼치는 지도자였다. 그는 중국에 대한 독일 정부의 정치적 태도가 변하는 것을 보고 깜짝 놀랐으며, 일본 외교관들이 독일 자문관들에게 중국에서 철수할 것을 요구하며 거센 압력을 가하고 있다는 사실을 알고 있었다. 이런 상황에서 조직을 해체했다는 것은 특별한 의미가 있을 것이다.

먼저, 전쟁 상황에도 불구하고 중국이 결국 이 반일 조직을 해체하기를 원하는 일본인들의 소원을 들어주었다고 보여주려는 회유적인 제스처라는 것이다. 반면에 장제스는 독일의 태도에 대해 매우 불쾌해 했으며, 파시스트 남의사 - 역행사를 해체함으로써 이런 감정을 드러낸 것이다. 이로써 그동안 이어져 왔던 유대관계는 깨지게 되었다.

자문관과 독일 대사가 철수했음에도 불구하고, 중국과 독일 간의 외교관계는 여전히 유지되었다.[28] 이것은 국민당과 HAPRO[29] 간의 HAPRO 교환 협정이 '제한적'이기는 하지만 여전히 잘 유지되고 있었던 것을 보면 알 수 있다. 거의 동시에 중국 - 독일 문화 연합의 의장이던 주자화는 1938년 12월 30일 『트란스오션 뉴스 서비스』(Transocean News Service)와 『도이츠 나하릭턴 뷰로』(Deutsche Nachrichten Büro)의 기자단과 함께 한 인터뷰에서 중국과 독일 모두 혜택을 받을 수 있다고 강조하면서 '문화적' 협력을 꾸준히 이어가야 한다고 주장하였다.[30]

남의사를 해체한 것이 중국 파시즘의 종말을 뜻하는 것인지 여부를 결정하기 위해서는 중국 파시즘이 독특한 성격을 갖고 있었다는 사실을 기억해야 한다. 어느 정도는 유럽 파시즘으로부터 자극을 받기도 했지만 대체로 일본 파시즘과 많이 닮아 있었고, 그러나 특유의 중국식 해석을 갖고 있었다. 결론적으로 중국 파시즘은 이전보다 훨씬 작은 형태이기는 하지만 여전히 존재한다고 말할 수 있을 것이다. 삼민주의청년단은 어떤 면에서는 중국 파시즘을 대외적으로 드러낸 것이라고 해석할 수 있을 것이다.

2. 삼민주의청년단 성립

삼민주의청년단에 대한 연구는 상대적으로 무시되어 왔다. 하나의 예외는 로이드 이스트만이 작성한 보고서로, 조직의 전반적인 역사를 설명하고 있는 부분이 있다.[31] 그는 청년단의 목표와 활동, 국민당과의 충돌, 그리고 1947년 국민당과 결국 합병하게 되었던 과정을 검토하였다. 여기서 주목할 것은 삼민주의청년단이 설립된 목적이며, 이것이 또한 남의사가 왜 해체되었는지를 설명해 줄 수 있을 것이다.

■삼민주의청년단과 히틀러 유겐트

청년운동에 대한 모델을 고려하면서 국민당은 다른 나라의 운동, 예를 들면 프랑스 청년 체육(Culture Physique de Jeunesse de France), 영국의 보이스카우트 등을 진지하게 검토하였다. 더욱 정치적인 사례로는 콤소몰(Komsomol, 소련 정치조직), 이탈리아 파시스트 청년단, 그리고 더욱 중요한 히틀러 유겐트도 고려 대상이었다.[32] 남의사는 '치안투'에 이탈리아 청년단 Balilla에 대한 연구 내용을 기사로 실었다.[33] 이 조직은 8~14살의 소년으로 구성되었으며 무솔리니가 단장을 맡고 교육부에서 설립한 것이었다. 이탈리아 청년운동의 목표는 청년층의 정신과 효율성을 높이고 그들에게 조직적 체계를 가르치는 것이었다.

어떤 모델을 참고했든지 간에 일반적인 역사적 견해는, 삼민주의청년단이 특히 히틀러 유겐트의 파시스트 원칙을 따랐다는 것이다. 야프(Phillipe Jaffe)는 장제스의 책, '중국의 운명'[34]에 대한 논평에서 둘 사이의 공통점에 주목하고 있다.

이 시기 동안 또 다른 중요한 사항은 삼민주의청년단을 설립한 것으로, 장제스가 이 조직을 아주 높게 평가하였다. 히틀러 유겐트와 매우 비슷한 점을 갖고 있는 이 조직은 국민당 엘리트층이 중국 청년층에 대한 정책과 통제권을 실행하기 위해 활용했던 주요 수단이었다.[35]

실제로 삼민주의청년단이 어느 정도까지 히틀러 유겐트와 유사한지에 대해서는 여전히 논쟁의 대상이 되고 있다. 1938년 비상 의회 이후 국민당 대표들은 독일 관료들에게 접근하기 시작하면서 히틀러 유겐트와 나치당(NSDAP)의 구조 및 조직에 대한 정보를 요청했다. 예를 들면 중국 주재 독일 외교관인 라우튼슬라걸(Lautenschlager)은 나치당과 관련된 자료를 제공해 줄 것을 중국 관료들로부터 요청받기도 했다. 이와 관련하여 그는 1938년 5월 16일 베를린의 독일 외무부에 다음과 같이 보고하였다.

새로 지명된 당 총서기이며 전(前) 운송부 장관인 주자화는 독일에서 유학하였으며, 나치당을 모델로 하여 국민당을 변화시킬 계획과 관련하여 저에게 연락을 취해 왔습니다. 독일에서 교육을 받은 또 다른 국민당 대표이며 전 독일 – 중국 문화연합의 의장 장량런(張梁任) 박사도 같은 용건으로 저를 만나러 오기도 하였습니다.[36]

삼민주의청년단 설립과 관련하여 Lautenschlager은 다음과 같은 논평을 하였다.

나치당을 모델로 하여 국민당을 재조직하려는 계획 아래 중국 청년운동이 진행 중이다. 현재 이 운동은 히틀러 유겐트를 모델로 하여 독일어를 구사하는 두 장군 쉬페이근(徐培根)과 구이용칭(桂永淸)의 지휘 아래 조직되고 있다. 나는 처음에 나에게 연락해 온 두 장군 모두와 견해를 주고받기도 했다. 나는 그들에게 정부청년회 조직(RJF, Reichs Jugend Führung)에서 활동했고, 지금은 한커우에서 펄키쉬 버오박탈(Völkische Beobachter) 특파원으로 일하고 있는 쉔카(Wolf Schenke)에게 자문을 구해 보라고 조언해 주었다.[37]

독일의 다른 특보도 삼민주의청년단이 설립되었다고 보도하고 있다.[38] 1938년 6월 18일 장제스는 삼민주의청년단을 설립한다고 발표하였다. 그의 연설은 독일 민족사회주의 개념을 떠올리게 한다. 장제스는

'청년은 혁명의 보증인이다. 그들은 국가의 신생활을 대변한다'고 역설하였다.

이 연설문에서 장제스는 청년단의 주요 임무는 일본 침략에 맞서 저항하는 것이며, 국가 재건 프로그램을 완수하는 것이며, 중국의 민족혁명을 지속 및 실현하는 것이라고 강조하였다. 그는 이 임무를 달성하기 위해서는 중국의 청년층이 하나로 통합되고 공동 프로그램을 통해 교육을 받아야 한다고 주장하였다. 또한 중국의 생존과 그의 필생의 사업이 일본의 위협을 받고 있는 현실을 걱정하며, 미래에도 이 모든 것이 안전하게 보장되어 있기를 바란다고 역설하였다. 가장 중요한 것은 청년단에 대해 장제스가 마음에 품고 있던 구상이 그의 연설에 반영되었다는 것이다. "우리 청년들은, 다양한 정치적 신념과 운동이 생성되고 발전하는 것을 허용했던 다른 나라의 청년 조직 사례를 좇아서는 안된다"고 밝힌 것이다.

독일인들은 '독일 청년 헌법'에 대한 정보가 담긴 보고서를 중국어로 번역하는 등 국민당으로부터 요구받았던 자료를 상당량 전달한 것으로 보인다. 보고서에서는 정당과 국가 내에서 청년층의 지위(Stellung der Jugend in Partei und Staat)에 대해 설명하고 있으며, 히틀러 유겐트의 구조 및 조직에 대한 자세한 내용을 담고 있다. 국민당 관료들은 또한 볼프 쉔카와도 접촉하였는데, 이 사실은 쉔카(Schenke)가 베를린의 정부 관료에게 보낸 편지에서 확인할 수 있다.[39]

하나의 신념, 하나의 정당, 하나의 의지

1938년 3월 29일부터 4월 1일까지 우창에서 열린 국민당 비상 의회[40]의 개회식에서 장제스는 다음과 같이 선언하였다.

> 정당의 형태는 지속되고 있지만, 정당의 정신은 거의 다 사라졌다. 당원의 대부분이 낙담하고 있으며, 생활은 안정적이고, 열정이 모자라며, 일하는 자세는 나태해졌다. 이들은 안일함과 쾌락만을 찾으며, 사리사욕을 위해 권력을 좇고 싸우고 있다.…이들이 어떻게 혁명적인 당원이 될 수 있을 것인가?[41]

이 말들은 남의사 설립을 구상하던 1931년 10월에 류지안췬이 내놓은 수필 '정당 개혁을 위한 몇 가지 아이디어'에서도 나타나 있다. 그러나 장제스는 그 무렵 기존의 모든 정당들을 해산시키고 국가 통합을 위해 새로운 정당을 세우고자 국민당을 준비하고 있었다. 장제스는, 중국은 '하나의 신념, 하나의 정당, 하나의 의지'를 가져야만 한다고 발표했는데,[42] 이 표현은 히틀러의 비책인 'Ein Volk, Ein Reich, Ein Führer'(하나의 국민, 하나의 국가, 하나의 지도자)를 강하게 떠올리게 한다.

1937년 일본과의 전쟁이 일어나기 전 장제스는 이미 청년단 설립에 대한 구상을 갖고 있었다. 청년단을 발족하려는 계획은 약 10년 동안 국민당 지도층 내에서도 구상 중이던 것이었고, 실제로 이 주제에 대해 최소한 다섯 번에 걸친 별도의 회의에서 논의한 적이 있었다.[43] 그 무렵 가장 최근의 회의는 1935년 12월 젊은 당원들을 위한 훈련과 관련된 것이었다. 제5차 국민당 CEC의 1차 총회에서 '당원 6명이 공산주의 러시아, 파시스트 이탈리아, 나치 독일에서 성공을 거둔 당 청년 훈련 사례를 답습하자고 당에 요청하였다.'[44]

중국과 일본 사이의 격렬한 전투 중에 우창에서 비상 의회가 개최된 것은 1938년 3월이었다. 이때 장제스의 제안이 공식적으로 채택되었는데, 그는 삼민주의청년단을 세우자고 제안하면서 국민당 내의 모든 경쟁 파벌들을 포섭하고자 하였다. 결과적으로 남의사와 CC단의 청백사(靑白社)를 포함하여 정당의 모든 '소규모 내부' 조직들이 해체되었다고 발표하였다. 장제스는 청년단의 모든 구성원들이 서로 간의 차이는 일단 무시하고 함께 일할 수 있기를 희망하였다. 3개월 뒤인 6월 삼민주의청년단이 공식적으로 발족되었다.

장제스는 그의 국가 '저항과 재건' 프로그램의 성공 여부는 이를 지지할 중국 청년층의 의지에 달려있다는 사실을 깨달았다. 장제스는 그의 목표를 분명히 강조하면서, 특히 중국 학생들에게 영향을 미치고 싶어했다. 따라서 그는 삼민주의청년단이 해야 할 역할과 여기에 가담하는 모든 중국 청년층의 임무를 강조했다.

저항전이 시작된 뒤 나는 청년층의 긴급한 요구에 답하고자 국민당의 신생활을 열고 중국 민족에게 새로운 추진력이 될 수 있기를 바라면서 곧바로 삼민주의청년단을 조직하였다....이 위대한 시기에 쑨원의 삼민주의를 혁명지침 교리로 삼고 4억 5천만 명의 국민을 갖고 있는 나라가 다른 나라에 정복될 수 있겠는가?[45]

■청년단 설립자들

애초에 삼민주의청년단을 설립하자고 제안한 것은 천리푸, 류지안췬, 캉저, 그리고 장제스 등 4명이었다. 그들은 청년단을 설립하기 위해 정기적으로 모임을 가졌고, 이것은 남의사가 설립되기 전에 여러 차례 비공식 회의를 가졌던 것과 비슷하다.

첫 번째 회의는 난징에 있는 장제스의 관저에서 1937년 9월 중반에 있었다. 여기서 장제스는 참석자들에게 '지금 일본과의 전쟁이 시작되었고, 우리는 더 이상 소규모의 비밀 조직이 필요하지 않다. 지금 우리에게 시급하게 필요한 것은 대규모 조직이다'라고 말하였다.[46] 장제스는 모든 중국인들, 특히 청년층이 참여할 수 있는 조직의 필요성을 인식하고 있었고, 이에 대한 계획을 세워 보라고 캉저에게 지시하였다.

2차 회의 때는 천리푸가 남의사와 CC단의 구성원들을 초대하여 회의에 참석하도록 하였다. 이 회의에서는 남의사와 청백사(=CC단) 두 조직의 해산을 발표하였고, 장제스는 천에게 몇 마디 할 것을 제안하였다. 천은 장제스가 1차 회의에서 했던 말을 일부 되풀이하면서

> 우리는 전쟁에서 적의 정규세력을 막을 수 있는 정규군이 필요합니다. 그러나 또한 우리는 게릴라 투쟁을 실행할 특수부대도 필요합니다. 남의사와 청백사는 특수부대와 같습니다. 정규군이 전쟁을 하는 동안 우리 특수부대는 이를 지원할 애국심 많은 청년들을 고용합니다. 우리의 정규군은 지금 전쟁을 시작하였고, 이제 더 이상 특수부대가 필요하지 않아 해산하려고 합니다. 우리의 조치가 무엇이든 간에 우리는 단지 장제스의 명령만을 따를 뿐입니다. 우리에게는 우리만의 특별 임무가 없습니다.[47]

캉저와 류지안췬은 삼민주의청년단이라는 이름으로 새로운 조직을 설립하자고 제안하였고, 천리푸는 국민당을 언급하면서 이름에 더 많은 단어를 넣자고 제안하였다. 그는 중국 - 국민당 삼민주의청년단이라는 이름을 제안하였다. 결국은 참석자 전원이 더 짧은 이름을 쓰기로 합의하였다.

일단 주요 지도자들 사이에 합의가 이루어진 뒤, 장제스는 1938년 1월 후베이성 한커우(漢口 : 현재 우한의 일부)에 있는 관저에서 다시 회의를 열었다. 4명이 나누었던 회의의 결과는 당 최고위층에게 공개되었다. 참석했던 모두가 이 구상에 열광하지는 않았지만, 장제스는 만약 중국의 행복을 위해서 필요하다면 국민당의 이름도 바꿀 수 있다고 선언함으로써 그들의 불평을 가로막았다.[48]

3. 삼민주의 세뇌교육과 청년단

1938년 6월 16일 청년단을 발족한다고 전국적으로 발표하는 연설에서 장제스는 다음과 같이 말하였다.

청년단의 목표는 중국 인민들의 생존 문제와 분리될 수 없습니다. 청년들은 우리 혁명의 개척자이며 중국의 신생활입니다. 청 왕조를 반대하는 혁명이 시작될 때, 그리고 1926년 군벌에 반대하던 운동에서도 그 구성원의 대부분은 청년들이었습니다. 따라서 지금 나는 다시 한 번 청년들이 맡아야 할 중요한 임무를 강조하는 바입니다.[49]

장제스는 청년단을 설립하면서 저항전을 계기로 혁명 지지자들과 함께 일할 수 있는 체계를 마련할 수 있기를 바랐다. 파벌주의를 뿌리 뽑는 것과는 별개로, 청년단을 설립하여 청년들을 유도한 것은 아마도 정당을 개혁하는 또 다른 수단이 되었을 것이다. 시작부터 끝까지 대부분의 국민당 지도자들은 청년단에 대해, 여러 측면에서 새로운 추진력이 될 것이며 새로운 피를 수혈 받을 수 있는 수단이라고 여겼다. 청년을 설명하는 '혈세포(血細胞)'라는 표현은 청년단을 발족하던 무렵 위의 메시지에서 처음으로 쓰였다.[50]

청년단의 사령관으로 임명된 장제스는 우선 청년단의 목적은 중국 청년층을 조직하고 훈련하여 '저항과 재건' 캠페인[51]을 성공적으로 이끄는 것이라고 강조하였다. 둘째, 장제스는 새로운 혁명세력이 될 인민들을 중앙으로 집중시키고자 하였다. 셋째, 그는 삼민주의를 초기에 실현하고자 하였다. 캉저가 청년단 단원들의 훈련을 지원하였다.

서양의 사상과 외국 문화가 중국 사회에 미치는 영향력은 점점 커졌는데, 대다수의 국민당 지도자들은 이런 상황을 반기지 않았다. 이런 상황에 대처하기 위해 장제스는 쑨원의 삼민주의를 불교나 기독교와 같은 종교처럼 변형시키자고 제안하였다. 어릴 때부터 중국 청년들을 삼민주의로 교육시키는 것은 중국인들에 대한 외국의 영향력을 억제하기 위한 것이었다.

또한 청년들을 공산주의 청년단으로부터 끌어오기 위해서 새로운 조직은 농촌 지역에 초점을 맞추었다.[52] 특히 그 무렵 연안 북서부 지역의 공산주의자들은 청년들, 심지어 10살쯤의 아주 어린 소년들을 채용하는 데에 적극적이었다. 더욱이 청년들은 적군파의 정신에 열광하였다. 삼민주의청년단이 설립된 뒤 CCP는 국민당에 이의를 제기하면서, 국민당 지도층에서 명령한 대로 중국의 모든 청년들이 청년단에 가입해야 하는 것은 아니라고 선언하였다.[53]

청년단은 1938년 7월 9일 공식적으로 발족되었고, 그 본부는 우창에 두었다. 청년단은 처음에는 쑨원의 삼민주의의 가르침을 기반으로 하여 일본과의 전쟁 기간 동안 '저항과 재건' 프로그램을 실천하기 위해 가르치고 훈련시키는 것을 목표로 16살에서 20살 사이의 청년들로 구성하였다. 청년단은 이후 국민당원들에게 하나의 '양성소'와 같은 의미를 가졌다.[54] 국민당의 정식 당원이 되려면 최소한 20살이 되어야 했지만, 청년단의 경우 16살부터 단원으로 지원할 수 있었다. 예비 단원들은 국민당원 2명의 추천서를 제출해야 했다. 훈련에 필요한 평균 시간은 1년이었으며, 국민당원이 되기 위해서는 청년단에서 4년을 보내야 했다. 이후 비상 의회를 열어 국민당의 수습 기간 제도를 폐지하였고, 따라서 청년들은 바로 청년단에 지원할 수 있게 되었으며, 이후에 자동적으로 훈련을 잘 받은 국민당원이 될 수 있었다.

1938년 청년단을 설립할 무렵 국민당의 목표는 여러 파벌들이 함께 일할 수 있는 플랫폼을 제공하고 신선한 인재를 끌어들일 수 있는 매개체로서 모체 정당을 개혁할 수 있는 수단으로 청년단을 활용하려고 했던 것으로 보인다. 공식적으로 삼민주의청년단은 국민당의 청년 파벌이었다. 그러나 설립된 뒤 처음 몇 년 동안은 38살 이상의 국민들도 정식 단원이 될 수 있었다. 따라서 단원들의 나이와 직업 구조를 볼 때 설립 뒤 처음 몇 년 동안은 중년층 조직처럼 보였다.

청년단이 활동을 시작할 무렵에는 나이 많고 성숙한 신입 단원을 의도적으로 선호하였다. 실제로 초기에 신입 단원을 모집할 때에는 일반 대중들을 상대로 했으며, 38살이라는 나이 제한을 초과하기도 하였다. 청년단이 활동을 시작하고 처음 2년 동안의 연령 구조에 대한 자료는 남아 있지 않지만, 1940년 자료부터 본다면 청년단원들의 약 32%가 26세 이상이었다는 결론에 이르게 된다. 1939년 7월 나이 제한이 38세에서 25세로 낮아졌고, 따라서 활동을 시작하고 처음 2년 동안 구성원들의 절반 이상이 26세 이상이었을 것이다.[55]

새로운 조직에 대한 장제스의 기대는 매우 높았다. 예를 들면 그는 1938년 '나는 우리나라와 국민들의 삶 또는 죽음, 생존 또는 파멸이 전적으로 이 청년단의 설립에 달려 있다고 본다'고 선언하였다. 이어서 '청년들은 우리나라의 혁명 선구자이며 신생활이다. 주요세력인 청년들이 이끌지 않는 사회적 발전 또는 정치적 개혁은 없다'고 말했다. 일본과의 전쟁으로 인해 위험한 상황이었지만 일본에 저항하면서 국민들은 일체감을 느꼈고 그 정신은 숭고했다. 청년단이 설립되고 약 1년 뒤인 1939년 3월 12일 국민들을 통제하기 위한 노력의 일부로 '국가 정신 동원 운동'-시민 협정- 이 일어났다.

■남의사의 위장

남의사가 해체되었다고 선언하는 것은 그 명령을 집행하는 것보다 훨씬 쉬운 일이었다. 장제스가 해결해야 될 문제는 남아있는 남의사 조직원들, 특히 남의사의 엘리트 핵심 그룹 밖에 있던 수많은 조직원들과 무엇을 해야 하는가 하는 것이었다. 다른 문제와는 별개로, 장제스는 그의 새로운 조직에 남의사 핵심 조직의 '오랜' 경험이 필요했으며, 따라서 그가 실제로 그들을 해산시키려고 했던 것은 아니라는 사실을 짐작할 수 있다. 장제스는 대신 이전의 남의사를 청년단으로 재구성하고자 하였다.56) 여기서 청년단의 활동 초기에 정규 단원의 나이 제한이 왜 38세였는지를 알 수 있다. 이것은 히틀러 유겐트의 나이 상한선보다 약 20년 높은 것이었다.

남의사 지도자들은 해산되자마자 미래에 대해 논의하기 위해 우창에서 회의를 가졌고, 그 결과 중 하나로 이전 남의사들 대부분이 현재 청년단원이 되었다.57) 황지안리(黃建礼)는 '청년단원들의 직업 구조'를 표로 제시하였고, 이 표에서 1941년 이전에는 상당수가 다양한 군사 및 정치 수업을 받았다는 사실을 알 수 있었다. 활동 초기 2년 반 동안 단원들의 구도를 살펴보면, 청년단은 국민들 가운데 나이가 많고 더 성숙한 사람들 가운데에서 신입 단원을 뽑았고, 단원들의 2/3가 군대, 경찰, 정치 훈련학교 -국민당의 전통기관- 뿐 아니라 공무원 출신도 있었다.

더욱이, 애초부터 청년단의 최고 지도자들 가운데 일부는 남의사 출신이었다. 청년단 집행위원회 가운데 5명은 남의사의 '13명의 왕자들'(3장 참고) 출신이었다. CC단원들 또한 새로운 조직에 개입하려고 했으나 가장 중요한 지위는 남의사 출신들이 곧 차지하였다. 장제스는 남의사에서와 마찬가지로 청년단의 의장을 맡았고, 명목상 그의 대리인은 천청(陳誠) 장군이었으나, 실제로 주자화가 이 역할을 위임받았다. 다이리와 황른린(黃仁霖)도 부의장으로 거론되었다. 청년단의 주요 간부들에는 천리푸, 예차오창(葉楚倡), 황지류(黃季陸), 류지안췬이 있었으며, 캉저는 청년단 조직부장이 되었다.

한커우의 청년단 지도자는 스티안카이(施天凱)였으며, 공산주의자들이 지배하는 중국 북부 지방의 청년단 지부는 한다이(韓代)가 대표를 맡았고, 리쉬웨(李守維)와 마위안팡(馬元放)이 대리인 자격을 맡았다. 주요 지도자이며 그 무렵 국민당 군사 위원회를 이끈 것은 타오바이천(陶百川)이었다. 장제스는 타오가 우한의 교육계에서 큰 영향력을 갖고 있었으므로 그를 그 자리에 임명했다.

청년단 조직에 대한 남의사의 통제권은 몇 년 동안 이어졌고, 청년단의 활동 또한 곧 남의사 출신의 간부들이 주도하게 되었으며, 청년단이 분리된 이후 몇 년 동안은 이들의 영향력이 우세하였다.[58]

또한 남의사의 주요 기관이 중국 내에서는 모두 분해되었지만 특별 정보부의 임무는 여전히 해외 및 국내에서 활동하고 있는 남의사 부대에 위탁되었다는 사실을 보여주는 증거가 있다.

해외에 있는 지부들은 '남의사'라는 이름으로 활동하였으며, 이 사실은 태국 신문에 난 2개의 기사를 통해 알 수 있다.[59] 남의사가 중국에서 분명히 해체되었음에도 살아남았다는 증거는 일본 측 정보를 통해서도 알 수 있다.[60] 남의사와 CC단은 전성기 때 약 50만 명의 구성원을 보유하였다고 한다. 중일전쟁 이후, 1945년 이 두 조직은 통합되었고, 국방부 비밀정보국으로 이름을 바꾸었다.

그러나 이 정보는 남의사와 CC단은 비밀 정보부와 관련되어 있었다고 봐야 한다. 이런 가정은 중국 자료에서 확인할 수 있다.[61] 선췌이(沈醉)가 공개한 기사에는 보밀국(保密局)이 1946년 7월 1일 난징 시내에 공식적으로 설립되었다고 밝히고 있다. 또한 보밀국은 군통의 다이리가 사망한 뒤 설립된 기밀 조사부를 재조직한 것이라고 설명하였다. 다이의 갑작스러운 사망 소식을 접한 장제스는 가장 믿을 만한 부관의 후임을 물색하였으며, 결국 광저우 파벌의 구성원인 증지애민(鄭介民)을 통계국장 자리에 앉혔다.

워싱턴의 NA에 보관된 자료는 1946년 새로운 중국 정부가 설립되었다고 설명하면서 CC단과 군벌, 특히 황푸파(남의사와 같은 뜻)의 존재와 당시 협상에 미친 이들의 영향력에 대해 자주 언급하고 있다.[62] 결론은 남의사가 일본과의 전쟁 뒤에도 여전히 남아있었다는 것이다. 또한 상하이 지방 경찰의 특별 지부 보고서에서는 더욱 신빙성 있는 증거가 드러났다. 1941년 11월, 여러 중국 신문의 번역판에서는 상하이에 있는 '남의사의 조직'에 대해 밝히고 있다. 이들 신문에는 다음과 같은 글이 실렸다.

상하이의 남의사에는 8개의 공식 파견대가 있다. 각 파견대에는 여러 분대가 있다. 큰 분대에는 책임을 맡은 분대장과 부분대장, 그리고 정보부 일과 통신 업무를 맡은 여러 명의 구성원들이 있다.[63]

요 약

중국에서 출판된 자료가 정확성이 있다고 볼 수는 없다. 예를 들면 '국민당90주년대사년보(國民黨90周年大事年報)'에서는 1938년 4월 6일 삼민주의청년단이 설립되었다고 밝히고 있다. 또한 남의사는 1932년 3월 1일 설립되었다고 밝히고 있다. 주목할 것은, 연감에서 1938년 남의사가 해체된 사실은 등장하지 않는다는 것이다. 이 사실이 이 유명한 보고서에도 기재되지 않았다는 것은 어쩌면 남의사 조직이 실제로는 해체되지 않았다는 사실을 알고 일부러 그랬던 것일 수도 있다는 것이다.

남의사가 해체된 것은 단 하나의 이유 때문만은 아니었고, 이미 주지하였듯이 여러 가지 요인이 합쳐진 결과였다. 남의사 내의 불화 때문만도 아니었다. 남의사를 사라지게 만든 여러 국민당 파벌들 사이의 싸움 때문만도 아니었다. 더욱이, 공산주의자들이 남의사를 방해하기 위해서 설립한 반(反)역행사 단체를 발견했기 때문도 아니었다. 그러나 이 3가지 요소가 모두 합해져서 장제스가 조직을 해산하기로 결정하는 데에 중요한 요인을 제공했을 것이다. 남의사는 장제스가 조직을 설립하면서 기대했던 바를 채우지 못했고, 그들의 결점은 시안사변에서 여실하게 드러났다.

그러나 해산을 초래한 것은 단지 시안사변 때문만도 아니었다. 국민당의 반공 캠페인을 멈추라는 공산주의자들의 요구는 결국 시안사변이 일어나고 1년 후 −남의사가 공식적으로 해체되었던 시점− 에 실현되었다. 그러나 장제스는 여전히 남의사를 필요로 했고, 아마도 과감한 조치를 취할 타이밍을 잡지 못했을 것이다. 1937년 7월 공산주의자들과의 연합 전선이 공식화된 뒤에도, 그리고 일본과의 전쟁이 시작된 뒤에도 남의사는 여전히 살아남았다.

국민당의 지휘 아래 새로운 청년 조직을 설립하려는 계획을 오랫동안 구상하고 있었지만, 1937년 초에 있었던 회의에서 남의사의 해산 문제는 언급되지 않았다. 남의사 조직을 해산하기로 한 결정에 이르게 된 주요 원인은 일본과의 전쟁이 계속 이어졌고, 1938년 나치로부터 받던 기술적 및 물질적 지원이 끊겼기 때문이었다. 시안사변 이후 CCP와 연합 전선을 이루지 않았다면 일본인들이 특정 시기에 중국을 상대로 전면전을 시작하려던 과감한 조치를 취하지 못했을 것이며, 남의사의 역사는 다른 과정을 겪었을 것이다.

그러나 일본인들이 공격을 시작한 뒤 강제로 중국을 정복하려 한다는 사실이 점점 뚜렷하게 드러났다. 또한 일본과 독일 간의 반(反)코민테른 협정의 결과로 독일 자문관들이 중국에서 철수하였다. 전쟁으로 인해 중국은 이미 꽤 많은 인명 피해 및 물질과 영토를 잃었고, 국민당 정부는 그들의 지위를 재고해야만 했다. 장제스는 중국이 가진 고유의 강점에 의존해야 한다는 사실을 깨달았고, 따라서 통합이 큰 의미를 갖게 된 것이다.

남의사, 특히 그 핵심인 역행사는 대체로 중국이나 중국인들의 이익보다는 장제스의 이익을 위해 대부분 활동해 왔으며, 고등교육과 훈련을 잘 받은 군인들로 구성된 핵심 조직을 보유하고 있었다. 특히 국민당의 '저항과 재건' 프로그램의 맥락에서 당시 필요한 것은, 삼민주의를 지침으로 삼아 중국 청년층을 중심으로 구성한 대규모의 강력한 조직이었다. 이 구조 안에 '남의사의 명분'으로 자리는 없었다.

남의사가 대중들의 눈에서 사라지기는 했지만 실제로는 그 이름만 사라진 것이었으며, 아마도 그 이름마저도 사라지지 않았을지도 모른다. 장제스는 신중하게 설립한 이 조직을 결코 포기할 의향이 없었다. 기본적으로 그들은 삼민주의청년단과 통합됨으로써 여전히 존재했으며, 그 조직원들은 그들의 이상을 고취시키기 위해 노력하였다. 또한 남의사의 비밀 조직은 아마도 청년단과는 독립적으로 계속 남아 있었을 것이다. 남의사가 해산된 것은 엄밀히 말하자면 장제스의 전형적인 정치적 행동이었다. 그는 삼민주의청년단을 설립하면서 그의 개인적 지위를 강화하고자 했던 것이다.

삼민주의청년단은 국민당을 대신하기 위한 것은 아니었지만 신선한 피를 수혈하고 국민당 내의 여러 파벌들이 함께 일할 수 있는 공동의 플랫폼을 제공함으로써 모체 정당을 개혁할 수단으로 여겨졌다. 동시에 삼민주의청년단은 여러 공산주의 청년 조직에 대한 대항 조직이었다. 장제스는 청년들을 채용하는 데에 매우 성공적이었던 공산주의자들의 열정을 훔치고 싶어 했다. 삼민주의청년단은 뚜렷한 반공 조직은 아니었으며, 공산주의자들이 고취시킨 민족주의와 화해하기 위해 새로 설립한 조직이라고 볼 수 있었다.

삼민주의청년단은 다른 나라에서 성공한 청년 운동들을 모델로 하였는데, 가장 비슷한 것은 히틀러 유겐트였다. 국민당은 히틀러 유겐트 조직의 구조, 기교, 효율성에 감명 받았다. 이것은 남의사가 설립되던 무렵 장제스가 서양의 파시스트 조직과 이념에 관심을 갖고 있던 것과 같은 이유였다.

蔣介石检阅三民主义青年团团员

장제스가 1938년 '삼민주의청년단'을 방문하고 단원들을 검열하는 장면

사진 : 江濤, 『抗戰時期的 蔣介石』, 2005年, 北京: 華文出版社, p.154

7장 파시스트 조직

남의사 再평가

1. 전체 요약

20세기가 시작될 무렵, 중국은 근대화라는 위기를 겪고 있었다. 그 무렵 중국만 그런 상황에 처했던 것은 아니었으며, 일본, 러시아, 터키, 이집트 등 다른 나라들도 매우 다양한 경험을 했던 것을 알 수 있다. 이 나라들은 각각의 사회, 정치, 경제적 구조가 안정되어 더 이상은 성장할 수 없는 정점에 이르러 있었다. 이들 나라의 지식인과 정치인들이 부딪힌 모순은, 위기를 일으킨 바로 그 요인들이 이런 상황에서 벗어날 수 있도록 해 줄 유일한 요소들이라는 사실이다. 즉 체제 전환, 토지 개혁, 산업화, 대중들의 대의정치, 문화 변화 등이 그것이다. 이 모든 요소들이 '근대화－서양화(近代化－西洋化)'라는 같은 표제 아래 묶일 수 있는 것들이다.

각 나라의 지도자들이 부딪힌 도전과제는 안정을 위협하는 극심한 혼란을 극복할 수 있도록 서양화에 대한 대응책을 마련해야 한다는 것이었다. 국민당 지도층은 서양과 중국 문화 사이에 조화를 꾀하였다.

1890년부터 1950년까지 중국은 사회적 및 정치적으로 매우 불안했다. 이 시기를 거치면서 지도세력은 중국의 전통과 서양의 기술 사이에 타협적인 문화를 세우고자 노력하였고, 이것이 중국 민족이 살아남을 수 있는 유일한 기회인 듯 보였다. 일찍이 고위 관료인 장즈퉁(張之洞)은 용기를 내어 다음과 같은 글을 썼다.

중국을 알지 못하고 서양을 아는 것은 가슴이 아픈 일이다.
서양을 알지 못하고 중국을 아는 것은 귀가 멀고 눈이 머는 일이다.[1]

20세기 초반에 이렇게 불안한 타협을 할 수 있는 수단은 중국 철학과 세계관의 핵심은 그대로 온전히 남겨두고 '기술'로서의 서양 사상을 받아들이는 것이었다. 그 전략은 '서양의 물체(物體)는 받아들이되 중국의 정신은 보전하자'는 것이었다. 이것은 어떤 의미에서는 장제스가 1930년대에 파시즘으로 전향하던 때에 고수한 전략과 서로 통하는 것이었다. 장제스는 파시즘의 '기술'을 채택하면서 실제로는 중국 정치 이론을 뒷받침해 왔던 유교적 가치의 철학적 핵심을 강화하고자 하였다.

개혁론자인 량치차오(梁啓超)는 유럽 국가의 근대화 과정은 약 300년이 넘는 기간 동안 진행되어 왔다는 사실은 고려하지 않고, 일본의 근대화 과정은 30년 밖에 걸리지 않았다고 강조하였다. 량(梁)은 중국이 3년 안에 이런 근대화 과정을 마쳐야 한다고 주장하였다.[2] 이것은 매우 도전적인 의견이었으며 물론 전혀 현실적이지도 않았다. 왜냐하면 중국의 근대화 과정을 준비하기 위해서는 시동을 걸 시간이 필요했기 때문이다. 더욱이 장제스가 1930년대에 중국을 발전시키고 근대화하고자 했던 방법 —파시즘의 자극을 받은 것— 은 유교적 배경을 가진 국가에는 적절하지 않은 것으로 드러났던 것이다. 이 발전 사상은 오설리반(O'Sullivan)이 파시즘에 대해 설명하면서 언급한 '자발적 행동주의'의 두 번째 단계와 맞아떨어진다. 즉 발전은 유교적 가치 속에서 자란 중국인들에게는 '행동에 대한 동경'으로 발현되었다.[3]

비슷한 사례로 중국에서 불교가 성장한 과정을 고려해 볼 수도 있다. 불교는 원래 AD 1세기 경 인도에서 중국으로 전해졌다. 4세기에 중앙아시아에서 무역로를 따라 중국으로 들어온 뒤 점차 동화되기 시작하였다. 중국인들은 고유의 상황에 맞게 불교를 발전시켰고 그들의 문화와 신념 속에 불교를 통합시켰다. 이런 과정에는 오랜 시간이 걸렸고, 불교의 동화는 예를 들면 유교 및 도교의 저항과 함께 정부의 반대에 부딪히기도 했다.

그러나 1930년대 유럽의 파시스트 운동이 기독교에서 기초를 찾는 것과 같이 중국과 일본에서는 파시즘이 갖는 유럽적 특징과 유교, 불교의 전통적 가치 및 철학이 통합되었다.

유교가 약 2,000년이 넘게 중국인들에게 많은 영향력을 행사할 수 있었던 것은 공통의 신앙 체계를 받아들이고 이를 일관된 윤리 및 정치 시스템으로 통합시킨 결과였다. 유교의 가르침 가운데 가장 중요한 3가지가 있다. 먼저, 지도층의 원칙과 모범을 강조하였다. 둘째, 효도에 엄청난 의미를 부여하였다. 셋째, 바른 행동을 주장하였다. 이 가르침들은 중국 지도자 세대에 영감을 주었고, 그들의 행동을 규정하고 성격을 이루었다. 장제스의 경력과 업적을 보아도, 유교의 가르침이 갖는 영향력이나 위대한 지도자들의 사례는 3,000년이 넘는 중국 역사만큼이나 중요하고 효과적인 것으로 드러났다.

전통적 가치를 해석한 것이 신생활운동의 철학적 기반이 되었고, 실제로 이것은 전통 원칙과 조화를 이루어 중국 윤리 생활을 개조하고자 하는 시도였다. 신생활운동의 원래 목적은 공산주의 사상을 물리치는 것이었다. 공산주의자들과의 투쟁 과정에서 장제스는 그의 캠페인이 성공할 수 있는 열쇠는 군사력이 아니라 국민들의 정치적 성향이라는 사실을 깨달았다. 그러나 신생활운동은 많은 중국인들에게 감흥을 주지 못했고, 단기간 내에 그 인기를 잃었다. 장제스는 '신생활'은 본질적으로 군(軍) 생활이라고 보았으므로 대중들의 참여가 아닌 규율을 강조하였다. 장제스가 신생활운동에 민족주의적 요소를 더 강력하게 통합시킬 수 있는 지위에 있었다면, 정권을 세울 무렵에도 중요한 요소로 발전시킬 수 있었을 것이다.

■국민당 권력의 한계

국민당 정부가 약속했던 경제 및 사회적 변화를 일으키는 데에 실패했다는 것은, 난징 시기 동안 지지 기반을 꾸준히 잃었다는 것을 뜻한다. 이런 상황은 한편으로는 정치적 냉소주의와 공산주의에 대한 일시적 관심에서부터, 다른 한편으로는 푸젠에서 일어난 반란까지 다양하게 나타났다. 지지 기반을 회복하기 위한 노력으로, 그리고 단기적으로 실현할 수 있는 구체적인 사회 및 정치 프로그램이 없는 상황에서, 국민당은 영광스러운 과거 위에 안정적으로 질서를 세울 경우 대중들이 강력한 믿음을 보내줄 것으로 믿었고, 따라서 전통적이고 보수적인 기반에서 합법성을 주장하였다. 이런 전반적인 정치 상황 속에서 남의사가 설립되었다.

난징정부는 너무나 취약했고, 반항하거나 충성하지 않는 지역에서는 폭력을 행사하여 정책을 추진하거나 아니면 그 영향력에서 벗어나 달아나는 것을 지켜보는 선택을 했던 것으로 보인다. 남의사가 설립되면서, 질서를 바로잡고 문란하고 혼란스러운 정치 상황을 통제하고자 하는 노력은 절정에 이르렀다. 정치 제도를 급진적이고 권위적으로 바꾸기 위해, 입증된 모델을 찾고자 하는 욕심에서 장제스와 그의 측근들은 일본, 이탈리아, 독일과 같은 국가의 파시스트 모델을 찾아내었다. 파시즘은 마르크스주의와 공산주의에 맞서 발전한 서양 국가들의 산물이다. 역사적인 맥락에서 볼 때, 파시즘은 사회주의 이론인 마르크스주의가 생겨나기 전, 러시아의 10월혁명과 제1차 세계대전 뒤 공산주의에 대한 직접적인 반향으로 생겨난 것이다.

놀테(Ernst Nolte)는 파시즘에 대한 정의를 '마르크스주의가 없다면 파시즘도 없다'고 설명하고 있다.[4] 이와 관련하여, 1930년대 중국의 파시즘은 유럽 파시즘과 같은 반공 및 반마르크스주의적 접근법에 기반을 두고 있다고 주장할 수도 있다. 그러나 중국의 사회 및 정치적 상황은 유럽의 상황과 매우 달랐다. 국민당은 1927년까지 중국 공산주의자들 및 코민테른과 꾸준히 협력하였다. 반공 사상도 이런 협력 관계를 막지는 못했던 것으로 보인다. 그러나 27년 이후 중국의 공산주의는 여러 유럽 국가들과는 달리 더 뚜렷하고 즉각적인 위협의 대상이 되었다. 또한 반공 사상은 일반 국민들이 갖기 시작한 것이 아니라 위에서부터 시작되어 활성화된 것이었다.

또 다른 중요한 요인은 중국에는 힘 있고 안정적이며 호전적인 노동자 계급이 부족했다는 것이다. 중국의 사회 구조 속에서 영세농민들에게 우호적인 프롤레타리아 정당을 설립하기 위해서, 공산당은 정통 레닌 모델을 포기해야 했다. 중국에는 파시스트 모델을 온전히 이식하기도 어려웠는데, '대중 사회'라는 서양의 개념이 결핍되어 있었기 때문이다.

난징 시기 동안 장제스는, 먼저 국가를 화평하게 하고, 둘째로 공산주의 폭동을 종료시키고, 셋째로 일본인들에 맞서야 한다고 끈질기게 주장하였다. 장제스의 회유정책 또는 '양외필선안내(攘外必先安內)'정책은 전국적으로 강한 반대에 부딪혔고, 정치 통합을 위해 중국 민족주의를 완전히 통합시키기도 어려웠다. 만약 장제스가 학생 시위대, 구세군 지지자들, 정치 활동을 하는 일반 서민들의 후원을 받을 수 있었다면 정부와 군대를 실력 있는 사람들로 채울 수 있었을 것이다. 1937년 CCP와의 연합 전선을 구성할 때까지 장제스는 그의 주장을 실천하기 위해 최선을 다해 노력하였다. 그러나 국민당 내에서 장제스의 권한은 제한되어 있었고, 더욱이 국민당은 중국에서 무제한의 권력을 누리지 못하고 있었다.[5]

■장제스의 신념과 남의사

남의사가 주로 일본과의 투쟁에 개입했었다고 여기기 위해서는, 장제스가 왜 그의 가장 소중한 정치적 신념과는 정반대의 목적을 위해서 조직을 설립하려고 했는지를 이해해야 한다. 분명한 것은 남의사의 설립과 활동은 호전적인 반공정책의 맥락에서만 이해할 수 있다.

장제스는 강력하고 일관된 국민 정부를 설립하고자 하였고, 그의 군사력에 기반을 둔 우익, 독재 정권을 통해 중국을 통일할 수 있었던 것이다. 그러나 그는 대중적인 정치 운동을 활용하는 데에는 회의적이었으며, 이런 입장 때문에 장제스는 전 생애 동안 상당한 불이익을 당했다. 그는, 대부분의 정치 생활 동안 대중 활동에는 무관심했던 것으로 잘 알려진 쑨원으로부터 대중 동원에 대한 회의적인 감정을 물려받았을지도 모른다. 남의사는, 국민당이 어려움을 겪고 있는 이유가 제대로 대중 동원을 하지 못했고 기본적으로 '민중 활동'을 무시했기 때문이라는 사실을 잘 알고 있었다. 왜냐하면 대중 동원 작업을 포기한다는 것은 사람들을 공산주의의 영향력 아래 남겨둔다는 의미였기 때문이다. 결국 남의사는 대중 동원 프로그램을 개발했지만 그 이점을 충분히 발휘하지는 못했다.

싸움 한 번 없이 만주가 일본인들의 손에 넘어갔을 때 장제스는 중국의 주요 인사들과 정치인들로부터 받던 탄탄한 지지 기반을 잃었다. 남의사는 중국 공산주의자들의 위협보다는 이런 분쟁의 직접적인 결과로 인해 성립된 것이다. 국민당은 1927년 초 그들에 대한 저항 활동과 맞서게 되었다. 또한 만주사변은 중국이 얼마나 취약한지를 다시 한 번 보여주는 계기가 되었다. 우선 중국 사회를 군국화할 수 있는 수단으로서 잘 훈련되고 조직된 단체를 설립해야 한다는 주장이 제기되었다. 초등학생인 어린 나이 때부터 군사교육을 받는 것이 중국에 새롭게 나타난 유행이었다.

실제로 국민정부 시기에 남의사는 어떤 의미를 가졌을까? 이 질문에 답하기 위해서는 남의사에서 고안한 사상, 활동, 개혁의 전체 목록을 요약하는 것이 빠를 것이다. 그러나 그들 정책의 주춧돌이 된 것은 정치 통합, 민족 및 영토 통합이었다. 남의사에게 더욱 의미 있고 중요했던 것은, 국민당 역사상 한 명의 지도자를 중심으로 하여 고등교육을 받은 사람들이 구성한 안정된 조직이 그 지도자를 지지하고 그의 사상을 발전시킨 것은 처음이었다는 사실이다. 남의사가 국민당 전체를 대표한 것은 아니지만 그들의 영향력은 여러 분야 –조직, 통제, 간첩 활동, 교정 등– 에서 나타났다.

무엇보다도 남의사는 장제스에 대해 헌신적이었다. 그들은 장제스가 꾸준히 권력을 유지할 수 있도록 열심히 노력하였다. 각자 서로에 대해 어느 정도 의지하고 있는지를 잘 알고 있었지만, 장제스는 그들에게 공개적으로 헌신을 요구하지 않았다. 이런 상황은 결코 바뀌지 않았으며, 일본과의 전쟁 동안 그리고 그 뒤에도 마찬가지였다.

남의사의 핵심세력들이 쓴 기술, 즉 국민당 조직 내에서 눈치 채지 못하도록 활동한 것은 그들의 강점이었다. 이런 방식으로 대부분의 관료들은 절차상의 제약을 받지 않고 자유롭게 활동할 수 있었다. 남의사가 조직 운영비를 어떻게 충당했는지는 확실하지 않다. 1926년부터 1936년까지 -총 3,758일- 국민당은 13개의 내전 캠페인에 참여했으며, 국민당의 전체 수입 가운데 92%는 군사 예산에 할당되었다. 그러나 자금은 주로 장제스가 제공했거나 또는 간접적으로 장제스와 연관되어 있었던 것이 분명하다. 아편 특별세 수입은 정부 입장에서 엄청난 수입 원천이었고 남의사는 그 가운데 일부를 차지하였다.

남의사의 이념을 해석하는 데에는 여러 가지 방법론이 적용될 수 있을 것이다. 이것은 중국 본토와 타이완에서 최근 출판된 남의사 관련 문헌에서 그 증거를 뚜렷이 찾아볼 수 있다. 이들 책 가운데 특히 남의사와 관련하여 장제스의 자금 조작을 설명한 부분에서는 강한 정치적 편견을 엿볼 수 있다.

■남의사의 파시즘 영향

장제스는 무솔리니나 히틀러와 같이 민중 지도자는 아니었다. 그는 타고난 웅변가는 아니었지만 군사교육을 받은 뒤 다른 자질을 갖게 되었다. 장제스는 오랜 활동 기간 동안 많은 좌절을 겪었음에도 불구하고, 그리고 근대 중국을 위해 고군분투할 때 그의 사상이나 방법이 강력한 반대에 부딪치는 경우가 많았지만, 늘 성공적으로 일어날 수 있었다. 실제로 그는 불굴의 인물이라고 말할 수 있을 것이다. 이런 측면에서 타이완은 그의 유산이라고 볼 수 있다. 물론 비록 그렇다 하더라도 남의사의 지원과 보호가 없었다면 장제스가 국민정부 시기 지도자로서 거의 존재할 수 없었을 것이라는 결론을 내릴 수도 있을 것이다.

오늘날 타이완의 입법원에는 5개의 조직이 있다. 이들 조직 가운데에는 소위 연합좌담회파(聯合座談會派)가 있는데, 1949년 이전에 이미 존재했던 다음 조직들, 즉 황푸 군관학교 졸업생들, 삼민주의청년단 단원들, 부흥회의 구성원들, 주지아화의 지지자들과 연합을 이루었다.[6] 연합 간부파는 1950년대 이래로 입법원에서 가장 크고 중요한 파벌이다. 이것은 남의사와 관련된 조직 및 사람들이 일본과의 전쟁 뒤, 그리고 국민당이 중국 본토에서 떠난 후, 타이완에서 장제스에 대한 지원을 계속했다는 것을 뜻한다.

중국 파시스트 이념은 남의사 이론가들의 영향을 받아 발전하였다. 초기에는 이 이론가들이 모범 사례를 강조하면서 이탈리아 파시즘을 보급하였는데, 그 무렵까지는 그것이 가장 성공적인 체제였기 때문이다. 이탈리아 파시즘이 '유행'하면서 국민당의 주요 지도자들 사이에서도 지지자가 나타났는데, 예를 들면 중국 대사인 류원다오, 또는 장쉐량과 같이 이탈리아를 방문한 적이 있는 사람들이었다. 반스(JS Barnes)의 책, 『The Universal Aspects of Fascism』에서는 그 무렵 중국의 상황을 인용하고 있다.

각국의 파시스트들은 그들 고유의 전통, 심리, 취향에 맞는 상징과 전술을 채택하여 파시즘을 그들 고유의 민족운동으로 변화시켜야 한다.[7]

무솔리니는 파시즘을 '역사적으로 볼 때 이탈리아의 순수한 현상이지만 그 교리상의 가설은 보편적인 성격을 갖고 있다'고 격찬하였다. 이런 설명과 함께, 중국 이론가들은 '파시즘'을 중국의 상황에 맞게 자유롭게 해석하고 이 단어를 활용하는 것이 매우 편하다고 느꼈다.

그러나 이탈리아와의 경제적 관계는 독일과의 관계와 비교할 만한 것이 아니었다. 특히 나치 권력이 부상한 뒤 파시즘에 대한 초점은 꽤 많은 부분 이탈리아가 아닌 독일에 맞춰졌다. 독일과의 관계는 군국주의자들이 아니라 국민당 정권 내에서 경제개발을 맡은 중국 지식인들을 통해 조직화되었다. 실제로 이것은 중국의 군대 및 산업이 독일인들의 도움을 받아 근대화되었고, 중국의 사회적인 측면은 독일의 직접적인 영향을 받지 못했다는 것을 뜻한다. 독일의 이념적 영향력은 소수의 중국인들에게만 제한되었다.

1910년까지는 많은 중국 학생들이 일본에서 공부하였다. 1920년 뒤 이런 흐름이 바뀌어 유럽이나 미국에서 공부하는 학생들의 수가 늘어나기 시작했다. 이것은 파시스트 운동에 대해 중국 지식층에서도 알고 있었기 때문이었으며 따라서 대부분이 독일과 이탈리아, 또는 프랑스에서 공부한 중국 관료들의 상당수가 중국에 유럽 파시즘을 보급하는 데에 기여했을 것이다.

■비밀 조직들

그 무렵 중국에는 파시즘이 유행하였고, 이런 측면에서 남의사도 예외는 아니었다. 그러나 그들이 보급하는 이념은 중국인들에게는 낯선 것이었다. 따라서 대중들로부터 전적인 지원을 끌어내기는 어려운 것으로 드러났다. 1930년대에는 일부 중국인들만이 글을 읽고 쓸 수 있었다. 이것이 파시스트 선전 활동을 통해 국민에게 큰 영향을 미치는 데에 실패한 이유 가운데 하나였다. 또한 그 무렵 중국에서 파시즘이 실제로 무엇을 뜻하는지를 이해하는 사람은 드물었다. 대부분 절대 통치 또는 독재로 간주 ―실제로 이것은 터무니없는 표현임― 하는 경우가 많았는데, 분명히 파시스트는 아니었지만 역사상 절대 통치자들이 많았기 때문이다. 실제로 파시즘은 그 무렵 중국에 적합하지 않았다. 중국은 경제 발전에 관한 한 세계 다른 나라들에 비해 많이 뒤떨어져 있었다. 또한 파시스트 정권을 세워 정부를 인수할 방법을 찾고 있던 중국에는 기반세력도 없었다. 당연히 중국은 제국주의에 맞서야 했다. 외세의 속박에서 벗어나 경제 및 정치적 독립을 위해 싸우겠다는 강력한 결단을 하게 되었다.

대체로 파시즘에 대한 국민당의 실험은 실패한 것으로 드러났는데, 상황이 유럽이나 일본과 같은 방식으로는 필요조건을 채우지 못했기 때문이다. 중국에서 파시즘이 잠깐 유행했었다는 사실은 한 국가에서 다른 국가로 정치 이념을 이식하는 것이 어렵다는 사실을 보여준다. 중국 파시즘에는 나치 이념과 같은 인종주의가 없었으며, 오히려 '씨족주의'의 하나로 보는 것이 알맞을 것이다. 이 씨족주의는 중국에서 매우 일반적인 현상이며 중국 파시즘에만 한정된 것은 아니다. 이것은 중국 비밀 조직들과도 많은 부분이 일치한다.

전통 비밀 조직들이 남의사에 미친 영향력이 어느 정도까지인지는 자세히 알 수 없으나 두 집단 사이에는 의심할 여지없이 비슷한 점이 아주 많았다. 1932년 남의사가 설립되고, 그 뒤에 활동했던 방식을 둘러싼 비밀에서도 비슷한 점을 찾을 수 있다. 예를 들면 조직원들의 채용, 조직적 특징, 조직원들이 서로 연락을 취했던 방식 등을 들 수 있을 것이다.

비밀은 모든 경우에 적용되었다. 남의사 조직원들은 조건 없는 충성을 맹세하고 조직의 이익을 위해서 생명, 자유, 권리를 희생할 준비가 되어 있어야 했다. 남의사(藍衣社)와 역행사(力行社)의 이름에는 '社'라는 단어가 포함되는데, 이것은 청방 내에 있던 전통 세대의 지위 집단 가운데 하나였다. 비밀 조직들의 특이한 점은 그들이 친선 클럽과 같은 개방적인 조직이라고 가장하거나 그들의 존재와 활동에 대해 엄격히 비밀로 유지할 수 있었다는 점이다. 남의사는 비밀 조직들만의 특별한 트레이드마크를 자주 썼다.

장제스는 남의사를 설립하던 무렵 국민당 내 여러 분파들의 경험을 활용하였다. 일본에서 공부한 학생들은 일본 파시스트 운동의 영향을 받았다. 그들은 전형적인 일본 군대의 이념적 용광로 사상과 흑룡회의 극단적인 민족주의 사상을 들여왔다. 남의사가 중국 사회에서 활동했던 방식은 일본 흑룡회의 방식과 비슷하다. 장제스가 1927년 9월 일본을 방문한 뒤, 황푸 졸업생 —그들 가운데 대부분이 남의사가 됨— 들이 체계적인 훈련을 받기 위해서 일본으로 가게 되었다.

일본의 군사적 배경을 갖고 있는 사람들이 남의사를 설립했을 때 일본 흑룡회의 조직을 염두에 두었다고 생각할 수도 있다. 역사적인 관점에서 일본 흑룡회(黑龍會: 行)와 현양사(玄洋社: 知), 그리고 중국 남의사와 CC단 사이에는 강한 연결 고리가 있다. 일본 비밀 조직들이 발전시킨 사상은 CC단과 남의사가 일부 활용하거나 완성시켰다. 사상의 이중성 개념은 수세기 동안 중국에서 유행해 온 것이고, 일본은 같은 사상을 빌려 실용화하였다. 따라서 더 넓은 뜻에서는 중국에서 발전된 지식이나 이론을 일본이 채택하여 실용적인 방법론으로 변형시켰다고 말할 수 있을 것이다. 그런 측면에서 중국은 '지식'을 대표하고 일본은 '행동'을 대표하는 '지식과 행동' 유추는 계속된다.

그러나 남의사는 맹세나 비밀 엄수와 같은 전통적인 특징을 갖고 있었으므로 일본 비밀 조직들에 대해 검토할 필요는 없었지만, 중국 전통 비밀 조직에는 모자랐던 일본 조직들의 정신과 군사적 방식을 연구하였다. 국민당과 흑룡회의 유대관계는 쑨원과, 더욱 일반적으로는 혁명론자들이 가졌던 관계로 거슬러 올라간다. 장제스는, 흑룡회를 설립하였으며 쑨원이 일본에 있던 동안 친구였던 도야마미츠루(頭山滿)를 방문했을 때 이 관계를 재개하기를 원했던 것으로 보인다.[8] 장제스는 도야마로부터 도움을 요청했던 것일까? 1927년 퇴임한 뒤 장제스가 도야마와 접촉하기 위해 일본을 방문하고, 1928년부터 황푸 학생들을 일본으로 유학 보내기 시작한 것은 우연의 일치였을까? 그 관계가 어찌됐든 간에 남의사는 흑룡회와 강력하고 분명한 유대관계를 갖고 있었다.

남의사 설립자들은 일본 흑룡회와 현양사로부터 조직적 특징들을 차용하였다. 흑룡회 또한 법 조직을 중심으로 활동하였고, 남의사가 중국에서 활동한 방식과 다소 비슷했다. 두 조직 모두 겉으로는 비밀 조직으로 남았지만 조직원들은 법체계를 세워 배출구를 찾으려고 노력하였다. 일본 정부와 일본 정보활동 기구의 고위 관료들 대부분이 흑룡회 또는 그 제휴 기관 가운데 하나의 구성원이었던 것으로 알려져 있다. 이것은 중국의 남의사 활동을 면밀히 반영하는 것이며, 두 조직 사이의 비슷한 점을 잘 보여주는 것이다.

남의사가 중국에서 파시즘을 실행하는 데에 실패했던 이유 가운데 하나는 중국 비밀 조직들과 파시즘이 실제로 양립할 수 없었기 때문이다. 중국 비밀 조직들과 파시즘의 성향이 어울리지 않았던 것인데, 파시즘은 비밀이 아니라 공개적으로 발전해야 했기 때문이다. 파시즘은 국민들이 그들의 국적에 대해 자랑스럽게 생각할 수 있도록 하며 대중들에게 호소하고자 하는 이념이었던 것이다.

■일본과의 유대관계

남의사가 비밀 조직의 노선에 맞춰 조직된 것일 수도 있다는 사실은 장제스의 정책 배경을 통해, 특히 1933년 『대공보(大公報)』 사장인 후정즈의 연설문을 통해 더 잘 이해할 수 있을 것이다. '사람들이 진실을 정확히 알게 되면, 내 정적들이 이 조직을 파괴하기가 더 쉬워질 것이다.'[9] 장제스는 그의 의견과 남의사가 파시즘을 지지한다는 사실을 공개적으로 인정하지 않았다. 중국 파시스트 조직들과의 유대관계를 단호하게 부정했던 또 다른 이유는 장제스가 미국과 같은 나라로부터 받는 자금 지원을 잃게 될 것을 두려워했기 때문일 것이다. 일본인들은 그 반대였는데, 남의사에 대해 연구했던 아주 초기부터 역행사에 대해 의도적으로 언급하였다. '남의사'라는 이름을 가진 파시스트 이념 조직과의 연계를 통해서, 일본인들은 중국에 우호적인 국가들이 알고 있던 장제스와 국민당의 명성을 해치고자 하였다.

　일본 파시즘과 중국 파시즘 사이에는 분명 차이가 있었다. 예를 들면 일본의 초기 파시즘은 시민 파시즘 운동의 형태였다가 그 뒤 군대에서 주도하게 되었다. 반대로 중국 파시즘은 군대, 즉 남의사에서 시작하여 파시스트 사회를 조성하기 위해 노력하였다. 씨족주의는 일본이나 중국에서와 같이 파시즘의 동양적 형태가 될 수 있는 점에서 중요한 역할을 하였고, 이것은 비밀 조직의 조직원들 사이에 존재했던 인간관계에서도 알 수 있다. 같은 지방이나 도시에서 온 동향인들 사이의 유대관계도 중요했다. 같은 관계를 갖고 있거나 같은 사람을 아는 것 또한 의미가 있었다. 예를 들면 장제스와 남의사의 핵심세력들은 같은 지방인 저장성 출신이었고 대부분의 조직원들 또한 일본과 유대관계를 갖고 있거나 일본에서 서로 만난 적이 있었다. 동일한 개념이 일본에도 적용되었는데, 우치다와 도야마도 같은 지방인 규슈(九州) 출신이었으며, 이들은 둘 다 낮은 계급의 '사무라이 가문'에서 출생하였다.

　일본 파시즘의 강점은 국교인 신토를 믿는 사람들로부터 지지를 받았다는 것이다. 신자들 가운데에는 젊은 군인들이 많았고, 그들은 파시스트 사상을 흡수하기를 열망했던 것이다. 젊은 군인들이 몰두했던 사상은 고무적인 것이었고, 그 무렵 일본에서는 의무적으로 군 복무를 해야 했는데, 종교적(불교) 배경을 가진 군인들의 수가 늘어난 것이다. 중국에는 의무적인 군 복무 제도도 없었고 군대 내에 분명한 종교도 없었으므로 상황이 달랐다.

1934년 장제스는 일본과 비교하여 중국 상황을 분석하였고, 실제로 중국이 일본의 힘을 과대평가해 왔다는 결론을 내렸다. 그 이유 가운데 하나는 일본에 대한 정보가 본질적으로 간접적이었기 때문이다. 아마도 가장 중요한, 또 다른 이유는 중국이 일본을 이성적인 관점보다는 감정적인 관점에서 판단했기 때문이다. 실제로 대부분의 중국인들은 진심으로 반일 감정을 갖지는 않았다. 반면에 일본인들은 중국인들을 아주 낮게 평가하였다. 그들은 중국이 여전히 가망 없이 분열되어 있으며 국민당은 혁명 운동 단계를 넘어서지 못했다고 추정하였다.

일본인들이 중국인들을 평가할 때 했던 또 다른 중요한 실수는 중국 민족이 쑨원주의를 통해 결합되어 있다는 사실을 인식하지 못했다는 것이다. 중국인들은 정부에 대해서는 반감을 살 수 있었지만, 당시 쑨원에 대해서는 국민당과 CCP 모두 반감을 거의 사지 않았으며, 오늘날 중국 대륙과 타이완 혹은 전(全) 세계의 화교, 화인들에게도 쑨원은 변함없는 '근대 중국의 國父'가 된 것이다.

장제스는 이중적인 정책을 추진하였으며, 여러 차례에 걸쳐 일본과 CCP에 대한 정책 및 서양 국가들과의 협상에서도 이런 성격이 드러났다. 장제스의 이중적인 태도는 파시즘과 남의사에 대한 접근에서도 중요한 역할을 하였다.

2. 결론 : 남의사는 파시스트 단체였는가?

중국 역사에 대해 연구한 많은 학자들이 이 책에서 분석했던 시기에 관심을 기울여 왔지만, 그 가운데 대부분이 남의사가 유럽 파시즘을 본 뜨기 위해 노력했다는 결론을 내렸다. 다른 학자들에 비해 더욱 철저하게 남의사를 분석했던 두 학자 마리아 장과 로이드 이스트만은 이 문제에 대해 정반대의 결론에 이르렀다.

이스트만의 마지막 논평은 다음과 같다.

> 남의사가 파시스트 조직이었는지 아닌지에 대한 의견들은 다를 수밖에 없다. 그러나 확실한 것은 한때 역행사의 지도층이 국가를 되살리기 위한 명시적인 방법으로 파시즘에 전념했을 수도 있다는 것이다. 파시즘이 역행사에 뚜렷하고 직접적인 영향을 미쳤던 것은 잠깐이었다.10)

남의사에 대해 그 전에 썼던 저서에서 이스트만은 파시스트 조직으로서의 남의사는 주로 나치의 영향을 받았다고 설명하였다. 그는 독일 자문관 바우어(Bauer)와 크리블(Kriebel)이 나치즘의 정신적 선구자라고 언급하면서 독일 군사 자문단이 중국 파시즘의 발전에 미친 영향력을 강조했었다. 이스트만은 이 전제를 통해 중국 파시즘의 발전 과정을 조직화하였었다. 그러나 이 책의 결론은 중국에 파견한 군사 자문단을 통해, 특히 1928년부터 31년까지 나치가 남의사에 미친 직접적인 영향력은 아주 적었다는 것이다. 초기 자문관들 대부분이 독일 문관 출신이었고 그 무렵 반(反)나치주의자였다. 나치주의자였던 크리블이 중국에 처음 머물렀던 기간은 너무 짧아서 중국 장교단에 큰 영향을 미치지 못했다. 1934년 뒤 중국 장교단에 미친 나치즘의 영향력은 점차 늘어났을 수도 있지만, 결코 지배적인 수준은 아니었다. 중국인들은 스스로 그들의 조직을 운영하였으며 어떤 외세의 개입도 허용하지 않았기 때문이다.

마리아 장은 액면 그대로 보고서의 내용을 받아들이지 않았고, 남의사는 그들의 이상을 실행에 옮기기 위해 성실하게 노력하였다고 가정하고 있다. 이들 문서에서 제시하고 있는 정치적 상황, 그리고 국민당 지도층이 기존의 정책을 통해 사람들을 동원하기 위해 어떻게 노력했는지를 기억해야 한다. 마리아 장은 부흥회보다는 더욱 수식하여 '르네상스 학회'로 번역하고, 활동보다는 남의사의 선언문을 논의함으로써 1930년대 중국의 실제 정치계에 대해 독자들에게 거의 공개하지 않았다. 마리아 장은 민족주의자들이 장시 지방의 공산주의자들에 대해 체계적으로 근절 캠페인을 실행했다거나, 결국 1934년 10월부터 35년 10월 사이에 이어진 '대장정(大長征)'으로 공산주의자들을 몰아내는 데에 성공했다고 설명하지 않는다.

마리아 장은 청방과의 관계, 남의사 활동의 주요 부분이었던 정치적 암살도 무시하고 있다. 이런 (폭력적인) 주변 상황에 놓여있었을 때만이 남의사가 공언한 목적을 판단할 수 있다는 것이다.

파시즘 사상이 결국 쑨원의 민주주의에 대한 욕망과 조화로울 수 없었다는 사실은 뚜렷하다. 쑨원의 시스템은 파시스트 체제와는 달리 구조상 민주적으로 구성되었으며 개인 독재의 형태를 취했다. 실제로 파시스트 독재는 그 자체가 목적이었으며, 쑨원의 사상에서 예견한 것처럼 이상적으로 민주적인 정부를 실현하는 수단은 아니었던 것으로 보인다.

파시즘이 새로운 세력을 대표하기는 했지만 일반적으로 적용할 수는 없는 이론이라는 사실이 드러났다. 중국에는 이를 실현할 수 있는 방법을 마련할 기반세력이 부족했다. 이런 상황에서 국민당과 장제스도 남의사에 대해 파시즘 정착에 성공하지 못한 실험이라고 여겼다. 1938년

인민 정치 위원회에서 장제스는 민주주의가 고려할 만한 가치가 있다고 주장하고 있다. 그는 아마도 생각을 바꾸기에 결코 늦지 않았다는 사실을 인식하였고, 다음과 같이 언급하였다.

중국 공화국을 설립한 지 27년이 지났습니다. 이 시기 동안 소위 대중 집회가 여러 번 있었지만 진정한 민주주의나 헌정주의는 없었습니다. 또한 불행히도 이런 초기 집회들이 몰고 온 수많은 부패 관행들이 직접적 또는 간접적으로 국가를 혼란과 허약한 상태로 내몰았던 것입니다. 결과적으로 지금 우리나라는 우리의 적들로부터 억압과 굴욕을 받고 있습니다. 물론 인민 정치 위원회는 의회가 아니지만 여러분은 정당 정치가 빚어낸 과거의 실수들이 지속적인 경고였다는 사실을 기억하고, 동시에 이 나라에 진정한 민주 정부를 세울 수 있는 굳건한 기반을 세울 수 있도록 열심히 노력해야 합니다.[11]

장제스는 민주주의를 다시 얘기할 수 있는 기회가 왔다고 느낀 것으로 보인다. 남의사는 '해산되었고', 중국의 모든 청년층을 대표하는 청년단이 설립되었다. 그러나 장제스는 그의 지지자들을 승화시켜 행동으로 옮기는 데에는 실패했다. 1938년 10월 장제스가 민주주의에 대해 언급하기는 했지만, 독일의 문서와 주자화 당안관 기록을 보면 38년 5월 청년단의 서기 직무 대행이었던 주는 나치 조직과 히틀러 유겐트에 대한 자료를 요청하여 받았다고 한다. 장제스의 목적에 대해 다시 한 번 의문이 제기되었다.

전쟁이 한창이었고, 국민당은 일본과의 전쟁을 위해 CCP와 불편한 동맹을 맺어야만 했다. 그럼에도 불구하고 장제스는 CCP와의 협력은 배제하고 고유의 정치 의제를 계획했던 것으로 보인다. 남의사가 파시스트인지 아닌지 여부에 대한 답은 1장에서 내린 파시즘의 잠정적 정의의 맥락에서 도출해야 한다. 그 정의를 검토해 볼 때 남의사가 파시즘의 특이한 형태이기는 하지만 모든 기준을 채웠던 것으로 여길 수 있을 것이다. 이 조직은 애초에 외세의 공격으로 인해 중국이 위협을 느꼈고 중국 공산주의자들의 입장에서는 사회 혁명의 위협에 따른 결과로 설립된 것이었다. 따라서 처음부터 남의사 조직은 호전적인 반공정책을 지지하였다.

물질주의와 자유주의를 거부하고 중국의 전통 가치를 부활시키고자 하였다. 남의사는 지배 계층, 즉 국민당 내의 우파 엘리트들이 설립한 것이었다. 그들은 노동조합을 조직하고 청년 조직을 설립하고 문화 단체를 세움으로써 그들의 행동주의 정치를 선전하고자 하였다. 더욱이 조직의 군사 모델, 특히 청년운동을 통해서 중국 사회 전반에 그들의 정치 방식을 강요하였다. 명백하든 은밀하든 간에 이 모든 것이 장제스의 지휘 아래에 있었고, 지배자에 대한 숭배는 그의 독재와 그의 지휘에 대한 남의사의 절대적인 충성심에서 엿볼 수 있다.

이 책에서 활용한 기초 자료들을 바탕으로 재평가해 본다면, 1장에서 내린 정의에 따라서 남의사는 파시스트였다는 결론을 뚜렷이 내릴 수 있다. 남의사가 파시스트 조직이었다고 재평가하기 위해서는 분석적인 측면보다는 정치적인 측면에서 이해해야 한다. 분명한 것은 공식적인 이념보다는 남의사의 선전 자료, 출판물, 활동 덕분에 그들이 파시스트로 분류될 수 있었다는 것이다. 남의사는 1930년대 중국에서 장제스가 권력을 유지할 수 있도록 뒷받침했던 강력한 세력이었으며, 그들의 공식적인 수명이 단 6년 밖에 되지 않았다 하더라도 그들의 영향력은 전국적으로 확대되었다. 그 영향력은 중국 역사와 중국 국민들, 특히 그 무렵 가장 많은 수혜를 입었던 엘리트층에게는 의미 있는 것이었다.

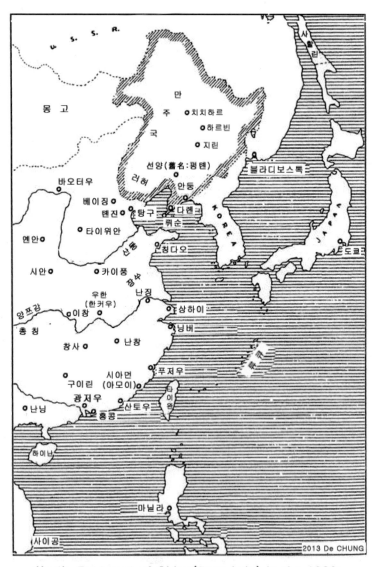

North-East part of China(East Asia) in the 1930s

만주국(1932-45년)을 중심으로 한, 중국 동북지방 지도

약 자 표

AAPA   Auswärtiges Amt, Politisches Archiv, Bonn

BA   Bundesarchiv, Abteilungen Potsdam

BIS   Bureau of Investigation and Statistics

CCP   Chinese Communist Party

CEC   Central Executive Committee of the Guomindang

DZA   Deutsches Zentral Archiv, Potsdam

FCP   French Concession Police

FO   Great Britain, Foreign Office, Public Record Office, London

FOH   Foreign Office Archives, The Hague

GA   Guomindang Archives 国民党档案馆, 臺北

GMD   Guomindang (Chinese Nationalist Party)

GPU   Gosudarstvennoe Politischeskoe Upravlenie (State Political
       Administration)

HAPRO Handels Gesellschaft für Industrielle Produkte

JMFA   Japanese Ministry of Foreign Affairs Archives, 日本外务省 外交
       资料馆, 東京

KMT   Kuomintang, Wade-Giles spelling for Guomindang, 國民黨

KWCP   Kouwen choupao (Guowen zaobao) 國文早報

MAE   Ministère des Affaires étrangères, Paris

NA   National Archives and Record Service, Washington DC

NCDN North China Daily News

NCH   North China Herald

NIDS   National Institute for Defence Studies, 日本防衛廳(省) 防衛研究所

NKVD Narodny Komissariat Vnoetrennich Del (People's Commissariat for Internal Affairs)

NSDAP National Sozialistische Deutsche Arbeiter Partei

PRC   Peoples Republic of China, 中華人民共和國

SHXW Shehui Xinwen (The Society Mercury), 社会新闻, 上海

SIF   Shanghai Investigation Files

SMA   Shanghai Municipal Archives, 上海市档案馆

SMP   Shanghai Municipal Police, 上海市警察局

SNHA Second National Historical Archives of China, 南京第二歷史档案馆

TB   Toyobunko (Oriental Library), 東洋文庫 (日本 國會圖書館 附設), 東京

ZStA   Zentrales Staatsarchiv, Potsdam

Note: DZA= Deutsches Zentral Archiv (institutional name used during the early years of the German Democratic Republic); ZStA=Zentrales Staatsarchiv (institutional name used during the later years of the GDR). 1989년 독일 통일 후, Bundesarchiv, Abteilungen Potsdam으로 개명함.

참 고 문 헌

I. Unpublished Primary Sources 未出版 제1자료

A. Western Materials 서방측 공식문서

1. AUSWÄRTIGES AMT, POLITISCHES ARCHIV, BONN - (AAPA)
Auswärtiges Amt, Politisches Archiv, Adenauerallee 99-103, D-5300, Bonn, Federal Republic of Germany

II It(aly)

2034   12 November 1929, Stahlhelm Besuch in Rom.

III A(merica)

301   19 Januari 1934, Fascismus in America: Silver Shirts, Khaki Shirts, White Shirts.

IV Chi(na)

513   5 Märtz 1930, Deutscher Beraterstab in Nanking.

654   8 Märtz 1934, Marschall Chang Hsueh-liang als Befriedungs Kommissar für Mittel-China.

807   4 Juli 1935, Die Förderung der Beziehungen zwischen China und Deutschland.

849   26 Märtz 1930, Teilnahme Chinesischer Staatsangehöriger am nächsten Polizeioffizier anwärter Lehrgang auf der Höheren Polizeischule in Eiche.

933   26 Märtz 1934, Organisation der Blauhemden in China.

971   7 Mai 1935, Unterredungen mit dem Minister-präsidenten Wang Ching-wei und dem Vize-minister Hsü Mo in Nanking.

988   8 Mai 1934, Hauptmann Lee Ko Tsun ist von Chiang Kaishek nach Deutschland entsandt worden, um auf dem Gebiete des Polizeiwesens zustudieren.

1301   21 June 1929, Ang.II, Memorandum an Berlin.

1446   20 Juni 1931, Beschaffung von Polizeivorschriften für einen Chinesischen Polizei-General Wan Ku pan.

1615   30 Juli 1930, Unterrichtsmaterial für die Höhere Polizeischule in Nanking.

1910   20 September 1935, Rede des Botschafters Chen Tien-fang.

2122   28 September 1931, a personal letter of Chiang Kaishek.

2103   Rückkehr des General To Yik-him von seiner Studienreise nach Deutschland.

2133   21 Okt 1935, Einreise visum für den Chinesischen Staatsangehörigen Cao I-chien.

2455   13 Dezember 1934, Verleihung eines hohen Italienischen Ordens an Chiang Kaishek.

2. ZENTRALES STAATSARCHIV, POTSDAM - (ZstA)

and

BUNDESARCHIV, ABTEILUNGEN, POTSDAM - (BA)

Zentrales Staatsarchiv, Berliner Straβe 98-101, DDR-15 Potsdam, German Democratic Republic

Bundesarchiv, Abteilingen Potsdam, Berlinerstrasse 98-101, 15 Potsdam, Germany

09.01 Auswärtiges Amt

66062   1931, Chinesische Propaganda gegen Fremde Einführ.

66990   1931, Deutsche Konsignationslager in China und umgekehrt.

09.02 Deutsche Botschaft [Gesandschaft] China

2-2b   1936-1937, Politische Beziehungen Deutschland zu China.

2-3   1936-1940, Politische Beziehungen Japan zu China.

3-7   1932-1939, Kuomintang Berichte über die Hitler Jugend.

4-5   1933-1941, Judenfrage, Freimaurerei, Emigranten in China.

4-5a   1933-1939, Judenfrage.

1003 1935-1936, Deutsche Propaganda in China.

1004 1934-1935, National Sozialistiche Deutsche Arbeiter Partei in China, Allgemeines.

1011 1933-1939, Deutsche Emigranten in China.

1520 1937-1940, Deutsch - Japanisch - Chinesische Verhandlungen.

2804 1934-1938, Fascismus, Anti-Kommunistische und Fascistische Vereinigungen in China (Blueshirts and New Life Movement).

3100 1931-1936, Chinesisches Militair und Marinewesen.

3104 1922-1938, Deutsche Militair Berater bei der Chinesischen Regierung.

3204 1928-1935, Chinesische Studenten in Deutschland und im Übrigen Ausland.

5000 1931-1937, Presse und Propagandawesen in China, Allgemeines.

5010 1927-1939, Chinesisches Pressewesen.

5033 1921-1931, Deutsche Zeitungen in China und Ost Asien (die Brücke).

5050 1933-1935, Anti-Deutsche Pressemeldungen und anti-Deutsche Zeitungen, Gegen-massnahmen.

7208 1928-1935, Deutsche zivile Ratgeber bei der Chinesischen Regierung.

7214 1933-1937, Klein - Projekt, Einrichtung von Rühstungsfabriken.

8302 1922-1940, Einführverbote für Kriegsmaterial.

8303 1934-1936, Waffenhandel.

8305 1931-1934, Verhinderte Waffenhandel.

8320 1928-1936, Narkotika und Drogen.

<u>3. FOREIGN OFFICE RECORDS, LONDON - (FO)</u>

Public Record Office (PRO), Ruskin Avenue, Kew, Richmond, Surrey, TW9 4DU, United Kingdom

a. Foreign Office

FO 371 General Correspondence, Political

17139 xc 930   21 July 1933, Visit of Dr. Nign(Yen Ching-Shiang) to Germany to study the National movement and trade organisation.

17142 xc 930   17 July 1933, SMP report, The Blue Shirts Society, 434~445.

17142 xc 930   26 August 1933, SMP report from P.Givens to G. V. Kitson Consulate-General, Shanghai, Memorandum on the Blue Shirts Society, 456~480.

17142 xc 930   16 October 1933, Report from British Legation, Peking, Blue Shirts Society, 450~455.

18088 xc 1697   8 November 1933, British Consulate-General Tientsin, Blue Shirt Activities: summary of Hankow position, 159~165.

19315 xc 199807 29 November 1934, SMP report, The Fascist or Blue Shirt Party in China, 1~6.

20123, 2052   5 December 1936, Egypt and Sudan, British Embassy Cairo, Blueshirt organisation in Egypt, 64~74.

20883, 2763   3 May 1937, Egypt and Sudan, British Embassy Cairo, Blue Shirt Movement in Egypt, 131~136.

20270, 2052   20 January 1936, British Embassy Peking, The Blue Shirts, Extracts from Hsin Hsing Pao of 10.01.1936, 298~305.

20949 xc 587   29 June 1937, secret, from Intelligence Shanghai to the War Office, Provisional Ordinance for the Enforcement of the Military Service Law, 179~185.

20983 xc 2371   31 December 1936, Nanking Consulate Political Report, 195-197.

20983 xc 2371   March 1937, Chungking Political Report, 378-381.

22078, 2763   12 May 1938, British Embassy Peking, The Formation of the Chung Hua Min Kuo Hsin Min Hui(Hsin Min) or New People's Association of the Chinese Republic, 289-338.

22151, 2671   15 February 1938, Government of India, External Affairs Department, Alleged Japanese proposal that an Egyptian Prince should become the Ruler of Mongolia, 259~260.

b. War Office
WO 106 Directorate of Military Operations and Intelligence

5375 xc 243   18 March 1937, Secret, from General Staff Hong Kong, Intelligence report, Chinese Secret Societies and Political Organisations.

4. U.S. STATE DEPARTMENT RECORDS, WASHINGTON DC - (NA)

National Archives and Records Service(NA), Eighth Street and Pennsylvania Avenue, NW, Washington, DC20408

RG 226, SIF (Shanghai Investigation Files)
Box 11/72 and 73 and 74, OSS E182

February 1945	Shanghai - Japanese Secret Society; The Black Dragon Society.
July 1945	Japanese Intelligence System, a memorandum prepared by Headquarters X-2 Washington.
July 1945	Japanese Military Espionage Agencies.
August 1945	A list of German Officials According latest Information.
September 1945	Miscellaneous Intelligence
February 1946	Office of the Assistant Secretary of War, Strategic Services Unit Chungking Detachment.
April 1946	Japanese Fascist Activity in the Shanghai Area.
May 1946	Japanese Black Dragon Society in Manchuria.
December 1946	List of Names of Japanese Special Agents.
November 1947	German Intelligence Activities in China.
December 1947	German Intelligence Activities in China.

RG 226, SIF (Shanghai Investigation Files), 13W3, 3/34/A
Box 51/263 Entry 182

March 1946	Interview with Chen Lifu.
1946	The National Socialist Party.

RG 263 M 1750. Records of the Shanghai Municipal Police 1894-1949.
    D Files. Reports of Special Branch made between 1929-1949.

Files D4685

20 June 1933	Blue Shirts Society, Fascist Movement in China.
20 June 1933	The North China Daily News, Blue Shirts for China.
7 July 1933	Miscellaneous Mainichi, Settlement Police and Blue Shirts Society.

25 July 1933	Shanghai Evening Post & Mercury, Death List for Assassination by Fascists.
29 July 1933	Peiping Morning Post, On the Organisation of the Blue Shirts Society.
1 August 1933	American Consul's Reply to Reports of Blue Shirts Society Published by Shanghai Evening Post.
3 August 1933	Activities of the Blue Shirts, translation of a French Police report.
12 August 1933	Siao Kung Pao, Blue Shirts Preparing to Assassinate Opponents.
12 August 1933	Activity of Chinese Fascists (Blue Shirts), Lushan Conference.
22 August 1933	Note on Memorandum on the Subject of Blue Shirts Society.
27 May 1934	Blue Shirt (Fascist) Activities in Shanghai, Kuomintang forms a Shanghai Municipality Comrades Association for the Elimination of Communists.
9 January 1935	Kiangnan Tseng Pao, a Japanese Newspaper published in the Chinese language, contains the following article: Expansion of the Organisation of the Blue Shirts Society.
28 June 1935	The Blue Shirt Society and the Arrest of Yan Hsueh Yi.
19 March 1935	The Kiangnan Tseng Pao, a Japanese Newspaper, published in the Chinese language, contains the following article: Allegations against Chiang Kaishek.
25 June 1935	Nippon, Mainichi and Nichi-Nichi, Blue Shirts Society Arrests Pro-Japanese Chinese Newspaper Reporter.
18 July 1935	Blue Shirt Society.
2 October 1935	Central News, Existence of Blue Shirts Denied.
21 January 1936	Blue Shirts to Suspend Anti-Japanese Activities.
20 January 1937	Kuomintang control over local Chinese Youth Movements.
16 Nov. 1940	Youth Organisations of the Kuomintang formerly existent in Shanghai.
29 Nov. 1941	Translation of the Central Daily News, Kuo Min Daily

	News, Bing Pao, New China Daily News, Kuo Pao, The Organisation of the Blue Shirts Society.
10 Dec. 1940	Memorandum on the Blue Shirt Society.

Files

D995 June 1937	Soviet Military espionage in China.
D3087 December 1932	The Shanghai Korea Weekly News.
D3519 May 1932	Criminal Gangs.
D3753 1932-35	Anti-Japanese Movement.
D4724 January 1936	Nazi Movement in Shanghai.
D7478 March 1937	All Russian Fascist Party.
D7568 November 1936	Pamphlet Major-General T. Matsumuro.
D7657 May 1939	General Tai Lieh, Founder of the Chinese Blue Shirts Society.
D7660 January 1937	Japanese Communist Suspect.
D7667 December 1936	Anti-Japanese Incidents: attempt on Life of H.E. Wang Ching Wei and murder of Mr. Tang Yu Jen, Wong Yah Jao head of terrorist organisation.
October 1932	Opium Robbery at North Honan Road, Soochow, by superintendent Quale.

5. MINISTERIE VAN BUITENLANDSE ZAKEN, DEN HAAG - (FOH)
Semi-Statisch Archief, Bezuidenhoutseweg 67, Den Haag, The Netherlands
China J 1, Politieke en Militaire Gegevens, 1928-1939

June 1928	Invoer van Wapens in China.
June 1931	Attitude to Foreign Powers.
November 1931	Justice (Newspaper), Economic and Political Sidelights on Japan's Invasion of Manchuria.
January 1933	Inzending van Verslag over den Politieke Toestand te Canton.
March 1933	Wang Ching Wei en de Kuomintang.
June 1933	Blauwkielen.

June 1933	Canton Regering.	
September 1933	Blauwkielen.	
January 1934	Toenadering tussen China Japan.	
February 1934	Militaire Adviseurs.	
May 1934	Blue Shirt - Activities in Shanghai - Kuomintang forms a Shanghai Municipality Comrades Association for the Elimination of Communists, SMP report.	
August 1934	Conferentie te Kuling.	
November 1934	General Chiang's Views for Japan.	

6. MINISTÉRE DES AFFAIRES ÉRANGÈRES, PARIS - (MAE)

Ministère des Affaires Étrangères, Archives et Documentation, 27 Quai d'Orsay, F-75700 Paris, France

Direction des Affaires Politiques et Commerciales, Asie - Oceanie

Correspondance Politique - Chine, 1918~1940

Box	nr.505	October 1930	Relations avec les Autorités Civiles et Militaires Japonaises.
	nr.529	July 1935	Réorganisation de Journaux Chinois.
		April 1936	Un journal Chinois de Propaganda Anti-Japonaise 'Giu Guo Sh Pao' (Au secours de la Patrie), publicé à Paris.
		June 1939	Thai Mai (Newspaper) reports, Un Nouvel Attentat de l'Association des Chemises Bleues.
		June 1939	Siam Nikorn (Newspaper) reports, Un Nouvel Attentat Commis Par les Chemises Bleues.
Box	nr.537	Nov. 1930	Instructeurs Allemand en Chine, constitue une infraction à article 179 du Traité de Versailles.
		May 1932	Mission Militaire Allemande.
		May 1933	Général von Seeckt; China's New Warlord.
		April 1934	Mission du Général von Seeckt en Chine.
		April 1935	La Démission du Général von Seeckt.

	September 1937	Mission Militaire Allemand.
Box nr.784	February 1934	Fascisme et L'Extrême-Orient.
	June 1934	L'Italie et L'Extrême-Orient.
	December 1936	la Libération de Maréchal Tchang Kai Shek.
	April 1937	M.de Stefani, Ancien Ministre des Finances d'Italie. Mission Auprés du Gouvernement Chinois.
	November 1938	Italie et le Conflit Sino-Japonais, Conversation avec un Journaliste Italien.

B. Chinese Materials 중문 공식문서

7. NANJING DI'ER LISHI DANG'AN GUAN 南京第二歷史档案馆
   Nanjing Second Historical Archives of China - (SNHA)
   309 Zhongshan East Road, Nanjing, China

28-684   Jiang Jieshi gei Xitele de xin 蒋介石给希特勒的信.
726-161   Zhongguo guomindang zhongyang zhixing weiyuanhui zuzhibu wengao 中国国民党中央执行委员会组织部文稿.
761-29   Junlingbu canmoubenbu renshi shiliao dengjice 军令部参谋本部人事史料登记册.
761-328   Guomin zhengfu junshi weiyuanhui shougao 国民政府军事委员会手稿.
773-711   Guomin zhengfu junshi weiyuanhui shougao 国民政府军事委员会手稿.

8. SHANGHAISHI DANG'ANGUAN 上海市档案馆
   Shanghai Municipal Archives- (SMA)
   No. 648, Gubei Road, Shanghai, China

Q99-15 全宗号, 'Jiang 蒋', Di wuci huiyi 第五次会议 (Guomindang's Shanghai Department Documents of Fifth Conference), published 1934. The Documents are divided into two parts, pp.1-17, conference on 15 September 1932 and pp.18-28, conference on 19 September 1932. While the pp.52~65, is about

'Xin Zhonguo jianshe xuehui jingji zhengce dagang 新中国建设学会经济政策大纲.

Q99-2 Gezu tichu zhi yanjiu wenti 各组提出之研究问题.

9. INSTITUTE OF MODERN HISTORY, ACADEMIA SINICA-(IMH-AS)
中央研究院, 中国近代史研究收所
ZHU JIAHUA DANG'AN 朱家骅档案

2 Section, 130 Yanjiu yuan - lu, Nankang, Taibei, Taiwan

Doc. nr. 9258/5000-6-6072

Zhongyang yanjiuyuan Zhongguo jindaishi yanjiusuo 中央研究院中国近代史研究所, Zhu Jiahua dang'an 朱家骅档案 , Minguo 24-25 Nian 民国 24-25年, ZhongDe wenhua xiehui 中德文化协会 (一) Sino-German Cultural Association, Deguo qingnianfa 德国青年法.

_____ Zhong De Guanxi 中德关系 Sino-Germany Relations, Zhu Jiahua dui De jizhe tan ganxiang 朱家骅对德记者谈感想 Published on 30th December,1938.

_____ Zhongguo Liu De Tongxuehui 中国留德同学会.

10. GUOMINDANG ARCHIVES - (GA) 国民党档案馆 (Including Journals)
Yangmin shan, Taibei, Taiwan

436/123   Minguo Shibao 民国时报, The Republician Daily News, 1927年 12月 22日 Geming yufangeming 革命与反革命, Lu Yin 芦隐.

436/156, Ibid. Ying diguo zhuyi zuijin dui Hua zhengce baogao 英帝国主义最近对华政策报告, 29 December 1927.

441/5.94   Zhongyang ribao 中央日报, 17 February 1931, Guojia zhuyipai zhi neimu 国家主义派之内幕.

441/5.170,Ibid. 3 march 1931, Jiang Zhuxi, junren 蒋主席, 军人.

445/2.116,Ibid. 6 June 1930, Tantan Riben de waijiao qice 谈谈日本的外交奇策.

455/2,Ibid.   22 September, Qingnian jiuguo tuan 青年救国团.

483/48   Feng Yuxiang 冯玉祥, Jiuguo bixian shixing xinshenghuo yundong

救国必先实行新生活运动, written by Calligraphy, 16 December 1935.

615/4480/4325 Huangpu shengming 黄埔生命, vol.2, Zhongguo guomindang huangpu junguan xuexiao tebie dangbu zhixing weiyuanhui yinxing 中国 国民党 黄埔军官学校 特别党部执行委员会印行.

11. GUOSHIGUAN 国史馆, Academia Historica
   406 Section, 2 Pei-yi Road, Hsintien, Taibei, Taiwan

密 字 · 764 Zhongguo guomindang geji dangbu yu minzhong tuanti guanxi, 中国 国民党各级党部与民众团体关系, 1931.

0541/6040/1 Guonei ge shetuan zuzhi huodong baogao'an 国内各社团组職活动 报告案, 1928.

_____ Xi'anshibian Deyi yuhai'an 西安事变, 德裔 'Wimsh' 遇害案, 1937.

C. Japanese Materials 일문 공식문서

12. TOYOBUNKO - (TB) 東洋文库, The Oriental Library
   2-28-21, Hon komagome, Bunkyo-ku, Tokyo, Japan

438 Kokuminto to Ni-Si gaiko, 国民党卜日支外交, Gaimusho johobu, September 1933.

463 Ranisha no bocho oyobi choho kosaku ni kansuru shiryo, 蓝衣社ノ防谍及谍 報工作二关スル资料, Gaimusho johobu, November 1937.

732 Kokumin seifu Nankin kando go, tai Nichi hento, 国民政府南京还都后, 对日 态度, Shanghai Office, 1941.

1128 Ranisha no bocho oyobi choho kosaku, 蓝衣社の防谍及谍报工作, Keihokyoku, gaiji ka, December 1940.

2057 Ranisha ni kansuru chosa, 蓝衣社二关スル调查, by Iwai Eiichi 岩井英一, Issued by the Research Division of the Foreign Ministry, Marked 'Secret', March 1937. Iwai's authorship is indicated in the Preface to this 258 Page Study.

2175 Ranisha kakei shojorei kisoku shu, 蓝衣社关系诸条例规则集, Gaimusho johobu, (The Third Section, Intelligence Section of the Japanese Foreign

Office), 1938.

2196 *C. C dan ni kansuru chosa*, C. C 団ニ奕スル调查, Prepared by the Special Investigative Section at Shanghai of the Japanese Ministry in China, 1939.

2196 *Ranisha ni kansuru chosa*, 蓝衣社ニ奕スル调查. Issued by the Research Division of Foreign Ministry, marked 'secret', 1936.

2196 *C. C tokumu kosaku no enkaku*, C. C 特务工作ノ沿革, Marked 'Top Secret', 1940. A Japanese Government Report.

2196 *Ranisha no gainen to sono tokumu kosaku ni tsuite*, 蓝衣社の概念と其の特务工作に就いて, Prepared by the General Headquarters of the Expeditionary Army in China, 1940. No pagination.

2196 *Ranisha ni tsuite*, 蓝衣社に就いて, a Japanese Government Report of 1935.

2196 *Ranisha no soshiki to hanman koichi katsudo no jitsurei* 蓝衣社の组织と反满抗日活动实例, Japanese Government Report, issued in 1935.

2748 *Shanghai yudaya jin no katsudo*, 上海犹太人の活动, December 1932.

3328 Yamakami Kaneo, 山上金男, *Zekko zaibatsu ron*, 浙江财阀论, Nihon hyoronsha, June1938.

3748 *Nichi - Ei Kokko no kitai*, 日英国交の 危殆, Sina kaiketsu ron, 支那解决论, 1916.

4098 Fujikawa Kyosuke, 藤川京介, *Cho Gakuryo to Sho Kaiseki*, 张学良と蒋介石, Morita shobo, December 1936.

4396 *Sho Kaiseki*, 蒋介石, narrated by Kozo Kunio, 古庄国雄, Shakai kyoiku kyokai, March1929.

5011 *Kokuminto no seinen undo to sanmin shugi seinendan*, 国民党の青年运动と三民主义青年团, Tokubetsu Chosa Hokoku, Tsushin Chosakai, 1940.

5090 *Manshu oyobi shina ni okeru chika himitsu dantai ni tsuite*, 满洲及支那に於ける地下秘密团体に就いて, 1936.

5540 *Ranisha wa odoru*, 蓝衣社は跃る, by Oniwa Katsuhito, 大庭胜一, Kakumei Pamphlet, 1937.

6017 *Sina fassho no naimaku*, 支那フアツショの内幕, Investigated by minami manshu tetsudo Co., Shanghai Office, 1935.6, 南满洲铁道株式会社, 上海事务所调查部.

6020 *Teki ka mikata ka*, 敌か味方か, Jiang Jieshi's Speech to Japan, 蒋介石总统の对日言论, Shokaiseki soto no tainichi genron, To-A mondai shiryo shoso, vol.1, 1950.

7556   *Shina himitsu kessha no sin josei, Konichi tero o chusin toshite miru*, 支那秘
密结社ノ新情势, 抗日テロヲ中心トシテ观ル, 1936.

8350   *Saikin no Sina jijo to Kokuminto ryodo*, 最近の支那事情と国民党领导,
narrated by Murakami Teikichi, 村上贞吉, Zenkoku keizai chosha kikan
kanren gokai, 1932.

8463   *Ranisha no bocho oyobi choho kosaku ni kansuru shiryo*, 蓝衣社ノ防谍及工
作ニ关スル资料, 1937.

9467   *Shanhai jiken o chusin toshite,* 上海事件を中心として, The Japanese Naval
Forces, March 1932.

13. NIHON GAIMUSHO GAIKO SHIRYOKAN 日本外务省外交资料馆,
     Japanese Ministry of Foreign Affairs Archives - (JMFA)
     1-5-3 Azabu dai, Minato-ku, Tokyo, Japan

A, 610-7   *Shina seito kessha kankei zakken,* 支那政党结社关系杂件, 1933.
I,451-12   *Chugoku ni okeru shin seikatsu undo ikken,* 中国ニ於ケル新生活运
              动一件, Shanghai Mainichi, in Japanese, 上海每日(日本版) 3 April
              1934. Chuo nippo, in Chinese, 中央日报(中国版) 17 March 1934.
I,451-15   *Chugoku ni okeru shin seikatsu undo ikken,* 中国ニ於ケル新生活运
              动一件, Sin Minshu shugito kenkyu, 新民主主义と研究, To-A kyuku,
              东亚局, Tanaka (trd.), 1938.

14. BOEI CHO BOEI KENKYU JO 防衛(廳)省防衛研究所
     The National Institute for Defence Studies - (NIDS)
     2-2-1, Nakameguro, Meguro-ku, Tokyo, Japan

S5-43/138   *Sanmin shugi to Kyosan shugi* 三民主义ト共产主义, Kasho 王稼蔷
              (from Xinhua ribao, 7 January 1940, 新华月报), Oda groups Staff
              Office, the 2nd section.
186   *Oshu senso to koNichi Shina,* 欧洲战争と抗日支那.

S15−4/99   *Chosha shiryo,* 调查资料 Zhu Jiahua no hankyo tanhua 朱家骅の反共谈话, Investigated by Japanese Military Headquarters in Shanghai, 支那派遣军总司令部上海机关, 10 December 1939.

──────   Shina no himitsu seiryoku seibo kobo, riyozo ni tsuite, 支那ノ秘密势力青帮红帮, 利用上ニ就テ, 畑野部隊, 1938.

II. Serial Publications 정기 간행물

A. Western Materials 영문 자료

'Activities of the Blue Shirts', The North China Daily News, Shanghai, May 1933.

'Blue Shirts in Canton', The North China Daily News, Shanghai, August 1933.

'The Blue Shirts', The North China Herald, Shanghai, July 1933.

'Blue Shirts Again', The North China Herald, Shanghai, August 1933.

'Chang Hsueh-liang Backs Nanking', *The North China Daily News,* Shanghai, September 1933.

Chang Maria Hsia, 'Fascism and Modern China', *The China Quarterly,* 79, September 1979, pp.553~567.

Chao Wei-pang, 'A Chinese Secret Society : The Rise and Growth of the Ch'ing Pang', *The China Review,* October-December 1934, pp.35-36.

Ch'en Yung-fa, 'The Wartime Communists and Their Local Rivals: Bandits and Secret Societies', *Selected Papers from the Centre for Far Eastern Studies,* no.3, 1978-79, pp.1~69.

Ch'en Jerome, 'Defining Chinese Warlords and Their Factions', *Bulletin of the School of Oriental and African Studies,* vol. 31, 1968, pp.563-600.

Ch'en Jerome, 'The Left Wing Kuomintang: A Definition', *Bulletin of the School of Oriental and African Studies,* vol. 25, 1962, pp.557-576.

Chiang Kaishek, 'Responsibilities and Training of Youth', *China United Press,* Shanghai, 1935, pp.19~26.

Chiang Kaishek, 'A Philosophy of Action', *The China Quarterly,* 5-3, 1940, pp.355~368.

Chiang Kai-shek Madame, 'Aims and Achievement of the New Life Movement', *The People's Tribune*, 16-5, Shanghai, March 1937, pp.367~371.

'Chiang Kai-shek's Whampoa Cadets Accuse: A Kuomintang Document', *China Today*, 3-2, November 1936, pp.23~24.

'Chiang's Scouts Progressing', *The North China Daily News*, Shanghai, November 1933.

'China and Germany and Italy', *The China Critic*, 19-7, November 1937, p.81.

De Bary W. Theodore, 'A Reappraisal of Neo-Confucianism', *Modern Asian Studies*, vol.30-2, May 1996, pp.81~111.

Dirlik Arif, 'The Ideology Foundations of the New Life Movement: A Study in Counterrevolution', *Journal of Asian Studies*, vol. 34-4, 1975, pp.945~980.

Eastman Lloyd E., 'Fascism in Kuomintang China : The Blue Shirts', *The China Quarterly*, 49, January-March 1972, pp.1~31.

Eastman Lloyd E. 'Comments, Fascism and Modern China: A Rejoinder', *The China Quarterly*, 80, December 1979, pp.838~842.

Eastman Lloyd E., 'The Rise and Fall of the 'Blue Shirts': A Review Article', *Republican China*, 13, November 1987, pp.25~48.

Elkins W. F., 'Fascism in China: The Blue Shirts Society 1932-37', *Science & Society*, 33-1, Winter 1969, pp.426~433.

Elvin Mark, 'The Revolution of 1911 in Shanghai', *Papers on Far Eastern History*, 29, 1984, p.119~161.

'Fascism in China', *The People's Tribune*, 4-4, March 1933, pp.181~186.

'Fascist Countries Join Hands', *The China Critic*, 15-11, December 1936, p.246.

'Generalissimo Chiang Kai-shek Speaks for Democracy', *China Today*, 5-1, October 1938, p.9.

Gernet Jacques, 'The Economic Role of Buddhism in China', *The Journal of Asian Studies*, 16, 1957, pp.408~414.

Godley Michael R., 'Fascismo e nazionalismo cinese: 1931~1938. Note preliminari allo studio dei rapporti Italo - cinesi durante il periodo fascista', *Storia Contemporanea*, 4-4, December 1973, pp.739~777.

Howell R. H., 'Sian Points the Way', *China Today*, 3-6, March 1937, pp.72~77.

Jaffe Philip, 'China - Our Defence Against Fascism', *China Today*, 6-7, April 1939, pp.15~17.

James Shirley, 'Factionalism and the Left Kuomintang', *Studies on Asia (Lincoln)*, 1965, pp.97~104.

Kuehne Henry C. A., 'Anti-Fascist or Anti-Communist?', *The China Critic*, 16-7, February 1937, pp.152~153.

Landis Richard B., 'The Origins of Whampoa Graduates Who Served in the Northern Expedition', *Studies on Asia (Lincoln)*, 1964, pp.149~163.

Lestz Michael E., 'Gli intellettuali del Fuxingshe. Fascismo e dittatura del partito in Cina, 1932~1937', *Storia Contemporeanea*, 8-2, April 1987, pp.269~283.

Litten Frederick, 'The CCP and the Fujian Rebellion', *Republican China,* November 1988, pp.57~75.

Lu Yen-Ying, 'The San Min Chu I in the Light of Fascism', *The People's Tribune,* Shanghai, 7-1, July 1934, pp.35~40.

Mao Tse-tung, 'Fidelity to Promises', *China Today,* 3-6, March 1937, pp.69~70.

Mao Tse-tung and Chu The, 'China and Spain', *China Today,* 3-9, June 1937, pp.137~138.

Martin Brian G., 'The Origins of the Green Gang and its Rise in Shanghai, 1850~1920', *East Asian History,* 2, December 1991, pp.67~86.

Maurice Paul, 'The Ching Pang', *China Today,* 3-10, October 1937, pp.187~188.

McCormack Gavan, 'Nineteen Thirties Japan : Fascism?', *Bulletin of Concerned Asian Scholars,* 14, 1982, pp.20~32.

McKale Donald M., 'The Nazi Party in the Far East, 1931~45', *Journal of Contemporary History,* 12, December 1977, pp.291~311.

Michaelson Clarina, 'Trade Unions-Bulwark against Fascism', *China Today,* 5-9, June 1939, pp.15~16.

Myers Ramon, 'The Conference on Chiang Kai-shek and Modern China', *Republican China,* 11, April 1987, pp.86~90.

'National Renaissance', *The China Critic,* 16-5, Shanghai, February 1937, p.104.

'New Life Canons Enforced', *The North China Daily News,* Shanghai, April 1934.

'New Life Idea Fails Expectation: Much Display but Few Concrete Results', *The North China Herald,* Shanghai, February 1936, p.338.

'New Life in Kiangsi', *The North China Daily News,* Shanghai, March 1934.

'New Life Movement', *The North China Daily News,* Shanghai, March 1934.

'New Life Movement', *The Canton Daily Sun,* Canton, 16 November 1934, p.29.

'New Life Movement: Hangchow Criticisms' *The North China Herald,* Shanghai, May 1935.

'New Life Movement: Hangchow Slogans', *The North China Herald*, April 1935.

'New Life Movement: Manners Maketh the Man', *The China Review*, July-September 1934, pp.27~28.

'New Life Movement in Szechuen', *North China Herald*, March 1935.

'New Life Movement to be Tightened', *The North China Daily News*, Shanghai, June 1934.

'New Life and Opium', *The North China Daily News*, Shanghai, November 1934.

'New Life Recreation Club', The China Critic, Shanghai, 8-7, February 1935, p.150.

'Opium Traffic in North China', *The North China Daily News*, Shanghai, November 1934.

'Opium War in Shanghai Continues', *The North China Herald*, October 1933, p.14.

Paauw Douglas, 'The Kuomintang and Economic Stagnation, 1928-37', *The Journal of Asian Studies*, 16, 1957, pp.213~220.

Phillips J. W., 'Blue Jackets in China : A Study in Colonial Fascism', *China Today*, 1-2, November 1934, pp.24~26.

Phillips J. W., 'Blue Jackets in China', *China Today*, 1-3, December 1934, pp.50~52.

'The Reorganisation of Kuomintang', *The China Critic*, Shanghai, 7-10 (March 1934, p.222.

'The Rise and Growth of the 'Ch'ing Pang', *The People's Tribune*, Shanghai, 7-3, August 1934, pp.115~120.

Rowe William T., 'The Qingbang and Collaboration Under the Japanese, 1939~1945: *Materials in the Wuhan Municipal Archives*', *Modern China*, 8-4, October 1982, pp.491~499.

'The Second Anniversary of the New Life Movement', *The China Critic*, Shanghai, 7-9, February 1936, pp.199~200.

'Shanghai's New Life Movement', *The North China Daily News*, Shanghai, April 1934).

Spencer Frederick, 'Japan Enters the Fascist Ranks', *China Today*, 1-7, April 1935, pp.126~127.

Spencer Frederick, 'Sian and National Unity in China', *China Today*, 3-5, February 1937, pp.53~55.

'Stop Chiang Kai-shek's Aid to Italian Fascism', *China Today*, 2-2, November 1935, p.41.

Strong Anna Louise, 'Why Chiang Kaishek is Happy', *China Today*, 4-1, August 1938, pp.4~5.

'A Student of Politics, Fascism in China', *The People's Tribune*, 4-4, Shanghai, March 1933, pp.181~186.

Sun Anne K., 'The Need of a New Life Movement in Primary Education', *The China Critic*, 16-10, Shanghai, March 1937, pp.226~228.

Tanabe Fumio, 'Japan's Blueprint for Fascism', *China Today,* 4-8, May 1938, pp.5~7.

T'ang Leang-Li, 'The Historical Significance of the Chinese Secret Societies', *The People's Tribune,* 3-7, Shanghai, November 1932, pp.223~228.

T'ang Leang-Li, 'The "New Life" Movement', *The People's Tribune,* 6-6, Shanghai, April 1934, pp.349~353.

T'ang Leang-Li, 'Women's Part in the New Life Movement', *The People's Tribune,* 14-3, Shanghai, August 1936, pp.169~172.

'The Third Plenum of the Kuomintang', *China Today,* 3-6, March 1937, pp.68~69.

'Various Phases of New Life: Why the Movement is so often Misunderstood by the Intelligentsia; Its Effect on Common People', *The North China Daily News,* Shanghai, December 1934.

Wakeman, Jr. Frederic, 'Policing Modern Shanghai', *The China Quarterly,* 115, September 1988, pp.408~440.

Wen -Hsin Yeh, 'Dai Li and the Liu Geqing Affair: Heroism in the Chinese Secret Service During the War of Resistance', *The Journal of Asian Studies,* 48-3, August 1989, pp.545~562.

Wilson George M., 'Kita Ikki's Theory of Revolution', *The Journal of Asian Studies,* 26-1, November 1966, pp.89~99.

'Women's Part in the "New Life" Movement', *The People's Tribune,* 14-3, Shanghai, August 1936, pp.169~173.

Wright, Mary C., 'From Revolution to Restoration: The Transformation of Kuomintang Ideology', *Far Eastern Quarterly,* vol.14-4, August 1955, pp.515~532.

Yen-Ying Lu, 'Can China Become Fascist', *The China Critic,* 2-24, June 1934, pp.560~564.

'Young Marshal Studies Fascism', *The North China Daily News,* Shanghai, June 1933.

'Youth Regiment in Hankow Formed', *The North China Herald,* Shanghai, June 1938, p.526.

B. Chinese Materials 중문 자료

Dongfangzazhi 东方杂志, (Shanghai)

    30-3   1933   Wang Fuquan 汪馥泉 Riben faxisidiguozhuyi de zhanwang

日本法西斯帝國主義的展望.

32-22　　1935　　Feng Lieshan 冯列山 Deguo xinwen de yanjiu 德国新闻的.

Jindaishi yanjiu 近代史研究, Zhongguo kexueyuan jindaishi yanjiusuo 中国社会科学院近代史研究所(Beijing).

May 1985　　Li Yanjiang 李延江 Sun Zhongshan weituo Ribenren jianli zhongyangyinhang yishi de kaocha 孙中山委托日本人建立中央银行一事的考察.

June 1989　　Yu Zidao, Xiu Youwei 余子道, 徐有威 Lixingshe shulun 力行社 述论.

Nanfangzazhi 南方杂志, (Guangxi)

2-7　　Qu Weiwen 区伟闻 Lanyishe yu Zhongguo guomindang '蓝衣社与中国国民党, 1933.

2-7　　Su Jianling 苏剑玲 Faxisizhuyi pipan 法西斯主义批判.

Qiantu zazhi 前途杂志 (The Blueshirts Publications, Shanghai)

1-10　　1933　　Xiandai Zhongguo zhi xinjiu chongtu 现代中国之新旧冲突.

2-2　　1934　　Faxisidi zhuyi yu Zhongguo 法西斯蒂主义与中国.

2-2　　1934　　Zhuyi de renshi 主义的认识.

2-8　　1934　　Wenhua tongzhi de yiyi 文化统制的意义.

3-2　　1935　　Yidali balila shaoniantuan zhi gaishu 意大利巴里拉少年团之概述.

3-3　　1935　　Gejierenshi duiyu xinshenghuoyundong zhi yijian 各界人士对于新生活运动之意见.

3-7　　1935　　Guominjingji jianshe de genben renshi he jichu tiaojian 国民经济建设的根本认识和基础条件.

4-1　　1936　　Jingshenjiuguo yu xueshengyundong 精神救国与学生运动.

4-2　　1936　　Xuesheng aiguoyundong de jiantao 学生爱国运动的检讨.

4-9　　1936　　De Yi Su -E xinwen de zhengce yu xinwenfazhi bijiaolun 德意苏俄新闻的政策与新闻法制比较论, by Wang Jiahong 王家鸿.

4-9　　1936　　Xinwenzhengce yu guojialiyi 新闻政策与国家利益.

5-3   1937   Xiandai zhengzhi yu Zhongguo 现代政治与中国.

Shehui xinwen 社会新闻 (The Blueshirts Publications, Shanghai)

4-2   1933   Jingji weiji zhongde jixing fazhan, 1.2 经济危机中的畸形
                 发展.

4-4   1933   Nuzi jiaoyu 女子教育.

4-13   1933   Guomindang de wenhua zhengcepipan, 1.2.3 国民党的
                 文化政策批判.

4-17   1933   Guomindang yu faxisidi yundong 国民党与法西斯蒂运动.

4-22   1933   Guomindang de tongzhi wenhua yundong 国民党的统制
                 文化运动.

4-27   1933   Faxisizhuyi zhi zhengzhi lilun 法西斯主义之政治理论.

5-3   1933   Tongzhi jingji de renshi 统制经济的认识.

5-11   1933   Shishi tongzhi jingji de zhengzhi wenti 实施统制经济的政
                 治问题.

5-19   1933   Shemindang de sediao 社民党的色调.

Shehuizhuyi yuekan 社会主义月刊 (The Blueshirts Publications, Shanghai)

1-3   1933   Su Youci 苏由慈, Faxisiti xiaolun 法西斯蒂小论.

1-7   1933   Chen Muru 陈穆如, Zhongguo faxisizhuyi de xuan chuan
                 yulun 中国法西斯主义的宣传舆论.

Wenshi ziliao xuanji 文史资料选缉 (Beijing), 1960~1984, published vol.1-100.

3-11   Xiao Zuolin 萧作霖, Fuxingshe shulue 复兴社述略.

3-12   Zhou zhenqiang 周振强, Jiang Jieshi de tieweidui-jiaodao zongdui
         蒋介石的铁卫队教导总队.

4-13   Zeng Kuoqing 曾扩情, Hemei xieding qian fuxingshe zai Huabei
         de huodong 何梅协定前复兴社在华北的活动.

4-13   Hu Menghua 胡梦华, CC waituan zhuzhi chengshe shimo CC 外
         团组织成社始末.

5-18   Qian zhisheng 钱芝生, Shi Liangcai bei ansha zhenxiang 史良才
         被暗杀真象.

6-22   Fan Chongshi 范崇实, Jiang Jieshi chuantong Riben haijun

bangzhu Liu Xiang yunjun yongpin de jingguo 蒋介石串通日本海
军帮助刘湘运军用品的经过.

6-22   Shen Zui 沈醉, Guofangbu baomiju neimu 国防部保密局内幕.

8-28   Juntong tewu jiguan xifeng jizhongying heimu 军统特务机关息烽
集中营黑幕.

13-37   Kang Ze 康泽, Fuxingshe de yuanqi 复兴社的缘起.

13-37   Shen zui 沈醉, Yang Xingfu, Shi Liangcai bei ansha de jingguo
杨杏佛, 史量才被暗杀的经过.

14-40   Kang Ze 康泽, Sanminzhuyi qingniantuan chengli de jingguo, 三民
主义青年团成立的经过.

18-52   Cao Fuqian 曹福谦, Zhiyi, buchong, dingzheng, dui guofangbu
baomiju neimu yiwende dingzheng 质疑, 补充, 订正, 对国防部保
密局内幕, 一文的訂正.

26-76   Sheng Ye 盛野, Zhiyi, buchong, dingzheng, dui Dai Li qiren de
buchong dingzheng 质疑, 补充, 订正, 对戴笠其人 的补充订正.

33-96   Li Zhongshu 李中舒, Sanqingtuan he qingnian junzhenggong de
heliu 三青团和青年军政工的合流.

Zhongwai zazhi 中外杂志 (Taibei)

19-5   Deng Wenyi 邓文仪 Wo yu tongzhi haoyou Dai Li 我与同志好友戴笠.

Zhuanji wenxue 传记文学 (Taibei)

21-3   1972   Gan Guoxun 干国勋, Zhuiyi Liu Jianqun, bingshi 'Lanyishe'
追忆刘健群并释 '藍衣社'.

40-6   1982   Deng Yuanzhong 邓元忠, Sanminzhuyi lixingshe shi
chugao 三民主义力行社史初稿.

41-4   1982   Xin Damo 辛达谟, Deguo waijiao dang'an zhong de
ZhongDe guanxi 德国外交档案中的中德关系.

41-5   1982   Xuan Jiexi 宣介溪, Lanyishe zhi lailongqumai 蓝衣社之
来龙去脉.

41-5   1982   Wang Yenan 王冶南 Deguoguwen zai Nanjingshiqi
gongzuo de huiyi 德国顾问在南京时期工作的回忆.

41-6   1982   Xin Damo 辛达谟 Deguo waijiao dang'an zhong de

ZhongDe guanxi 德国外交档案中的中德关系.

C. Japanese Materials   일문 자료

Chugoku kankei ronsetsu shiryo, 中国关系论说资料
(Collected Articles in China 'History & Social' Studies), Tokyo.

41-14	1972	Yamaki Yoshiko, Chugoku ni okeru fasici shugi o megutte, 中国における法西斯主义をめぐつて.
26-4	1984	Terahiro Teruo,寺广映雄, Sonbun no Yoroppa ni okeru kakumei katsudo, 孙文のヨ-ロツパにおける革命活动.
32-42	1990	Mitani Kou, Gendai Chugoku himitsu kessha kenkyu no kadai, 现代中国秘密结社研究の课题.

Manshu hyoron 满洲评论(Manzhou Critics), Tachibana Shiraki 橘朴(ed.), Published by Ryukei shosha, Tokyo.

3-6	6 August 1932	Sho Kaiseki to fashisuto dantai 蒋介石とファシスト団体.
5-1	1 July 1933	Suemitsu Takamine, Seibo no Zaikari ga Manshu nide seiji teki katsudo o hajimeta 青帮の在家里が 满洲にで政治的活动を始めた.
5-2	8 July 1933	Seibou o ikani atsukau bekika? 青帮を如何に扱うべきか, by Tachibana Shiraki.
6-12	24 March 1934	Ranisaha no tero shiretsu to naru 蓝衣社のテロ炽烈となる.
7-22	1 December 1934	Hara Katsu, Shina Fassho undo no tokushitsu, 支那フアツシヨ运动の特质.
8-16	20 April 1935	Zeko zaibatsu no hakyokusei to kokumin keizai kensetsu undo 浙江财阀の破局性と国民经济建设运动.
1-2	5 Sept. 1935	Seibou, kyo no gakko keiei 青帮巨额の学校经营.

| 9-11 | 14 Sept. 1935 | Sugizaka You, Chugoku kokumin to rodosha kaikyu no rekishi teki chii, 中国国民党と労动者阶级の历史的地位. |
| 1-12 | 14 Nov. 1935 | Manshu jihen to Fashizumu 満洲事変とフアツシズム. |

Shigaku zasshi, 史 学 杂 志 (Historical Studies), Published by Shigakukai, Kyoto.

| 74-6 | Jan. 1965 | Kamo Tatsuo 鹿毛达雄 'Doku-so gunji kyoryoku kankei', 独ソ军事协力关系: 1919~1933. |

Ajia reikishi jiten アジア历史事典, Tokyo: Heibonsha, 1959.

Toyo rekishi daijiten 东洋历史大辞典, Tokyo: Heibonsha, 1959.

Nihon keizai shinbun 日本经济新闻 Sho Kaiseki ansatsu o meirei 蒋介石暗杀を命令, Tokyo, 15 August 1995.

III. General Publications 일반 서적

A. Western Books 영문 서적

Abraham, David, *The Collapse of the Weimar: Political Economy and Crisis,* Princeton University Press, Princeton, 1981.

Adair, John, *Roundhead General,* MacDonald, London, 1969.

Adair's New Encyclopedia, A New and Up-to-date- Reference Work, for Home, School and Office, Volume Two, World Syndicate Company, Inc., New York, 1925.

Allen, William Sheriden, *The Nazi Seizure of Power: The Experience of a Single German Town,* New Publisher, Chicago, 1965.

Arendt, Hannah, *The Origins of Totalitarianism,* Harvest, New York, 1951.

Aulach, Harindar, 'Britain and the Sudeten Issue, 1938: The Evolution of a Policy', *Journal of Contemporary History,* vol.18.2, April 1983, pp.233~259.

Axilrod, Eric, *The Political Economy of Chinese Revolution,* Union Research Institute, Hong Kong, 1972.

Aygoberry, Pierre, *The Nazi Question: An Essay on the Interpretation of National Socialism,* 1922~1975, Routledge & Kegan Paul, London, 1981.

Bach, H.I, *The German Jew: A Synthesis of Judaism and Western Civilization 1730~1930,* Oxford University Press, Oxford.

Bailey, P. J., *China in the Twentieth Century,* Oxford, Basil Blackwell Ltd., 1988.

Baird, Jay W., 'Goebbels, Horst Wessel, and the Myth of Resurrection and Return', *Journal of Contemporary History,* vol.17.4, October 1982, pp.633~650.

Barnes James S., *The Universal Aspects of Fascism,* London, 1929.

Barrett, Timothy, *Buddhist, Taoist or Neo-Confucian?,* London Oriental Series, vol.39, Oxford University Press, 1991.

Baum, Rainer C., *The Holocaust & the German Elite: Genocide & National Suicide in Germany, 1871~1945,* Rowman & Littlefield, Croom Helm, Totowa, 1981.

Beales, Derek, *The Risorgimento and the Unification of Italy,* Allen & Unwin, London, 1971.

Beard, Charles A., *American Foreign Policy in the Making, 1932~1940,* Yale University Press, New Haven, 1946.

Beasley, W. G., *Japanese Imperialism, 1894~1945,* Clarendon Press, Oxford, 1987.

Bergère, Marie-Claire, *The Golden Age of the Chinese Bourgeoisie 1911~1937,* Translated by Janet Lloyd, Cambridge University Press, 1989.

Berghahn, Volker, R. & Kitchen, Martin (eds), *Germany in the Age of Total War,* Essay in Honour of Francis Carsten, Croom Helm, London, 1981.

Bertram, James M., *Crisis in China: The Story of the Sian Mutiny,* Macmillan & Co., London, 1937.

_____ , *North China Front,* Macmillan & Co., London, 1939.

Bianco, Lucien, *Origins of Chinese Revolutions, 1915~1949,* Stanford University Press, Stanford, 1971.

Biographies of Kuomintang Leaders, Committee on International and Regional Studies Harvard University, Harvard University Press, Cambridge, Mass., 1948.

Bisson, T. A., *Japan in China,* Macmillan & Co., London, 1938.

Botjer, George F., *A Short History of Nationalist China 1919~1949,* G. P. Putnam, New York, 1979.

Bowman, E. F., *An Introduction to Political Science,* Methuen & Co, London, 1927.

Bracher, Karl Dietrich, *The German Dictatorship: The Origins, Structure and Consequences of National Socialism,* Penguin Books, Harmondsworth, 1973.

Branson, Noreen, *History of the Communist Party of Great-Britain, 1927~1941,* Lawrence and Wishart, London, 1985.

Brooker, Paul, *The Faces of Fraternalism: Nazi Germany, Fascist Italy, and Imperial Japan,* Clarendon, Oxford, 1991.

Broszat, Martin, *German National Socialism: 1919~1945,* Deutscher Taschenbuch Verlag GmbH & Co. KG, München, 1990.

_____ , *Der Aufstieg der NSDAP und die Zerstörung der Weimarer Republik,* Deutscher Taschenbuch Verlag GmbH & Co, KG, München, 1984.

Buchanam, James, M., *The Economics of Politics,* The Institute of Economic Affairs, 1978.

Bucknall, Kevin, *China and the Open Door Policy,* Allen & Unwin, Australia Pty, North Sydney, 1989.

Bunker, Gerald, E., *The Peace Conspiracy: Wang Chingwei and the China War, 1937~1941,* Harvard University Press, Cambridge, Mass. 1972.

Burgess, John Stewart, *The Guild of Peking,* Columbia University Press, New York, 1928.

Byas, Hugh, *Government by Assassination,* George Allen & Unwin Ltd, London, 1943.

Byron, John & Pack Robert, *The Claws of the Dragon,* Simon & Schuster, New York, 1992.

Caldwell, Oliver, *A Secret War: American in China 1944~45,* Southern Illinois University Press, Carbondale, 1972.

Calman, Donald, *The Nature and Origins of Japanese Imperialism,* Routledge, New York, 1992.

Carpenter, Niles, *Guild Socialism,* D. Appleton and Company, New York, 1922.

Carsten, F. L., *The Rise of Fascism,* University of California Press, Berkeley and Los Angeles, 1967.

Cassels, Alan, *Fascist Italy,* Routledge & Kegan Paul Ltd, London, 1969.

Causton, E. E. N., *Militarism and Foreign Policy in Japan,* Allen & Unwin Ltd, London, 1936.

Cavanaugh, Jerome, *Who's Who in China, 1918-1950,* vol. 1-3, Chinese Materials Centre, Hong Kong, 1982.

Cavendish, Patrick, *The Rise of the Chinese Nationalist Party and the Foundation of the Nanking Regime 1924~1929,* Ph.D. diss., Cambridge University, 1968.

_____, *The New China of the Kuomintang: Modern China's Search for a Political Form,* Jack Gray (ed.), Oxford University Press, London, 1969.

Chabod, Federico, *A History of Italian Fascism,* Weidenfeld and Nicolson, London, 1961.

Chambers's Encyclopaedia, International Learning Systems Corporation Limited, London, 1970.

Chambre, S. J. Henri, *From Karl Marx to Mao Tse-Tung,* P. J. Kennedy & Sons, New York, 1959.

Chang, Maria Hsia, *The Chinese Blue Shirt Society: Fascism and Developmental Nationalism,* Institute of East Asian Studies University of California, Berkeley, 1985.

Chen, Huanchang, *The Economic Principles of Confucius and His School,* Columbia University, Longmans, Green & Co., 1911.

Chen, J., Eastman L., Pepper & S. Van Slyke, *The Nationalist Era in China, 1927~1949,* Cambridge University Press, New York, 1990.

Ch'en, Lifu, *The Storm Clouds Clear Over China, The Memoir of Ch'en Li-Fu 1900~1993,* Chang S. H.& Myers R. H.(eds.), Hoover Institute Press, Stanford, 1994.

Chen, Min-sun & Shyu, Lawrence N. (eds.), *China Insight,* Selected Papers from the Canadian Asian Studies Association Annual Conference Proceeding, 1982~1984, 1985.

Ch'en, Tsung-hsi, Wang, Antsiang & Wang Itan, *General Chiang Kaishek: The Builder of New China,* The Commercial Press, Ltd, Shanghai, 1929.

Cheng, Chu-yuan , *Sun Yat-sen's Doctrine in the Modern World,* Westview Press, London, 1989.

Cherepanov, Alexander, *As Military Adviser in China,* Progress Publishers, Moscow, 1982.

Chesneaux, Jean, *Popular Movements and Secret Societies in China, 1840~1950,* Stanford University Press, Stanford, 1972.

_____, *Secret Societies in China,* The University of Michigan Press, Ann Arbor, 1971.

Chi, Chaoting, *Wartime Economic Development of China,* Garland Publishing, Inc., New York & London, 1980.

Chi, Hsisheng, *Warlord Politics in China, 1916~1928,* Stanford University Press, Stanford, 1976..

Chi, Wen-shun, *Ideological Conflicts in Modern China,* Transaction Books, New

Brunswick, U.S.A, 1986.

Chiang, Kaishek & Mdm Chiang, *China at the Cross-roads,* Faber & Faber Ltd, London, 1937.

Chiang, Kaishek, China's *Destiny and Chinese Economic Theory,* with notes and comments by Phillip Jaffe, Dennis Dobson Ltd, London, 1947.

Chiang, Kaishek & Wang, Jingwei, *Messages to the Chinese People: China's Leaders and their Policies,* China United Press, Shanghai, 1935.

Ch'ien, Tuan-sheng, *The Government & Politics of China 1912~1949,* Stanford University Press, Stanford, 1970.

Chin, Ko-lin *Chinese Subculture & Criminality; Non-Traditional Crime Groups in America,* Greenwood Press, New York, London, 1990.

Chou, Minchih, *Hu Shih and Intellectual Choice in Modern China,* University of Michigan Press, Ann Arbor, 1984.

Chow, Chingwen, *The Years of Storm: The True Story of the Communist Regime in China,* Holt, Rinehart & Winston, New York, 1960.

Chow, Jenhwa, *China and Japan,* Chopmen Enterprises, Singapore, 1975.

Ch'un-ch'iu (The Observation Post), Contains numerous articles and personal memoirs relating to modern Chinese history. These articles are of very mixed quality, but the journal is an important research source, Hong Kong, 1957~1971.

Coble, Parks M., *Facing Japan: Chinese Politics and Japanese Imperialism, 1931~1937,* Harvard University Press, Cambridge, Mass., 1991.

_____, *The Shanghai Capitalists and the Nationalist Government 1927~1937,* Council on East Asian Studies, Harvard University Press, 1980.

The Colombia Encyclopedia, Clarke F. Ansley (ed.), Colombia University Press, New York, 1935.

_____, B. A. Chernow and G. A. Vallasi (eds.), Columbia University Press, New York, 1993.

Cooper, J. C., *Taoism: The Way of the Mystic,* The Aquarian Press, Northamptonshire, 1972.

Craig, Gordon. A., *Germany, 1866~1945,* Oxford University Press, London, 1981.

Croce, Bendetto, *Historical Materialism and the Economics of Karl Marx,* Transaction Books, New Brunswick & London, 1981.

Crowley, James B., Japan's *Quest for Autonomy: National Security and Foreign Policy,*

1930~1938, Princeton University Press, New Jersey, 1966.

Davis, Feiling, *Primitive Revolutionaries of China,* Routledge & Kegan Paul, London, 1977.

Deacon, Richard, *A History of the Chinese Secret Service,* Frederick Muller, London, 1974.

Deakin, F. W and Storry, G. R., *The Case of Richard Sorge,* Chatto & Windus, London, 1966.

De Bary, Theodore & Chaffee, John, *Neo-Confucian Education: The Formative Stage,* University of California Press, Berkeley, 1989.

De Grand, Alexander, *Italian Fascism: Its Origins & Development,* University of Nebraska Press, Lincoln & London, 1982.

Dernberger, Robert F. (ed.), *China's Development Experience in Comparative Perspective,* Harvard University Press, Cambridge, Mass., 1980.

Dobb, Maurice, *Political Economy & Capitalism,* Routledge & Kegan Paul Ltd, London, 1937.

Dobkowski, Michael, N., & Wallimann, Isidor (eds.), *Radical Perspectives on the Rise of Fascism in Germany, 1919~1945,* Monthly Review Press, New York, 1989.

Domes, Jürgen, *Vertagte Revolution: Die Politik der Kuomintang in China, 1923~1937,* Walter de Gruyter & Co., Berlin, 1969.

Dower, John W. (1975), *Origins of the Modern Japanese State,* Selected writings of E. H. Norman, Pantheon Books, New York.

Duggan, Christopher, *Fascism and the Mafia,* Yale University Press, New Haven, 1989.

Duus, P. Myers, R.H. & Peattie, M. R., *The Japanese Informal Empire in China: 1895~1937,* Princeton University Press, New Jersey, 1989.

Eastman, Lloyd E., *Seeds of Destruction: Nationalist China in War and Revolution, 1937~1949,* Stanford University Press, Stanford, 1984.

_____, *The Abortive Revolution: China under Nationalist Rule: 1927~1937,* Harvard University Press, Cambridge, Mass., 1990.

_____, *The Nationalist Era in China 1927~1949,* Cambridge University Press, New York, 1990.

_____ (ed.), *Chiang Kaishek's Secret Past: The Memoirs of his Second Wife, Ch'en Chieh-Ju,* Westview Press, Oxford, 1993.

Elton, G. R., *Political History,* Basic Books Inc., 1970.

The Encyclopaedia Britannica, A Dictionary of Arts, Sciences, Literature and General Information, University Press, Cambridge, 1910.

Eto, Shinkichi & Jansen B. Marius (Translated), *My Thirty-Three Year's Dream (Sanjusannen no yume),* Princeton University Press, New Jersey, 1982.

Ezpeleta, Mariano, *Red Shadows over Shanghai,* Zita Publishing Corporation, Philippines, 1972.

Fairbank, John King (ed.), *The Cambridge History of China,* Cambridge University Press, Cambridge, London, New York, New Rochelle, Melbourne, Sydney, 1983.

_____, *The Great Chinese Revolution, 1800~1985,* Harper & Row, USA, 1986.

_____, *China Watch,* Harvard University, Cambridge, Mass., 1987.

_____, *China; A New History,* The Belknap Press of Harvard University Press, Cambridge Mass, London, 1992.

Faligot, Roger & Kauffer, Remi, *The Chinese Secret Service,* William Morrow and Company Inc., New York, 1989.

Fält, K. Olavi, *Fascism, Militarism or Japanism? The Interpretation of the Crisis Years of 1930~1941 in the Japanese English-Language Press,* Pohjois-Suomen Historiallinen Yhdistys Societas Historica Finlandiae Septentrionalis Rovaniemi, Finlandiae, 1985.

_____, *Kang Sheng et les Services Secrets Chinois,1927~1987,* Edition Robert Laffomt, S.A, Paris, 1987.

Fest, Joachim C., *The Face of the Third Reich,* Penguin Books Ltd, Harmondsworth, 1972.

Finer, S.E., *Comparative Government,* The Penguin Press, Harmondsworth, 1970.

Fitzgerald, John (ed.), *The Nationalists and Chinese Society, 1923~1937,* A Symposium, The University of Melbourne, 1989.

Fox, John, P., *Germany and the Far Eastern Crisis: A Study in Diplomacy and Ideology,* Clarendon Press, Oxford, 1982.

Fu, Zhengyuan, *Autocratic Tradition and Chinese Politics,* Cambridge University Press, New York, 1993.

Fujisawa, Chikao, *Japanese and Oriental Political Philosophy,* The Research Department of the Daito bunka kyokai (Great Oriental Culture Society), in English, Tokyo, 1935.

Fung, E. & Pong, D. (eds.), *Ideal and Reality: Social and Political Change in Modern China, 1860~1949,* University Press of America, Lanham, New York & London, 1985.

Furuya, Keiji, *Chiang Kai-shek, His Life and Times,* St. John's University Press, New York, 1981.

Gandy, Ross, *Marx and History,* University of Texas Press, Austin & London, 1979.

Garvey, James Emmett, *Marxist-Leninist China,* Exposition Press, New York, 1960.

Gatzke, Hans, *Germany and the United States,* Harvard University Press, Cambridge, Mass., 1980.

George, Henry, *Progress and Poverty,* Author's edition published by W. M. Hinton and Co., San Francisco, 1879, the third printing by Robert Schalkenbach Foundation, New York, 1992.

Getty, J. Arch, *Origins of the Great Purges: The Soviet Communist Party Reconsidered, 1933~1938,* Cambridge University Press, 1985.

Griffin, Roger (ed.), *Fascism,* Oxford University Press, Oxford, 1995.

Goodman, David S. G., *China and the West: Ideas and Activists,* Manchester University Press, Manchester, 1990.

Gourlay, E. Walter, 'Yellow Unionism in Shanghai: A study of Kuomintang Technique in Labor Control, 1927~1937', *Papers on China,* vol.5, from the Regional Studies Seminars, Harvard University, May 1951.

Gray, Jack (ed.), *The New China of the Kuomintang: Modern China's Search for a Political Form,* Oxford University Press, London, 1969.

_____, *Rebellions and Revolutions,* Oxford University Press, Oxford, 1990.

Gregor, James, *The Ideology of Fascism: The Rational of Totalitarianism,* The Free Press, New York, 1969.

_____, *The Fascist Persuasion in Radical Political,* Princeton University Press, Princeton, 1974.

Grunberger, Richard, *A Social History of the Third Reich,* Penguin Books, Harmondsworth, 1974.

Gunn, Edward Mansfield, *Chinese Literature in Shanghai and Peking,* Columbia University, Ph.D., 1978.

Hackett, John & Others, *The Third World War,* Sphere Books Ltd, London, 1979.

Han Suyin, *Birdless Summer,* Cape, London, 1968.

_____, *Destination Chungking,* Granada Publishing Ltd., Hertfordshire, 1973.

_____, *The Crippled Tree,* Tride Grafton Ltd, London, 1982.

_____, *My House has Two Doors,* Tride Grafton Ltd, London, 1982.

_____, *Tigers and Butterflies,* Earthscan, London, 1990.

Harris, Robert, *Fatherland,* Arrow Book Ltd, London, 1993.

Hatano, Yoshihiro, 'The New Armies', in Wright, ed. [q.v.], *Ho-nan sheng nung-t'sun tiao-ch'a,* (Rural Survey of Henan Province), Joint Commission on Rural Reconstruction of the Executive Yuan, Nanjing, 1934.

Hayes, Paul. M., *Fascism,* George Allen & Unwin Ltd, London, 1973.

Hedin, Sven, *Chiang Kai-shek Marshal of China,* The John Day Company, New York, 1940.

Heidhues, Mary Somers and Ownby, Daivid (eds), *Secret Societies Reconsidered & Perspectives on the Social History of Modern South China & South East Asia,* M.E. Sharpe, Armork, 1993.

Heppner, G. Ernest, *Shanghai Refuge,* University of Nebraska Press, Lincoln & London, 1993.

Hershatter, Gail, *The Workers of Tianjin, 1900~1949,* Stanford University Press, Stanford, 1986.

Heywood, Andrew, *Political Ideologies,* The Macmillan Press, London, 1992.

Ho, Ping-li and Tsou Tang (eds), *China in Crisis: China Heritage and the Communist Political System,* The University of Chicago, Chicago, 1969.

Hobsbawm, Eric, *Age Of Extremes: The Short Twentieth Century, 1914~1991,* Michael Joseph, London, 1994.

Hsiung, James C., *Ideology and Practice: The Evolution of Chinese Communism,* Pall Mall Press, London, 1970.

_____(ed.), *Asian Pacific in the New World Politics,* Lynne Rienner, Boulder & London, 1993.

Hsueh, Chuntu, *The Chinese Communist Movement 1921~1937,* Hoover Institution, Stanford University Press, 1960.

_____, *China's Foreign Relations,* Praeger Special Studies, New York, 1982.

Hu, Shih & Lin, Yutang, *Chinese Own Critics: A Selection of Essays,* China United Press, Beijing, 1931.

Huang, Jianli, *The Politics of Depoliticization in Republican China: Guomindang*

Policy towards Student Political Activism, 1927~1949, Peter Lang AG, European Academic Publishers, Berne, 1996.

Huntington, Samuel P., 'Political Development and Political Decay', *World Politics,* vol.7.3, 1965.

_____, *Political Order in Changing Societies,* New Haven, Conn., 1968.

I-hsun [pseud], *Chiang tang chen hsiang,* A True Picture of Chiang's Party, Hong Kong, 1949.

Irie, Akira(ed.), 'The Chinese and the Japanese', essay in *Political and Cultural Interaction,* Princeton University Press, New Jersey, 1980.

Isaacs, Harold R., *The Tragedy of the Chinese Revolution,* 2nd rev, (ed.), Stanford University Press, Stanford, 1961.

Israel, John, *Student Nationalism in China, 1927~1937*, Hoover Institution, Stanford University Press, Stanford, 1966.

James Joes, Antony, *Fascism in the Contemporary World: Ideology, Evolution, Resurgence,* West view Press, Boulder, Colorado, 1978.

Jansen, Marius B., *The Japanese and Sun Yat-sen,* Stanford University Press, 1954.

Jeans, Roger B., Jr, *Democracy and Socialism in Republican China; The Politics of Zhang Junmai(Carsun Chang), 1906~1941,* Rowman & Littlefield Publishers, Inc., Lanham, Boulder, New York, Oxford, Stanford, 1997.

Jones, A. Philip, Britain's *Search for Chinese Co-operation in First World War,* A Garland Series, New York & London, 1986.

Jordan, Donald A., *Chinese Boycotts versus Japanese Bombs: The Failure of China' 'Revolutionary Diplomacy', 1931~1932,* The University of Michigan Press, Michigan, 1991.

Kavanagh, Dennis, *Political Science and Political Behaviour,* George Allen & Unwin, London, 1983.

Keely, Joseph, *The China Lobby Man,* New Rochelle, New York, 1969.

Kida, Shojiro, *Bibliography of Studies on Contemporary China's Foreign Policy in China,* Tokyo, 1982.

Kirby, William C., *Germany and Republican China,* Stanford University Press, Stanford, 1984.

Knight, Nick & MacKerras, Colin, *Marxism in Asia,* Croom Helm, London & Sydney, 1985.

Kobayashi Toshihiko, 'Sun Yatsen and Asianism: A Positivist Approach', in J. Y. Wong (ed.), *Sun Yatsen, His International Ideas and International Connections,* Urly Peony, 1987.

Ladany, Laszlo, *The Communist Party of China and Marxism, 1921-1985: A Self Portrait,* C.Hurst & Co, London, 1988.

Laitinen, Kauko, *Chinese Nationalism in the Late Qing Dynasty: Zhang Bingling as an Anti-Manchu Propagandist,* Curzon Press, London, 1990.

Lary, Diana, *Region and Nation, The Kwangsi Clique in Chinese Politics, 1925~1937,* Cambridge University Press, Cambridge, 1974.

Lerner, Daniel, 'Modernization', *International Encyclopaedia of the Social Sciences,* vol.X, David L. Sills (ed.), New York, Mac Millan and Free Press, 1968.

Lethbridge, H. J., *All about Shanghai,* Oxford University Press, Oxford & New York, 1983.

Levenson, Joseph R, 'Confucian China and its Modern Fate', vol.II, *The Problem of Monarchical Decay,* University of California Press, Berkeley, 1964.

Levy, Marion J. Jr., *The Family Revolution in Modern China,* Athenaeum, reprint of 1949 original, New York, 1968.

Li, Lincoln, *Student Nationalism in China, 1924~1949,* State University of New York Press, Albany, 1994.

Lidin, Olof, *The Life of Ogyu Sorai: A Tokugawa Confucian Philosopher,* Scandinavian Institute of Asian Studies Monograph Series, no.19, 1973.

Lin Yutang, *The Importance of Living,* Heinemann, London, 1938.

_____, *My Country and My People,* Commercial Press, Shanghai, 1936.

Linebarger, Paul M, A., *The China of Chiang Kai-shek, A Political Study,* World Peace Foundation, 1941, Fu-hsing chung-kuo ko-ming chih lu (The Way to Regenerate the Chinese Revolution). n.p. Boston, 1934.

Liu F. F., *A Military History of Modern China,* Princeton University Press, Princeton, 1956.

Lock, Grahame, (translated & with an introduction), *Militarism and anti-Militarism,* Cambridge Rivers Press, London,1973.

Loh, Pichon P. Y., 'The Politics of Chiang Kai-shek', *Journal of Asian Studies,* vol.25-3, Lu-chun a-hsueh-hsiao t'ung-hsueh lu (Military Staff College Handbook), 1966, pp.431~451.

_____, *The Early Chiang Kai-shek: A Study of His Personality and Politics, 1887~1924,*

Columbia University Press, New York, 1971.

Lory, Hillis, *Japan's Military Masters: The Army in Japanese Life,* Greenwood Press, Westport, 1973.

MacAuley, Mary, *Soviet Politics, 1917~1991,* Oxford University Press, London, 1992.

MacGregor-Hastie, Roy, *The Red Barbarians: The Life and Times of Mao Tse-Tung,* Cox & Wyman, Ltd., London, 1961.

Martin, Bernd, 'Das Deutsche Reich und Guomindang-Clique, 1927~1941', in Kuo Hengyü (ed.), Minerva Publisher, 1986.

Martin, Brian G., 'The Pact with the Devil', in Frederic Wakeman, Jr., and Wen-hsin Yeh (eds), S*hanghai Sojourners,* University of California Press, Berkeley, 1992.

_____, *The Shanghai Green Gang: Politics and Organized Crime, 1919~1937,* University of California Press, California, 1996.

Maruyama, Masao, *Thought and Behaviour in Modern Japanese Politics,* Morris, Ivan (ed.), Oxford University Press, London, 1963.

McCormack, Cavan, 'Nineteen-Thirties Japan: Fascism?', *Bulletin of Concerned Asian Scholars,* vol.14, 1982.

Meissner, Werner, *Philosophy and Politics in China,* Hurst & Co., London, 1986.

Miller D, Coleman J, Connelly W & Ryan A (eds), *The Blackwell Encyclopaedia of Political Thought,* Blackwell, Oxford, 1991.

Moore, Barrington, *Social Origins of Dictatorship and Democracy,* Penguin Books, London, 1967.

Moore, Harriet L., *Soviet Far Eastern Policy 1931~1945,* Princeton University Press, Princeton, 1945.

Morris, Ivan, *Nationalism and the Right Wing in Japan; A Study of Post war Trends,* Oxford University Press, London, 1960.

Mosse, George Lachmann (ed.), *International Fascism: New Thoughts and New Approaches,* Sage Publications, London, 1979.

Mosse, G. L. & Reinharz, J. (eds), *The Impact of Western Nationalism,* Sage Publications, London, 1992.

Myers, Ramon H., 'Land Distribution in Revolutionary China 1890~1937', *The Chungchi journal,* vol.8.2, May 1969, pp.62~77.

_____, *The Chinese Peasant Economy: Agricultural Development in Hopei and Shantung, 1890~1940,* Harvard University Press, Cambridge, Mass., 1970.

Myerson, Abraham, *The German Jew: His Share in Modern Culture/Civilization 1730~1930,* Hopkinson, London, 1933.

Myrdal, Gunnar, *Asian Drama: An Inquiry into the Poverty of Nations,* Twentieth Century Fund, New York, 1968.

Nolte, Ernst, *Three Faces of Fascism,* Weidenfeld and Nicolson, London, 1963.

_____, *Vierzig Jahre Theorien über den Faschismus* (Forty Years of Theories about Fascism), Kiepenhauer & Witsch, Cologne and Berlin, 1967.

_____, *Die Krise des Liberalen Systems und die Faschistischen Bewegungen* (The Crisis of the Liberal System and the Fascist Movements), Münich, 1968.

_____, *Marxism, Fascism, Cold War,* Van Gorcum, Assen, The Netherlands, 1982.

North, Robert C., and Ithiel de Sola Pool, *Kuomintang and Chinese Communist Elite's,* Lasswell and Lerner (eds), Stanford University Press, Stanford, 2nd ed. 1963.

_____, *Chinese Communism,* Weidenfeld and Nicolson, London, 1966.

O'Sullivan, Noel, *Fascism,* J.M. Dent & Sons Ltd, London, 1983.

Paauw, Douglas S., 'Chinese National Expenditures During the Nanking Period', *The Far Eastern Quarterly,* vol.12-1, November 1952, pp.3~26.

Pan, Lynn, *Sons of the Yellow Emperor: The Story of the Overseas Chinese,* Martin Secker & Warburg Ltd, London, 1990.

Payne, Stanley G., *Fascism: Comparison and Definition,* The University of Wisconsin Press, Wisconsin, 1980.

Perry, E. J., *Shanghai on Strike: The Politics of Chinese Labor,* Stanford University Press, Stanford, 1993.

Phillips, Richard T., *China Since 1911,* Macmillan Press Ltd, Hampshire, London, 1996.

Powell, Ralph. L., *The Rise of Chinese Military Power 1895~1912,* Princeton University Press, New Jersey, 1955.

Pratt, John T., *War and Politics in China,* Jonathan Cape Ltd, London, 1943.

Priester, Karin, *Der Italienische Faschismus,* Pahl-Rugenstein, Cologne, 1972.

Pye, Lucian W., *Warlord Politics: Conflict and Coalition in the Modernisation of Republican China,* Praeger Library of Chinese Affairs, 1971.

Quinn, Malcolm, *The Swastika:Constructing the Symbol,* Routledge, London, 1994.

Rankin, Mary Backus, *Early Chinese Revolutionaries: Radical Intellectuals in Shanghai and Chekiang, 1902~1911,* Harvard University Press, Cambridge, Mass., 1971.

_____, *Elite Activism and Political Transformation in China*, Stanford University Press, Stanford, 1986.

Redman, H. Vere, *Japan in Crisis*, George Allen & Unwin Ltd, London, 1935.

Reitlinger, Gerald, *The SS; Alibi of a Nation 1922~1945*, The Viking Press, New York, 1957.

Rich, Norman, Hitler's *War Aims: Ideology, the Nazi State, and the Course of Expansions*, W. W. Norton & Co., New York, 1973.

Rowan, R. W. & Deindorfer, R. G., *Secret Service*, Hawthorn Books, New York, 1967.

Rowe, William. T, 'The Qingbang and Collaboration under the Japanese, 1939~1945' Materials in the Wuhan Municipal Archives, *Modern China*, vol.8, nr.4, Sage Publications, London, October 1982.

Roy, M. N., *Revolution and Counter Revolution in China*, Renaissance, Calcutta, 1946.

Said, Edward W., Orientalism: Western conception of the Orient, Penguin Books, London, 1991.

Schiffrin, Harold Z., *Sun Yat-sen and the Origins of the Chinese Revolution*, University of California Press, Berkeley, 1970.

_____, *Sun Yat-sen: Reluctant Revolutionary*, Little Brown & Co., Ltd, Toronto, 1980.

Schram, Stuart R., *The Political Thought of Mao Tse Tung*, Pelican Books, A1013, USA, 1969.

Seagrave, Sterling, *The Soong Dynasty*, Perennial Library, Harper & Row, London, 1985.

_____, *Dragon Lady: The Life and legend of the Last Empress of China*, Macmillan Ltd, London, 1992.

Seton-Watson, Christopher, *Italy from Liberalism to Fascism 1870~1925*, Methuen & Co., London, 1967.

Sharman, Lyon, *Sun Yat-sen, His Life and Its Meaning*, Stanford University Press, Stanford, 1968.

Sheel, Kamal, *Peasantry Society and Marxist Intellectuals in China*, University Press, Princeton, New Jersey, 1989.

Sheridan, James E., *China in Disintegration: The Republic Era in Chinese History 1912~1959*, New York: The Free Press, 1975.

Shieh, Milton J. T., *The Kuomintang: Selected Historical Documents, 1894~1969*, St. John's University Press, New York, 1970.

Smith, Anthony D., *Theories of Nationalism*, Gerald Duckworth & Co, London, 1971.

Snow, Edgar, *Red Star over China,* Grove Weidenfeld, New York, 1968.

Spence, Jonathan D., *The Search for Modern China,* Hutchinson Ltd, London, 1990.

Staniland, Martin, *What is Political Economy? A Study of Social Theory and Underdevelopment,* Yale University Press, New Heaven, 1985.

Stargardt, Nicholas, *The German Idea of Militarism,* Cambridge University Press, 1994.

Steiner, Rudolf, (*The Threefold State,* London: George Allen & Unwin Ltd,1920.

Sunoo, Harold Hakwon, *Japanese Militarism, Past and Present,* Nelson Hall, Chicago, 1975.

Sutter, Robert, *China Watch,* The Johns Hopkins University Press, Baltimore, 1978.

Suyematsu, Baron, *Russia and Japan,* The Oriental Institute, London, 1904.

Tan Chester, *Chinese Political Thought in the 20th Century,* David & Charles, (eds), David & Charles, Devon, 1971.

Tang Leang Li, *China in Revolt,* Noel Douglas, London, 1927.

Tanin, O. and Yohan, E., *Militarism and Fascism in Japan,* Greenwood Press, Westport, 1973.

Tasca, Angelo, *The Rise of Italian Fascism, 1918~1922,* H.Fertig, New York, 1966.

Thornton, C. Richard, *China, the Struggle for Power,* Indiana University Press, Bloomington, 1973.

Tien, Chen-Ya, *Chinese Military Theory,* Spa Books, Ltd, Canada, 1992.

Tien, Hung- mao, *Government and Politics in Kuomintang China, 1927~1937,* Stanford University Press, Stanford, 1972.

_____, *The Great Transition: Political & Social Change in the Republic of China,* Hoover Institute Press, Stanford, 1989.

Tong, Hollington Kong, *Chiang Kaishek: Soldier & Statesman,* Hurst & Blackett, London, 1938.

_____, *Chiang Kaishek,* China Publishing Co., Taibei, 1953.

Topping, Seymour, *Journey between Two Chinas,* Harper & Row Publishers, New York, 1972.

Totalitarismus und Faschismus: Ein Wissenschaftliche und Politische Begriffs kontroverse, by Anon, Kolloquim im November 1978, Munich-Vienna, Oldenburg, 1980.

Totten, George O., *Democracy in Pre-war Japan,* D. C. Heath & Co., Cambridge, Mass., 1965.

Tuchman, Barbara, *Stilwell and the American Experience in China 1911~1945*, A Bantam Book, New York, 1971.

Turner, Henry A. (ed.), *Reappraisals of Fascism*, New Viewpoints, New York, 1975.

Utley, Freda, *Japan's Gamble in China*, Secker and Warburg, London, 1938.

Van Slyke, Lyman, *Enemies and Friends: The United Front in Chinese Communist History*, Stanford University Press, Stanford, 1967.

Vermeer, Eduard B., *Economic Development in Provincial China: Central Shaanxi since 1930*, Cambridge University Press, Cambridge, 1988.

Wakeman Frederic, Jr., *The Fall of Imperial China*, The Free Press, New York, 1977.

_____, *Policing Shanghai 1927~1937*, University of California Press, Berkeley, 1995.

_____, *The Shanghai Badlands: Wartime Terrorism and Urban Crime, 1937~1941*, Cambridge University Press, Cambridge, 1996.

Wakeman Frederic Jr. and Wang Xi (eds), *China's Quest for Modernization*, The Institute of East Asian Studies University of California, Berkeley, 1997.

Wakeman F. & Yeh W. (eds), *Shanghai Sojourners, University of California Press, Berkeley, 1992.*

Walker, Mack, *Germany and Emigration, 1816~1885*, Harvard University Press, Cambridge, Mass., 1964.

Wang, Yi C., *Chinese Intellectuals and the West*, Chapel Hill, N. C., 1966.

Ward, Robert (ed.), *Political Development in Modern Japan*, N. J: Princeton University Press, Princeton, 1968.

Wasserstrom, J. N., *Student Protests in Twentieth Century China, The View from Shanghai*, Stanford University Press, 1991.

Watt, George, *China Spy*, Johnson, London, 1972.

Wei, Betty, *Images of Asia, Old Shanghai*, Oxford University Press, London, 1993.

Wei, Henry, *China and Soviet Russia*, D. van Nostrand Company, 1956.

Wei, William, *Counter-Revolutions in China*, University of Michigan, Michigan, 1985.

Whitson, William, *The Chinese High Command A History of Communist Military Politics, 1927~1971*, Macmillan, London, 1973.

Wilbur, C. Martin, *Sun Yatsen, Frustrated Patriot*, Colombia University Press, New York, 1976.

Wilbur, C. Martin and Julie Lien-ying How (eds), *Documents on Communism, Nationalism, and Soviet Advisors in China, 1918~1927, Papers Seized in the*

1927 Peking Raid, Columbia University Press, London, 1956.

Wilson, Dick, *The Long March, 1935,* Harrish Hamilton, London, 1971.

_____, *'Chou' the Story of Zhou Enlai, 1898~1976,* Hutchinson & Co., Ltd, London, 1984.

_____, China's *Revolutionary War,* Weidenfeld and Nicolson, London, 1991.

Wilson, M. George, *Radical Nationalist in Japan; Kita Ikki, 1883~1937,* Harvard University Press, Cambridge, Mass., 1969

_____, 'A New Look at the Problem of Japanese Fascism', in Henry A. Turner, Jr (ed.), *Reappraisals of Fascism,* New Viewpoints a Division of Franklin Watts, Inc., New York, 1975.

Wong, J. Y. (ed.), *Sun Yatsen: His International Ideas & International Connections,* University of Sydney, Australia, 1986.

Woolf, Ed. S.J. (ed.), *Fascism in Europe,* Methuen, New York, 1968.

_____, *Nature of Fascism,* Vintage Books, New York, 1969.

Wou, Odoric Y. K., *Militarism in Modern China, The Career of Wu Pei-Fu, 1916~1939,* Australian National University Press, Dawson, 1978.

Wright, Arthur (ed.), *Studies in Chinese Thought,* The American Anthropological Association, vol.55, no.75, University of Chicago Press, Chicago, 1953.

_____ (ed.), *China in Revolution, The First Phase, 1900~1913,* New Haven, Conn., 1968.

Wu, Aitchen K., *China and the Soviet Union,* John Day, New York, 1956.

Young, Arthur N., China's *Nation-Building Effort, 1927~1937,* Hoover Institution Press, Stanford University, 1971.

Young, Walter, *Japan's Special Position in Manchuria,* AMS Press, New York, 1971.

B. Chinese Books 중문 서적

Bian Xingying 卞杏英, *Shanghai geming jianshi* 上海革命简史, Xuelin chubanshe, Shanghai, 1990.

Cai Dejin (ed.) 蔡德金, *Zhou Fuhai riji* 周佛海日记, Zhongguo shehui kexue chubanshe, Beijing, 1986.

Cai Shaoqing 蔡少卿, *Zhongguo jindaishehui dangshi yanjiu* 中国近代社会党史研究,

Zhonghua shuju chuban, Beijing, 1987.

Cao Zhiyuan 曹志源, *Dai Li xin zhuan* 戴笠新传, Zhongwai zazhishe, Taibei, 1985.

Chen Anren 陈安仁, *Sunxiansheng zhi sixiang jiqi zhuyi* 孙先生之思想及其主义, Guomin tushu chubanshe, 1943.

Chen Gongshu 陈公树, *Lanyi she nei mu* 蓝衣社内幕 Shanghai guomin xinwen, 1942.

Chen Shaohe 陈少核, *Heigang lu* 黑纲录. Hong Kong,1973.

Chen Xiqi 陈锡祺, *Sun Zhongshan nianpu changbian; shangxia* 孙中山年谱长编上下, Zhonghua shuju, Taibei(1990).

Chuan Honglin 传虹霖, *Zhang Xueliang yu Xi'an shibian* 张学良与西安事变, Shibao wenhua chuban xiye youxian gongsi, Taibei, 1992.

Chuan Yunlong 传云龙, *Zhongguo zhixing xueshuo shuping* 中国知行学说述评, Qiushi chubanshe, Beijing,1988.

Cui Shuqin 崔书琴, *Sun Zhongshan yu gongchanzhuyi* 孙中山与共产主义, Yazhou chubanshe, Hong Kong, 1954.

Dai Xuanzhi 戴玄之, *Zhongguo mimi zongjiao yu huishe* 中国秘密宗教与会社, Shangwu yenshuguan, Taibei, 1990.

Deng Wenyi 邓文仪, *Zhongguo gongchandang zhi shibai* 中国共产党之失败, Bati shudian, Shanghai, 1947.

Deng Yuanzhong 邓元忠, *Sanminzhuyi lixingshe shi* 三民主义力行社史, Huangpujianguo wenjibian zhuan weiyuanhui zhubian, 1984.

Ding Mingnan 丁名楠, *Diguozhuyi qinhuashi* 帝国主义侵华史, Renmin chubanshe, Beijing, 1986.

Ding Yonglong, Sun Zhaiwei 丁永隆, 孙宅巍, *Nanjing zhengfu bengkui shimo,* 南京政府崩溃始末, Babilun chubanshe, Taibei, 1992.

Dongbeidiqu ZhongRiguanxishi yanjiu huibian 东北地区中日关系史研究会 编, *Zhongri guanxishi luncong* 中日关系史论丛, Liaoning renmin chubanshe, Liaoning, 1982.

Dong Changxiang, Gan Zhenhu, Shen Ji 董长乡, 甘振虎, 沈寂, *Zhongguo mimishehui* 中国秘密社会 Shanghai shudian, Shanghai, 1993.

Fan Xiaofang 范小方, *Er Chen he CC,* 二陈和 CC, Henan renmin chubanshe, Henan, 1993.

Feng Liangnu 冯两努, *Du yuesheng yu jiang jieshi* 杜月笙与蒋介石, Du Yuesheng and Jiang Jieshi, Mingchuang chubanshe, Hong Kong, 1992.

Gan Guoxun 干国勋, *Lanyishe fuxinshe lixingshe* 蓝衣社, 复兴社, 力行社, Zhuanjiwenxue chubanshe, Taibei, 1984.

Gao Yi 高屹, *Jiang Jieshi yu xibei sima* 蒋介石与西北四马, Jingguan jiaoyu ubanshe, Taibei, 1993.

Gong'anbu dang'anguan bianzhu 公安部档案馆编注, *Zai Jiang Jiesi shenbian ba'nian* 在蒋介石身边八年, Beijing, 1991.

Gu Qizhong 顾器重, *Zujie yu Zhongguo* 租界与中国, Shanghai qingyun tushu gongshi yinshe, 1928.

Gu Seng, Dai Li Jiangjun yu Kang-ri zhanzheng 戴笠将军与抗日战争, Huaxin chuban, Taibei, 1975.

Guangdong geming lishi bowuguan (ed.), 广东革命历史博物馆, *Huangpu junxiao shiliao* 黄埔军校史料, 1924~1927, Guangdong renmin chubanshe, Guangdong, 1982.

Guo Chaolun 郭超伦, *Zhongguo xiandaishi ziliao xuanji* 中国现代史资料选辑, Zhongguorenmin daxue chubanshe, Beijing, 1988.

Guomingdang xinjunfa hunzhan shilue 国民党新军阀混战史略, Heilongjiang remin chubanshe, Heilongjiang, 1982.

Guo Weiyi, Wang Yongkang, Yang Shijie 郭维仪, 王永康, 杨世杰, *Zhongguo dangshi gangyao* 中国党史纲要, Ganshu renmin chubanshe, Ganshu, 1990.

He Wenlong 何文龙, *Zhongguo tewu neimu* 中国特务内幕, Fengyu shuwu, Hong Kong, 1947.

Huangpu chubanshe 黄埔出版社 (ed.), *Lixing congshu* 力行丛书, Huangpu chubanshe, Chongqing, 1933.

Huang Zhenjun 黄珍君, *Sanminzhuyi qingniantuan Guangdong zhituanbu jiniance* 三民主义青年团广东支团部纪念 册, Sanminzhuyi qingniantuan zhituanbu Publication, 1947.

Hu Chunhui 胡春惠, *Hanguo duli yundong zai Zhongguo* 韩国独立运动在中国 Zhonghuaminguo shiliao yanjiu zhongxin chuban, Taibei, 1976.

Jiang Jieshi jiangshuji 蒋介石讲述集, *Lixing zhexue* 力行哲学, Huangpu chubanshe, Chongqing, 1940.

Jiang Jieshi yanjiangji 蒋介石演讲集, *Xinshenghuo yundong zhi yaoyi,* 新生活运动之要义, Shanghai Sanmin shuju, Shanghai, 1935.

Jiang Kefu 姜克夫, *Minguo junshishi luegao* 民国军事史略稿 Zhonghua shuju, aibei,

1991.

Jiang Xinli 姜新立, *Zhang Guotao de panghuang yu juexing* 张国焘的彷徨与觉醒, Youshi wenhuashiye gongsiyinhang, Taibei, 1981.

Jiang zongtong yanlun huibian bianji weiyuanhui, *Jiang zongtong yanlun huibian* 蒋总统言论汇编, Zhengzhong shuju, Taibei, 1956.

Jindai laihua waiguo renming cidian 近代来华外国人名辞典, Zhongguo shehui kexue chubanshe, Beijing, 1981.

Joseph Deheergre, S.J., Donald Daniel Leislie, 荣振华(法), 莱斯利(澳), Geng Sheng, 耿晟(ed.), *Juifs De Chine, Zhongguo de youtairen* 中国的犹太人, Zhongzhou guji chubanshe, Henan, 1992.

Lanyishe neimu 蓝衣社内幕, Mingguo xinwen tushuguan yingshua gongsi, 民国新闻图书馆印刷公司, 1942.

Li Yunfeng 李云峰, *Xi'an shibian shishi* 西安事变事史, Shanxi renmin chubanshe, Shanxi, 1981.

Li Yunhan 李云汉, *Jiuyiba shibian shiliao* 九一八事变史料, Zhengzhong shuju, Taibei, 1982.

_____, *Kangzhanqian Huabei zhengju shiliao* 抗战前华北政局史料, Zhengzhong shuju, Taibei, 1982.

Li Yunhan 李云汉(ed.), *Jindai Zhongguo shuangyuekan* 近代中国双月刊, Jindai zhongguo zazhishe, Taibei.

Liang Qichao 梁启超, *Zhongguo lishi yanjiufa* 中国历史研究法, Guji Chubanshe, Shanghai, 1987.

Liang Xiong 良雄, *Dai Li zhuan* 戴笠传, Zhuanji wenxue zazhishe, Taibei, 1990.

Lin Chaohe 林朝和, *Jiang Weiguo pingzhuan* 蒋纬国评传, Tianyuan chubanshe, Taibei, 1988.

Liu Bingrong 刘秉荣, *Guomin zhengfu mishi* 国民政府秘史, Huayun chubanshe, Beijing, 1992.

Liu Dejun, Tian Ziyu, 刘德军, 田子渝, *Zhongguo jindai junfashi cidian,* 中国近代军阀史词典, Dangan chubanshe, Beijing, 1989.

Liu Jianqing, Wang Jiadian, Xu Liangbo 刘健清, 王家典, 徐梁伯, *Zhongguo guomindangshi* 中国国民党史, Xinhua shudian, Jiangsu, 1992.

Liu Jianqun 刘健群, *Gongxian yidian zhengli bendang de yijian* 贡献一点整理本党的意见, Nanjing, 1932.

_____, *Ruhe kangrijiuguo* 如何抗日救国, No publisher's name, 1938.

_____, *Yinhe yiwang* 银河忆往, Zhuanjiwenxue comgkan zhiliu ,Taibei, 1988.

Liu Xihong 刘锡鸿, *Zhude shiguan dang'an chao (1,2)*, 驻德使馆档案钞, Xuesheng shuju, Taibei, 1966.

Mao Sicheng 毛思诚 *Minguo shiwunian yiqian zhi Jiang Jieshi xiansheng* 民国十五年以前之蒋介石先生, (Facsimile of the 1936 Edition).

Qi Gaoru 漆高儒, *Jiang Jingguo de yisheng* 蒋经国的一生, Zhuaji wenxue zazhishe, Taibei, 1991.

Qian Junrui, Jiang junchen 钱俊瑞, 姜君辰, *Jiu wang shouce* 救亡手册, Shenghuo shudian faxing, 1939.

Qiao Jiacai 乔家才, *Dai Li jiangjun he tade tongzhi*(2), 戴笠将军和他的同志, 2 Zhongwai tushu chubanshe, Taibei, 1978.

Qin Shouou (ed.), 秦瘦鸥, *Jiang Jieshi yanjiangji* 蒋介石演讲集, Shanghai sanmin shuju gongshi yinxing, Shanghai, 1936.

Qin Tong, Qu Xiaoqiang, Wei Xuefeng 秦彤, 屈小强, 魏学峰, *Jiang Jieshi, zaidalu de zuihoushike* 蒋介石在大陆的最后时刻, Nanhai chubangongshi. Beijing, 1992.

Rong Mengyuan 荣孟源, *Jiangjia wangchao* 蒋家王朝, Zhongguo qingnian chubanshe, Beijing, 1980.

Shen Meijuan 沈美娟, *Dai Li xinzhuan* 戴笠新传, Beijing shiyuezhiyun chubanshe, Beijing, 1992.

Shen Zui, Wen Qiang 沈醉, 文强, *Dai Li qiren* 戴笠其人, Wenshi ziliao chubanshe, Beijing, 1984.

Shen Zui 沈醉, *Shen Zui riji* 沈醉日记, Gonganbu dang'anguan banzhu (ed.), Qunzong chubanshe, Beijing, 1991.

Sheng Ke 生可, *Qinghongbang zhi heimu* 青红帮之黑幕, Hebei renmin chubanshe, Hebei, 1990.

Shiliao congshu 史料丛书, *Kangzhan shengli sishi zhounian lunwenji* 抗战胜利四十周年论文集 (Collections of Papers about the Victory of Sino-Japanese War), Liming wenhua shiye gongsi, Taibei, 1986.

Su Zhongbo, Yang Zhenya 苏仲波, 杨振亚, *Guogong liangdang guanxishi* 国共两党关系史, Jiangsu renmin chubanshe, Jiangsu, 1990.

Sun Zhongsan junshisixiang yu shijian 孙中山军事思想与实践 Junshi kexueyuan chubanshe, Beijing, 1989.

Tan Ruqian 谭汝谦, *Zhongguoyi Ribenshu zonghe mulu* 中国译日本书综合目录, Zhongwen daxue, Hong Kong, 1980

Tang Ren 唐人, *Jinling chunmeng* 金陵春梦, vol. 1-3, Mingdai shuju, HongKong, 1957.

Tao Baichuan 陶百川, *Sanminzhuyi yu gongchanzhuyi* 三民主义与共主义, Xuelu chubanshe, Shanghai, 1940.

Tao Jinsheng 陶晋生(ed.), *Xin shixue* 新史学, vol. 1-3, Sanmin shuju, Taibei, 1990.

Wang Fumin 王俯民, *Jiang Jieshi shengping* 蒋介石生平, Tuanjie chubanshe, Shanghai, 1989.

Wang Shouzhong 王守中, *Deguo qinlue Shandongshi* 德国侵略山东史, Renmin cubabshi, Beijing, 1988.

Wei Dafashi 伟大法师, 'Bang' *Zhongguo banghui* '帮'中国帮会, Shuowenshe, Chongqin, 1946.

Wu Gengshu 吴赓恕, *Zhonghuaminzu fuxing de zhengce yu shishi* 中华民族复兴的政策与实施, Qingnien pingronshe, 1933.

Wu Junru 吴君如, *Jinshi Zhongguo waijiaoshi* 近世中国外交史, Shengzhou uoguangshe, 1947.

Xiandai Chubangongshi 现代出版公司, *Zhongguo banghuishi* 中国帮会史, Xiandai chubangongshi, Hong Kong, 1969.

Xiao Xiaoqin 肖效钦, *Zhongguo Guomindangshi* 中国国民党史, Anhui renmin chubanshe, Anhui, 1989.

Xunzi 荀子, *Xunzi jianzhu* 荀子简注, by Zhang Shitong. Shanghai renmin chubanshe, Shanghai, 1974.

Yan Ruping 严如平, 'Guomingdang Jiang Jieshi de tewu zhuzh−Zhongtong' 国民党蒋介石的特务组织−中统, *Renmin ribao,* May-June 1995.

Yang Shubiao 杨树标, *Jiang Jieshi zhuan* 蒋介石传, Tuanjie chubanshe, Shanghai, 1989.

Ying Mengyuan 荧孟源, *Jiangjia wangchao* 蒋家王朝, Zhongguo qingnian chuban she, Beijing, 1980.

Yao Yuxiang 姚渔湘, *Yanjiu Sun Zhongshan de shiliao* 研究孙中山的史料, Wenxing congkan, vol. 13, 1965.

Yin Shi 隐士 *Li Jiang guanxi yu Zhongguo* 李蒋关系与中国, Ziyou chubansh eyinxing, Hong Kong, 1954.

Ying Mengyuan 莹孟源 , *Jiangjia wangchao* 蒋家王朝 (Jiang's Dynasty), Zhongguo qingnian chubanshe, Beijing, 1980.

Zeng Jingzhong 曾景忠, *Zhonghua minguoshi yanjiu shulue* 中华民国史研究述略, Zhongguo shehuikexue chubanshe, Beijing, 1992.

Zhang Haipeng 张海鹏, *Kangri zhanzheng yanjiu* 抗日战争研究, 1-3 Zhongguo shehui kexueyuan jindaishi yanjiusuo,Beijing, 1991.

Zhang Jinglu (ed.), 张静庐, *Zhongguo xiandai chuban shiliao* 中国现代出版史料, 1991.

Zhang Junke 章君壳, *Du Yuesheng zhuan* 杜月笙传, vol.14, Zhuanji wenxue songgan, Taibei, 1989.

Zhang Xianwen 张宪文, *Zhonghua minguo shigang* 中华民国史纲, Renmin chubabshe, Henan, 1985.

Zhang Zhidong 张之洞, *Zhang Wenxiang gong quanji* 张文襄公全集, Beijing, 1937.

Zhang Zhuhong 张注洪, *Zhongguo xiandai gemingshi shiliao* 中国现代革命史史料, Zhonggongdangshi ziliao chubanshe, Beijing, 1987.

Zhongguo faxishi tewu zhenxiang 中国法西斯特务真相, Xinhua shudian, Beijing, 1949.

Zhongguo guomindang jiushinian dashi nianbiao 中国国民党九十年大事年表, Zhongguo guomindang zhongyang weiyuanhui dangshi weiyuanhui, Taibei, 1984.

Zhongguo xiandaishi cidian 中国现代史词典, Jilin wenshi chubanshe, Jilin, 1988.

Zhonggong zhongyang dangshi yanjiushi 中共中央党史研究室 *Zhonggong Zhongyang Dangshi Dashi nianbiao,* 中共党史大事年表, Renmin chubanshe, Beijing, 1987.

Zhou Yumin, Shao Yong 周育民, 邵雍, *Zhongguo banghuishi* 中国帮会史, Shanghai renmin chubanshe, Shanghai, 1993.

Zou Lang 邹郎, *Dai Li xin zhuan* 戴笠新传, Guoji wenhua shiye youxian gongshi, Taibei, 1985.

Zuo Wenju 佐文举, Corrected by Wang Zhaohui 王兆徽校订, *Guofu duRi midang* 国父渡日密档, Xiaoyuan chubanshe, Taibei, 1989.

C. Japanese Books 일문 서적

Ariga Tsutao 有贺传, *Nihon rikukaigun no joho kikan to sono katsudo* 日本陆海军の情报机关とその活动, Kindai bungeisha, Tokyo, 1994.

Banno Masataka (trd.), 坂野正高, *Chugoku kakumei no kigen* 中国革命の起源 1915~1949, Tokyo University Press, Tokyo, 1989.

Eguchi Keiichi 江口圭一, *Ni Chu sensoki ahen seisaku* 日中战争期阿片政策, Iwanami shoten, Tokyo, 1985.

Fujieda Takeo 藤枝丈夫, *Gendai Shina no konpon mondai* 现代支那の根本问题, Taisanbo, Tokyo, 1936.

Fujii Shozo 藤井升三, *Senkyuhyaku sanju nendai no Chugoku kenkyu,* 1930年代の中国研究, Asia keizai kenkyujo, Tokyo, 1975.

Fujitani Toshio, Hayashiya Tatsuzaburo, Inoue Shin, Kitayama Shigeo, Naramoto Tatsuya 藤谷俊雄, 林屋辰三郎, 井上清, 北山茂夫, 奈良本辰也, *Buraku no rekishi to kaiho undo* 部落の历史と解放运动, Buraku mondai kenkyujo, 1954.

Fujiwara Akira, Nozawa Yutaka 藤原彰, 野泽丰, *Nihon no fasshizumu to higashi Ajia* 日本ファシズムと 东アジア, Aoki shoden, Tokyo, 1977.

Fukazawa Yasuhiro 深泽安博, 'Supein naisen to Nitchu senso' スペイン内战と日中战争, *Rekishi Hyoron,* Vol., 7, 历史评论, Kokura sobo, 1987.

Fukunaga Mitsuji (ed.), 福永光司, *Dokyo to higashi Ajia - Chugoku, Chosen, Nihon* 道教と东アジア－中国, 朝鲜, 日本, Jinbun shoin, Kyoto, 1989.

Fukushima Akihito, Nishikura Naruo, Ikeda Makoto & Yasui Sankichi 副岛昭一, 村成雄, 池田诚, 安井三吉, *Chugoku kingendaishi* 中国近现代史, Horitsu bunkasha, Kyoto, 1988.

Hamashita Takeshi 浜下武志, *Kindai chugoku no kokusai teki keiki* 近代中国の国际的契机, Tokyo University Press, Tokyo, 1990.

Hatano Kanichi 波多野乾一, *Gendai shina no seiji to jinbutsu* 现代支那の政治と人物, Kaizosha, Tokyo,1937.

_____, *Chugoku kokuminto tsushi* 中国国民党通史, Daitou shuppansha, Tokyo, 1943.

Hatsuse Ryuhei 初濑龙平, *Dentoteki uyoku: Uchida Ryohei no kenkyu* 传统的右翼, 内田良平の研究, Kyushu University Press, Kyushu, 1980.

Hiraishi Naoaki 平石直昭, *Ogyu Sorai nenpukou* 荻生且徠年谱考, Tokyo, 1984.

Hiramatsu Shigeo 平松茂雄, *Chugoku to Chosen senso* 中国と朝鲜战争, Keishou shobo, Tokyo, 1988.

Ikeda Makoto 池田诚, *Chugoku gendai seijishi* 中国现代政治史, Holitsu bunkasha, Tokyo, 1962.

Imanaga Seiji 今永清二, *Kindai Chugoku kakumei shi* 近代中国革命史, Kobundo, Tokyo, 1970.

Inaba Masao 稻葉正夫, *Okamura Yasuji taisho shiryo* 冈村宁次大将资料, Harashobo, Tokyo, 1970.

Inoue Kiyoshi, Kitahara Taisaku 井上清, 北原泰作, *Buraku no rekishi* 部落の历史, Rironsha, Tokyo, 1956.

Irie Akira 入江昭, *Bei-Chu kankei* 米中关系, Saimaru shuppankai, Tokyo, 1971.

Ishi Akira, Tanaka Seiichiro 石井明, 高木诚一郎, *Chugoku no seiji to kokusai kankei* 中国の政治と国际关系, Tokyo University Press, Tokyo, 1984.

Ishihama Tomoyuki 石濱知行, *Shina senji keizai ron* 支那战时经济论, Keio shobo, Tokyo, 1940.

_____, *Jukei senji taisei ron* 重庆战时体制论, Chuo koron sha, Tokyo, 1942.

Ishii Toshio, 石井寿夫, *Sonbun shiso no kenkyu* 孙文思想の研究, Meguro shoten, Tokyo, 1943.

Ishijima Noriyuki 石岛纪之, *Chugoku koNichi sensoshi* 中国抗日战争史, Aoki shoten, Tokyo, 1984.

Ishikawa Shoji, Takahashi Susumu, Yokoyama Kenichi & Kamei Hiroshi 石川捷治, 高桥进, 横山谦一, 龟井弘, *Senkyuhyaku sanju nendai kiki no Kokusai Hikaku* 一九三零年代危栈の国际比较, in Nakakawahara Norihito (ed.), 中川原德仁, Horitsu bunka sha, Kyoto, 1986.

Ishikawa Tadao 石川忠雄, *Chugoku kyosantoshi kenkyu* 中国共产党史研究, Keio tsusin, Tokyo, 1959.

Ishimaru Tota 石丸藤太, *Sho Kaiseki* 蒋介石, Shunjusha, Tokyo, 1937.

Iwamura Michio 岩村三千夫, *Chugoku gakusei undo shi* 中国学生运动史, Sekai hyoronsha, Tokyo, 1949.

Iwase Masato 岩瀬昌登, *Kita Ikki to cho kkoka shugi* 北一辉と超国家主义, Yosankaku, Tokyo, 1974.

Kaizuka Shigeki 具冢茂树, *Son Bun to Nihon* 孙文と日本, Koudan sha, Tokyo, 1967.

Kaji Nobuyuki 加地伸行, *Shokatsu Komei no sekai* 诸葛孔明の世界, Sin jinbutsu ourai sha, Tokyo, 1983.

Kajima Heiwa Kenkyujo (ed.) 鹿岛平和研究所 编, *Nihon gaikoshi,* 21, 日本外交史, 21, Kajima kenkyuzo, Tokyo, 1974.

Kazama Taku 凡间阜, *kinsei Chuka Minkoku shi* 近世中华民国史, Gyobun kaku, Tokyo, 1939.

Katokawa Kotaro 加登川幸太郎, *Chugoku to Nihon rikugun* 中国と日本陆军, Keibunsha, Tokyo, 1978.

Katsube Hajime 勝部元, *Gendai no Fashizumu* 現代のファシズム, Iwanami sinsho, Tokyo, 1955.

Kawashima Yukio & Kyokei Taira, translated, 河岛辛夫, 胁圭平, *Waimaru kyowakoku no seiji shisou,* ワイマル共和国の政治思想 wby Kurt Sontheimer, Nymphenburger Verlagshandlung through Japan UNI Agency, Inc., Mineruba shobou, Tokyo, 1976.

Kida Shojiro 喜田昭治郎, *Gendai chugoku gaiko kenkyu bunken mokuroku (1949~1980),* 現代中国外交研究文献目录, Ryukei shosha, Tokyo, 1982.

Kimata Tokuo (translated) 木全德雄, *Jukyo to dokyo* 儒教と道教, Tübingen, Verlag von J.C.B. Mohr: Paul Siebeck, 1947, by Max Weber, Shobun sha, Tokyo, 1971.

Kusaka Kimindo, Hua Dongming,日下公人, 华东明, *Chugokujin no dai gensoku,* 中国人の大原则 , Tokuma shoten, Tokyo, 1995.

Kisaka Junichiro 木坂顺一郎, *Nihon fashizumu no kokkaron* 日本ファシズムの国家论, Taikei Nihon kokkashi, vol.4.

Kita Ikki 北一辉, *Shina kakumei gaishi* 支那革命外史, Daitodou kaku, Tokyo, 1921.

Kobayashi Hideo 小林英夫, *Showa Fashisuto no gunzo* 昭和フアッシストの群像, Kokura shobo, Tokyo, 1984.

Kobayashi Yoshiaki 小林良彰, *Meiji ishin to Furansu kakumei* 明治维新とフランス革命, Sanichi shobo Tokyo, 1988.

Kojima Yoshio 小岛淑男, *Ryu nichi gakusei no Shingai kakumei* 留日学生の辛亥革命, Aoki shoten, Tokyo, 1989.

Kokusho Kankoukai 国书刊行会, *Chugoku gendaishi no sho mondai,* 中国近现代史诸问题, Kokusho kankokai shuppan, Tokyo, 1983.

Komatsu Kazuo 小松和生, *Nihon Fasshizumu to kokka kaizo ron* 日本ファシズムと

國家改造'论, Sekai shoin, Tokyo, 1991.

Kosaka Itsuro 向坂逸郎, *Kindai Nihonno shisoka* 近代日本の思想家, Wakasha, Tokyo, 1954.

Kotani Hidejirou 小谷豪治郎, *Sho Keigoku den* 蒋经国传, Purejidento sha, Tokyo, 1990.

Kou Jimu 黄仁宇, *Sho Kaiseki* 蒋介石, translated by Kitamura Minoru etc., Toho shoten, Tokyo, 1997.

Ma Yiejun 马家骏(北京师范大学) Tou Zhunan 汤重南(中国社科院世界历史研究所助教), *Nitchu Kindaika no Hikaku* 日中近代化の比较, Rokko shuppan, Tokyo, 1988.

Maeda Toshiaki, etc, 前田利昭等, *Chugoku kingendaishi, I.II,* 中国近现代史-上下, Tokyo University Press, Tokyo, 1982.

Matsumura Yuji 松村佑次, *Giwadan no kenkyu* 义和团の研究, Gannando shoten, Tokyo, 1976.

Mei Sungnan 梅嵩南, *Sanmin shugi to kaikyu toso* 三民主义と阶级斗争, Nihon hyoron sha, Tokyo, 1929.

Miyazaki Toten 宫崎滔天, *Shina kakumei gun dan* 支那革命军谈, Nishida Masaru (ed.), Hosei University Press, Tokyo, 1967.

_____, *Sanjusan nen no yume,* 三十三年之梦, Gasei shubbansha, Tokyo, 1981.

Mizuno Naoki 水野直树, *Koho gunkan gakko to Chosen no minzoku kaiho undo* 黄埔军官学校と朝鲜の民族解放运动, Sheikyu bunko, Vol.6, 1989.

Morimatsu Toshio 森松俊夫, *Gunjin tachi no Showa shi* 军人たちの 昭和史, Tosho shuppansha, Tokyo, 1989.

Morishita Shuichi 森下修一, *Kokkyo naisen shi,* 国共内战史, Sanshu shobo, Tokyo, 1970.

Nagai Kazu 永井和, *Kindai Nihon no gunbu to seiji* 近代日本の军部と政治, Shibunkaku shuppansha, Tokyo, 1993.

Nakamura Satoshi 中村三登志, Chugoku rodo undo no rekishi 中国劳动运动の历史, Aki shobo, Tokyo, 1978.

Nakanishi Tsutomu, Nishizato Tatsuo 中西功, 西里龙夫, *Chugoku Kyosanto to minzoku toitsu sensen,* 中国共产党と民族统一战线, Daiga tou, Kyoto, 1946.

Negishi Tadashi 根岸佶, *Shanghai no Girudo* 上海のギルド, Nihon hyoronsha, Tokyo, 1951.

Nihon Gendaishi Kenkyukai 日本現代史研究会, *Nihon Fasshizumu, 1- Kokka to Shakai*, 日本ファシズム,1 - 国家と社会, Otsuki shoten, Tokyo, 1983.

Nihon Son Bun kenkyu kai 日本孫文研究会(1993), *Son Bun to Ajia* 孫文とアジア, International Academic Symposium in Tokyo, Hako shoin, Tokyo, August 1990.

Niida Noboru 仁井田升, *Chugoku no shakai to girudo,* 中国の社会とギルド Iwanami shoten, Tokyo, 1951.

_____, *Kindai Chugoku no shakai to keizai,* 近代中国の社会と経済, Toko shoin, Tokyo, 1951.

Nishikawa Takeshi 西河毅, Shu Onrai no michi 周恩来の道, Tokuma shoten, Tokyo, 1976.

Nishimura Shigeo 西村成雄, *Chugoku nashonarizumu to minshu shugi,* 中国ナショナリズムと 民主主义, Kenbun shuppan, Tokyo, 1991.

Nishizato Tatsuo 西里龙夫 *kakumei no Shanghai de* 革命の上海で, Nichu shuppan, 1977.

Nohara Shiro 野原四郎, *Chugoku kakumei to Dai Nihon teikoku,* 中国革命と大日本帝国, Kenbun shuppan, Tokyo, 1978.

Nomura Koichi 野村浩一, *Kindai Chugoku no seiji to shiso* 近代中国の政治と思想, Chikuma shoten, Tokyo, 1964.

Nozawa Yutaka, Tanaka Masatoshi (eds.), 野泽丰, 田中正俊, *Kokuminto no keizai jokyo* 国民党经济状况, Kouza Chugoku kingendai shi, Vol.6, 讲座中国近现代史, Tokyo University Press, Tokyo, 1978.

Nozawa Yutaka 野泽丰, *Chugoku kokumin kakumei shi kenkyu* 中国国民革命史研究, Aoki shoten, Tokyo, 1974.

Ogata Taketora 绪方竹虎 *Ichi gunjin no shogai* 一军人の生涯, Bunge shunju sinsha, Tokyo, 1955.

Ojima Sukema, 小岛佑马, *Chugoku no kakumei shiso* 中国の革命思想, Chikuma sosho, Tokyo, 1968.

Okubo Yasushi 大久保泰, *Chugoku kyosanto shi* 中国共产党史, Harashobo, Tokyo(1971).

Otsuka Takehiro 大冢健洋, *Okawa Shumei to kindai Nihon* 大川周明と近代日本, Mokutakusha, Tokyo, 1990.

Ozaki Hotsuki 尾崎秀树, *Zoruge jiken* ゾルゲ事 件, Chuo koronsha, Tokyo, 1963.

Peng Tsechou 彭泽周, *Chugoku no kindaika to meiji ishin* 中国の近代化と明治維新, Dobosha, Kyoto, 1976.

Sada Kojiro 佐田弘治郎, *Kyosanto soshiki mondai shiryo* 中国共产党组织问题资料, 南满铁调查课, Minami manshu tetsudo Co., Published, 1930.

Sakai Tadao 酒井忠夫, *Chugoku minshu to himitsu kessha* 中国民众と秘密结社, Yoshikawa koubunkan, Tokyo, 1992.

Sakurai Ryoju 櫻井良樹 (ed.), 'Kokuryukai to sono kikanshi' 黑龙会とその机关志, *Kokuryukai kanke shi ryoshu*, 黑龙会关系 资料集(The Materials of the Black Dragon Association), Aishobo, Tokyo, 1992.

Sato Hiroshi 佐藤宏, *Gunji toso, himitsukessha, oyobi sono tano sho mondai* 军事斗争, 秘密结社 および その他の 诸问题, Chugoku kenkyu geppo, 2, Tokyo, 1992.

Sato Michikazu 斎藤道一 *Zoruge no Nichi- Bei kaisen* ゾルゲの日米开战, Nihon keizai hyoronsha, Tokyo, 1978.

Sato Toshizo 佐藤俊三, *Shina no kokunai toso* 支那の国内斗争, Osaka yago shoten, Tokyo, 1941.

_____, *Shina o shihai suru mono* 支那を支配するもの, Osaka yago shoten, Tokyo, 1942.

Shimada Toshihiko 岛田俊彦, *Kantogun* 关东军, Chuo shinsho, vol. 81, Tokyo, 1965.

Shingai Kakumei Kenkyukai 辛亥革命研究会, *Chugoku kindaishi kenkyu nyumon* 中国近代史研究入门, Hako shoin, Tokyo, 1992.

Sinica しにか, vol.3.11, 'Meiji Nihon to Chugokujin ryugakusei', 明治日本と中国人留学生, Daishukan shoten, Tokyo, 1992.

Suemitsu Takayoshi 末光高义, *Shina no himitsu kessha to jizen kessha* 支那の秘密结社と慈善结社, Manshu hyoronsha, Dalian, 1932.

Suzuki Chusei 铃木中正, *Chugokushi ni okeru kakumei to shukyo* 中国史に おける 革命と宗教, Tokyo University Press, Tokyo, 1974.

Tachibana Siraki 橘朴, *Chugoku Kenkyu* 中国研究, Keiso shobou, Tokyo, 1990.

Takada Atsushi 高田淳, *Chugoku no kindai to jukyo* 中国の近代と儒教, Kinokuniya shinsho B-412, Tokyo, 1970.

Takagi Seiichiro, Ishi Akira and etc., 高木诚一郎, 石井明, *Chugoku no seiji to kokusai kankei* 中国の 政治と 国际关系, Tokyo University Press, Tokyo, 1984.

Takeuchi Hiroyuki 竹内弘行 *Chugoku no jukyo teki kindaika ron* 中国の儒教的近代化论, Kenbunsha, Tokyo, 1995.

Takeuchi Ko 竹内好, *Gendai Nihon shiso taikei, Ajia Shugi* 現代日本思想大系 9 - ア
ジア主义, Chikuma shoten, Tokyo, 1963.

Tanaka Sogoro 田中惣五郎, *Nihon Fasshizumu shi* 日本ファシズム史, Kawade
shobo shinsha, Tokyo, 1960.

Tejima Hiroshi 手岛博, *Chugoku rodo undoshi tsushi,* 中国劳动运动通史, Toyo
shobo, Tokyo, 1985.

Tong Hollington Kong 董显光, *Sho Kaiseki* 蒋介石 (Biography of Chiang Kaishek),
Okuno & Terajima (trd.), Nihon gaisei gakkai, Tokyo, 1955.

Toyama Mitsuru 头山满, *Son Bun, Sho Kaiseki, O Seiei* 孙文蒋介石, 汪精卫.
Kaizosha, Tokyo, 1940.

Toyoda Joh 豊田穣, *Kakumeika. Kita Ikki,* 革命家 北一辉, Koudansha, Tokyo,
1991.

Tsuge Hisayoshi 柘植久庆, *Hitora no senjo,* ヒトラ- の战场, Harashobo, Tokyo,
1989.

Uno Shigeaki 宇野重昭, *Chugoku kyosanto* 中国共产党, Nihon jitsugyo shuppansha,
Tokyo, 1981.

Wan Feng 万峰, *Nihon Fasshizumu no kobo* 日本ファシズムの兴亡, Rokko
shuppan, Tokyo, 1989.

Wang Xiangrong 汪向荣, *Shinkoku no oyatoi Nihonjin* 清国の お雇い 日本人, Asahi
shimbun, Tokyo, 1991.

Waseda Daigaku Shakai Kagaku Kenkyujo, 早稲田大学社会科学研究所, Waseda
University Press, Tokyo, 1970.

Watanabe Jun 渡边敦, *Chugoku kingendai ni okeru himitsu kessha - Seibo, Koubo*
中国近代に おける 秘密结社-青帮红帮, Chugoku Kingendaishi Ronshu 中
国近现代史论集, Hako shoin, Tokyo, 1985.

_____, *Chugoku no rekishi to himitsu kessha,* 中国の历史と秘密结社, Komazawa
University, Tokyo, 1988.

_____, 'Seibo, unga seikatsusha shudan no tairyu' 青帮运河生活者集团の大流,
Rekishi tokuhon, Shinjinbutsu oraisha, Tokyo, 1988.

Yamada Tatsuo 山田辰雄, *Chugoku kokuminto saha no kenkyu,* 中国国民党左派の
研究, Keio tsushin, Tokyo, 1980.

Yamaguchi Yasushi 山口定, *Fuashizumu* ファシズム (Fascism), Yuhikaku, Tokyo,
1989.

Yamanouchi Kiyomi 山内喜代美, *Chugoku kokumintoshi,* 中国国民党史, Genshodo, Tokyo, 1941.

Yasuda Tsuneo 安田常雄, *Nihon fashizumu to minshu undo* 日本ファシズムと民衆運動, Renga shobo shinsha, Tokyo, 1979.

Yokoyama Hironori 横山宏章, *Sho Kaiseki to Shanhai koeki jo* 蒋介石と上海交易所, Chugoku kenkyu geppo, Tokyo, 1992.

Yoneuchiyama Tsuneo 米内山庸夫, *Shina to Moko* 支那と蒙古, Hokuko shobo, 1943.

Yoshida Tosuke 吉田东佑 (trd.), *Shu Futsukai nikki* 周佛海日记, Kenminsha, Tokyo, 1953.

Zhang Yufa, 张玉法, *Son Bun to Ajia* 孙文と アジア, *Son Chusan noO-Bei keiken no Chugoku kakumei ni taisuru eikyo,* translated by Fujii Hiroshi, International Academic Symposium in Tokyo, August 1990.

주(註)

서론

1) 스탈린, 마르크스주의 사상을 결정하는 3가지 기본방침 1)변증법적 유물론 2)당의 세력 3)비밀경찰, 당원들은 코민테른과 소비에트 적군(赤軍)과 합작하며 소비에트에서 훈련받는다.

2) Maria H. Chang, *The Chinese Blue Shirt Society: Fascism and Developmental Nationalism*, Berkeley: Univ. of California Press, 1985. ; Lloyd E. Eastman, *The Abortive Revolution; China under Nationalist Rule*, 1927~1937, Cambridge, Mass: Harvard Univ. Press, 1990.

3) 중국 후난성(湖南省) 출생, 1904년부터 일본 와세다(早稻田)대학 유학, '동맹회' 창립 당시 쑨원과 함께 활약.

4) Maria H. Chang, *The Chinese Blue Shirt Society: Fascism and Developmental Nationalism*, p.51.

5) CC Clique 명칭의 유래에 관한 몇 가지 설이 있었으나 천(陳-Chen & Chen)형제의 C&C가 가능하다. 구체적 설명은 3장 참고.

6) 만주 지방은 현재의 중국 동북 지방의 흑룡강성, 길림성, 요령성.

7) TB 2057, 「藍衣社ニ㕛スル調査」, 1937年3月 '機密'表示, 調査員, 岩井英一, 總 258pages, pp.25~26. 日本國會圖書館附設 '東洋文庫'(Toyo Bunko).

8) Lloyd E. Eastman), "*Fascism in Kuomintang China*: The Blue shirts", The China Quarterly nr.49, (January-March 1972), pp.1~31.

9) Lloyd E. Eastman, *The Abortive Revolution*, pp.39~40.

10) Maria H. Chang, *The Chinese Blue Shirt Society*, pp.7~9

11) Maria H. Chang, *The Chinese Blue Shirt Society*, pp.34~35, 51, 130~131.

12) BA, Bundesarchiv, Abteilungen Potsdam ; AAPA, Auswärtiges Amt, Politisches Archiv, Bonn.

13) Parks M. Coble, *Facing Japan; Chinese Politics and Japanese Imperialism*, Cambridge, Mass: Harvard Univ. Press, 1991, p.226.

14) Douglas R. Reynolds 'Training Young China Hands: Toa Dobun Shoin and Its Precursors, 1886~1945', p.267. Princeton: Princeton University Press, 1989, p.267.

15) Lloyd E. Eastman, "The Rise and Fall of the Blue Shirts": A Review Article, *Republican China*, nr.13, p.25.

1장_ 동서양(東西洋) 파시즘의 특징

1) Stanley G. Payne, *Fascism, Comparison and Definition*, Ernst Nolte (ed.), Wisconsin: Univ. of Wisconsin Press, 1980. ; P. Hayes, *Fascism*, London: George Allen & Unwin Ltd., 1973. ; Anthony James Joes, *Fascism in the Contemporary World: Ideology, Evolution, Resurgence*, Colorado Boulder: West view Press, 1978. ; Noel O'Sullivan, *Fascism*, London: J. M. Dent&Sons Ltd., 1983.

2) Longman, *Concise English Dictionary*, Essex: Longman Group, 1985, p.502.

3) Noel O'Sullivan은 Fascism이라는 원어 표현의 명백한 두 가지 이유 1)무솔리니의 파시스트 투쟁에서 유래된 것이 아님 2)이전부터 독특한 이상 혹은 논리적 의미를 갖고 있다. Noël O'Sullivan, *Fascism*, London: J. M. Dent & Sons Ltd, 1983, pp.7, 207.

4) Griffin은 '이념적 추상이라는 최종적 결과란 즉 인위적인 모델의 유사성을 내포한 대중성을 띠는 자연현상이다'라고 표현. Roger Griffin(ed.), *Fascism*, Oxford Readers, Oxford: Oxford Univ. Press, 1995, p.3.

5) 마루야마 교수는 일본 도쿄대학 정치사회과학 분야 연구자로서 특히 '파시즘'에 관심.

6) Gavan McCormack, "Nineteen − Thirties Japan: Fascism", *Bulletin of Concerned Asian Scholars*, 1982, vol.14, p.28.

7) 野村浩一, 『近代中国の政治と思想』, 東京: 筑摩書店(局), 1964年 再版 1997년, pp.144~145.

8) Roger Griffin, *Fascism*, p.37.

9) F. L. Carsten, *The Rise of Fascism*, Berkeley: Univ. of California Press, 1967, pp.19, 64~66.

10) SS= Schutz Staffel, SA= Sturm Abteilung.

11) Martin Broszat, *Die Machtergreifung. Der Aufstieg der NSDAP und die Zerstörung der Weimarer Republik*, München: Deutscher Taschenbuch Verlag GmbH & Co. KG, 1984, pp.11~14, 32.

12) Noel O'Sullivan, *Fascism*, p.89.

13) F. L. Carsten, *The Rise of Fascism*, pp.230~231.

14) Payne의 파시즘 학설이란? 유럽의 유일한 사회운동 현상으로 유형학적에서 유래됐다는 필연적 설이 의심되며, 유럽 이외의 파시즘운동이란 그들의 사회조직의 특이성은 없다고 주장. Stanley G. Payne, *Fascism, Comparison and Definition*, pp.175~176.

15) N. Kogan, "Fascism as a Political System", in S. J. Woolf (ed.), *The Nature of Fascism*, New York: Vintage Books, 1969, pp.11~18.

16) Ernst Nolte, *Die Krise des Liberalen Systems und die Fascistischen Bewegungen — The Crisis of the Liberal System and the Fascist Movement*, Munich, 1968, p.385.

17) F. L. Carsten, *The Rise of Fascism*, p.231.

18) Maruyama Masao(丸山眞男), *Thought and Behaviour in Modern Japanese Politics*, London: Oxford Univ. Press, 1963, p.52.

19) O. Tanin and E. Yohan, *Militarism and Fascism in Japan*, Westport: Greenwood Press, 1973, p.20.

20) Tanin and Yohan, *Militarism and Fascism in Japan*, p.173.

21) Anthony James Joes, *Fascism in the Contemporary World: Ideology, Evolution, Resurgence*, Colorado Boulder: Westview Press, 1978, p.147 ; 万峰, 『日本ファシズムの興亡』, 東京: 六興出版, p.66.

22) 두 가지 의미의 배경 : (1)새로운 봉건제도의 전개, 즉 무사(武士), 군주, 혹은 제후를 중심으로 (2)양자, 즉 계급층 아니면 계급층 중에서 무사 보유자(다이묘). 1871년 봉건제도 개혁 실패 후 사무라이 특권은 폐지되었다.

23) 현양사는 원래 고요샤(向陽社)에서 유래되며, 1879년 후쿠오카에서 도야마 미츠루에 의하여 창립. 1881년 도야마와 히라오카 코다로는 현양사로 개명.

24) 万峰, 『日本ファシズムの興亡』, pp.31~32.

25) 제국주의 체제는 당연히 신뢰되는 지지를 받으면서 일본 국민들은 격변되는 근대화과정을 위한 인내심을 발휘한다. W. G. Beasley, *Japanese Imperialism*, 1984~1945, Oxford: Clarendon Press, p.35.

26) Harold Hakwon Sunoo, *Japanese Militarism, Past and Present*, Chicago: Nelson Mall, 1975, p.31.

27) 기타잇키의 "일본개조방안대강", 1918년 내용에 기초한다. 小林英夫, 『昭和ファシストの群像』, 東京: 校倉書房, 1984, pp.36~37. ; Anthony James Joes, *Fascism in the Contemporary World: Ideology, Evolution, Resurgence*, p.148.

28) 기타잇키(1883~1937)는 민족주의 혁명가로서 흑룡회와 관련되었으며, 청년시절에는 다원학설에 열중, 1911년부터 수년간 중국에 체재.

29) George Macklin Wilson, "Kita Ikki's Theory of Revolution", *Journal of Asian Studies*, vol.26, November 1966, p.89: 岩瀬昌登, 『北一輝と超國家主義』, 東京: 雄山閣, 1974年, p.12.

30) Maruyama Masao, *Thought and Behaviour in Modern Japanese Politics*, London: Oxford Univ. Press, 1963, p.28.

31) 부시도의 핵심 정신은 신토(神道)와 젠슈(禪宗) 이념을 기초로서 공자(孔子) 사상과 비교된다. 万峰, 『日本ファシズムの興亡』, p.37.

32) 万峰, 『日本ファシズムの興亡』, p.34.

33) George Macklin Wilson, "New Look at the Problem of Japanese Fascism", in Henry A. Turner Jr (ed.), *Reappraisals of Fascism*, New York: New Viewpoints, 1975, pp.199~214.

34) Maruyama Masao, *Thought and Behaviour in Modern Japanese Politics*, pp.26~27.

35) Olavi K. Fält, *Fascism, Militarism or Japanism? The Interpretation of the Crisis Years of 1930~1941 in the Japanese English-Language Press*, Pohjois-Suomen Historiallinen Yhdistys, Societas Historica Finlandiae (Finlandiae: Septentrionalis Rovaniemi, 1985, p.45.

36) 1936년 2.26사건은 당시 일본은 적합한 시기에 자유선거가 행해졌다. 그러나 본 선거에서 '민주주의' 지지자들의 (투표 부재자가 많았음) 실패로 돌아갔다. 결국 선거를 통하여 급진(急進)적 애국을 지지하는 유권자가 부족함을 증명해 준 것이다. Barrington Moore Jr, *Social Origins of Dictatorship and Democracy*, London: Penguin Press, 1967, pp.300~301.

37) Stanley G. Payne, *Fascism, Comparison and Definition*, p.49.

38) Miller, Coleman, Connelly and Ryan (eds.), *The Blackwell Encyclopaedia of Political Thought*, Oxford: The Blackwell, 1991, pp.235~237.

39) Miller, Coleman, Connelly and Ryan (eds.), *The Blackwell Encyclopaedia of Political Thought*, pp.148~150.

40) 이론적으로 명대 왕양명의 학설에 기초를 두고 있다(지식 없는 행동은 목적도 없으며, 지식은 행동이 따르지 않으면, 무의미하다).

41) 傅雲龍, 『中国知行学说述评』, 北京: 求實(혹은 '求是')出版社, 1988, p.183 ; David S. Nivison, "The Problem of Knowledge and Action and Chinese Thought since Wang Yang-Ming", in Arthur Wright (ed.), Studies in Chinese Thought, The American Anthropological Association, vol.55, no.75, Chicago: Univ. of Chicago Press, 1953, pp.137~140.

2장_ 장제스(蔣介石)의 파시즘 지향(志向)

1) 중국 근대사 연구에 널리 사용되는 참고서적, John King Fairbank, *China, A New History*, Cambridge, Mass: Belknap Press of Harvard Univ. 1992 ; Jack Gray, *Rebellions and Revolutions: China from the 1800s to the 1980s*, The Short Oxford History of the Modern World, Oxford: Oxford Univ. Press, 1990, ; Richard T. Phillips, *China Since 1911*, London: Macmillan Press Ltd., 1996.

2) Richard T. Phillips, *China Since 1911*, pp.1~2.

3) Richard T. Phillips, *China Since 1911*, pp.18~20.

4) Arthur N. Young, *China's Nation-Building Effort*, 1927~1937, Stanford: Hoover Institution Press, 1971, p.ix.

5) C. Martin Wilbur, *Sun Yat-sen: Frustrated Patriot*, New York: Columbia University Press, 1976, pp.7~8.

6) Lloyd E. Eastman, The Abortive Revolution, p.40. ; Ch'en Tuan-Sheng, The Government and Politics of China, 1912~1949, Stanford: Stanford Univ. Press, 1970, pp.133~139.

7) Chiang Kaishek, China's Destiny and Chinese Economic Theory, London: Dennis Dobson, 1947, p.236.

8) Lloyd E. Eastman, The Abortive Revolution, p.1, note3.

9) 楊樹標, 『蔣介石傳』, 上海: 團結出版社, pp.195~199.

10) TB 2196, 「蓝衣社ニ关スル调查」, 1936年, p.3

11) James E. Sheridan, China in Disintegration; The Republican Era in Chinese History 1912~1959, New York: Free Press, 1975, p.220.

12) James E. Sheridan, China in Disintegration; The Republican Era in Chinese History 1912~1959, 1975, p.230.

13) 『社會新聞』 vol.1-7, 1933年, 上海.

14) Lloyd E. Eastman, The Nationalist Era in China 1927~1949, Cambridge: Cambridge Univ. Press, 1990, p.26.

15) Lloyd E. Eastman, "Fascism in Kuomintang China: The Blue Shirts", China Quarterly, Jan-Mar 1972, p.3.

16) 본 저자가 덩(鄧) 교수와 1992년 8월 13일 타이베이에서 인터뷰 한 내용. 덩 교수는 남의사의 핵심 멤버였던 덩원이(鄧文儀)의 자제.

17) W. G. Beasley, Japanese Imperialism 1894~1945, Oxford: Clarendon Press, 1987, p.27.

18) Michael Gasster, 'The Modernization Debate: A Historical Perspective', a paper published during a Symposium on 'The Modernization in China 1860~1949', the Institute of Modern History, Academia Sinica, Taibei, 1991, pp.2~3.

19) Daniel Lerner, 'Modernization', International Encyclopaedia of the Social Sciences, David L. Sills (ed.), New York: MacMillan and Free Press, 1968, vol.X, p.386,

20) Ramon H. Myers, "Distinctive Features of the Late Imperial Chinese Economy and its Capabilities for Economic Modernisation", in The Modernisation in China1860~1949, the Institute of Modern History, Taibei: Academia Sinica, 1991, pp.43~59.

21) 小林共明, 「張之洞と日本留學政策」, 『特輯: 明治日本と中國人留學生』 Sinica しにか, 1992年, 11月, vol.3, no.11, 東京: 大修館書店.

22) 汪向荣, 『清国お雇い日本人』, 1991年, pp.41~42, 東京: 朝日新聞出版.

23) Herbert Spencer, 1821~1903, 영국 철학가로서 Social Darwinism을 주장.

24) Mary Backus Rankin, Elite Activism and Political Transformation in China, Stanford: Stanford Univ. Press, 1986, pp.2~3.

25) 櫻井良樹 (ed.), 「黑龙会とその机關誌」, 『黑龙会關係資料集』, 1992年, 東京: Aishobo 出版社.

26) 미야자키토텐과 미야자키야죠(宮崎弥藏)는 쑨원과 1897년 처음 요코하마에서 만남을 계기로 절친한 사이가 되었음.

27) 도야마의 (西西隊-seiseidai)는 의리상 친분관계로서 자진하여 중국혁명가들에 협조하였다. Marius B. Jansen, *The Japanese and Sun Yat-sen*, (Stanford: Stanford Univ. Press, 1954), pp.105~[107.

28) 石丸藤太, 『蒋介石』, 東京: 禪州社, 1937年, pp.132~135.

29) 櫻井良樹 (ed.), 「黑龙会とその机關誌」, 『黑龙会關係資料集』, pp.vi~vii.

30) NA, RG 226 (11 July 1945), SIF (Shanghai Investigation Files), Entry 182, box 11/72, 'Japanese Intelligence System', a memorandum prepared by Headquarters X-2 Washington.

31) NA, RG 226 (11 July 1945), SIF (Shanghai Investigation Files), Entry 182, box 11/72, 'Japanese Intelligence System', a memorandum.

32) 육군사관학교 졸업생들 예를 들면, 고바다케(小畑), 나가타(永田), 도죠(東條), 야마오카(山岡), 이타가키(板垣) 등은 군인으로서 국가에 이바지하기를 원했다. 그들은 '인사회-진지가이'(人事會)를 1923~1924년 조직하였으며, 인사회는 또한 다른 하나의 조직인 후타바가이(双葉會)를 조직하였는데 이것은 만주와 몽고 등 지역을 조사하는 특수단체였다. 万峰, 『日本ファシズムの興亡』, pp.72~75.

33) O. Tanin and E. Yohan, *Militarism and Fascism in Japan*, p.47.

34) NA, RG 226 (11 July 1945), SIF (Shanghai Investigation Files), Entry 182, box 11/72, 'Japanese Intelligence System', a memorandum.

35) 力行哲学(ed.), 『蒋介石讲述集』, 重慶: 黃埔出版社, 1940年, p.1.

36) Lloyd E. Eastman, *The Abortive Revolution*, p.36.

37) Kauko Laitinen, *Chinese Nationalism in the Late Qing Dynasty: Zhang Binglin as an Anti-Manchu Propagandist*, London: Curzon press, 1990, p.49.

38) Laitinen, *Chinese Nationalism in the Late Qing Dynast*,, pp.49~51.

39) 1936년 12월 14일 일본 호치신문(報知新聞)의 장제스에 관한 기사: "도야마는 그의 친지로서 재력가인 카와노 초세이를 소개하였다. 장제스와 그의 일행은 카와노宅의 2층에서 약 10일간 체재하였으며, 그 기간 중 하코네(箱根), 닛코(日光) 등을 여행하였다." 石丸藤太, 『蒋介石』東京: 春秋社, 1937年, pp.132~135.

40) 加登川幸太郎, 『中國と日本陸軍』, 東京: 啓文社, 1978年, p.14.

41) 加登川幸太郎, 『中國と日本陸軍』, ; Keiji Furuya, *Chiang Kaishek's Life and Times*, (New York: St. John's Univ. Press, 1981), pp.225~226.

42) 邓元忠, 『三民主义力行社史』臺北: 黃埔建國文集編纂委員會主 編, 1984年, p.82.

43) 邓元忠, 『三民主义力行社史』 pp.82~83.

44) 세죠(成城)학교는 원래 1885년 일본 학생을 위한 군사학교로서 동경에 위치하였다. 그러나 황푸군관학교의 우수학생들은 일본 군사학교에서 훈련받았으며, 그

들 중에는 장제스, 허잉칭, 왕바이링 등이 포함되었다.
小林共明, 「張之洞と日本留學政策」, 『特輯: 明治日本と中國人留學生』 Sinica
しにか, pp.21~26.

45) Keiji Furuya, *Chiang Kaishek's Life and Times*, pp.11~19.

46) 汪馥泉, 「日本法西斯蒂主义的展望」, 『東方朶志』 1933年 vol.30-3, pp.25,29, 上海:
东方朶志社.

47) 万峰, 『日本ファシズムの興亡』 pp.35~36.

48) 우치다(内田)와 도야마(頭山)는 大日本生産黨을 오사카에서 1931년 6월 28일 약
1,500명 참석 하에 창립하였다. 初瀨龙平, 『传统的右翼, 内田良平の研究』九州:
九州大學出版, 1980年, pp.311~316.

49) William Kirby, *Germany and Republican China*, Stanford: Stanford Univ. Press, 1984,
p.29, note: DZA (Deutsches, Zentral Archiv), Deutsche Botschaft China 09.02, nr
.2232,(115~117), Memorandum by Knipping (German Consul General in Shanghai),
20 December 1917, cited in J Fass (1976), 'Sun Yatsen and World War One', *Archiv
Orientalni*, 35, p.116: Martin C. Wilbur, *Sun Yatsen, Frustrated Patriot*, New York:
Colombia Univ. Press, 1976, p.93.

50) Martin C. Wilbur, *Sun Yatsen, Frustrated Patriot*, p.93, note 48.

51) FOH (Foreign Office Archives, The Hague, code G, nr.145 and code J1, nr.252.

52) 辛达谟, 「德国外交档案中的中德關係」, 『传记文学』, 1982年 10月, vol.41-6, 臺北:
传记文学出版社.

53) BA, Deutsche Botschaft China, 09.02, nr.2245, (245), German General Consulate
Shanghai, 27 May 1931.

54) William Kirby, *Germany and Republican China*, p.25.

55) MAE, Asie-Oceanie (November 1930), box nr. 537, *Instructeurs Militaires Allemands
en Chine. Article 179 du Traité Versailles*.

56) BA, 09.02, nr.2239, *In agreement with Chiang Kaishek, the re-organization of Chang
Hsueh-liang's army will be set about by German Military advisers*, Peking, 21 April
1932.

57) 八卷佳子(Yamaki Yoshiko), 「中国における法西斯主义をめぐつて」, 『中国關係论
说资料』, 1972年, vol.41-14, 東京.

58) William Kirby, *Germany and Republican China*, p.48, note 42 ; Gordon A Craig
(1981), *Germany 1866~1945*, London: Oxford Univ. Press, p.429.

59) F. L. Carsten, *The Rise of Fascism*, pp.116~117.

60) William Kirby, *Germany and Republican China*, p.51.

61) NA, SMP D4724, April 1936, *Memorandum on the affairs of the local Nazi party*.

62) 독일인의 훈련 단체인 본 나치기구는 중국에 사회주의 국가를 발전시킨다는 신

념을 갖고 있었다. Martin Broszat, *Die Machtergreifung. Der Aufstieg der NSDAP und die Zerstörung der Weimarer Republik*, Munchen: Deutscher Taschenbuch Verlag Gmb H & Co, KG, 1984, pp.11~14, 32.

63) BA, 09.02, nr. 2238, Deutsches General konsulat Shanghai, nr. P57, 13 March 1934, and Nanking 26 May 1934, and 5 June 1934, the last two both marked 'Secret'. ; MAE, Asie-Oceanie, nr 483/2, *La Mission du General von Seeckt en Chine*, Shanghai, 17 Avril 1934.

64) BA, 09.02, nr 2238, Deutsche Botschaft China, (56~60), Nanking 26 May 1934, (99),and Shanghai, 13 March 1934. An article in the *Shishi xinbao*, nr 2239, p.1, Nanking, 18 February 1935.

65) '관동군'의 성립 시초는 러일전쟁(1904~1905)때부터였으나 그 후 1919년 만주에서 재조직되고 일본 주둔군으로서 활약하다 일본의 패전과 더불어 관동군도 해체되었다. Alvin D. Coox, 'The Kwantung Army Dimension', in Peter Duus, Ramon H.Myers & Mark R. Peattie (eds), *The Japanese Informal Empire in China, 1895~1937*, Princeton: Princeton Univ. Press, 1989, pp.395~428.

66) William Kirby, *Germany and Republican China*, p.151. The 'German Spirit', in this sense, meant the German Military will to win and to survive.

67) NA, nr 762. 94/60, speech in Hamburg 15 June 1935.

68) BA, 09.02, nr 2247, Deutsche Botschaft China,(38)25 May 1938.

69) William Kirby, *Germany and Republican China*, p.153. 실제 이러한 분석은 1930~1935년간 출판된 월간지 'Renwen 人文'에서 기초로 인용한 것이다.

70) TB 2057, 「蓝衣社二쏫スル调查」, p.49.

71) NA, 865.22793/1, document from the American Consulate General in Shanghai, 25 July 1934. Chinese Aviators go to Italy for training: Italian interest in Chinese aviation. ; BA. 09.02, nr.2246, 32, Nanking, 4 September 1935. North China Daily News an article about Gen. Lordi.

72) BA, 09.02, nr 2235, 'Deutsches Generalkonsulat in Shanghai an das Auswärtige Amt in Berlin, den 24 September 1934', nr.B.316: *Fascistische Vereinigungen in China, und Neue Lebenbewegung*, by German Consul-General Kriebel.

73) Ch'ien Tuan-sheng, *The Government & Politics of China 1912~1949*, Stanford: Stanford Univ. Press, pp.354~355, Ch'ien 역시 중국 민족사회당 黨員이었으며, 서방 국가에서는 '중국 민주사회당'으로 알려졌다. Carson Chang이 지도자였다. 참고, New York Times, 21 March 1948.

74) NA, SIF (Shanghai Investigation Files), RG 226, 13W3, 3/34/A, entry 182, box 51 nr 263, 'The National Socialist Party', pp.1~9.

3장_ 남의사(藍衣社)의 출현

1) Lloyd E. Eastman, 'The Rise and Fall of the Blueshirts; A Review Article', *Republican China*, Nov. 1987, Vol.XII, p.40. Eastman의 논문에는 언급되지 않았지만, 텅지에는 1931년부터 일본 유학.

2) Tien Hung-mao, *Government and Politics in Kuomintang China 1927~1937*, Stanford: Stanford Univ. Press, 1972, p.45.

3) TB 2196, 「藍衣社の概念と其の特务工作に就いて」, 1940年, 總 29面. 남의사에 관한 조사 보고서로서, 일본 軍사령부가 신속하게 작성한 것. 쪽 번호없음.

4) 만보산사건, 1931년 7월 장춘에서 시작됨.

5) Llyod E. Eastman, 'A Review Article', p.26. ; 邓元忠, 『三民主义力行社史』, pp.104~105.

6) Llyod E. Eastman, 'A Review Article', p.27. ; 干国勋, 『蓝衣社, 复兴社, 力行社』, pp.108~110.

7) Llyod E. Eastman, 'A Review Article', p.27.

8) Donald A. Jordan, *Chinese Boycotts versus Japanese Bombs: The Failure of China's Revolutionary Diplomacy, 1931~1932*, Michigan: Univ. of Michigan Press, 1991, p.106. note 11.

9) 邓元忠, 『三民主义力行社史』, pp.111~112.

10) 남의사 설립일에는 여러 가지 설이 있다. For example Maria Chang, op.cit., p.57, ; Llyod E. Eastman, 'A Review Article', p.28, note 6, 邓元忠, 『三民主义力行社史』, pp.12, 118 ; 干国勋, 『蓝衣社, 复兴社, 力行社』, p.71,에 의하면 정식 설립일자는 1932년 3월 1일로 되어있다.

11) NA, SMP, D4685, 20 June 1933, *Fascisti Movement in China* ; FOH, code J1, nr. 1866/191, 26 June 1933, Shanghai, *Political and Military Messages, 'Blueshirts'* ; PRO, FO, nr. 371/17142 xc 930, 17 July 1933, pp.434~445.

12) 干国勋, 『蓝衣社, 复兴社, 力行社』 ; 邓元忠, 『三民主义力行社史』

13) Llyod E. Eastman, A review Article, p.26. Eastman은 Fascism in Kuomintang China: The Blue Shirts, *China Quarterly*, 49 (1972. Jan-Mar) pp.1~31, 참고.

14) TB 2057, 「蓝衣社ニ关スル调查」, pp.49~50, (only five men but no names are given). See also Eastman, *The Abortive Revolution*, p.57, and his note 86. The men who served as executive secretary were: Teng Jie (March 1932 to January 1933), He Zhonghan (January 1933 to August 1934), Feng Ti (August 1934 to October 1935), Liu Jianqun (October 1935 to September 1937), and Kang Ze (September 1937 to April 1938).

15) Lloyd E. Eastman, 'A Review Article', pp.30~31;

16) 干国勋,『蓝衣社, 复兴社, 力行社』, p.120 ; Eastman, 'A Review Article', p.31 ; see also Eastman, The Abortive Revolution, p.60, note 94. Eastman의 주장은 Fuxingshe(復興社)라는 명칭은 1934년 7월이 되면서 알려졌다 한다. 그러나 干과 鄧의 내용을 자세히 살피면 Fuxingshe는 1932년 4월 비공식으로 존재하였으며 결국 1934년 7월이 되면서 정식적 임무 수행을 위한 행동이 시작되었다, 라고 하였지만 더욱 복잡한 것은 이 두 연구가들에 의하면 Fuxingshe라고 정식으로 불려진 것은 1933년 6월이라 하였다.

17) TB 2057, 「蓝衣社ニ关スル调查」, pp.76~77.

18) TB 2196, 「CC团に关する调查」, 1939年, 상하이 일본 영사관 특수 조사반 작성.

19) TB 2057, 「蓝衣社ニ关スル调查」, pp.115~116.

20) 남의사의 총 본거지는 난징이었고, 네트워크로서 본부는 쓰촨성(四川省)에 위치하였으며, 규모가 큰 軍부대도 주둔하고 있었다. 왜냐하면 그 부근에는 공산軍도 주둔하고 있었기 때문이다. 강서성 난창(江西省 南昌)은 두 번째로 중요한 주둔지로서 역시 부근에 공산군도 잠복하고 있었다. TB 2057, 「蓝衣社ニ关スル调查」, pp.76~77.

21) 13명의 프린스: Feng Ti, He Zhonghan, Kang Ze, Deng Wenyi, Zhou Fu, Pan Youqiang, Dai Li, Liu Jianqun, Zheng Jiemin, Xiao Zanyü, Gui Yongqing, Teng Jie, and Zeng Kuoqing.

22) TB 2196, 「蓝衣社の概念と其の特务工作に就いて」 ; Lloyd E. Eastman, *The Abortive Revolution*, p.36. 남의사 지도층 추종자들은 약 9~18명 정도였으나 정확한 이름과 역할에 관하여는 밝혀지지 않았다.

23) NA, SMP, D4685, 20 June 1933 ; FOH, J1 nr. 1866/191, Political & Military Information about 'Blueshirts', 26 June 1933 ; PRO, FO, nr. 371/17142 xc 930, pp.434~445, 17 July 1933.

24) NA, D4685, Reportd by SMP (20 June 1933). '철과 혈의 군단(Blood and Iron Corps)'에 관하여는 제4장 '다이리' 참고.

25) BA, 0902, nr.2235, Deutsche Botschaft China, (31~34), 24 September 1934. nr B.316, Akt.P.0.7, nr 5726/34.

26) TB 2057,『蓝衣社ニ关スル调查』, p.2 ; Lincoln Li, Student Nationalism in China, 1924~1949, Albany: State Univ. of New York, 1994, pp.55~57 ; Lloyd E. Eastman, 'A Review Article', p.29.

27) NA, SMP, D4685 S2, Special Branch, 29 July 1933. Beijing Morning Post에 실린 남의사 조직에 관한 내용: 1)목적 2)주제 3)특징/성격 4)남의사 멤버에 관한 내용 5)절차 6)남의사와 관련된 각 방면의 자료들 7)조직 시스템 8)훈련 규율 등으로 구분하여 언급하였다.

28) NA, SMP, D4685.

29) NA, SMP, D4685.

30) NA, SMP, D4685.

31) 宣介溪, 「蓝衣社之来龙去脉」, 『傳記文學』, 1982年 vol.41-5, 臺北: 傳記文學社.

32) 이러한 남의사 조직에 관한 정확하지 않았던 상황은 이스트만의 1972년 출판된 남의사에 관한 내용과 뒤따라 출판되는 간구어쉰(干國勛)과 덩위안중 교수 등에 의해 좀 더 신빙성 있게 밝혀진다.

33) 陈公树, 『蓝衣社内幕』1942, 上海: 國民新聞社. 당시 천(陈)은 국민당 좌파 소속.

34) TB 2196, 「蓝衣社ニ关スル调查」, p.40.

35) NA, SMP, D4685, Special Branch, 7 March, 1933.

36) 'mosquito' newspaper (tabloid form) — 사진을 많이 사용하고 기사내용은 간단히 실은 것으로 당시 중국에서 유행한 小版 실비 신문.

37) PRO, FO, 371/17142 xc 930, British Legation Shanghai, July, August 1933, pp.434~445; Shanghai despatch nr.226, 31 August 1933. Extract from Peking and Tientsin Times, 31 August 1933, pp.469~473.

38) 橘朴 (ed.), 滿洲評論, 1933年 1月 vol.4-2, 東京: 龍溪書舍.

39) NA, SMP, D7657, S2 Special Branch, 24 April 1939, 다이리(戴笠)에 의해 남의사를 창립한 사실, 그러나 실제로 본 문서와 달리 일본 문서 TB 2196, 「蓝衣社の概念と其の特务工作に就いて」에서는 '역행사'로 기재되었음.

40) Lloyd E. Eastman, 'A Review Article', p.27.

41) 천궈푸는 국민당 요원- 저장성 우싱(吳興)에서 1892년 출생. 1926년 제2차 정기 총회에서 국민당 감독위원으로 선출되었으며, 그 후 장제스의 비서직과 국민당 당수로 활약.

42) 천궈푸, 천리푸 형제는 천치메이(陳其美 — 일본에서 손문과 동맹회에서 활약, 위안스카이에 의해 1916년 살해)의 조카로서 장제스와 義형제 관계.

43) 아이스하키 스틱으로 공산당원들을 몰아낸다는 풍자적 표현.

44) Tien Hung-mao, Government and Politics in Kuomintang China, 1927~1937, Standford: Standford Univ. Press, 1972, p.49.

45) Donald A. Jordan, Chinese Boycotts versus Japanese Bombs: The Failure of china's Revolutionary Diplomacy, 1931~32, Michigan: Univ. of Michigan, 1991, pp.34~35.

46) Tien Hung-mao, Government and Politics in Kuomintang China,1927~1937, p.51.

47) 干国勋, 『蓝衣社, 复兴社, 力行社』, p.50.

48) NA, SMP, D4685, 28 June 1935, The Blueshirt Society and the arrest of Yan.

49) Llyod E. Eastman, 'A Review Article', p.36.

50) NA, SMP, D4685, Blueshirt Society, 18 July 1935.

51) PRO, FO, 371/19315 xc 199807, Blueshirts Party in China, 29 November 1934.

52) JMFA, A,610-7/1516, 「支那政党结社關系杂件」, vol.3, 1933年, 日本外务省外交資料館, p.250

日本上海領事館에서 1933년 10월 5일 지난(濟南)으로 보낸 전보내용.

53) 手岛博, 『中国劳动运通史』, 東京: 東洋書房, 1985年, pp.348~349.
장제스는 각 다른 성격의 復行社와 藍衣社라는 지하(비밀) 조직을 창립. 구체적 내용은 6장의 保密局 참고.

54) 何文龙, 『中国特务内幕』香港: 風雨書屋, 1947年, p.8.

55) JMFA, A 610-7,1111, 「支那政党结社关系杂件」, 1933年.

4장_ 남의사 파시즘과 쑨원(孫文) 이념

1) 1896~1897년간의 쑨원과 영국과의 관계는 J. Y. Wong (ed.), *Sun Yatsen, His International Ideas and International Connections*, Sydney: Univ. of Sydney Press, 1986, 참고.

2) 헨리 조지의 *Our Land and Land Policy*(1871)와 *Progress and Poverty*(1879)는 San Francisco의 W. M. Hinton & Co. 이러한 두 권의 책은 3년간 약 10만 권이 판매되었다.

3) 1990년 8월 동경에서 '日本孫文硏究會'에 의해 개최된 국제학술회의 발표논문을 일문(日文)으로 번역. 내용은 '쑨원의 유럽 경험과 중국혁명'이며 쑨원에 관한 런던 활약을 영국 정보국이 조사— 하나의 예로서 쑨원은 국립대영도서관에 1896년 12월 3일~1997년 6월 24일 동안 68번을 출입하였다는… 등이다.
中村正, 「孫文とある'スイス'の學者」, 張玉法(ed.), 『孫文とアジア』, 1990年, 東京: 波古書院, pp.225, 238.

4) Rudolf Steiner, *The Threefold State*, London: George Allen & Unwin Ltd, 1921. 당시 일본은 다이쇼(大正) 민주운동 시기로서 Steiner의 저서는 日文으로 번역되었고 张玉法는 여기에 주목하였으며, 이러한 내용에 쑨원 역시 많은 관심을 갖게 된다. 中村正, 「孙文とある'スイス'の學者」, 張玉法(ed.), 『孫文とアジア』, pp.279~283.

5) M. N Roy, *Revolution and Counter Revolution in China*, Calcutta: Renaissance, 1946, p.272.

6) 1902년 량치차오는 신민론에 관한 내용을 요코하마에서 출판. 野村浩一, 『近代中国の政治と思想』, 東京: 筑摩書店(書局), 1964年, (2007년 再出版) pp.144~145.

7) 小岛佑马, 『中国の革命思想』, 東京: 筑摩書店, 1968年(1985년 再出版), pp.47~48, 93, 103~104.

8) Maria H. Chang, *The Chinese Blue Shirt Society: Fascism and Development Nationalism*, p.31.

9) Hu Shi (胡適), Lin Yutang (林語堂), *China's Own Critics, A Selection of Essays*, Beijing: China United Press, 1931, pp.44~46 ; 传云龙, 『中国知行学说述评』, 北京: 求實出版社, 1988年, p.183.

10) Hu Shi & Lin Yutang, *China's Own Critics, A Selection of Essays*, pp.47~48 ; 传云龙, 『中国知行学说述评』, p.186.

11) Lloyed E. Eastman, 'A Review Article', p.41.

12) 苏由慈, 「法西斯蒂 小论」, 『社會主義月刊』, 1933年 vol.1.3, 上海, pp.530~531.

13) Tien Hung-mao, *Government and Politics in Kuomintang China*, 1927~1937, p.51.

14) 毛冠山, 「国民党与法西斯蒂运动」, 『社會新聞』, 1933年 vol.4-17, 上海.

15) 1932년 9월 15일 시작된 학술회 내용으로서 3부로 분류한 대강을 정리한 당안 문서, 1934년 출판, SMA, Q99-15, 「全宗号, '蒋'」, 第五次会议內容, 新中国建设学会经济政策大纲, 1934年, pp.10~17. 上海市档案馆.

16) PRO, FO 371/17142 xc 930, 14 August 1933, p.469. Enclosure no.2 in despatch to Foreign Office. Extract: *Peking and Tientsin Times*, 5 August 1933.

17) SMA, Q99-15, 「全宗号, '蒋'」, 第五次会议內容, 新中国建设学会经济政策大纲, '이탈리아에서 귀국한 劉文島 환영 축하 파티' 내용, pp.22~24.

18) NA, SMP, D4685. See also, PRO, FO 371/17142 xc 930, pp.464~465.

19) William Kirby, *Germany and Republican China*, p.155.

20) TB 2196, 「藍衣社に關する調査」, pp.3~4.

21) 八卷佳子, 「中国における法西斯主义をめぐつて」, 『中國關係論説資料』, vol.41-14. 八卷씨의 설명: 남의사의 사원(社員)들은 사실 내부적으로 파시스트적인 사고에 있어서 확실한 일치성을 내포하지 않았다. 만약 CCP당원을 체포 후, 석방함과 동시에 남의사로 입적시키는 예도 있었다. 또한 다수의 청방과 홍방 멤버도 남의사 소속이었다.

22) Lloyd E. Eastman, 'Nationalist China during the Nanking Decade, 1927~1937', in Ch'ien, Eastman, Pepper, and Van Slyke (eds.), *The Nationalist Era in China 1927~1949*, New York: Cambridge Univ. Press, 1990, p.21.

23) Lloyd E. Eastman, 'A Review Article', p.43.

24) 「国民党的文化政策批判」1,2,3, 『社会新聞』, 1933, vol.4-13,

25) 「国民党的统制文化运动」, 『社会新闻』, 1933 vol.4-22,

26) Colin Mackerras, 'Education in the Guomindang Period, 1928~1949', in D. Pong and E. Fung (eds), *Ideal and Reality, Social and Political Change in Modern China, 1860~1949*, New York & London: Univ. Press of America, Lanham, 1985, pp.157~159 ; Israel John, *Student Nationalism in China, 1927~1937*, Stanford: Hoover Institution, Stanford Univ. Press, 1966, p.191.

27) 정책과 관행에 관하여는 SMA Q99-15 당안의 기록이 남의사에 의한 것이 아닐 가능성과 혹은 남의사 소속이 아닌 다른 국민당 당원들에 의한 것일 가능성을 제기한다. SMA, Q99-15 「全宗号, '蒋'」, 第五次会议, 新中国建设学会 经济政策大纲.

28) William Kirby, *Germany and Republican China*, p.163.

29) 陈少核, 『黑纲录』, 香港, 1973, p.44.

30) SNHA, 773/711, 「國民黨文書」1938年9月, 國民黨政府軍事委員會, no.13588. 南京 第二歷史档案馆.

31) 池田诚, 『中国现代政治史』, 東京: 法律文化社, 1962, p.313.

32) 波多野乾一, 『中國國民黨通史』, 東京: 大東出版社, 1943, pp.464~465.

33) SMA Q99-15, 「全宗号, '蒋'」, 第五次会议内容, p.19.

34) 「实施统制 经济的政治问题」, 『社會新聞』1933年, vol.5-11, p.178.

35) SMA Q99-15, 「全宗号, '蒋'」, 第五次会议, p.21.

36) Lloyd E. Eastman, 'A Review Article', p.41.

37) 「新闻政策与国家利益」, 『前途』1936年 vol.4-9, 허종한은 '언론과 국가정책'에 관하여 1936년 5월 7~8일 발표하였으며, "국가 이익과 언론 통제"가 논점.

38) 楊樹標, 『蔣介石傳』, pp.199~201. 몇 가지 예: 復興社運動論, 復興主義之組織理論, 復興主義之經濟基礎, 法西斯蒂之怒潮, 法西斯蒂之其政治, 法西斯蒂教育, 法西斯蒂研究.

39) 王家鸿, 「德意苏俄新闻的政策与新闻法制比较论」, 『前途』, vol.4-9, 1936年.

40) 'Chinese Fascism comes into the open', *Shanghai Evening Post & Mercury*, 17 November 1933.

41) TB 2196, 「蓝衣社の概念と其の特务工作に就いて」, 위러싱(余樂醒) 등이 프랑스에서 과학기술 연구 후 귀국한 사실과 관련된 내용.

42) 남의사 설립일자 일단 1931년 하반기라고 하지만 정확히 알 수 없다.

43) William Wei, *Counterrevolution in China, The Nationalists in Jiangxi during the Soviet Period,* Michigan: Univ. of Michigan Press, 1985, pp.50~52, 65~76.

44) 周育民, 邵雍, 『中国帮会史』, 上海: 上海人民出版社, 1993年, p.575.

45) 'CCP'에 대항한 것은 남의사뿐이 아니었다. 남의사 출현 이전 'AB Corps'(The Anti-Bolshevik Corps)는 1925년 설립으로서 쑨원을 따르는 국민당 젊은 당원들에 의하여 설립되었다. 陳果夫는 단기간 멤버로서 '시시단-CC團(CC Clique)' 설립 때까지 활약하였다. TB 2057, 『蓝衣社ニ关スル调查』, pp.146~150. ; Llyod E. Eastman, *The Abortive Revolution*, pp.72, 89~90, note 8. 참고.

46) TB 2196, 『蓝衣社ニ关スル資料』, p.29.

47) NA, SMP, D4685, 27 May 1934, *Blue shirts Fascist Activities in Shanghai: Kuomintang Forms a Shanghai Municipality Comrades Association for the Elimination of Communists.*

48) TB 2196, 「蓝衣社の组织と反满抗日活动实例」, 1935年 ; Parks M. Coble, *Facing Japan*, pp.226~230,

49) Parks M. Coble, *Facing Japan*, pp.226~240.

50) Parks M. Coble, *Facing Japan*, p.227.

51) TB 5540, 「蓝衣社は跃る」, 作成人, 大庭胜一, 1937年, pp.4~5.

52) TB 5540, 「蓝衣社は跃る」, p.10.

53) Parks M. Coble, *Facing Japan*, p.229.

54) NA, SMP, D4685. 'Blue Shirts to suspend Anti-Japan Activities', *Shanghai Times*, 21 January 1936.

55) Frederic Wakeman Jr (1996), *The Shanghai Badlands: Wartime Terrorism and Urban Crime, 1937~1941*, Cambridge University Press, Cambridge, p.18 & Chapter 2도 참고.

56) 다이리는 원래 哥老會와 관련되었으며 또한 허종한과도 함께 일하였다. 賀의 兄인 賀 Qingyan은 장제스의 경호원직을 맡고 있었다.

57) Lincoln Li, *Student Nationalism in China*, 1924~1949, p.65. notes 103 & 104.

58) William C. Kirby, *Germany and Republican China*, p.149. Bismarck의 'Policy of Blood and Iron'이라는 표현과 'Blood and Iron'이라는 관용구는 당시 국민당 엘리트 사이에 Blood and Ironism－鐵血主義(Tiexue zhuyi)로 번역하여, 비스마르크 성공의 비결로 인식되었고, 철혈주의라는 슬로건이 과격한 군사주의로서 남의사에서 실행되었으며 실제로 남의사를 中國國民黨鐵血團이라고 칭하려다 결국 중지하였다.

59) 딩링(丁玲, 본명: 蔣褘文 1904~1986년) 후난성 출생. 중국의 대표적인 여류작가. 1920년대 상하이의 진보적 여성교육기관인 평민(平民)여자학교 수료 후 상하이 대학에서 중문학 수학. 1932년 중국공산당 연맹에 가입. 대표작으로 「韋護」, 「水」, 「母親」 등이 있다.
FOH, 1866/191, 26 June 1933, Political and Military information The Blueshirts ; FOH, 2780/295, 14 September 1933.

60) BA, 0902, nr.2235, Deutsche Botschaft China, (32), 24 September 1934, nr. B.316, Akt.P.O.7, nr 5726/34.

61) NA, SMP, S2, 18 Nov. 1936.

62) 장제스는 원래 다수의 의치(RPD)였기에 특히 그날 그 시간에 치통이라는 것을 일부에서는 의심하였다.

63) NA, SMP, D7667, 'Anti-Japanese Incident'. 왕야자오는 두웨성의 부하로서 의심의 여지가 없으며, 한편으로는 남의사 멤버였을 가능성이 높다.

64) PRO, FO, 371/17142 xc 930, enclosure nr.1 in Shanghai despatch to Peking nr 226, 31 August 1933, by the SMP date 26 August 1933.

65) NA, SMP, D4685, 14 August 1933.

66) Tanin and Yohan, *Militarism and Fascism, in China*, pp.273~275.

67) F.L. Carsten, *The Rise Fascism*, p.14. ; Gunter W Remming, 'The Destruction of the Workers' Mass Movements in Nazi Germany', in MN Dobkowski and Isidor Wallimann (eds.), *Radical Perspectiveson the Rise of Fascism in Germany, 1919~1945*, New York: Monthly Review Press, 1989, p.218.

68) TB 2196, 「蓝衣社ニ关スル调查」, pp.129~130.

69) 石丸藤太, 『蒋介石』, 東京: 春秋社, 1936年, pp.255~266.

70) 蒋介石演讲集, 『新生活运动之要义』, 上海: 三民書局, 1935, 黃埔軍官學校에서 장제스가 강연한 내용.

71) 波多野乾一, 『現代支那の政治と人物』, 東京: 改造社, 1937, p.198.

72) GA, 483/48, 「救国必先实行新生活运动」, 1935年 12月 16日, 冯玉祥의 필사본, 臺北: 国民党档案馆.

73) 'Shanghai's New Life Movement, Campaign Week Inaugurated in Schools, Acceleration Society's Activities', NCDN, 10 April 1934 and 5 June 1934.

74) T'ang Leang-Li (ed.), 'Women's Part in the New Life Movement', The People's Tribune, vol.14, nr 3, Shanghai, 1 August 1936, pp.169~172. '여권주의와 봉건주의를 혼돈하지 말아야 한다.' 이미 청조(淸朝)가 민국(民國)이 되면서 봉건제도는 중국에서 신속히 사라졌다. 그러므로 지금(당시)은 feminism을 외치는 목소리가 대륙에서 퍼져야 된다.

75) Karl Dietrich Bracher, The German Dictatorship: The Origins, Structure and Consequences of National Socialism, Harmondsworth: Penguin Books, 1973, pp.116~117, 421.

76) 신생활운동 2주년 축하는 난징에서 1936년 2월 19일 정식 개최되었으며 정부요인, 당원, 각 단체대표 등 약 5,000명이 참석하였다. The China Critic, February 1936.

77) Arif Dirlik, 'The Ideological Foundations of the New Life Movement: A Study in Counterrevolution', Journal of Asian Studies, vol.34-4, 1975, p.947.

78) 莹孟源, 『蒋家王朝』北京: 中國青年出版社, 1980年, p.127.

79) 竹内弘行, 『中国の儒教的近代论』, 東京: 研文出版, 1995年, pp.300, 328.

80) William Wei, Counterrevolutions in China, Michigan: Univ. of Michigan, pp.78~80.

81) Zhu Jiahua, "The New Life Movement, An Exposition of its Aims: China's Reformed Education Policy", North China Daily News, 25 March 1934.

82) Arif Dirlik, "The Ideological Foundations of the New Life Movement: A Study in Counterrevolution", journal of Asian Studies, vol.34-4, 1975, p.945.

83) TB 6017, 「支那ファッショの内幕」, 1935年 6月, (株)南满洲铁道, 上海事务所调查部, p.8.

84) 'New Life in Sichuan (四川)', North China Herald, 27 March 1935. 장제스의 사천성 방문 때, 장의 주 관심은 공산주의자들을 퇴치하기 위한 의욕에 고무되어 있었다.

85) Park Coble, Facing Japan: Chinese Politics and Japanese Imperialism, 1931~1937, p.153, note.12.

86) Kauko Laitinen, Chinese Nationalism in the Late Qing Dynasty: Zhang Bingling as an Anti-Manchu Propagandist, London: Curzon Press, 1990, pp.46,49 ; Nobutaka Ike,

"War and Modernization", in Robert E. Ward (ed.), *Political Development in Modern Japan*, Princeton: Princeton Univ. Press, 1968, pp.189~209.

5장_ 남의사의 공존(共存) : 청방(靑幇)

1) Lloyd E. Eastman, *Nationalist China during the Nanking Decade, 1927~1937*, p.1.

2) Christopher Duggan, 'Preface', *Fascism and the Mafia*, New Heaven: Yale University Press, 1989.

3) Chen Yung-fa, 'The Wartime Communists and their Local Rivals: Bandits and Secret Societies', selected Papers from the *Centre for Far Eastern Studies*, 1978~1979, no. 3, p.13.

4) 根岸佶, 『上海のギルド』, 東京: 日本評論社 1951 ; John Stewart Burgess, *The Guilds of Peking*, New York: Colombia Univ. Press, 1928, pp.15~16. 영문 표기 'guild' 혹은 'gild' 양자 다 사용.

5) 渡边敦, 「中国近代における 秘密结社-青帮、红帮」, 『中国近现代史论集』, 東京: 波古書院, 1985年, p.153. 항사(恒社)는 상하이 프랑스 조계지(租界地)에서 1932년 11월 출범, 1933년 2월 25일 정식으로 성립.

6) 회(會)는 방회(幇會)와 비슷한 의미로, '방(幇)'보다 낮은 계급으로서 하층민이나 농민들로 구성된 것을 会(會)라 칭하며 청대(淸代)에는 회비(會匪)라 불렸다. 천지회(天地會), 가로회(哥老會) 등이 있다.

7) TB 5090, 「満洲及支那に於ける地下秘密団体に就いて」, pp.193~198.

8) Fei-ling Davis, *Primitive Revolutionaries of China*, London: Routledge & Kegan Paul, 1977, pp.72~74. Davis quotes Max Weber's The City, p.14.

9) Brian G Martin, 'The Origin of the Green Gang and its Rise in Shanghai, 1850~1920' *East Asian History*, Dec. 1992, vol.2, p.75, nr 2 ; Mary Backus Rankin, *Early Chinese Revolutionaries: Radical Intellectuals in Shanghai and Chekiang, 1902~1911*, Cambridge Mass: Harvard Univ. Press, 1971, p.137.

10) Mary Backus Rankin, *Early Chinese Revolutionaries: Radical Intellectuals in Shanghai and Chekiang, 1902~1911*, p.119. 천치메이는 동맹회의 영웅적 인물이었다.

11) Parks M. Coble, *The Shanghai Capitalists and the Nationalist Government 1927~1937*, Cambridge Mass: Harvard Univ. Press, 1980, p.23. 참고: 上海通史, 上海研究资料, 1936, 上海, pp.289~290. 닝버방은 지하 조직 갱단이 아니며 절강성 닝버 출신들이 일찍부터 상하이에 정착했던 사업가 단체.

12) Parks M. Coble, *The Shanghai Capitalists and the Nationalist Government 1927~1937*, p.22, see note, *The China Annual*, 1944, pp.434~453: Wu Cheng-hsi, Chungkuo te yinhang, p.127.

13) 제2장 국민당에 관한 내용 참고.

14) 橫山宏章,『蒋介石と上海交易所』, 東京: 中國硏究, 1992年, vol.1, p.17 ; 王俯民, 『蒋介石生平』, 上海: 團結出版社, 1989年, p.32

15) 橫山宏章,『蒋介石と上海交易所』, p.19.

16) 장제스는 그의 선배 천치메이를 통하여 청방과의 관계를 발전시킴. Pichon P. Y. Loh, *The Early Chiang Kaishek: A Study of His Personality and Politics, 1887~1924*, New York: Colombia Univ. Press, 1971, p.26 ; Mary Backus Rankin, *Early Chinese Revolutionaries: Radical Intellectuals in Shanghai and Chekiang, 1902~1911*, pp.214~217.

17) 橫山宏章,『蒋介石と上海交易所』, p.22. note 36, 참고.

18) Brian G Martin, *The Shanghai Green Gang: Politics and Organized Crime, 1919~1937*, California: Univ. of California Press, 1996, pp.180~182.

19) Frederic Wakeman Jr. 'Policing Modern Shanghai', *The China Quarterly*, Sep. 1988, nr.115, p.418.

20) Frederic Wakeman Jr. 'Policing Modern Shanghai', *The China Quarterly*, p.419, note 54.

21) Frederic Wakeman Jr. 'Policing Modern Shanghai', *The China Quarterly*, p.419.

22) Jean Chesneaux, *Secret Societies in China in the Nineteenth and Twentieth Centuries*, Michigan: Ann Arbor, 1971, p.164.

23) MAE, box nr. 529, 'E' -Asie-Oceanie, Direction des Affaires Politiques et Commerciales, *Reorganisation de Journaux Chinois*, Peking, 15 July 1935.

24) Brian G Martin, 'The Pact with the Devil', in Frederic Wakeman Jr and Wen-hsin Yeh (eds), *Shanghai Sojourners*, Berkeley: Univ. of California Press, 1992, pp.270~271.

25) PRO, FO, 371/17142, xc 930, British Consulate General, 9 November 1933. Extract from Shanghai Municipal Police report, 6 November 1933.

26) 渡边敦,「中国近代における秘密结社－青帮、红帮」,『中国近现代史论集』, p.153.

27) NIDS, S15－4/99,「支那ノ秘密势力青帮, 红帮利用上二就テ」, 1938年11月, 日本防衛廳(省), 防衛硏究所, Hatano(?)部隊, 쪽수 없음.

28) Brian G. Martin, 'The Origin of the Green Gang and its Rise in Shanghai, 1850~1920, 'East Asian History', vol.2, p.84 ; Paul Maurice , 'The Ching Pang: A Chinese Secret Organization', *China Today*, Dec. 1937, vol.3-10, p.188.

29) Wakeman, *The Shanghai Badlands*: Wartime Terrorism and Urban Crime, Cambridge: Cambridge Univ. Press, 1996, pp.18~19.

30) NA, SMP, D7657, General Tai Lieh (Dai Li 戴笠) founder of the Chinese Blue Shirts Society, 24 April, 1939, by Tan Shao Ling.

31) William T. Rowe, 'The Qing Bang and Collaboration under the Japanese, 1939~1945: Materials in the Wuhan Municipal Archives', *Modern China*: An Interdisciplinary

Journal, Oct. 1982, Vol.8, nr.4, pp.491~499.

32) Ch'en Yung-fa 'The Wartime Communists and Their Local Rivals: Bandits and Secret Societies', Selected Papers from the *Centre for Far Eastern Studies*, 1978~79, no.3, pp.28~29.

33) Jean Chesneaux, *Secret Societies in China*, Ann Arbor: Univ. of Michigan Press, 1971, pp.184~186.

34) PRO, FO, 371/18088 xc 1697, *Blueshirt Activities: summary of Hankow position*, very confidential, pp.162~165. British Consulate General, 11 December 1933.

35) Brian G. Martin, *The Shanghai Green Gang: Politics and Organized Crime, 1919~1937*, Berkeley: Univ. of California, 1996, p.134.

36) Parks M. Coble, *The Shanghai Capitalists and the Nationalist Government, 1927~1937*, p.38.

37) FOH, 1601, Opium Combat in China, A-dossiers 1919~1940, 6 December 1928, Peking, *Opium schandaal te Shanghai*, Afd. V.Z. nr. 40058.

38) NA, SMP, file nr. unknown, 29 October 1932, 'Opium Robbery at North Honan Road, Soochow Creek', by superintendent Quale.

39) 江口圭一 (ed.), 『日中战争期阿片政策』, 東京: 岩波書店, 1985年.

40) FOH, A-dossiers 1919~1940, box 1601, January 1934, nr. 374/49 (4158), *Opium Combat in China*.

41) 마약 밀수로 인하여 북부 지방에서 중국인들은 반일(反日)감정을 일으켰으며, 일본은 다량의 마약을 Jehol로부터 밀수입하여 톈진 부근에서 매매하였다. North China Daily News, 15 November, 1934.

42) TB 2057, 「蓝衣社二夬スル调查」, p.68.

43) NA, SMP, D7667, S2, 11 December 1937.

44) 나가야마 사건은 1935년 11월 상하이에서 일본 해군 일병을 둘러싸고 일어난 살인 난동으로서 18로군과 남의사 측 소속인 양원다오의 범행이라고 주장. TB 7556, 「支那秘密结社ノ新情势, 抗日テロヲ中心トシテ观ル」, 1936, p.34.

45) TB 7556, 「支那秘密结社ノ新情势, 抗日テロヲ中心トシテ观ル」, p.48.

46) PRO, FO, 371/18088 xc 1697, pp.162~164.

47) TB 5090, 「满洲及支那に於ける地下秘密团体に就いて」, pp.192~193.

48) Frederic Wakeman Jr, 'Policing Modern Shanghai', *The China Quarterly*, Sep. 1988, nr.115, pp.436~437.

49) 渡边敦, 「中国近代における 秘密结社－青帮红帮」, 『中国近现代史论集』, p.153.

50) 周育民, 邵雍, 中国帮会史, 上海: 人民出版社, 1993年, p.630.

51) Tim Wright, 'The Nationalist State and the Regulation of the Chinese Industry in the Nanjing Decade', in David Pong and Edmund S.K. Fung (eds.), *Ideal and Reality*,

Social and Political Change in Modern China, 1860~1949, New York: Univ. of America, Press, 1985, pp.128~129.

52) 手島博, 『中国劳动运动通史』, 東京: 東洋書房, 1985年, p.9.

53) Walter E. Gourlay, 'Yellow Unionism in Shanghai: A Study of KMT (Guomindang) Technique in Labor Control, 1927~1937', *Papers on China*, vol.7, p.104 from the Regional Studies Seminars, in May 1951, Harvard University.

54) Walter E. Gourlay, 'Yellow Unionism in Shanghai: A Study of KMT (Guomindang) Technique in Labor Control, 1927~1937', pp.105~106.

55) Donald A Jordan, *Chinese Boycotts versus Japanese Bombs: The Failure of China's 'Revolutionary Diplomacy', 1931~32*, Michigan: Univ. of Michigan Press, 1991, p.32.

56) Walter E. Gourlay, 'Yellow Unionism in Shanghai: A Study of KMT (Guomindang) Technique in Labor Control, 1927~1937', p.120.

57) Brian G. Martin, *East Asian History*, vol.2, pp.167, 169. 중요 인물은 Lu Jingshi, Zhu Xuefan, Zhang Kechang 외 9명.

58) Elizabeth J. Perry, 'Strikes among Shanghai Silk Weavers', A contribution to Frederic Wakeman Jr and Wen-hsin Yeh (eds.), *Shanghai Sojourners*, Berkeley: Univ. of California Press, 1992, pp.332~334.

59) TB 2196, 「C.C团に关する調査」, 1939年, pp.30~31.

60) 스량차이는 유명한 『선바오(申報)』의 편집장으로서 1934년 11월 13일 살해되었다. 살인 동기는 정치적 분쟁으로서 남의사가 개입. Parks M. Coble, Facing Japan, p.216, note 98. 참고; FOH, J1 nr. 3662/365, 19 November 1934; TB 2196, 「藍衣社の組織と反満抗日活動実例」, 1935年, pp.29~31.

61) PRO, FO 371/18088 xc 1697, *Blue shirt Activities: summary of Hankow position*, very confidential, pp.162~165. British Consulate General, 11 December 1933.

62) TB 5090, 「満洲及支那に於ける地下秘密团体に就いて」, p.17.

63) NA, D4685, January 1935, *Expansion of the Organization of the Blue Shirts Society* 『Jiangnan Chenbao(江南晨報)』에 실린 기사로서 日本측이 출판한 中國語版 신문.

64) 周育民, 邵雍, 『中国帮会史』, pp.566~567.

65) 周育民, 邵雍, 『中国帮会史』, p.572.

66) NA, D 4685, 19 March 1935; 『Jiangnan Chenbao(江南晨報)』번역 내용.

67) TB 2196, 「藍衣社に關する調査」, p.17.

68) TB 7556, 「支那秘密結社ノ新情勢抗日テロヲ中心トシテ观ル」, p.34.

69) Walter E. Gourlay, 'Yellow Unionism in Shanghai: A Study of KMT (Guomindang) Technique in Labor Control, 1927~1937', pp.128~129. ; 무솔리니의 엄격한 방법에 의한 反마피아 퇴치 작전 상황은 Chirstopher Duggan, Fascism and the Mafia, New Haven: Yale Univ. Press, 1989, pp.95~120. 내용을 참고.

6장_ 남의사의 변모

1) 『Jiangnan chenbao(江南晨報)』 번역 내용: NA, D 4685, *Expansion of the Organisation of the Blue Shirt Society*, January 1935.

2) 『Jiangnan chenbao(江南晨報)』 번역 내용. NA, D 4685, January 1935.

3) 장제스에 의한 남의사 멤버 훈련 교육을 위한 2차 총회로서 1934년 장시(江西)에 서 진행되었던 연설 내용을 인용한 것. 본 자료는 鄧元忠,『三民主義力行社史』, p.492 와 TB 2057,「藍衣社に關スル調査」pp.22~27 내용이 비슷하다.

4) 왕징웨이의 1937년 5월 3일 연설 내용 (선바오 申報 5월 4일자 출판). 제2장에서 언급한 쑨원과 장제스의 일본 知人 관계 참조.

5) 류구이우의 딸이 장기간 보관했던 류의 일기 서신 등이 1995년 8월 Zhongguo funü bao(中國婦女報)에 실렸다. 중국에서 발간된 신문 내용을 일본경제신문 (日本經濟新聞)은 1995년 8월 15일자에 기재.

6) 石川忠雄,『中国共产党史研究』, 東京: 慶應通信, 1959, p.228.
시안사변 당시 스탈린은 CCP에 전보를 보냈으며 내용은 CCP당원들에 의하여 거론된 사실을 원래 CCP당원이었던 장궈타오(張國燾)가 1938년 국민당으로 전 환하였으며, 장(張)은 그 후 1950년 홍콩 주재 저널리스트였던 Robert C. North와 의 인터뷰에서 사실을 밝힘.

7) 中西功, 西里龙夫,『中国共产党と民族统一战线』, 京都: 大雅堂, 1946, p.115.

8) 장징궈(당시 28세)는 1937년 3월 25일 모스크바에서 중국으로 귀국. 동년 4월 국 민당 당원이 되었음. 漆高儒,『蒋经国的一 生』, 臺北: 傳記文學, 1991, pp.7~23.

9) 杨树标,『蒋介石传』, p.313.

10) 1937년 8월 국민정부는 국가최고 군사위원회와 25명의 자문위원을 결성하였으 며, 이들에 의하여 각 정치단체와 CCP를 포함하여 지휘하게 된다.

11) Mao Tsetung , 'Fidelity to promises', *China Today*, March 1937, vol.3, nr.6, pp.69~70.

12) Furuya Keiji, *Chiang Kai-shek, His Life and Times,* New York: St. John's Univ. Press, 1981, p.525.

13) W.F. Elkins, 'Fascism in China: The Blue Shirts Society 1932~1937', *Science & Society*, 33-1, Winter 1969, p.433.

14) James M. Bertram, *Crisis in China, The Story of the Sian Mutiny*, London: Macmillan & Co., 1937, p.133. ; T.A. Bisson, Japan in China, London: Macmillan & Co., 1938, p.167.

15) 邓元忠,『三民主义力行社史』, pp.568~590.

16) James M. Bertram, *Crisis in China, The Story of the Sian Mutiny*, p.151. ; Lucien Bianco, *Origins of the Chinese Revolution*, 1915~1949, Stanford: Stanford Univ. Press, 1971, p.147. 실제 南京 국민당정부軍은 시안에서 약 30마일 떨어진 장쉐

량의 주둔지를 폭파할 계획이었으나, 폭설로 인하여 폭파가 연기된 것은 장제스에게 다행한 일이었다.

17) 邓元忠,『三民主义力行社史』, p.622.

18) 장제스의 이중(二重)정책에 의한 것으로서 우선 공산당과의 협력 의사와 다른 한편 일본에 대항한다는 것이다. 그러나 장은 항상 공산당을 의심하였으며, 계속하여 반(反)공산당 활동에 전념하였다.

19) 국민당 중앙집행위원회에 의한 1938년 12월 10일 기록. SNHA, 726.161.1487,「中国国民党 中央执行委员组织部文稿」, 1938年12月10日, 南京第二歷史檔案館.

20) 古僧, 戴笠将军与抗日战争, 臺北: 華新出版, 1975年 p.33.

21) "저는 제 지도자의 생명을 구하러 시안에 왔지만 곧 처형될 것입니다. 그러나 제 지도자를 위해서 죽는다면 저는 죽음이 두렵지 않습니다."라고 하였다.

22) 古僧, 戴笠将军与抗日战争, p.33.

23) 1936년 초까지는 학생운동은 단합도 잘 안 되는 무의미한 것이었으나 1936년 3월 30일 상하이를 위주로 16개의 각 도시에서 학생연맹세력이 적극적으로 형성되기 시작하였다. Van Slyke Lyman, Enemies and Friends: The United Front in Chinese Communist History, Stanford: Stanford Univ. Press, 1967, pp.66~67.

24) John Israel, Student Nationalism in China, 1927~1937, Hoover Institution, Stanford: Stanford Univ. Press, 1966, pp.170~171 ; Van Slyke Lyman, Enemies and Friends: The United Front in Chinese Communist History, p.74 ; James M. Bertram, Crisis in China: The Story of the Sian Mutiny, London: Macmillan & Co., 1937, pp.107~108.

25)「学生爱国运动的检讨」,『前途』, 1936年 vol.4-2.

26) 中華民國史資料長篇, 1937年, vol.44, p.393.

27) Trautmann은 베를린으로 서서히 철수하겠다는 의사를 전보로 알리지만, von Ribbentrop의 회신은 히틀러의 지시를 전달, 즉시 철수를 명령하였다. BA, 09.02, nr. 2477, nr. 3104/3953/38, 24 May 1938.

28) 독일의 자문관들은 거의 철수하였으나 몇 명은 여전히 중국에 체재하면서 von Ribbentrop의 의도를 무시하며 장제스와 협력 관계를 유지하였다. William Kirby, p.249.

29) Handels Gesellschaft fur Industrielle Produkte (제조업 개발회사)

30) IMH-AS, 9258/5000-6-6072,「中德关系, 朱家骅对德记者谈感想」, 重慶, 1938年 12月 30日, 臺北: 中央研究院, 中国近代史研究所朱家骅档案.

31) Lloyd E. Eastman, *Seeds of Destruction: Nationalist China in War and Revolution, 1937~1949*, Stanford: Stanford Univ. Press, 1984, see Chapter 4.

32) TB 5011,「国民党の青年运动と三民主义青年团」, 特別調査報告通信調査會, 1940年.

33)「意大利巴里拉少年团之概述」,『前途』1935年 vol.3-2. ; Alan Cassels, *Fascist Italy*, London: Routledge & Kegan Paul Ltd., 1969, pp.66~67. 14~18살은 Avantguardisti라 하고, 18~21살은 Giovani Fascisti라고 구분하였다.

34) 기타 논문이나 서적 등은 Chiang Kaishek's China's Destiny와 Hitler's Mein Kampf를 비교하여 장(蔣)과 히틀러는 파시스트와 관련된 독재자라는 의미로 논하였다. ; NA, SIF, 226, 13W3, 3/34/A, Entry 182, Box 51, 263, YKB, 3769.

35) Chiang Kaishek, *China's Destiny*, p.302.

36) BA, 09.02, nr.2286, *Reorganisation of the Kuomintang to the model of the N.S.D.A.P.: establishment of a Chinese Youth movement to the example of the Hitler Youth.* Hankou, 16 May 1938, Deutsche Botschaft nr.371, Aktz. 1517/3773/38.

37) BA, 09.02, nr 2286, Despatch to message nr 371 by the Embassy in Hankow 16 May 1938, Aktz. 1517/3773/38, ; NSDAP Foreign Organization, country group China, area group Nanking. Hankow, 12 May 1938.

38) BA, 09.02, nr.2286, *Establishment of a Youth Corps by Marshall Chiang Kaishek.* German Embassy, Hankou, 24 June 1938, Aktz. 1514/4474/38. The message nr 371 of 16 May 1938, Aktz. 1517/3773/38.

39) BA, 09.02, nr.2286. Letter of Wolf Schenke, Hankow, 1 September 1938, to Kamerad Stadler, the Head of Border Region and Foreign Office of the RJF (Reich's Jugend Fuhrung) in Berlin.

40) TB 5011, 「国民党の青年运动と三民主义青年团」,特別調査報告通信調査會, 1940年. ; Keiji Furuya, Chiang Kai-shek's His Life and Times, New York: St. John's Univ. Press, 1981, pp.596~598. ; Milton J.T. Shieh, *The Kuomintang Selected Historical Documents, 1894~1969*, New York: St. John's Univ. Press, 1969, pp.178~179.

41) Lloyd E. Eastman, *Seeds of Destruction: Nationalist China in War and Revolution, 1937~1949*, pp.89~91 중에서 Ch'ien, Tuan-sheng, The Government & Politics of China 1912~1949, Stanford: Stanford Univ. Press, 1970, pp.70~71, 74.

42) 康澤, 「三民主义青年团成立的经过」, 『文史資料選輯』, 北京, 1960~84年, vol.14-40, pp.199~200. ; 干国勋, 『蓝衣社, 复兴社, 力行社』, 臺北: 傳記文學出版社, 1984, p.77.

43) Huang Jianli 黃建礼, *The Politics of Depoliticization in Republican China: Guomindang Policy towards Student Political Activism, 1927~1949*, Berne: Peter Lang AG, European Academic Publishers, 1996, pp.99~103.

44) Huang Jianli 黃建礼, *The Politics of Depoliticization in Republican China: Guomindang Policy towards Student Political Activism, 1927~1949*, pp.99~103.

45) Chiang Kaishek, *China's Destiny*, pp.216~218.

46) Chen Lifu, *The Storm Clouds over China, The Memoir of Chen Lifu, 1900~1993*, Sidney Chang, Ramon Myers (eds.), Stanford: Hoover Institute Press, 1994, p.143.

47) 시안사변 당시 국민당의 새로운 방침(抗日)을 요구하는 공산당을 향하여 장제스가 직설적으로 한 표현이었다. 干国勋, 『蓝衣社, 复兴社, 力行社』 pp.199~200.

48) TB 5011, 「国民党の青年运动と三民主义青年团」의 다음의 자료와 독일 자료는 비슷하다. ; BA, 09.02, nr 2286, Aktz. 1514/4474/38, *Establishment of a Youth Corps*

by Marshall Chiang Kaishek. German Embassy, Hankou, 24 June 1938. In connection with the message nr 371, 16 May 1938, Aktz. 1517/3773/38.

49) Huang Jianli 黃建礼, *The Politics of Depoliticization in Republican China: Guomindang Policy towards Student Political Activism, 1927~1949*, p.110.

50) PRO, FO, 371/22082 nr.2763, p.182, British Embassy Shanghai, 26 August 1938., which contains a translation of the 'Plan of the Kuomintang for the Campaign of Resistance and National Reconstruction.' Article 31.

51) TB 5011, 「国民党の青年运动と三民主义青年団」, pp.3~4.

52) 국민당 소속이 아닌 청년단체로서 1938년 5월 국민정부에 등록함. SNHA, nr.726, 161, 1487, 「中国国民党中央执行委员组织部文稿」, 1938年 12月 10日, 南京第二歷史档案馆.

53) TB 5011, 「国民党の青年运动と三民主义青年団」, pp.3~4.

54) Huang Jianli 黃建礼, *The Politics of Depoliticization in Republican China: Guomindang Policy towards Student Political Activism, 1927~1949*, pp.123~125.

55) 干国勋, 『蓝衣社, 复兴社, 力行社』 p.78.

56) Huang Jianli 黃建礼, *The Politics of Depoliticization in Republican China: Guomindang Policy towards Student Political Activism*, p.109. ; 干国勋, 『蓝衣社, 复兴社, 力行社』 pp.58,78.

57) 黃建礼, 1899년 쓰촨성 출생이며 대학 총장, 국민당 정부요인이었다. 1917년 상하이, 復旦高中学교 졸업. 1917~19년 일본 게이오(慶應)대학 수료. 1919~21년 미국 Ohio대학 수료, 1922년 미국 Columbia대학에서 MA학위 취득. 캐나다의 Toronto대학 등을 거쳐 1923년부터 한동안 국민당 『申華日報』캐나다 지사 근무.

58) Ch'ien Tuan-sheng, *The Government & Politics of China 1912~1949*, pp.126~130. 삼민주의청년단은 그동안 독립된 단체였지만 1947년 국민당으로 합병되었다.

59) MAE, Asie-Océanie, box nr.529, 'Un nouvel attentat de l'association des Chemises Bleues' ('A new murder attempt by the Blueshirts'), *Thia Mai*, 24 June 1939 ; and *Siam Nikorn*, 27 June 1939.

60) 手岛博, 『中国劳动运动通史』, p.348.

61) 沈醉, 「国防部保密局内幕」, 『文史资料选缉』, 1960~1984 vol.6-22, 北京.

62) NA, SIF, RG 226 13W3, 3/34/34/A, Entry 182, Box 51, 263, YKB-4209, Subject: Current Political Machinations, source: an Official at the Ministry of Information, date 31 March 1946; 'Chen Chiehmin may now replace Dai Li'.

63) NA, SMP special branch, D4685, 29 November 1941, 'The Organization of Blue Shirt Society', afternoon translation of 28 November 1941 of the following newspapers: *Central Daily News, Guomin Daily News, Bingbao, New China Daily News, Guobao*.

7장_ 파시스트 조직 – 남의사 再評價

1) 張之洞, 『張文襄公全集』, 北京, 1937年. 張의 '勤學篇' 참고.

2) 竹內弘行, 『中国の儒教的近代论』, 東京: 硏文社, 1995年, p.172.

3) Noel O'Sullivan, *Fascism*, pp.113~114.

4) Ernst Nolte, *Three Faces of Fascism: Action Francaise – Italian Fascism – National Socialism*, London: Weidenfeld and Nicolson, 1963, pp.20~21. ; Ernst Nolte, 'The Problem of Fascism in Recent Scholarship', in Henry A. Turner Jr (ed.), *Reappraisals of Fascism*, New York: New Viewpoints, 1975, p.31.

5) 波多野乾一, 『現代支那の政治と人物』, pp.54~55. 결국 장제스의 힘이란 제한되었다. 당시 중국 24省 중 蔣은 7省(江西, 浙江, 安徽, 湖北, 湖南, 河北, 河南)만 통치하였다. 半독립된 省은 廣東, 廣西, 福建, 貴州省 등이고, 陝西와 四川省은 토비(土匪) 혹은 군벌(軍閥)등에 속하였다.

6) Hung-mao Tien, *The Great Transition, Political and Social Change in the Republic of China*, Stanford: Hoover Institute Press, 1989, pp.147~148.

7) Michael R. Godley, 'Lessons from an Italian Connection', in D. Pong and E. Fung (eds.), *Ideal and Reality: Social and Political Change in Modern China, 1860~1949*, New York & London: Univ. Press of America, Lanham, 1985, p.101.

8) George M. Wilson, *Radical Nationalist in Japan; Kita Ikki, 1883~1937*, Cambridge, Mass.: Harvard Univ. Press, 1969, p.47.

9) TB 2196, 「蓝衣社ニ关スル调査」, p.40.

10) Lloyd E. Eastman, 'A Review Article', p.43.

11) 'Generalissimo Chiang Kaishek Speaks for Democracy', *China Today*, vol.5, nr 1, October 1938, p.9.

찾아보기